SAMMLUNG DALP
BAND 105

HILDEGARD EMMEL

GESCHICHTE
DES DEUTSCHEN
ROMANS

BAND II

FRANCKE VERLAG BERN

UND MÜNCHEN

©
A. Francke AG Verlag Bern, 1975
Alle Rechte vorbehalten
ISBN 3–7720–1152–7

VORWORT

Der zweite Band der Geschichte des deutschen Romans führt vom Ausgang der Goethezeit bis in die erste Hälfte des 20. Jahrhunderts. Er ist von den gleichen Vorstellungen getragen wie der erste Band, dessen Ergebnisse sich auf ihn auswirkten. Was dort im Vorwort über den Zweck des Unternehmens, über Arbeitsmethode, Prinzipien des Aufbaus und Auswahl des Stoffes gesagt wurde, gilt auch hier.

Begriffe wie Biedermeier, Realismus und Naturalismus erwiesen sich für die Aufgliederung der Romangeschichte nach 1830 als so unbrauchbar wie die Begriffe Klassik und Romantik für die Charakterisierung der Romane der vorangegangenen Epoche. Darüber hinaus war sowohl für das 19. als für das 20. Jahrhundert die chronologische Ordnung des Materials nicht mehr ohne weiteres geboten. Das Nebeneinander verschiedener Romanarten verlangte eine Zusammenstellung von Sinngruppen. Innerhalb dieser Gruppen wurde das zeitliche Nacheinander, soweit möglich, berücksichtigt, doch das Gesamtwerk einzelner Autoren, sofern es sich nicht auf verschiedene Gruppen verteilte, als Einheit behandelt.

Die Betrachtung neuer Romanweisen des 20. Jahrhunderts im vierten Kapitel erfolgt anhand einzelner repräsentativer Werke. Es wird dabei nicht der Versuch gemacht, ihre Besonderheiten unter allgemeinen Kategorien irgendwelcher Art zusammenzufassen oder gar von dorther zu begründen, denn wie im ersten Band herrscht die Vorstellung: die Romane selbst bilden die Kategorien für den Aufbau ihrer Geschichte, und repräsentative Einzelwerke haben als Orientierungspunkte zu gelten. Daß es bisher noch keine Konstruktion für die Literaturgeschichte des 20. Jahrhunderts gibt, wurde als Vorteil der augenblicklichen Wissenschaftssituation empfunden. Anders beurteilt sie Werner Welzig in der Einleitung seines Buchs *Der deutsche Roman im 20. Jahrhundert* (²1970). Seiner Meinung nach sollte die Gattungspoetik die Voraussetzung für die Gattungsgeschichte sein und das «Werkzeug» für die Erarbeitung der Eigenart des modernen Romans zur

Verfügung stellen. Im Fehlen von ästhetischen wie literaturwissenschaftlichen Grundbegriffen sieht er die besondere Schwierigkeit bei der Erforschung der Epik des 20. Jahrhunderts. Welzigs Auffassung ist weit verbreitet. Vergessen wird dabei, daß die Definition des Romans nicht erst im 20. Jahrhundert problematisch wurde. Man war ihrer niemals sicher. Es gab im deutschen Sprachraum zu keiner Zeit eine Norm für den Roman. Lessing überlegte, ob er Wielands *Agathon* als Roman bezeichnen dürfte, und F. Th. Vischer schwankte auf ähnliche Weise bei Mörikes *Maler Nolten*. Vielheit und Freiheit der Formen charakterisierten die deutsche Romankunst bereits im letzten Drittel des 18. Jahrhunderts, und Friedrich Schlegel wie Clemens Brentano wußten schon, daß der Roman ein Proteus ist, ungreifbar und grenzenlos vielgestaltig, ein Kunstgebilde, das alles Erdenkliche zuläßt. Eine gewisse Eintönigkeit der Romanformen im Verlauf des 19. Jahrhunderts hatte dies in Vergessenheit geraten lassen. Inzwischen gewann der deutsche Roman im Zusammenhang mit der Entstehung neuer Denkformen im 20. Jahrhundert die seine Gattung auszeichnende Beweglichkeit zurück. Die Tendenz zum Mythischen, von der das fünfte Kapitel handelt, ist Ausdruck dafür.

Ein besonderes Problem der Romangeschichte des 20. Jahrhunderts, das Nebeneinander und Ineinander konventioneller und neuer Romanformen, kommt im zweiten Band noch kaum in Sicht, denn der ideologisch und sozialpolitisch engagierte Roman der zwanziger Jahre sowie der spezieller Zeitkritik gewidmete Exilroman, die sich beide vorwiegend überkommener Mittel bedienten, werden in einem dritten Band der Romangeschichte behandelt. Sie haben ihre Vorläufer im 19. Jahrhundert, wovon im dritten Band gleichfalls zu sprechen sein wird, und bilden die Grundlage für den gesellschaftskritischen Roman nach 1945. Er ist ihrer Tradition mehr verbunden als den neuen Romanweisen der ersten Hälfte des 20. Jahrhunderts.

Werke, die im Vergleich zu den hier behandelten inhaltlich und künstlerisch als unerheblich zu betrachten sind, werden nicht herangezogen, denn sie wären lediglich für eine

Wirkungsästhetik sowie die soziologische und psychologische Analyse der Leserrezeption von Belang.

Der Bibliothek der Universität Connecticut danke ich für verständnisvolles Entgegenkommen und Ellen Summerfield für die Herstellung des Typoskriptes.

University of Connecticut
1. November 1974   Hildegard Emmel

I

Zeitroman und Tradition

Das Jahr der Julirevolution von 1830 bedeutet für die Geschichte des deutschen Romans – betrachtet man sie als Ganzes von ihren Anfängen bis zur Gegenwart – keinen Einschnitt. Wenn der 2. Band hier beginnt, so hat das praktische Gründe und besagt nicht, daß vom Beginn einer neuen Epoche des Romans zu sprechen wäre, so wenig wie in Goethes *Wilhelm Meisters Wanderjahren* (1829), mit denen der 1. Band endete, das Ende einer Romanperiode zu sehen ist. Bildet der letzte Roman Goethes doch eher den Anfang einer bis dahin unbekannten Romanweise. Über hundert Jahre nach seinem Erscheinen noch erklärte Hermann Broch, es sei darin der «Grundstein der neuen Dichtung, des neuen Romans» gelegt[1]. Auch im 19. Jahrhundert nannte man – freilich aus anderen Gründen – die *Wanderjahre* «das eigentliche Buch der Zukunft»[2]. Während Broch die historische Bedeutung des Werkes in seiner umfassenden Anlage sah, war man in den Jahrzehnten nach Goethes Tod noch unmittelbar von seiner pädagogisch-sozialen Thematik angesprochen und davon beeindruckt, daß Goethe «ein positives Bild neuer Zustände entworfen»[3] hatte. Das Buch entsprach durch seinen Zeitgehalt und die Darstellung der Dynamik im Leben der Gesellschaft noch lange den Vorstellungen progressiver Leser des 19. Jahrhunderts[4].

Die Auseinandersetzung mit den Romanen Goethes – auch mit den *Lehrjahren* und den *Wahlverwandtschaften* – setzte sich bis ins 20. Jahrhundert fort. Sie belegt einen Traditionszusammenhang, den es weder nach den Romanen Jörg Wickrams noch im Anschluß an die großen Romane des 17. Jahrhunderts gab. Heinrich Heines Äußerungen über das «Ende der Kunstperiode, die bei der Wiege Goethes anfing und bei seinem Sarg aufhören» würde, enthalten keinen Gegenbeweis, sondern betreffen Heines eigenes Lebensproblem, ein Problem, das bis zum heutigen Tag besteht und auch schon von Goethe und seinen Zeitgenossen erkannt wurde: die Eigenständigkeit einer zeitpolitisch engagierten Kunst. Heine war überzeugt, «die neue Zeit» würde «auch eine neue Kunst» hervorbringen und mit ihr «sogar eine neue Technik»[5]. Seine Erwartungen hatten ihre Begründung wie ihre Berechtigung in den politischen Vorgängen und dem allgemeinen geschichtlichen Wandel, deren Zeuge er war. Sie bilden in der Tat die Voraussetzungen dafür, daß von nun an bei einer Reihe von Romanen der Zeitgehalt den Vorrang erhielt. Viele Autoren benutzten in den folgenden Jahrzehnten den Roman ausdrücklich als Instrument zur Zeitanalyse. Der *Zeitroman* wurde eine für das 19. Jahrhundert charakteristische Romangattung[6]. Er fand seine spezielle Ausprägung in den Romanen von Charles Sealsfield, Karl Immermann, Karl Gutzkow, Gustav Freytag, Friedrich Spielhagen, Theodor Fontane und einzelnen Werken von Heinrich Laube, Jeremias Gotthelf, Gottfried Keller, Paul Heyse u. a. Entstanden ist der Zeitroman jedoch nicht erst im Anschluß an die Julirevolution. Die Vertreter des Jungen Deutschland fanden in ihm die ihnen gemäße Romangattung schon vor. *Werther* und *Wilhelm Meisters Lehrjahre* waren auf ihre Weise bereits Zeitromane. Dessen war man sich im 19. Jahrhundert bewußt. Ludolf Wienbarg weist ausdrücklich auf *Wilhelm Meister*, als er sich gegen den historischen Roman Scottscher Prägung wendet und den jungen Dichtern statt dessen empfiehlt: «Greift in die Zeit, haltet euch an das Leben! Ich weiß, was ihr entgegnet. ... Woher der Stoff zu einem zeitgeschichtlichen Roman? Ich frage aber dagegen, woher entnahm Goethe ihn für *Wilhelm Meister?* – Versteht mich recht. Um alles in der Welt keinen Wilhelm wieder! Der ist abgetan, der ist Goethes und seiner Zeit. Was und wer ist *euer?*»[7] Das Verhältnis von Modernität und Tradition im Zeitroman des 19. Jahrhunderts ist in den theoretischen Ausführungen Wienbargs richtig umschrieben. Die Struktur der im 18. Jahrhundert entstandenen Romanform war im Zeitroman des 19. Jahrhunderts zu verwenden und zu variieren. Die Autoren sahen sich vor der Aufgabe, den *Wilhelm Meister* ihrer eigenen Zeit zu schreiben, der sich selbstverständlich von Goethes *Wilhelm Meister* zu unterscheiden hatte.

Zeitromane waren zudem schon seit dem ersten Jahrzehnt des 19. Jahrhunderts nicht selten das Ergebnis der Auseinandersetzungen einzelner Autoren mit den Erfahrungen ihrer Tage gewesen. Die Bezeichnung «Zeitroman» gebrauchte Clemens Brentano bereits 1809 für Arnims *Gräfin Dolores,* als das Buch kurz vor seinem Abschluß stand. Arnim und Eichendorff hatten für ihre Situation die Fragen im voraus beantwortet, die Wienbarg im Anschluß an seinen Hinweis auf *Wilhelm Meister* als Muster des Zeitromans den Autoren stellte: «Welcher Idee könnt *ihr* Leib und Seele verleihen? Was habt *ihr* erlebt und gestrebt?»[8] Arnim entwickelte das für seine Gegenwart aktuelle Thema, den Ehebruch der Gräfin, aus den politischen und sozialen Verhältnissen der Epoche und verlieh mit Reue und Buße der Gräfin der «Idee ... Leib und Seele», von der er sich die Heilung der Zeit versprach (vgl. Band I, S. 331 ff.). Auch Eichendorffs *Ahnung und Gegenwart* ist ein Zeitroman; das Problem des politischen Handelns in einer Zeit, die ein solches Handeln nicht gestattet, ist die brennende Frage der führenden Gestalten (vgl. Band I, S. 337 ff.). Die Zeitromane aus dem frühen 19. Jahrhundert unterscheiden sich von denen der dreißiger Jahre durch die anders gearteten Zeiterfahrungen, die in ihnen verarbeitet sind. Konservative Tendenzen und romantische Züge finden sich bei beiden.

Ausschlaggebend ist, daß die späteren Autoren aus dem noch zu Lebzeiten Goethes neu aufkommenden Geschichtsroman (vgl. Band I, S. 352 f.) für ihre eigene Darstellungsweise großen Gewinn zogen. Vornehmlich Walter Scott (1771–1832) selbst, der Begründer des historischen Romans in Europa, wurde von nachhaltigem Einfluß auf die deutschen Autoren. Nicht nur Wilhelm Hauff und Willibald Alexis, die schon in den zwanziger Jahren historische Romane schrieben, nicht nur Sealsfield, Laube und Gutzkow, auch Adalbert Stifter, Conrad Ferdinand Meyer und Theodor Fontane lernten von Scott. Auf den Zeitroman der dreißiger Jahre wirkten im besonderen seine Kunst des Aufbaus dramatischer Szenen, der Charakterschilderung, der Verwendung von Details und der Darstellung von Vorgängen aus dem Blickwinkel beteiligter Figuren. Es kam eine neue Schreibweise auf, gerichtet auf Gegenständlichkeit und Vordergründigkeit, die ihre Berechtigung in dem Eigenwert der erzählten Begebenheiten haben sollte und nicht über sie hinaus auf eine geistige Welt darüber oder dahinter zu weisen hatte. Der Geschichtsroman wurde gleichsam Vorspiel und Vorbild zum Zeitroman. Wie zeitgeschichtliche Vorgänge darzustellen wären, konnte an der Darstellung von Vorgängen aus der Vergangenheit studiert werden. Ob die Ereignisse sechzig Jahre zurücklagen wie der Staatsstreich Karl Stuarts, um den es in *Waverley* (1814), Scotts erstem und sogleich berühmtem Roman, ging, oder ob sie sich in der Gegenwart abspielten wie die polnische Revolution, die Heinrich Laube in *Die Krieger* (1837) brachte, war im Hinblick auf Schreibweise und Erzählstil nicht entscheidend. «Wem sich das *Leben* erschließt, dem erschließen sich auch die *Zeiten*. Denn zu allen Zeiten wurde *gelebt*», sagte Fontane im Zusammenhang mit Scheffels *Ekkehard*. Man kann auch sagen: Wem sich die Zeiten erschließen, dem erschließt sich das Leben.

Bezeichnenderweise widmete HEINRICH HEINE (1797, angeblich 1799–1856) sich bei seinem ersten Romanversuch *Der Rabbi von Bacherach* (1840) einem historischen Thema. Zwar blieb das Werk Fragment; Heine schrieb in der Zeit seiner unmittelbaren Anteilnahme am Stoff, in den Berliner und Göttinger Semestern von 1823–1825, nur das 1. Kapitel und vielleicht einen Teil des 2. Kapitels; das vollendete 2.[9] und das 3. Kapitel fügte er erst 1839–1840 in Paris unter Heranziehung seiner alten Aufzeichnungen ergänzend an, als er der Judenpogrome in Damaskus wegen eine Veröffentlichung für angebracht hielt. Rhetorische Täuschung wird seine in Klammern am Ende angehängte Bemerkung sein: «Der Schluß und die folgenden Kapitel sind ohne Verschulden des Autors verloren gegangen.» Aus dem vorliegenden Teil schon ist zu erkennen, daß es Heine um einen in eine historische Zeit eingebetteten und aus ihr sich entfaltenden Vorgang zu tun war,

den er aus vielen sachgetreuen Details zu einem bunten Le-
bensbild zu gestalten suchte. Er sprach selbst von einem «Sit-
tengemälde» (Juli 1840). Belegt ist, daß er sich als Student in
Göttingen intensiv mit der Fachliteratur zur jüdischen Geschichte befaßte, nachdem ihm durch junge jüdische Freunde
in Berlin die geistige Welt des Judentums nahegebracht worden war. Er wußte bis dahin wenig davon und kannte auch
das jüdische Brauchtum kaum. Ebenso gründlich studierte er
die Verhältnisse der Stadt Frankfurt am Main im ausgehen-
den Mittelalter. Die Ereignisse des Fragments spielen im
Jahr 1489, im ersten Kapitel in Bacharach (Heine benutzt die
altertümliche Form Bacherach statt Bacharach) am Abend des
Passahfestes, im zweiten und dritten Kapitel in Frankfurt am
Tag nach dem Passahfest. Das diese Handlung in Bewegung
setzende Motiv entnahm Heine den bei Basnage (*Histoire des
Juifs depuis Jésus-Christi jusqu'à présent*, Den Haag 1716)
gefundenen Berichten, man habe im Mittelalter Judenverfol-
gungen dadurch ausgelöst, daß man den Juden Kinderleichen
in die Häuser warf und sie dann des Ritualmordes bezichtigte.
Den Stoff zur Charakterisierung der Figuren trug er aus mehreren, von ihm sorgfältig exzerpierten Spezialwerken zusammen[10]. Offenbar galt sein Interesse zwei verschiedenen Typen
des spätmittelalterlichen Judentums, einerseits dem in seiner
Religionsgemeinschaft verwurzelten und die Bräuche treu er-
füllenden, frommen Juden und zum andern dem weltoffenen,
weitgereisten, durch viele Kulturen und den Humanismus ge-
prägten, nicht selten getauften Juden. Die Hauptgestalt des
Fragmentes, die erfundene Figur des Rabbi Abraham aus
Bacharach, trägt Züge von beiden, doch überwiegen die des
gottesfürchtigen Schriftgelehrten und verantwortungsbewuß-
ten Gemeindeoberhauptes.

Der Einstieg in das erste Kapitel erfolgt von der geographischen Lage Bacharachs und damit von der Gegenwart Heines
her. Ein fester Ort in der Wirklichkeit, nachprüfbar in seinen
Gegebenheiten, bildet den Ausgang eines Berichtes über Lebensverhältnisse der Vergangenheit, die gleichfalls nachprüfbar sein müßten. Auf beiden Zeitebenen, für Gegenwart
wie Vergangenheit, wird der Eindruck des Fiktiven, wie er

zum Roman gehört, vermieden. Statt dessen gewinnt der Erzähler den Leser durch die Art, wie er, Spannung erzeugend,
vor der Folie einer heruntergekommenen alten Stadt «frisches,
freies Leben», «ein ziemlich freies Gemeinwesen» für die Zeit
von «einst» ansiedelt. Im Laufe seiner weiteren Darstellung
bestätigt sich dieser Eindruck von der Vergangenheit allerdings nicht, denn im Fortschreiten der Erzählung behauptet
sich die Stimmung, die schon von dem Gegenwartsbild der
Stadt im ersten Satz des Kapitels ausging: «... liegt wie eine
schaurige Sage der Vorzeit die finstre, uralte Stadt Bacherach». Daß Heine das Fragment in der Widmung an Heinrich
Laube als «die Legende des Rabbi von Bacherach» bezeichnet,
mag ein Hinweis auf den Gesamtcharakter der Geschichte des
Rabbi Abraham sein. Sie ist ein Teil der Geschichte der Leiden
des jüdischen Volkes, wie sie sich in den Verfolgungen darstellt, denen die kleine Judengemeinde in Bacharach durch die
Jahrhunderte hin ausgesetzt war: zwischen den kämpfenden
Gruppen der Stadt eine «am meisten vereinzelte, ohnmächtige
und vom Bürgerrechte allmählich verdrängte Körperschaft ...,
die schon zur Römerzeit in Bacherach sich niedergelassen» und
in der feindlichen Umwelt ihr Eigenleben bewahrte, was die
gemeinsam begangenen Feste augenfällig machen.

Die Schilderung eines Passahfestes mit den Einzelheiten
überkommener Riten bildet die Mitte des 1. Kapitels. Heines
persönliche Anteilnahme, eine offenbare Bezauberung, verleiht der Schilderung ein eigenes Fluidum. Zunächst werden
die allgemeinen Gepflogenheiten des Festes gebracht: «Sobald
es Nacht ist, zündet die Hausfrau die Lichter an, spreitet das
Tafeltuch über den Tisch, legt in die Mitte desselben drei von
den platten ungesäuerten Bröten, verdeckt sie mit einer Ser-
viette und stellt auf diesen erhöhten Platz sechs kleine Schüs-
seln, worin symbolische Speisen enthalten, nämlich ein Ei,
Lattich, Mairettichwurzel, ein Lammknochen und eine braune
Mischung von Rosinen, Zimmet und Nüssen.» Im Haus des
Rabbi Abraham ist an dem Tag, von dem die Erzählung berichtet, alles in der voraus beschriebenen Weise vorbereitet:
«... die Männer saßen in ihren Schwarzmänteln und schwarzen Platthüten und weißen Halsbergen; die Frauen, in ihren

wunderlich glitzernden Kleidern von lombardischen Stoffen, trugen um Haupt und Hals ihr Gold- und Perlengeschmeide; und die silberne Sabbatlampe goß ihr festlichstes Licht über die andächtig vergnügten Gesichter der Alten und Jungen. Auf den purpurnen Sammetkissen eines mehr als die übrigen erhabenen Sessels und angelehnt, wie es der Gebrauch heischt, saß Rabbi Abraham und las und sang die Agade, und der bunte Chor stimmte ein oder antwortete bei den vorgeschriebenen Stellen ...».

Das Geschehen, um dessentwillen der Rabbi noch während des Festes mit Sara, seiner Frau, Haus und Stadt verläßt, beginnt damit, daß zwei eintretende Fremde als «reisende Glaubensgenossen» vom Rabbi die Erlaubnis zur Teilnahme an der Passahfeier erhalten. Dem Leser wird die erst nach einiger Zeit bemerkbare Störung der Feier als Wahrnehmung Saras mitgeteilt. Nachdem zunächst noch alles seinen Verlauf wie vorher genommen und der Rabbi sogar zwischen dem Lesen der Agade mit ihr gescherzt hatte, sieht Sara tief erschreckt, wie sein Gesicht sich plötzlich verzerrt und in Entsetzen erstarrt, wie er sich aber fast im gleichen Augenblick wieder fängt, seine Züge sich beruhigt glätten und eine übermütige Laune sich seiner bemächtigt, die sie bei ihm nicht kannte. Die «jauchzende Ausgelassenheit», in die seine Fröhlichkeit übergeht, ein groteskes Spiel mit Barett und Bartlokken, mit der Melodie des Agadetextes und dem Passahbrauch selbst erschüttern sie bis in den Grund ihres Wesens, während die übrige Festgesellschaft sich behaglich der vergnügten Stimmung überläßt. Beim Händewaschen in der Pause vor der Abendmahlzeit gibt der Rabbi seiner Frau einen Wink und entweicht unbemerkt; sie folgt ihm, noch das silberne Waschbecken in der Hand, ohne den Grund für sein Verhalten zu wissen. Erst weit draußen am Rhein – nach Heines geographischen Angaben dürfte man sich einen Weg von einer Stunde vorstellen – bricht der Rabbi das Schweigen, nachdem er zuvor das Waschbecken, den letzten Besitz, in den Fluß geworfen. Er habe unter dem Tisch, gesteht er, den blutigen Kinderleichnam gesehen, den die Fremden ihm dort vor die Füße geworfen, um ihn als Mörder anklagen und vernichten zu können. Nur durch seine List, nicht merken zu lassen, daß er das Vorhaben durchschaute, seien sie gerettet. Die Fahrt mit einem Kahn Rhein und Main aufwärts nach Frankfurt am Main bildet das Ende des 1. Kapitels.

Das 2. Kapitel berichtet von der Ankunft der beiden Flüchtlinge in Frankfurt am Morgen des nächsten Tages, ihrem Weg durch das vielgestaltige Treiben der Handelsstadt zum Getto, wo sie am Gottesdienst in der Synagoge teilnehmen. Sara, von deren Blickpunkt auf der Frauenempore die Feier geschildert wird, bricht ohnmächtig zusammen, als die Stimme ihres Mannes nach seinem dem Brauch entsprechenden öffentlichen Dank an die «göttliche[n] Vorsicht für seine Rettung ... in das trübe Gemurmel des Totengebetes» übergeht und sie die Namen der in Bacharach zurückgebliebenen Verwandten und Freunde hört.

Das 3. Kapitel bringt das Zusammentreffen mit Don Isaak Abarbanel, einem getauften spanischen Juden, in dem der Rabbi einen Gefährten aus seiner Studienzeit in Toledo wiedererkennt. Heine hat in dieser Figur zwei verschiedene historische Gestalten, die ihn bei seinen Quellenstudien beeindruckten, verbunden. Das Zusammentreffen findet nach dem Gottesdienst auf der Straße des Getto statt, und man geht danach gemeinsam zu Tisch in der Garküche, von der vorher schon mehrfach die Rede war. «Der Verkehr mit dem Volke Gottes ist sonst nicht meine Liebhaberei», gesteht Don Isaak, «und wahrlich nicht um hier zu beten, sondern um zu essen, besuche ich die Judengasse ... ich liebe Eure Küche mehr als Euren Glauben; es fehlt ihm die rechte Sauce.» Neben Don Isaak läßt Heine im 2. und 3. Kapitel eine Reihe von Gettogestalten auftreten, sie mehr karikierend als charakterisierend. Sowohl die Frauen auf der Empore der Synagoge wie die Wächter am Gettotor und die Leiterin der Garküche sind in satirischem Stil gegeben. Wie schon Lion Feuchtwanger feststellte, «weist das dritte Kapitel ganz die sprachliche Gewandtheit des späteren Heine auf und ist in der äußeren Form – besonders im Dialog – von außerordentlicher Flüssigkeit und Eleganz»[11].

Über den Fortgang der Erzählung, über weitere Handlung

und Ende des Romans erübrigt sich jede Spekulation. Es gibt keine Aufzeichnungen Heines darüber. Daß das Werk Fragment blieb, hängt offensichtlich mit seinem Ansatz zusammen. Schwer vorstellbar ist, daß Heine sich noch eine komplizierte Handlung dazu ersonnen hätte. Genau betrachtet, erscheint das Fragment so, wie es ist, als vollendet. Es fehlt nichts. Wie die Geschichte von Abraham und Sara wohl weiter gegangen ist, das wäre eine banale Frage.

In einem scharfsinnigen Aufsatz hat Jeffrey L. Sammons[12] von den ungelösten Spannungen gesprochen, die dem Fragment als epischem Gebilde zum Nachteil gereichten. Eine dieser Spannungen sieht er in dem Konflikt zwischem dem bedrohten jüdischen Volk und seiner ihm feindlichen christlichen Umwelt, wobei die christliche Seite als Seite des Angreifers lediglich dazu diene, die Handlung in Bewegung zu setzen, als repräsentative Gegenwelt aber unbestimmt bleibe. Erfahre man doch von den beiden Fremden, die zum Passahmahl kommen, weder wie sie sich bei dem Ritual verhalten, noch was die Hintergründe ihres Unternehmens sind, ob sie aus eigenem Antrieb oder im Auftrag anderer handeln. Deutlich werde nur ihre Funktion im Rahmen der Handlung und zwar erst, nachdem die Flucht des Rabbi vollzogen. Diese Beobachtungen sind nur allzu richtig. Doch es muß herausgestellt werden: anders hat man zu jener Zeit im deutschen Roman nicht gearbeitet. Die *umfassende* Behandlung eines Themas, wie sie der heutige Leser erwartet, hat es in Deutschland damals nicht gegeben, und es fragt sich, ob den Autoren die Fähigkeiten oder Neigung und Sinn dafür fehlten.

Heine hat offenbar nicht die Absicht gehabt, Antisemitismus und Judenverfolgung des späten Mittelalters im Zusammenhang ihrer ideologischen und gesellschaftlichen Voraussetzungen zu schildern, sondern beide als geschichtliche Gegebenheiten hingenommen und als solche in seiner Erzählung verwendet. Die Anfänge seiner Arbeit an dem Fragment fallen in jene Epoche, in der die «Demonstration eines Themas» das für die Romanautoren charakteristische Anliegen war (vgl. Band I, Kap. V). Heine demonstrierte im *Rabbi von Bacherach* gleichfalls ein Thema und beschränkte sich dabei, wie es damals üblich war, auf einen knappen Ausschnitt aus dem Gesamtkomplex des Stoffes, der den Hintergrund des Themas bildet.

Darüber hinaus besitzt das Werk die Eigenschaften des historischen Romans. Viele Ähnlichkeiten bestehen zwischen dem *Rabbi von Bacherach* und Wilhelm Hauffs *Lichtenstein* (1826), der in der gleichen Zeit entstand wie das 1. Kapitel des *Rabbi*. Es war die Frühzeit des historischen Romans in Deutschland. Beide, Heine wie Hauff, schätzten Walter Scott sehr und bekannten sich zu dessen Verehrung: Heine in der *Einleitung zum «Don Quichotte»* (1837), Hauff in der Einleitung zum *Lichtenstein*. Kennzeichnend für den historischen Roman ist, daß die Ereignisse an geographisch zu bestimmende, historische Orte gebunden sind und viele der Fachliteratur entnommene Details eine Rolle spielen. Daß Heine die Handlung in Bacharach beginnen läßt und nachher nach Frankfurt verlegt und der spezielle Charakter beider Orte sichtbar wird, entspricht genau dem, was Hauff und alle späteren Autoren des historischen Romans taten. Sie trieben alle ausgedehnte Studien. Hauff fügte an den *Lichtenstein* sogar wie bei einem wissenschaftlichen Buch Anmerkungen an, es sind vierundzwanzig. Wenn Heine auch manche Irrtümer unterliefen, weil er nicht über alle stofflichen Einzelheiten Bescheid wußte, so war sein Bestreben doch, die Vorgänge historisch getreu und sachlich richtig zu erzählen. Selbstverständlich schrieb er die Berichte der Fachliteratur nicht einfach aus. Was er ihr verdankte, waren in erster Linie jene Details. Er sammelte sie fraglos schon im Hinblick auf die von ihm imaginierten Vorgänge, deren Formung jedoch wieder durch das Material, das er fand, beeinflußt oder angeregt war, so daß man am besten Wechselwirkung zwischen Material und Imagination annimmt.

Die fiktionale Verarbeitung der durch Quellen beglaubigten Details sollte die Illusion eines wirklichen Vorgangs schaffen. Belegt ist etwa die Vermählungsformel, die der Rabbi spricht, während er Sara den Ring an den Finger steckt, ehe er nach Spanien aufbricht: «Ich nehme Dich hiermit zu meinem Weibe nach den Gesetzen von Moses und Israel.» Heine übernahm die Formel aus der Fachliteratur.[13] Aber die Szene, die er mit Hilfe dieser Formel aufbaute, und der Handlungszusammenhang, der die Szene trägt, sind von ihm erfunden. In der Exposition des 1. Kapitels noch belehrt er den Leser – nachdem die ungewöhnliche Form von Saras Vermählung gegen den Willen ihres Vaters und ohne ihre Zustimmung kurz berichtet worden war –: «Jedweder Jude nämlich kann ein jüdisches Mädchen zu seinem rechtmäßigen Eheweibe machen, wenn es ihm gelang, ihr einen Ring an den Finger zu stecken und dabei» jene Formel zu sprechen. Später aber, als die Vermählungsgeschichte zum zweiten Male gebracht wird, ist sie ein chronologisch aufgebauter, ausführlich geschilderter Vorgang in Saras Rückerinnerung während der Rheinfahrt. Verklärte Welt stellt mit ihr sich dar. Liebenswürdige Episoden aus der Jugendzeit des Paares gehen ihr voran, und der Fluch des erzürnten Vaters, der ihren Ausklang bildet: «Sieben Jahr sollt ihr betteln gehn!» scheint eher der Welt des Märchens zu entstammen als die für Sara noch unfaßbare Wirklichkeit ihrer Flucht zu betreffen.

Die Verschmelzung von Überlieferung und Erfindung, von belegtem Detail und Verklärung einerseits und karikierender Satire andererseits kennzeichnet die Darstellungsweise des Fragmentes. Verklärt als mustergültige Gestalten sind der Rabbi und seine Frau, karikiert die im 2. und 3. Kapitel hinzukommenden Figuren im Getto. Die doppelte Möglichkeit der Gestaltung des überlieferten Materials – nach der Seite der Überhöhung wie nach der der Satire – bewirkt im Rahmen des knappen Weltausschnittes, den Heine mit dem Werk aufbaute, sowohl Ausgewogenheit als auch Reichtum. Die Spannungen, von denen Sammons sprach, haben in Heines Kunststil ihren Sinn und bedurften von diesem Stil her wohl keiner Lösung. Sie korrespondieren mit einem Weltbild, in dem nicht einzuebnende Gegensätze vorgesehen sind.

Die Vorbildlichkeit des Rabbi wurde in der Forschung verschiedentlich in Frage gestellt und seine Flucht aus Bacharach als Verantwortungslosigkeit gegenüber seiner Gemeinde ausgelegt (Feuchtwanger, Loewenthal, Sammons). Doch ist zu bedenken: Es gehört zu jeder Emigration, daß der Fliehende

andere im Unglück zurückläßt und dieses Unglück ihn, sofern
er verantwortungsbewußt ist, innerlich belastet, wohin er
auch kommt. Daß der Rabbi durch sein Bleiben niemand hätte
helfen können, soll die Szene in Bacharach veranschaulichen.
Wenn er seiner Frau nach der Flucht aus der Stadt sagt, der
Anschlag habe nur ihm gegolten, ihre Verwandten würden
überleben, am nächsten Tag aber in der Synagoge das Toten-
gebet für sie spricht und danach trotzdem seiner Frau «mit
heiterem Antlitz» begegnet, wie er auch am Morgen bei der
Ankunft in Frankfurt sie «heiter lächelnd» angesprochen
hatte, so ist dieses Verhalten psychologisch genau zu begründen. Es drückt sich darin sowohl die Rücksicht des Rabbi gegen seine Frau aus wie die Gefaßtheit des Frommen, der für
seine Rettung öffentlich dankt, schließlich auch das Entsetzen
über die Vorschläge in Bacharach, von denen das Paar noch
nicht miteinander sprechen kann. Sorgfältig und überlegt läßt
Heine die inneren Vorgänge im äußeren Benehmen durch-
scheinen. Die Namen Abraham und Sara weisen an sich schon
auf ein mythisches Vorbild hin. Zudem wird im Laufe der
Erzählung mehrfach auf die biblische Gestalt Abrahams angespielt. Auch die Schönheit Saras – heißt es doch immer «die
schöne Sara» – läßt Biblisches anklingen (1. Mos. 12). Schließlich wäre die Bezeichnung «Legende» im Titel nicht zu verstehen und nicht zu begründen, wenn der Rabbi nach Heines
Meinung besser nicht geflohen wäre.

Der Wert des Fragments ist in der Vielschichtigkeit des
Erzählstils zu sehen. Obwohl eine fortschreitende chronologisch aufgebaute Handlung das Gerüst bildet, entfalten sich
aus den Ereignissen bald mehrere Geschnisebenen, die sich
ineinander verschränken. Das Motiv der Flucht war für eine
solche Darstellungsweise sehr günstig. Indem die Vergangenheit noch immer gegenwärtig bleibt, zugleich aber neue Gegenwart einströmt, formt sich ein ständig wachsender Hand-
lungsraum, wobei menschliche Substanz und gegenständliche
Fülle sich wechselseitig steigern. Je mehr die neuen Schauplätze ihr eigenes Leben entfalten, um so mehr wachsen die
Anforderungen an die inneren Kräfte Abrahams und Saras
zur Bewährung der ihnen gemäßen Glaubens- und Lebens-

weise wie zur Aufnahme und Tolerierung des Fremden. Das
3. Kapitel macht dies besonders deutlich.

Anders erzählt Heine in seinem 2. Romanfragment *Aus
den Memoiren des Herrn von Schnabelewopski* (1834). Anknüpfend an die Tradition des Schelmenromans, bringt er als
Icherzählung in einfacher Reihung die Geschichte seiner Titelfigur: Kindheit und Jugend in Polen, Aufbruch aus der Heimat, halbjähriger Aufenthalt in Hamburg, Seereise über Cux-
haven nach Amsterdam, Erlebnisse als Theologiestudent in
Leiden. Die Erzählung besteht aus vielen Episoden, die an verschiedenen Orten und in unterschiedlichen Lebenskreisen spielen. Das Schema der Reise gibt die Motivierung für den mehr-
fachen Ortswechsel. Der Anlaß für den Aufbruch aus der Heimat ist das Theologiestudium, dem sich der jugendliche Held auf
Wunsch seiner Eltern in Leiden widmen soll. Ihm sind jedoch
die Stationen seiner Reise und die Umstände seines Lebens in
Leiden wichtiger als das ihm gesetzte Ziel. Die Erfahrungen und
Kenntnisse, die ihm die fremden Orte vermitteln, bilden das
Thema seiner Erzählung. Er berichtet über Land und Leute seiner Reisestationen, über Liebesaffären und die theologischen
wie menschlichen Auseinandersetzungen zwischen den Studenten in Leiden, bei denen er ein passiver Teilnehmer ist.

In der *Einleitung zum «Don Quichotte»* erklärte Heine, die
«Reisebeschreibung» sei «von jeher die natürlichste Form»
des Romans und erinnert «an den *Goldenen Esel* des Apuleius,
den ersten Roman des Altertums». Erst später hätten die
Dichter, um der Eintönigkeit jener Form zu entgehen, sich
einer Fabel bedient. Doch der Mangel an Erfindungsgabe habe
zur Übernahme und vielfachen Wiederkehr schon vorhande-
ner Fabeln geführt, so daß man auf die Form der Reisebeschreibung zurückgekommen sei.

Ob die *Memoiren des Herrn von Schnabelewopski* ganz
ohne durchgehende Fabel angelegt sind, kann ihres fragmentarischen Charakters wegen nicht ohne weiteres gesagt werden. Vorhanden ist lediglich ein «Erstes Buch» (so vermerkt
das Titelblatt), das aus 14 Kapiteln besteht, von denen die
Hälfte auf die Zeit in Leiden fällt. Der Name Schnabelewopski
ist wahrscheinlich eine Analogiebildung zu Schelmuffsky,

dem Titelhelden des Romans von Christian Reuter (vgl. Band
I, S. 56 f.), der bei den jüngeren Romantikern sehr beliebt
war und viel zitiert wurde. In der Struktur des Fragmentes
wirkte sich stärker das Vorbild des pikarischen Romans aus,
über den man gleichfalls in der Zeit des jungen Heine Bescheid wußte[14]. Entscheidend ist, daß sowohl im Pikaroroman
wie schon im *Goldenen Esel* sich in all den aneinandergereih-
ten Episoden grundlegende Erfahrungen vom Leben wiederholen. Der Erzähler kennt Eitelkeit und Verderbnis der Welt
und läßt den Pikaro darüber meditieren (vgl. Band I, S. 49).
Dies hat Grimmelshausen übernommen und Heinrich Heine
offenbar auch.

Schnabelewopski gibt nicht nur den Eindruck wieder, den
Hamburg bei seinem ersten «Ausflug» auf ihn machte, als er
in jugendlicher Seligkeit hingegeben die neue Welt genoß,
sondern stellt unmittelbar daneben – wieder in einfacher
Reihung, sogar mitten im Kapitel (4) umschwenkend – das
veränderte Bild, das er zwölf Jahre später gewann, als er die
Stadt wieder besuchte. Von den beiden lieben, schönen Freu-
denmädchen Heloisa und Minka «ging» die eine «unter in
Matrosenlärm, Punsch, Tabaksrauch und schlechter Musik»,
und die andere sah «aus wie der Tempel Salomonis, als ihn
Nebukadnezar zerstört hatte, und roch nach assyrischem
Knaster». Nicht nur Tod und Veränderung bewirkten das
neue Bild, der Betrachter mußte sich eingestehen, daß er die
Gesichter am Jungfernstieg, auf denen «ein unergründlicher
Blödsinn ... lag», schon vor zwölf Jahren gesehen hatte,
«und ach! es waren dieselben Schwäne, die einst so weich
und heiter» seine «Seele bewegten», aber er erkannte in ihnen
jetzt eingefangene Tiere, denen man die Flügel gebrochen
hatte; «dieselben Sterne, die einst in schönen Sommernächten
so liebeheiß mit den Schwänen gebuhlt, jetzt aber so winter-
kalt ... auf sie herabblickten – wohl begriff ich jetzt, daß die
Sterne keine liebende, mitfühlende Wesen sind, sondern nur
glänzende Täuschungen der Nacht, ewige Trugbilder in einem
erträumten Himmel, goldne Lügen im dunkelblauen Nichts
– – –». Die altdänische Ballade im anschließenden Kapitel
handelt gleichfalls von der Desillusionierung dessen, der mit

vielen Fragen in die Welt aufbrach. Der Erzähler selbst stellt die Verbindung zwischen seinem bisherigen Bericht und der Ballade her. Er fange jetzt an, sagt er, sowohl das Lied zu verstehen als auch «den verdüsterten Ton», mit dem der Pferdeknecht in seinem Elternhaus es sang noch am Abend, bevor er sich im Stall erhängte: «Es ist das altdänische Lied von dem Herrn Vonved, der in die Welt ausreitet und sich so lange darin herumschlägt, bis man seine Fragen beantwortet, und der endlich, wenn alle seine Rätsel gelöst sind, gar verdrießlich nach Hause reitet.» (Kapitel 5)

Daß die Desillusionierung das Thema für das gesamte Werk hätte sein sollen, kann nicht nachgewiesen werden, obwohl das 14. Kapitel mit dem Tod des für seine theologische Überzeugung kämpfenden Studenten Simson endet und der Erzähler gesteht, die Zweikampfszene, in der Simson einen Lungenstich erhielt, hätte ihn «furchtbar erschüttert». Festzustellen ist nur, daß Leiden mit der sektiererischen Religiosität seiner Bewohner ein Gegenbild zur weltlichen Fülle Hamburgs zu sein scheint, Schnabelewopski aber an beiden Stationen erfahren muß, daß der Eindruck trügt. Wie ihm in Hamburg ein späterer Aufenthalt die Täuschungen bewußt macht, denen er erlegen war, so merkt er in Leiden durch näheren Umgang mit den Bewohnern, wie sich hinter ihrem religiösen Gebaren mehr Wunderliches und Abartiges als echte Frömmigkeit verbirgt, und die Umwelt, in der er zu leben hat, ist ihm bald widerwärtig. «Die Erinnerung an Jan Steen» lediglich, der das Haus bewohnte, in dem Schnabelewopski sich einmietete, bietet einen Ausgleich. Indem er sich die Atmosphäre, in der Jan Steen gemalt haben mag, vergegenwärtigt, erlebt er im besonderen die «häuslichen Szenen» nach, in denen ihm «ein moderner heller Geist der Freude» am Werk gewesen zu sein scheint. Jan Steen habe besser als alle andern begriffen, erklärt er, «daß auf dieser Erde ewig Kirmes sein sollte ... daß unser Leben nur ein farbiger Kuß Gottes sei, und er wußte, daß der Heilige Geist sich am herrlichsten offenbart im Licht und Lachen» (Kapitel 11).

Wie mitten in der Leidener Misere mit Jan Steen und seiner frohen Botschaft von «Licht und Lachen» eine geistige Realität sichtbar wird, die in der konkreten Umwelt keine Entsprechung hat, so tritt in der Geschichte vom Fliegenden Holländer (Kapitel 7) ein Frauenbild in Erscheinung, das gleichfalls nicht aus der praktisch erfahrbaren Wirklichkeit des jungen Reisenden stammt. Der Gedanke an den Fliegenden Holländer kommt ihm auf der Seereise nach Amsterdam, noch bevor er dort das Stück mit seiner Geschichte auf der Bühne sieht, und zwar angeregt durch die Gedanken an die Großtante, die ihm die vielen Wassermärchen erzählte. Diese Rückerinnerung an eine Gestalt aus der vorausgegangenen Periode ist als solche schon auffällig, denn das reihende Erzählverfahren des Werkes sieht sonst bei jeder Station des Helden neue Figuren vor, die mit seinem Ortswechsel wieder verschwinden und dann nicht mehr auftauchen. Außer dieser Großtante kommt lediglich Jadviga, die Geliebte aus dem Gnesener Dom, später noch einmal zur Sprache; sie taucht in einem Traum in Leiden auf. Zweifellos werden mit diesen beiden wiederkehrenden Gestalten Fäden sichtbar, die sich durch das ganze Fragment ziehen. Das Märchen von der Liebestreue der Frau, die den ruhelosen Mann erlöst, hat die Großtante dem Kind erzählt. Ob es ein Märchen bleibt, ob es mythische Wahrheit enthält, das wird im Rahmen des Fragmentes nicht mehr deutlich. Schnabelewopski sieht in Amsterdam nur einen Teil des Stückes vom Fliegenden Holländer, weil er sich zwischendurch einem galanten Abenteuer überläßt, von dem er aber doch zurückkehrt, so daß er während des Schlusses erneut zugegen ist.

Heine hat das Fragment bald nach seinem Entstehen (1832) veröffentlicht und später nicht mehr daran gearbeitet. Er verspürte offensichtlich wie beim *Rabbi* nicht die Lust, sich eine Handlung auszudenken, die eine Lösung für die angeschnittenen Themen hätte bringen können. Auch bei den *Memoiren des Herrn von Schnabelewopski* wäre von den «ungelösten Spannungen» zu sprechen. Es macht fast den Eindruck, als sei in jenen Jahren eine erzählerische Lösung für das, was Heine begonnen hatte, nicht zu finden gewesen. Jedenfalls sind die Romane der dreißiger Jahre, neben denen die *Memoiren* ihren Platz haben, ganz anderer Art.

Als bedeutender Romanautor trat CHARLES SEALSFIELD (Karl Postl, 1793–1864) hervor. Charakteristisch für ihn ist die Verbindung von Geschichtsroman, Zeitroman und politischer Tendenzdichtung. Seine Romane stehen im Dienst der Analyse einer politischen Situation, in der der Autor betont Stellung bezieht. Seine Position ist die eines Bürgers der Vereinigten Staaten von Nordamerika. Das politische System und die Gepflogenheiten des öffentlichen Lebens in den bei seiner Ankunft im Mississippigebiet (1823) noch nicht ganz fünfzig Jahre von England unabhängigen Staaten erhielten in seinen Romanen normative Bedeutung. Insofern hat Sealsfield als engagierter politischer Dichter zu gelten.

Er war in Böhmen aufgewachsen, hatte seine Studien im Kreuzherrenstift in Prag absolviert, die Priesterweihe empfangen und eine Reihe von Jahren als Ordenssekretär gedient. Im Jahre 1823 entfloh er aus Österreich über Deutschland und die Schweiz nach den USA und zwar zunächst nach Louisiana. Auf dem schwierigen Fluchtweg aus dem Machtbereich sowohl der «Priestertyrannen»[15] als auch der österreichischen Polizeispitzel waren ihm mächtige Gönner, vermutlich aus Kreisen der Freimaurer, behilflich. Sie versorgten ihn offenbar mit Geld, berieten ihn im einzelnen bei seiner Reise und traten wohl auch in späteren Jahren noch zu seinen Gunsten ein. Auf ein ihnen gegebenes Versprechen könnte es zurückzuführen sein, daß er sich bis zu seinem Tod nur unter seinem neuen Namen Charles Sealsfield, auf den sein amerikanischer Paß ausgestellt war, zu erkennen gab und seine Identität mit dem geflohenen Karl Postl gegen jedermann verschwieg. So wenigstens sieht es Eduard Castle in seiner Sealsfieldbiographie *Der große Unbekannte* (1952). Ebenso einleuchtend erscheint die Deutung, die Karl J. R. Arndt gibt: Der Autor habe sein bei der Priesterweihe gegebenes Wort sein Leben lang als Bindung betrachtet. Karl Postl sei für ihn der «verstorbene» Priester gewesen; «in der neuen Welt ... neugeboren», habe er mit dem Namen Charles Sealsfield einen «neuen Menschen ... angezogen» und streng – aus religiöser Überzeugung – darüber gewacht, daß niemand den Priester Karl Postl in ihm erkannte[16]. Die Zurückgezogenheit und Einsamkeit vor allem seiner späten Jahre, aber auch seine Abwehr gegen jedes öffentliche Hervortreten in seiner aktiven mittleren Zeit würden sich hieraus erklären. Die seine Leser beeindruckenden Kenntnisse der amerikanischen Landschaft und vieler Kreise der amerikanischen Bevölkerung eignete er sich in den ersten Jahren nach seiner Flucht an durch ausgedehnte Reisen, durch Studien von Fachliteratur und Zeitschriften wie durch den Umgang mit vielen Menschen und die Ausübung wechselnder Tätigkeiten. Später lebte er zwischen den Erdteilen und Ländern, verwertete seine Kenntnisse sowohl schriftstellerisch als auch in diplomatischen Missionen und hielt sich viel in der Schweiz auf, wo er auch sein Alter verbrachte. Er schrieb nicht nur Romane, sondern auch sachlich informierende Bücher; manche halten die Mitte zwischen Sachbericht und Roman.

Sein erster großer Roman erschien zunächst in englischer Sprache unter dem Titel *Tokeah; or The White Rose* (1829)[17] und erst einige Jahre später unter dem Titel *Der Legitime und die Republikaner* (1833) in deutscher Sprache. Die deutsche Fassung ist eine mit großem Kunstverstand, Geschmack und vertiefter Einsicht vorgenommene Überarbeitung und Erweiterung der englischen Erstfassung. Da sie die endgültige Form des Romans darstellt, wurde sie der nachstehenden Betrachtung zugrunde gelegt.

Der Roman hat eine durchgehende Handlung, die in ihren konkreten Vorgängen von der Gestalt des Tokeah, des Indianerhäuptlings, getragen ist. In sie einbezogen ist eine Reihe von in ideeller Hinsicht gleich wichtigen Gestalten, die gegen Ende des Romans mehr und mehr in den Vordergrund treten. Daß es dem Autor nicht allein um den tragischen Helden Tokeah geht, der unterliegen muß, bringt schon der neue Titel *Der Legitime und die Republikaner* zum Ausdruck. Der Roman demonstriert ein übergreifendes Problem der menschlichen Gesellschaft in einer speziellen historischen Epoche. Der Autor sagt ausdrücklich auf dem Titelblatt: «Eine Geschichte aus dem letzten amerikanisch-englischen Kriege». Etwa von der Mitte des Romans an (ab Kapitel 20; der Roman hat 43 Kapitel) bildet die Verteidigung von New

Orleans mit dem Sieg der «Republikaner» über die englischen Truppen vom Januar 1815 die beherrschende Stimmung, die den Indianerhäuptling unberührt läßt. Er war bis dahin die alles bestimmende Figur. Das Bewußtsein der Legitimität seines ursprünglichen Landbesitzes in Nordamerika und seiner ererbten Macht als Häuptling schien ihn zu seinem abgründigen Haß gegen die Weißen zu berechtigen, und über das objektive Unrecht der Weißen gab es keinen Zweifel. In allen drei Bänden des Romans steht auf der Rückseite des Titelblattes als Motto mit dem Namen Jeffersons: «Ich zittere für mein Volk, wenn ich der Ungerechtigkeiten gedenke, deren es sich gegen die Ureinwohner schuldig gemacht hat.» Der Leser nimmt selbstverständlich an, der Autor wolle mit seinem Roman dies Motto belegen, und viele mitgeteilte Fakten sprechen dafür. Auch nimmt der Autor in einer Vorrede zum Roman ausdrücklich Partei für die Indianer. Die das Fortschreiten der Handlung begleitenden Reflexionen jedoch sowie eine bereits im 3. Kapitel einsetzende Nebenhandlung, deren Träger ein junger Engländer ist, enthüllen schon früh und zunächst kaum merklich den Horizont, vor dem das Sonderschicksal der Indianer gesehen werden soll. Durch eine Vielzahl von Ausblicken, geschaffen teils durch Handlung, teils durch Überlegungen oder sachliche Informationen, die dem mühelosen Gleiten des Erzählstroms ohne Anstrengung eingepaßt sind, wird demonstriert, daß die geschichtlichen Vorgänge, die in der Erzählung sichtbar werden, viel komplexer sind, als sie von einem Einzelproblem her erscheinen. Dem Leser muß allmählich einleuchten: Mit der Verdammung der Landnahme durch die weißen Siedler und der Parteiergreifung für die Indianer ist noch wenig getan. Im drittletzten Kapitel (41) schließlich erfolgt ein Urteilsspruch von historisch-weltanschaulichem Standpunkt. Es handelt sich dabei um eine Szene, die einem förmlichen Gericht gleichkommt. Den Vorsitz führt der Sieger von New Orleans, General Andrew Jackson, der, als der Roman in deutscher Sprache in Zürich erschien, Präsident der Vereinigten Staaten war.

Sealsfields eigene Stellung zum Indianerproblem erscheint im Rahmen des Romans ambivalent. In dieser Haltung wird die Mehrschichtigkeit des Problems erkennbar. Die Verurteilung des Verhaltens der Indianer, die Sealsfield Jackson im 41. Kapitel von *Der Legitime und die Republikaner* in den Mund legte, betrifft die politische Seite des Problems, wie sie sich vom Standpunkt der noch um die Gestalt ihres Staates kämpfenden Nordamerikaner darstellte. Sealsfield erkannte den Unterschied zwischen dieser politischen Seite des Problems und seiner Betrachtung, unabhängig von der konkreten Politik der Vereinigten Staaten, aus der Perspektive allgemeinen Völkerrechts und der persönlichen menschlichen Anteilnahme am Eigenleben der Indianer. Daß Sealsfield das Urteil Jacksons, dessen Parteigänger er war, billigt, beweisen Aufbau und Verlauf der Szene im 41. Kapitel. Diese Billigung entspricht seiner politischen und – wie zu zeigen sein wird – weltanschaulichen Überzeugung und hat im gleichen Maße wie seine Parteinahme für die Indianer eingehende Studien zur Voraussetzung.

Jackson begegnet den Indianern – Tokeah und seinem Schwiegersohn samt Gefolge –, die er nach der Schlacht von New Orleans empfängt, sowohl als Sieger in vielen Schlachten, als Vertreter derer, die sich als die Stärkeren erwiesen «und Herrn des Landes sind», wie auch als Mann der Aufklärung und des Fortschrittes, als Vertreter der besseren Seite und Vollstrecker der Absichten Gottes. Die Erde sei, legt er dar, «für die weißen und die roten Männer gemacht, daß sie sie pflügen und bebauen, und von ihren Früchten leben mögen ... aber nicht zu einem Jagdgrunde ..., daß einige Hundert rote Männer im faulen Dasein einen Raum einnehmen, auf dem Millionen glücklich leben und gedeihen können ... Das Schicksal der roten Männer ... ist hart in vieler Hinsicht, aber es ist nicht unvermeidlich; die Barbarei muß im Kampf mit der Aufklärung immer weichen ... Ihr habt die Mittel in der Hand, an diese Aufklärung Euch anzuschließen und in unser bürgerliches Leben einzutreten. Wollt Ihr dieses jedoch nicht, ... so müßt Ihr mit dem Schicksal nicht hadern».

Erst nach diesen Erläuterungen Jacksons ist zu erkennen, inwiefern der Roman eine politische Dichtung ist und sein Titel ein Programm bedeutet. Die bewußte Weltgestaltung der «Republikaner» erhält den Vorrang vor der «Legitimität» der ursprünglichen Besitzer des Landes, deren Häuptlinge, die «Legitimen», in den Augen des politisch engagierten Amerikaners so verantwortungslos sind wie die «verworfensten Tyrannen der alten Welt». Gleichzeitig wird den Unterdrückten der Weg zur Überwindung ihres Schicksals gewiesen: Sie hätten die Möglichkeit, als aufgeklärte Menschen sich der Gesellschaft der Republikaner einzufügen. Deutlich ist, daß Sealsfield in der Auseinandersetzung zwischen Indianern und Weißen nicht ein rassisches Problem sieht, sondern eine Frage des politischen Systems und der gesellschaftlichen Vorstellungen. Er betrachtet die Menschheit im Sinne von Herders *Ideen zur Geschichte der Philosophie der Menschheit* (1784–91) als einheitliche Gattung, deren Angehörige gleicher Abstammung sind: So verschieden sie erscheinen, sie sind Schattierungen des gleichen Wesens und alle dem einen Zweck verpflichtet, die Humanität zu verwirklichen. Daß sie als Menschen, wie Herder es formuliert, «zur Vernunftfähigkeit organisiert» (*Ideen* IV, 1), «schwach auf die Welt kommen, um Vernunft zu lernen» (*Ideen* IV, 4) und, gleichgültig auf welchem Erdteil sie geboren, welche nationale Eigenart sie prägte, schließlich geistige Kräfte zu betätigen haben, um ihrer Bestimmung gerecht zu werden, dies war Sealsfields Überzeugung. Weltanschauliche Vorstellungen des 18. Jahrhunderts bildeten sie und werden in der politischen Konzeption Sealsfields wirksam. Sofern man das Verhalten der Indianer von dieser Konzeption her wertet, wie es in der Rede des Generals geschieht, schneiden die Indianer schlecht ab.

Daß Sealsfield auch die andere Seite sah, wollte er, offenbar sehr bewußt, seinen Lesern zu verstehen geben. Die Vorrede des Romans enthält nicht nur die Argumente, die gegen die weißen Siedler vorgebracht werden müssen, sie bezieht sich sogar unmittelbar auf Vorstellungen, die in der Jacksonrede behandelt sind. Der zentrale Gedanke der Vorrede ist, «daß die Überreste dieses interessanten Volkes nur dadurch gerettet werden können, daß sie wieder auf den ihnen zusagenden Boden ihrer Urwälder verpflanzt und durch unmittelbare Berührung mit verwandten Stämmen ihre erschlaffte Nationalität aufgefrischt und ihre ausgearteten Sitten veredelt werden». Wieviel Kummer diese Lösung für die Umsiedler bedeutet, will der Autor aus eigener Anschauung wissen, da er zugegen gewesen sei, wie eine Gruppe von ihnen über den Mississippi gesetzt wurde.

Die Geschichte des Häuptlings Tokeah, des Miko der Oconees, ist die Geschichte eines jener Umsiedler aus den Gebieten Georgias in die Landschaften westlich des Mississippi. Verstoßen von der Hauptmasse seines mit den Weißen paktierenden, unter ihrem Einfluß entarteten und in Alabama angesiedelten Stammes, läßt er sich mit einer kleinen Gruppe von Getreuen auf einer schmalen, schwer zugänglichen Landzunge zwischen den Flüssen Sabine und Natchez nieder, in einem Gebiet, das, wie er selbst erst später erfährt, zu jener Zeit nicht zu den Vereinigten Staaten, sondern als Teil von Texas zu dem spanischen Mexiko gehörte. Unter ihnen angemessenen Verhältnissen führen die Indianer dort ein ihnen voll entsprechendes friedliches Leben und widmen sich ihren Bräuchen und Kunstfertigkeiten. Doch das Unglück bricht auch hier über sie herein; die Idylle wird zerstört durch einen Überfall des Seeräubers Laffite in der Hochzeitsnacht der Häuptlingstochter Canondah, die von einem feindlichen Pfeil getötet wird. Das ganze Dorf brennt ab, und viele Indianer fallen. Tokeah hatte mit dem Seeräuber Freundschaft geschlossen, dann aber mit ihm gebrochen. Seiner Unvorsichtigkeit und falschen Einschätzung des Feindes war es zuzuschreiben, daß die Dorfbewohner in der entscheidenden Nacht die Wachsamkeit versäumten. So bewährte sich auch die in der Vorrede des Romans als einzige Rettung bezeichnete Lösung des Rückzugs in den Urwald nicht. Als Tokeah von Jackson empfangen wird, ist er ein Gescheiterter. Er drückt nur noch seinen Haß und seine Verzweiflung, nicht mehr eine Hoffnung aus, wenn er Jackson sagt, er wolle wieder dahin gehen, «wo er die Weißen nimmer sehen wird».

Im zweiten Teil der Szene des 41. Kapitels kommt der General auf das weiße Mädchen zu sprechen, das Tokeah mit sich führt. Die Romanhandlung begann damit, daß Tokeah dieses Mädchen als Säugling in einer stürmischen Dezembernacht nach einem Massaker, dessen blutige Spuren an ihm und seinem Gefolge zu sehen waren, zu einem weißen Händler, einem «Hinterwäldler» in Georgia, brachte und seine Versorgung durch die Frau des Händlers forderte. Der weiße Händler, Kapitän John Copeland, mußte sich der Gewalt fügen. Jeder Versuch, seine Behörde von dem Vorfall zu unterrichten, scheiterte an der lebensgefährlichen Bewachung aller seiner Schritte durch den Häuptling, der ihm mit der Skalpierung seiner ganzen Familie drohte. Gut sechs Jahre lang bezahlte er den Lebensunterhalt des Kindes mit Fellen, bis er es eines Tages plötzlich abholte, um es «in sein Wigwam aufzunehmen». Dies geschah, als er mit seiner Indianergruppe aus Georgia in die Gebiete des Mississippi übersiedelte und die Amerikaner nach Louisiana vorzudringen begannen.

Copeland gehört zu den Siedlern, die das neu erworbene Land in Besitz nehmen. Nachdem Tokeah ihn von der Verpflichtung, das weiße Mädchen zu betreuen, entbunden hat, verliert der Leser ihn zunächst aus den Augen. Vom 21. Kapitel an tritt er wieder auf und zwar als Friedensrichter in Opelousas in Louisiana sowie als Major im Abwehrkampf gegen die Engländer. Er ist von nun an Repräsentant der «Republikaner» und interpretiert die Freiheiten des Landes bei allen Gelegenheiten. «Übrigens hatten die sieben Jahre, seit denen wir ihn nicht mehr gesehen», so heißt es, «eine vorteilhafte Veränderung in ihm hervorgebracht». Welcher Art diese Veränderung ist, die sich in Copeland seit seiner Übersiedlung aus Georgia vollzog, führt Sealsfield sorgfältig aus. Der Abschnitt ist insofern wichtig, als der Autor mit ihm Entwicklung und Wandlung eines Menschen unter den besonderen Umständen des neuen Erdteils beschreibt. «Das grob selbstsüchtige Wesen, das früher aus jedem seiner Worte so widerlich hervorblickte, hatte bei größerem Wohlstande einer humanen Behaglichkeit Platz gemacht, der man zwar das Hinterwäldlerische noch immer ansah, das aber deshalb um so mehr ansprach. Es war gewissermaßen die alt gewordene Natur eines Hinterwäldlers, an dem Wohlhabenheit, Umgang und Erfahrung eine eigene Spezies von Zivilisation hervorgebracht hatten, die selbständig in jeder Richtung hinwirkte, und es sich und andern wohl werden ließ.»

Sealsfield hatte, als er an seinem ersten Roman arbeitete, Vorbilder vor Augen, die ihn anregten. Eduard Castle belegt, daß Frau von Staël auf ihn einwirkte sowohl mit *De l'Allemagne* (1810) als auch mit *Corinne ou L'Italie* (1807). Reisen der Autorin bildeten die Voraussetzung beider Bücher, in denen sie die Eigenart von ganzen Völkern charakterisierte und sie durch die umfassende Darstellung ihrer Lebensäußerungen auf vielen Gebieten dem eigenen Land näher brachte. Sealsfield habe, meint Castle, «das durch Frau von Staël zweimal mit großem Erfolg angewandte Verfahren auf ein neues Volkstum» übertragen, «das für die Vereinigten Staaten und für Europa 1828 ebenso aktuell war wie die Entdeckung des Italieners und des Deutschen für die gebildete Welt der napoleonischen Zeit» (S. 239).

Über Sealsfields Verhältnis zu Walter Scott ist sich die Forschung gleichfalls seit langem im klaren. Sealsfield hat sich sowohl über seine Verehrung für Scott als auch über seine eigene Form des geschichtlichen Romans mit großer Entschiedenheit geäußert. Erst Walter Scott, «dieser wahrhaft große Mann», so heißt es in der Einleitung zu *Morton oder die große Tour* (1835), habe den Roman zu dem erhoben, «was er gegenwärtig ist, einem Bildungshebel.» Scotts einmalige Bedeutung sei in dem «Umschwung» zu sehen, den er «der Denk- und Urteilskraft seiner Nation, ja der Welt, dadurch gab, daß er die Geschichte der Vergangenheit des für die moderne Zivilisation wichtigsten Reiches der Erde gewissermaßen in das Bereich der Küche, des Kaminfeuers gebracht hat» (Ausgabe von 1846, S. 6).

In gleichem Sinne wünschte Sealsfield auf seine Weise dazu «beizutragen, dem geschichtlichen Roman jene höhere Betonung zu geben, durch welche derselbe wohltätiger auf die Bildung des Zeitalters einwirken könne; mitzuhelfen, daß die tausend albernen, schädlichen, dummen Bücher, Moderomane genannt, und geschrieben, um die bereits unnatürlich genug gespannten, gesellschaftlichen Verhältnisse noch unnatürlicher straffer zu spannen, durch eine kräftige Geistesnahrung ersetzt, durch ein Gegengift weniger schädlich werden» (S. 18 f.). Die geistige Durchdringung dessen, was im Roman die Republikaner praktisch verwirklichen sollten und Jackson den Indianern gegenüber vertrat, erhob der Autor zu seiner Aufgabe: «Dieses Prinzip der Aufklärung, des geistigen Fortschrittes habe ich zum Gesichtspunkt genommen und werde ihm treu bleiben.» Er habe deshalb vorgezogen – es klingt wie ein Programm des Zeitromans und seine Verknüpfung mit dem Geschichtsroman –: «Tatsachen, lebendige, ja geschichtliche Personen zu zeichnen, nach dem anerkannten Grundsatze, daß öffentliche Charaktere auch offen behandelt werden dürfen» (S. 19).

Sealsfield war auch über Scotts Werke hinaus ein viel belesener Mann. Selbstverständlich kannte er Chateaubriand und Cooper, mit denen er sich in der Einleitung zum *Morton* kritisch auseinandersetzte. Bei Chateaubriand bemängelte er, daß er in *Les Natchez* (1826) «von Louisiana und dem Hauptstrome der Vereinigten Staaten eine in jeder Beziehung unrichtige Schilderung gibt» (S. 13 f.). Die Bemerkung ist im Hinblick auf Sealsfields eigene sorgfältig gearbeiteten und genau zutreffenden Landschaftsschilderungen interessant. Doch man erfährt nicht, ob ihm Chateaubriands *Atala* (1801) und *René* (1802) in einigen Zügen wenigstens beeindruckten. Über Cooper sagt Sealsfield, es seien bei ihm die Charaktere übertrieben, und man vermisse die «wissenschaftliche Bildung»; doch er hält ihn für einen ausgezeichneten Schriftsteller. Eine ganze Reihe von Coopers Romanen lag schon vor, als Sealsfield an der Geschichte Tokeahs schrieb, so *The Spy* (1821), *The Pioneers* (1823), *The Last of the Mohicans* (1826), *The Prairie* (1827), und Sealsfield widmete Cooper schon 1831 einen kritischen Aufsatz, der vieles enthält, was in der Einleitung zum *Morton* an besser zugänglicher Stelle zu finden ist[18]. Die Ähnlichkeiten zwischen Coopers *The Last of the Mohicans* und *Tokeah* sind nicht zu übersehen. Es besteht kein Zweifel, daß Sealsfield von Cooper lernte. In beiden Romanen bildet ein internationaler Krieg den Hintergrund der Erzählung. Handlungszüge, Worte und Namen aus Coopers Roman kehren bei Sealsfield wieder. Krumpelmann reiht

einige davon in der Einleitung zur Neuausgabe des *Tokeah*
auf und betont zugleich, «that in his conception of the nature
and of the circumstances of the American aborigines Sealsfield differs greatly from the ideal concept of the ‹noble sa-
vage› (Uncas et. al)». Trotzdem sei «Sealsfield's first novel,
like *The Last of the Mohicans* ... basically a romantic narrati-
ve». Sealsfield zitierte auf dem Titelblatt der englischen Ausgabe Goethes Mignonlied: «Knowest thou the land where the
lemon trees bloom?» wozu Krumpelmann anmerkt: «This
description fits Sealsfield's Paradise of Louisiana, with its
citrus groves and oranges (Cf. *Cajütenbuch*, ‹Ein Morgen im
Paradiese›.)». Die endgültige deutschsprachige Fassung des
Romans demonstriert, wie aus der romantischen Erzählung
ein politischer Roman wurde, in den Sealsfield nur die Züge
der ersten Fassung übernahm, denen er eine Funktion im Ge-
samtzusammenhang seiner neuen Form geben konnte.

Ein Sonderthema bildet die Geschichte der weißen Rose:
Das zarte Kind, dessen Hände die Natur nicht zur Arbeit geschaffen, das gerade seiner Zartheit wegen sowohl von seiner
robusten weißen Pflegemutter in Georgia als auch von den
Indianern respektiert wird, das den wilden Miko, dem der Haß
auf die Weißen Lebensgesetz ist, durch sein Wimmern zu
einer Tat der Humanität verleitet, das – «weiße Rose» von
Rothäuten auf Händen getragen – als engelgleiches Geschöpf
unter Wilden lebt, eine arme Waise und doch von allen geliebt, dies Kind ist typologisch eine Figur der Weltliteratur.
Ob man es in Zusammenhang bringt mit Romulus und Remus,
die von der Wölfin genährt und von Hirten erzogen werden,
oder mit Moses, den die Tochter des Pharao, der ihn töten
möchte, im Schilf findet und als Sohn annimmt, oder mit
Mignon, – es trägt die Züge des «göttlichen Kindes», das K.
Kerényi und C. G. Jung beschrieben haben. Es gilt für das
Mädchen «die *Einsamkeit* des göttlichen Kindes, und daß es
in der Urwelt doch *heimisch* ist»[19]. Das moderne Indianerproblem verbindet sich mit einem mythischen Vorgang, wenn
Rosa für die Indianer Partei ergreift (z. B. III, S. 156 f.; 166;
169). In der ausweglosen Konfliktsituation, in der sich Weiße
und Indianer befinden, verkörpert das Kind die Hoffnung.

Dies enthält schon die Szene des ersten Kapitels, in der To-keah, um «Milch für eine kleine Tochter» bittet und «ein wunderschönes Kind, in kostbare Pelze gehüllt,» aus seiner blutbefleckten Wolldecke zieht. Situationsbegründet sind ge-wiß die Betroffenheit der auf ihr Muttertum angesprochenen weißen Frau und ihre spontane Zuneigung zu dem Kind. Doch über die konkrete Situation hinaus klingt Mythisches an, ist Mythisches wirksam. Rosa selbst sagt später einmal: «Aber im ewigen Leben werden sich ja die Weißen und Roten nicht mehr morden, sie werden sich freuen und ewig selig sein.» (II, 9) Canondah indessen, deren Beschützerfunktion gleichfalls mythische Vorbilder hat, hält es für ausgeschlos-sen, daß «der große Geist» in der Ewigkeit «keine abge-sonderten Wiesen für die Weißen und Roten haben» sollte (II, 9).

Der überraschend wiedergefundene «sehr edele Vater» mag in einem politischen Roman befremden: auch dies, daß der Vater plötzlich wiedergefunden und «sehr edel» ist, ist ein uraltes Motiv. Noch in der Neuzeit, im Barockroman, im 18. wie im frühen 19. Jahrhundert hat man mit solchen Motiven gearbeitet. Simplicius, Agathon, Titan erkennen sich plötz-lich als Söhne «sehr edler» Väter. Rosas Versuch schließlich, sich freundlich von Tokeah zu verabschieden, wiederholt Iphigeniens Bemühen um das «Leb' wohl» des Thoas. Die politische Wirklichkeit schließt einen Erfolg Rosas aus, ob-wohl beide Parteien das Streiten lange satt haben. «Ich sehne mich nach einem ruhigern Platze» (I, 50), sagte Copeland, ehe er Georgia verließ, und Tokeah sagte oft, er sei «der Weißen müde». Ein Weg zur Versöhnung bedeutet das aber nicht. Beiden geht es um die Freiheit, wie sie versichern. Doch der Indianer muß «sie suchen, da wo der Weiße noch nie sei-nen Fuß hingesetzt hat» (I, 55). Daß Rosa ihm nicht folgen kann, sondern zu ihrem Vater geht, ist vom Konkreten, vom Politischen und vom Mythischen her gegeben, und gerade vom Mythischen her kann kein Zweifel über ihre Entschei-dung aufkommen.

Zu ganz anderen Perspektiven führt die Tatsache, daß Rosa offenbar spanischer Abkunft ist und vieles in ihrem

Wesen daraus abgeleitet werden könnte. Sealsfield hat sich
der Vielfalt der nationalen Eigenarten auch in seinen übrigen
Schriften gern gewidmet. Die Zartheit und Vornehmheit im
Erscheinungsbild der Vertreter des spanischen und kreolischen Hochadels, in deren Zügen sich römische Abkunft ausdrücke, hat er oft betont in seinem zweiten großen Roman
Der Virey und die Aristokraten oder Mexiko im Jahre 1812
(1834). In diesem Buch sei das «Deskriptive der Geschichte ...
Hauptsache», erklärte der Autor in der Vorrede zum *Morton*.
Die «Tendenz» sei «eine höhere als die des eigentlichen Romans»; sie nähere «sich der geschichtlichen». Die Romanhandlung, wie man sie bisher verstand, ist aus diesem Grunde
nur schwach ausgebildet, die Erzählung deshalb aber nicht
weniger packend. Das Gegeneinander der verschiedenen politischen Gruppen, ihre fortschreitende Auseinandersetzung
bilden eine epische Bewegung großen Ausmaßes. Das Problem
der Simultaneität der Vorgänge, die in Geschichte und Landschaft begründet sind und sich unter den Augen des Lesers
aus den historischen wie geographischen Gegebenheiten
gleichzeitig entfalten, dieses Problem hat Sealsfield auf seine
Weise gelöst, bevor Gutzkow die Forderung nach dem «Roman des Nebeneinander» aufstellte (vgl. S. 80 f.). Es entstand
dabei die überzeugende Analyse der sozialen und politischen
Verhältnisse im Mexiko des Jahres 1812. An der Spitze des
mit Gewalt von Spanien zusammengehaltenen Staatsgebil-
des steht der Virey, der Vizekönig Venegas, der mit Hilfe
von geliehenen Bestechungsgeldern zu seinem Amt kam und
unter dem Anschein von Großmut und Gnade, von landes-
väterlicher Fürsorglichkeit und vorbildlicher privater Lebensführung das Land gewissenlos auspreßt, um sich selbst
zu bereichern. Aufständische Massen, verschiedenen Rassen
und Rassenmischungen angehörend, Indianer und Neger,
Mestizen, Mulatten und Zambos, in materiellem Elend und
ohne soziale Rechte, bedrohen die Hauptstadt mit wechseln-
dem Erfolg, angeführt von zum Teil achtbaren, zum Teil
skrupellosen Revolutionären unterschiedlicher Begabung, vornehmlich Priestern. Die kleine Gruppe spanischen Adels, die
nur auf die eigenen Vorteile bedacht – das bedeutet: die Er-

haltung ihrer Privilegien zur Ausbeutung des Landes –, sieht mit Hochmut auf die kreolischen Aristokraten herab und bekämpft ihre Teilnahme an der Regierung und der Führung der Armee. Trotzdem sehen die kreolischen Aristokraten in der Verbindung mit den Aufständischen keinen Gewinn, weder für sich noch für den Staat. Sealsfield läßt den Conde San Jago, eine erfundene Figur, das in dieser Situation Notwendige tun.

Das Gesamtbild der mexikanischen Verhältnisse entfaltet Sealsfield wieder bewußt vom Standpunkt des Bürgers der Vereinigten Staaten. Die verlogene, phrasenhafte Sprache am Hof des Virey brandmarkt er als Mittel zur Herabsetzung und Verdummung des Menschen. So heißt es etwa im Rahmen der Beschreibung eines pomphaften Empfangs beim Virey: «‹Und es ist mit dem größten Vergnügen›, fuhr der Satrape mit seinem süßesten Lächeln fort, ‹daß wir den Großen dieses Königreichs eröffnen, daß die erwähnten allerhuldreichsten Gnadenbeweise Sr. geheiligten Majestät im Königreiche bereits angelangt und des glücklichen Zeitpunktes harren, wo das Allerhöchste Namensfest unseres angebeteten Monarchen uns gestatten wird, über diese allerhuldreichsten Merkmale Allerhöchstdero Gnade, nach Allerhöchstdero gnädigster Willensmeinung, alleruntertänigst gehorsamst zu verfügen›.» Sealsfield fügt hier die Bemerkung an: «So niederträchtig, unmännlich und selbst absurd solche Redensarten in unserer männlich freien amerikanischen Sprache klingen, so zwar, daß es gewissermaßen unmöglich scheint, sie wiederzugeben, und so sehr sie sicherlich das Gelächter und die Verachtung jedes Gebildeten in unserem und dem Mutterlande erregen müßten, so ist doch bekanntlich diese die Menschheit entehrende Sprache in allen Ländern des despotisch beherrschten Kontinents von Europa so sehr Mode geworden, daß sie da gewissermaßen zum guten Tone und zur Bildung gehört.» (140 f.)

Daß Sealsfield Mexiko je besuchte, konnte bisher noch nicht bewiesen werden. Den groß angelegten Landschaftsschilderungen nach, die er von der Stadt Mexiko und ihrer Umgebung so wie dem Tal von Tenochtitlan gibt, müßte er sich wenigstens vorübergehend dort aufgehalten haben. Er war allerdings auch in der Lage, «mit großer Kraft Länder und Volkstypen» zu schildern, «die er nie gesehen» hatte, so in *Scenes in Poland. I. 1794*[20].

Bald nach dem mexikanischen Geschichtsroman erschien *Die große Tour* (1835), seit der Ausgabe von 1846 unter dem Titel *Morton oder die große Tour* bekannt. Das Manuskript trug den Titel *Lebensbilder aus beiden Hemisphären*. Es kamen nie mehr als die beiden ersten Bücher heraus, und fraglich ist, ob die Anlage des Ganzen zu einem Roman tauglich war, ob Sealsfield einen solchen überhaupt plante. Die Form von locker aneinander gereihten Bildern oder Skizzen hat ihm sehr zugesagt. Schon vorher gab er *Transatlantische Reiseskizzen und Christophorus Bärenhäuter* (1834) heraus, später *Lebensbilder aus der westlichen Hemisphäre* und *Lebensbilder aus beiden Hemisphären 3. Teil*, wobei die abgedruckten Erzählungen sich zum Teil wiederholten, aber eben keine Fortsetzung oder ein Abschluß des *Morton* erschien. Die Erzählung von der «großen Tour» ist die Geschichte eines sympathischen jungen Amerikaners aus angesehener Familie. Nach schwerem Vermögensverlust durch eine Schiffskatastrophe und nach einem Selbstmordversuch läßt ihn der Bankier Girard, eine in Philadelphia berühmte Figur, ins internationale Geldgeschäft einsteigen, indem er ihn nach Paris und London schickt und zum Nutznießer besonderer Aufträge und bedeutender Verbindungen macht. Von den beiden von Sealsfield ausgeführten Teilen spielt der erste in Philadelphia und Pennsylvanien und der zweite in London. Seine Absicht war, mit der Geschichte Mortons auf die weltweite Macht des Geldes, des Dollars und des Pfundes, hinzuweisen und die damit verbundenen Gefahren für die Substanz des Menschen zu beleuchten. «Bei uns vertritt nämlich money die Stelle der Liebe; sie bedeckt der Sünden viele, oder vielmehr alle» (I 211), in diesen Worten wird das Fazit einer sehr heitern Szene beim Abschied Mortons aus Philadelphia gezogen. Mit der Entlarvung der Finanzleute betätigte sich Sealsfield erneut als Parteigänger Jacksons, der von Natur ein Gegner des Bankgewerbes war. Sealsfields Kritik am internationalen Geldwesen entsprach seinem Engagement für den Präsidenten.

Anders angelegt und von anderer Thematik als alle Werke, die Sealsfield bis dahin schrieb, ist *Das Kajütenbuch oder Nationale Charakteristiken* (1841). Walter Weiß gab in seinem Aufsatz «Der Zusammenhang zwischen Amerika-Thematik und Erzählkunst bei Charles Sealsfield (Karl Postl)»[21] eine eindringliche Interpretation seiner komplizierten Struktur. Man hat vielfach überlegt, ob das Werk als Roman oder als «Novellenkranz» zu bezeichnen sei. Die Unterhaltungen und Diskussionen einer Abendgesellschaft in der «Kajüte», dem Landhaus eines Kapitäns, bilden den Rahmen für eine Anzahl von Erzählungen, unter denen *Die Prärie am Jacinto* als bedeutendes Stück deutscher Prosa viel genannt wird. Die Erzählungen umkreisen wie die Diskussionen die Probleme der Angliederung von Texas an die Vereinigten Staaten von Nordamerika.

Sealsfield war zu seiner Zeit ein viel gelesener Autor. Seine Schriften wurden ins Englische und Französische übersetzt und fanden in Amerika, Frankreich und England großen Anklang. In Zürich lasen die Schüler des Gymnasiums um die Mitte der dreißiger Jahre den *Legitimen* und den *Virey* unter den Schulbänken. Diese Romane sind auch heute, wenngleich lange vergessen und im Augenblick kaum bekannt, eine interessante Lektüre und bei weitem anregender und angenehmer zu lesen als die Romane der Jungdeutschen. Was sie vor ihnen, den Romanen von Laube, Mundt, Kühne und Gutzkow, voraushaben, ist: sie sind packend vom Stoff her und getragen von einer handfesten politischen Konzeption, die Sealsfield aus konkreten Verhältnissen gewann und mit Enthusiasmus vertrat.

Den Vertretern des Jungen Deutschlands fehlte in ihren Romanen gerade das, was sie suchten, ersehnten und propagierten: die Lebensfülle. Sie krankten an Stoffarmut. «Mit einem Wort: erzählen muß man lernen», sagte Heinrich Laube einmal. So richtig dies ist – *was* sollte man erzählen? Ob man erzählen lernen kann, ohne daß man etwas zu erzählen hat? Freilich: wer ein echter Erzähler ist, der schafft sich seinen

Stoff; er hat ihn; er trifft ihn überall. Aber die Jungdeutschen
konnten nicht jeden Stoff gebrauchen. Der Stoff mußte zu
ihren Themen passen; und Themen waren die Politik, der
Staat, die Freiheit, der Kampf gegen das, was man das System
Metternich nannte. Was gab es außer Gefängniserfahrungen,
außer bedrückenden Erlebnissen in der Enge ihrer Welt zu
diesem Thema zu erzählen? Sealsfield konnte unendlich viel
dazu erzählen, «ja er konnte oft» – so wird aus seinen späteren Jahren berichtet – «auf dem Sofa sitzend, beide Hände
über dem Schoße faltend und unverwandten Blickes vor sich
hinschauend, in so glühenden Farben und so vollendetem
Satzbau halbe Stunden lang extemporieren, daß man wie verzaubert in ein unbekanntes Land hineinsah. Nordamerika mit
seinen republikanischen Institutionen ging ihm über alles!
Amerikanische Freiheit war sein Ideal.» (Castle, S. 585) Dies
schloß nicht aus, daß er über die Vereinigten Staaten oft auch
sehr kritisch sprach (Castle, S. 601). Es handelte sich nicht um
Verherrlichung, wenn er erzählte, sondern darum, daß ihm
Gegenstand und Thema zur Verfügung standen, daß sie für
ihn eine Einheit bildeten und ihn in dieser Einheit faszinierten. Dies aber war es, was seinen in Deutschland gebliebenen
Zeitgenossen fehlte. Sie hatten nur negative Erfahrungen.
Eine Alternative zu dem, was sie ablehnten, besaßen sie nicht.
Ihre politischen Vorstellungen mußten verschwommen bleiben. Es gab in ihrem Umkreis nicht den geringsten Anhalts-
punkt, um zu einer Klärung zu gelangen über das, was im
politischen Leben überhaupt möglich ist.

Ein Dokument der Ratlosigkeit ist der Roman *Das junge
Europa* (1833–1837) von HEINRICH LAUBE (1806–1884). Er
besteht aus drei Teilen: *Die Poeten* (1833), *Die Krieger* (1837),
Die Bürger (1837). *Die Krieger* gelten als der wertvollste Teil.
«Man könnte ... behaupten», wurde gesagt, sie «seien in gewisser Beziehung das gelungenste unter allen jungdeutschen
Prosawerken überhaupt.»[22] Gebracht werden in lebendigen
und von Sachkenntnis getragenen Bildern Ausschnitte aus
dem polnisch-russischen Krieg von 1830–31. Laube lebte
während des polnischen Aufstandes als Hauslehrer auf einem

Gut in der Nähe der polnischen Grenze und empfing dort viele Berichte aus erster Hand. Gepackt von den Ereignissen, verschaffte er sich weitere Informationen über die Vorgänge, studierte polnische Geschichte und ließ sich von einem verwundeten polnischen Offizier, den er in Breslau kennenlernte, Einzelheiten aus den Kämpfen berichten. So war er in der Lage, besondere Szenen des Krieges, die geographische Situation und die Charakteristik der Heerführer sowie der rivalisierenden Gruppen im polnischen Volk herauszuarbeiten. Deutlich zu erkennen ist, wie er bei der romanhaften Ausgestaltung des Materials Motive Walter Scotts verwendet.

Während der erste und der dritte Teil der Trilogie Briefromane der überkommenen Form sind, gibt Laube in den *Kriegern* eine fortlaufende Erzählung vom Standpunkt eines gut unterrichteten, sachlich darstellenden Erzählers. Es ist die Geschichte einer gescheiterten Revolution. Sie wird am Medium einer Hauptfigur namens Valerius dargeboten. Der Leser kennt Valerius schon aus dem ersten Teil, den *Poeten*, in dem jugendliche Freunde von verschiedener Denkart und Charakteranlage ihre Meinungen über die sie bewegenden Fragen der Zeit austauschen und diskutierend ihre Liebesabenteuer berichten. Valerius genießt besonderes Vertrauen unter ihnen und ist als ideale Gestalt geeignet, Zeuge für die Unausweichlichkeit der bitteren Erfahrungen des Zeitalters zu sein. Sein letzter Brief aus Deutschland, der zweitletzte des ersten Teils, enthält die Nachricht, er gehe «morgen nach Warschau, um für das heilige Recht eines Volkes gegen die Tyrannen zu fechten». In der Darstellung seines Abschiedes von den Freundinnen auf Grünschloß, einem gräflichen Besitz, wo der Kreis der «Poeten» sich zusammengefunden hatte, verbindet er Wertherstimmungen mit den politischen Vorstellungen und Absichten seiner Generation: «Ich hatte mir mein Pferd satteln lassen, brachte meine lieben Zuhörerinnen in ein erhebendes Gespräch über ein weites reiches Leben nach dem Tode, über seinen Vorgeschmack, die Freiheit, und die Opfer, die wir ihr bringen müßten. – Der erhobene Mensch trägt alles Leid noch einmal so leicht; das Herz besitzt unglaubliche Kräfte, man muß sie nur wecken.» Über sein Wegreiten sagt er: «Der Mond schien auf mein tränenweiches Gesicht. Ade, ... sprach ich, in einer freieren Welt wieder.»

Der Stil der *Krieger* unterscheidet sich grundlegend von dem der *Poeten* und bedeutete für die Generation der Jungdeutschen eine neue Form des Schreibens. Sie ist begründet in dem Thema, das Laube mit seinem breit ausladenden epischen Bericht konkretisieren wollte: Die Erfahrungen, die Valerius als «Freiwilliger aus Deutschland» während der polnischen Revolution mit der politischen Wirklichkeit des Landes macht, widerlegen nicht allein seine Erwartungen, er hat nicht nur Vorstellungen zu korrigieren, sondern gänzlich neue Erkenntnisse zu verarbeiten. Dem Bestreben, ein angemessenes Bild der realen Verhältnisse Polens zu geben, das Laube mit der Darstellung des allmählichen Erwachens seines Helden verbindet, entspricht sein Bemühen, reale Gegebenheiten des Landes und seiner Situation sachlich zu beschreiben. An diese realen Gegebenheiten tastet sich die Erzählung von außen heran, indem sie die im ersten Teil angesetzte und im dritten Teil zu Ende geführte Romanhandlung in impressionistischen Beschreibungen entfaltet. Sie beginnt damit, wie am Abend nach der Schlacht bei Grochow Manasse, ein alter Jude, seinen Sohn Joel auf dem Schlachtfeld sucht, ihn schließlich zwischen Toten und Stöhnenden findet und von ihm zu seinem großen Verdruß gezwungen wird, auch den schwerverwundeten Valerius zu seinem Wagen zu schaffen und mitzunehmen. Joel ist als Parallelfigur zu Valerius von wichtiger Funktion für den Roman. Im Gegensatz zur Shylockgestalt seines Vaters edel und selbstlos, bemüht er sich aufrichtig, sein Bestes im Befreiungskampf seines Landes zu tun, wird aber als hoffnungslos Ausgestoßener von allen kämpfenden Gruppen zurückgewiesen; die liebenswürdige und tapfere polnische Grafentochter, die er verehrt, weist ihn noch in ihrer Todesstunde von sich und duldet keine Hilfeleistung von ihm. Seine Entscheidung, wieder «Schacherjude» zu werden, bildet das Thema seiner Gespräche mit Valerius in den letzten Kapiteln der *Krieger*. Wie der Roman

mit dem Auftreten der beiden Juden begann, so endet er bei
ihnen. Die Aussichtslosigkeit, zu der alle idealen Bestrebungen Joels verurteilt sind, gehört zu den Einsichten, die Valerius den Glauben an Sinn und Erfolg der Revolution ver-
lieren lassen. Weitere wichtige Erfahrungen erbringen ihm
seine Begegnungen mit den Vertretern des polnischen Adels.
Auf dem Grafenschloß, auf dem er nach seiner Verwundung
gepflegt wird, lernt er die häuslichen Verhältnisse der führenden Kreise des Landes kennen. Wie Laube in den ersten
Kapiteln der *Krieger* die Gestalten Manasses und Joels allmählich aus dem Dunkel heraus Konturen gewinnen ließ,
so wird auch jetzt der Leser von äußeren Eindrücken her zum
Kern der Probleme geführt. Das Grafenschloß ist, wie Valerius von seinem Fenster aus sieht, «offenbar schlecht erhalten, der Putz war an vielen Stellen abgefallen, die Stufen,
welche zum Portal führten, waren schadhaft oder fehlten
ganz, die Rinnen hingen zerstört von der Traufe ... Wirt-
schaftsgebäude und Scheuern ... gewährten einen unerfreu-
lichen Anblick. Sie waren nachlässig aus Lehm gebaut und
mit Stroh gedeckt. Hie und da bemerkte man große Lücken
in Dach und Mauern ...». Der Graf empfängt seinen deutschen
Gast «in einem weiten, leeren Saale ... Valerius mußte sich
einen der schlechten Stühle nehmen, welche in geringer
Anzahl und unordentlich im Saale herumstanden.» Die Erscheinung des Hausherrn macht «keinen wohltuenden Eindruck» auf ihn, «die Augen lauerten dreist oder kamen frech
angesprungen ...». Verbindlich unterhält er sich mit Valerius,
während er «einen der Hunde über den Kopf schlug, die
Peitsche nach dem alten Diener warf, der den Tisch zu decken
kam ...». Die einfachen Leute durchschauen ihn. Von ihnen
spricht der Erzähler mit Sympathie, führt sie aber in Szenen
vor, die demonstrieren, wie wenig sie zustande bringen, daß
sie zwar guten Willens sind, aber schnell uneinig und ver-
führbar, ohne Überblick und zu Unüberlegtheiten geneigt.
Eine Heldenfigur, zu der sie alle aufschauen, ist «der Schmied
von Wavre», ein geheimer Führer des Widerstandes, vergleichbar dem Robin Hood in Scotts *Ivanhoe*. Er findet, nachdem Warschau gefallen ist, bei der allgemeinen Auflösung

des polnischen Heeres in einem Gefecht mit einer Truppe Kosaken den Tod. Das Ergebnis des unglücklichen Krieges faßte er kurz vorher zusammen: «Warschau ist alles, die großen Herren haben ihr Spiel verloren, und wir kommen hinterdrein.» Das Spiel, das die Aristokratie in den entscheidenden Monaten treibt, sieht Valerius aus unmittelbarer Nähe mit an. Es wird von seinem Blickpunkt aus geschildert als eine fortlaufende Erfahrung, während er in Warschau im Salon verkehrt, an den kriegerischen Unternehmungen teilnimmt und hier wie dort mit führenden Persönlichkeiten des Landes zusammentrifft. Zwischen den Berichten über die Ereignisse stehen seine ausgiebigen Reflexionen, in denen er sich bemüht, einerseits dem polnischen Volk gerecht zu werden und es in seiner Eigenart zu verstehen, andererseits seine bisherigen Begriffe mit seinen neuen Erkenntnissen zu vergleichen. Er wird zweimal verwundet, einmal von den Warschauer Aufständischen beinahe als ausländischer Verräter an eine Laterne geknüpft und viele Male von den Vertretern der Aristokratie mit Hochmut und Mißtrauen behandelt. «In all seinen Überzeugungen war er schwankend geworden», heißt es von ihm. Was geschieht, entspricht nicht seinen Erwartungen, aber er muß sich eingestehen, daß er mit seinen bisherigen Vorstellungen den Begebenheiten nicht beikommen könnte. Er wird schließlich in die allgemeine Niederlage hineingerissen und sieht sich am Ende mit Joel allein. Das Ergebnis seiner Erfahrung lautet: «Wer sich töricht unterfängt, in Schnelligkeit die Weltgeschichte meistern und ändern zu wollen, wie wir in den letzten Jahren als eine Kleinigkeit versuchten, der beklage sich nicht, wenn er zugrunde geht. Handle, wer sich berufen fühlt, aber keiner wage ins einzelne vorauszubestimmen, was werden soll; wir kennen die Welt nur einen Schritt weit. Ich will in meine Heimat gehen, mir eine Hütte bauen, das Weite auch ferner betrachten, aber nur fürs Nächste wirken.»

Neben der Haupthandlung läuft eine Nebenhandlung, die für den zeitgenössischen Leser ebenso viel Aktualität gehabt haben mag wie die gescheiterte polnische Revolution: die Beziehung des bürgerlichen Freiheitskämpfers zu einer adeligen

Dame hohen Rangs. Valerius hatte die Fürstin Konstantin schon auf Grünschloß kennengelernt und trifft sie in Warschau auf einem Ball wieder. Er gerät schnell in den Bann ihrer Persönlichkeit, anfangs noch vom Problem der Treue belastet, weil in Deutschland ein Mädchen auf ihn wartet. Von seinem bald darauf erfolgenden Aufbruch zu den neuen Kampfhandlungen gegen die Russen will sie ihn abhalten, und wenig später fordert sie ihn, während er an einer Schlacht teilnimmt, durch einen Brief auf, zu ihr zurückzukommen: «... vernachlässigst Du meine Liebe, so kann sie plötzlich über Nacht ermordet sein ... Was kümmert Dich der Krieg dieses Volks? ... Folgst Du meinem Rufe nicht, so haben wir uns ineinander geirrt.» Da er sich vom Krieg mitreißen läßt und es seiner Ehre schuldig zu sein glaubt, nicht umzukehren, verliert er sie.

Liebesbeziehungen zwischen Angehörigen verschiedener Stände waren seit langem ein Thema der Literatur. Es konkretisierte sich im *Wilhelm Meister* auf besondere Weise in der Beziehung des dichtenden bürgerlichen Jünglings zunächst zur liebenswürdigen Gräfin, später zu ihrer Schwester, der «schönen Amazone», deren Ausstrahlung von anhaltender Wirkung auf das innere Leben des Betroffenen ist. Eduard Mörike wiederholte das von Goethe übernommene Modell in *Maler Nolten* (1832) mit der Beziehung des bürgerlichen Malers zu Konstanze von Armond, der Schwester des Grafen von Zarlin. «Die Reize ihrer Person, die Freiheit ihres gebildeten Geistes, verbunden mit einem lebhaften, selbst ausübenden Interesse für seine Kunst», sind bei Mörike die Voraussetzung für die sich entfaltende Gefühlserregung Noltens. Wie für Valerius entsteht auch für Nolten ein Konflikt zwischen einer älteren Bindung an ein Mädchen gleicher gesellschaftlicher Herkunft und der neuen Beziehung zu der adeligen Dame. Dieser Konflikt hat tiefgreifende Folgen. Konstanze erhält Kenntnis von der älteren Bindung des Malers durch ihr in die Hand gespielte Briefe und rächt die vermeintliche Kränkung. Auch bei Laube spielen Briefe eine Rolle: die Fürstin Konstantin bringt Valerius selbst die Briefe Camillas aus Deutschland mit. Sie bewirken, daß Valerius sich vorüber-

gehend von der Fürstin fernhält, während sie die Tatsache
der Briefe gleichgültig übergeht. Die Besonderheit in der Konzeption Laubes ist im Vorrang der sinnlichen Wirkung der
Fürstin auf Valerius zu sehen. Sie hat zu seinem geistigen
Leben kein Verhältnis. Auffallend ist, daß sie während der
ersten großen Leidenschaftsszene zu ihm sagt: «Du bist so
rein, Valerius, so frei von jener groben männlichen Sinnlich-
keit, die auch das heißeste Weib erschreckt ... ich war nie
so glücklich.» Die Äußerung mag von Laube als Adelskritik
gemeint sein, wie auch die Tatsache, daß die Fürstin Valerius
wählt und ihn vor ihren Standesgenossen bevorzugt, gesell-
schaftskritisch zu bewerten wäre. Zu bedenken ist, daß Natalie gleichfalls Wilhelm am Ende wählt; doch es bezeichnet
den Wandel in der Substanz des deutschen Romans, daß Valerius nur vorübergehende Beziehungen zur Fürstin haben
kann, die an seiner Gesamtpersönlichkeit keinen Anteil nimmt
und seinen Konflikten nicht gerecht wird.

Der letzte Teil des *Jungen Europa* führt die Geschichte des
Valerius zu einem Abschluß. Auf Betreiben eines seiner alten
Freunde, der als Antirevolutionär aus Paris heimkehrte, wird
Valerius ins Gefängnis gebracht und unter harte Bedingungen gestellt. Die Anklage verfehlt ihn insofern, als er auf
Grund seiner Erfahrungen in Polen längst von den Bestrebungen, die ihn dort zu kämpfen veranlaßten, abrückte. Nachdem
er endlich wieder frei ist, zieht er sich in eine entlegene Gegend zurück, arbeitet sich mit Erfolg hoch und gründet ein
eigenes Anwesen in einem verschwiegenen Tal. Beachtliche
Proben überzeugender Beschreibungskunst sind die Berichte,
die Valerius aus dem Gefängnis schreibt. Laube verarbeitete
hier die Erfahrungen seiner eigenen Haft.

So wenig wie Valerius sind den Figuren in den Romanen
Immermanns und Gutzkows produktive, für das Zeitalter
fruchtbare Entscheidungen vergönnt. Gute Absichten und
viele Überlegungen, Proklamationen ohne handgreifliche Folgen ersetzen das Handeln. Mitunter spielt noch die aus dem
18. Jahrhundert überkommene Vorstellung von der Wirksam-
keit geheimer Gesellschaften (vgl. Band I, S. 229) eine Rolle.

Abgesondert von der Öffentlichkeit, unter Verwendung eines nur den Eingeweihten zugänglichen Brauchtums und mit Berufung auf gegebene Symbole verkünden Repräsentanten eines von kleinen Kreisen getragenen Willens zur Veränderung die Ideen, die die Autoren als das Ergebnis ihrer Zeitanalyse betrachten *(Die Epigonen, Die Ritter vom Geist)*. Diese Zeitanalyse ist der spezielle Gehalt jener Romane, wobei unter Zeit die besondere, einmalige, historisch gewordene Epoche zu verstehen ist. Die sich aus ihr entfaltenden Begebenheiten sind unwiederholbar wie die Figuren, die die Zeit verkörpern. Es geht nicht wie in Goethes *Lehrjahren* und den Romanen in ihrer Nachfolge um die individuelle Entwicklung einer Titelfigur, der die andern Figuren untergeordnet wären, sondern alle Figuren haben in gleicher Weise die Funktion, die Tendenzen der Zeit auszudrücken. Sie sind gleichwertig und als Gruppe Träger der Vorgänge. Dies schließt nicht aus, daß einige mehr hervortreten als andere und eine sogar eine Hauptrolle spielt, ja als Hauptfigur bezeichnet werden kann.

In *Die Epigonen* (1836) von KARL LEBERECHT IMMERMANN (1796–1840) umreißt bezeichnenderweise nicht Hermann, der als die Hauptfigur zu gelten hat, sondern sein Freund Wilhelmi den Inhalt der Zeitanalyse, den der Titel des Romans programmatisch signalisiert: «Wir sind, um in *einem* Worte das ganze Elend auszusprechen, Epigonen und tragen an der Last, die jeder Erb- und Nachgeborenschaft anzukleben pflegt. Die große Bewegung im Reiche des Geistes, welche unsre Väter von ihren Hütten und Hüttchen aus unternahmen, hat uns eine Menge von Schätzen zugeführt ... Aber es geht mit geborgten Ideen wie mit geborgtem Gelde: wer mit fremdem Gute leichtfertig wirtschaftet, wird immer ärmer.» Was diese Situation für die in ihr Befangenen bedeutet, welche Folgen sich aus ihr für eine ganze Generation ergeben, erklärte Wilhelmi schon vorher: «Wir können nicht leugnen, daß über unsre Häupter eine gefährliche Weltepoche hereingebrochen ist. Unglücks haben die Menschen zu allen Zeiten genug gehabt; der Fluch des gegenwärtigen Geschlechts ist aber, sich auch ohne alles besondre Leid unselig zu fühlen. Ein ödes Wanken und Schwanken, ein lächerliches Sichernststellen und

Zerstreutsein, ein Haschen, man weiß nicht, wonach, eine Furcht vor Schrecknissen, die um so unheimlicher sind, als sie keine Gestalt haben! Es ist, als ob die Menschheit, in ihrem Schifflein auf einem übergewaltigen Meere umhergeworfen, an einer moralischen Seekrankheit leide, deren Ende kaum abzusehen ist.» (II, Kap. 10)

Immermann nennt den Roman im Untertitel *Familienmemoiren in neun Büchern. 1823–1835* und begründet im achten Buch, warum er «statt der Familiengeschichten nicht Welt- und Zeitgeschichte geschrieben habe». Seine Meinung ist, das politische Leben der Zeit tauge nicht zur Darstellung; es sei zu chaotisch und unerfreulich; es biete keine bedeutenden Gestalten, sondern den Anblick einer allgemeinen «Wasserwüste». Abseits vom öffentlichen Getriebe aber, in der privaten Sphäre, träfe man die anziehenden, eindrucksvollen Individuen; durch bedeutende Einflüsse geprägt und von reichem Innenleben, sei jeder in seiner persönlichen Welt «eine historische Natur geworden». Erzählt werden in zeitlichem Nacheinander in den ersten sieben Büchern Begebenheiten, die vor der Zeit der Julirevolution von 1830 liegen. Das achte Buch, auf 1835 datiert, bringt einen Briefwechsel zwischen dem erst hier eingeschalteten Herausgeber und einem Arzt, der zu den bis dahin laufend auftretenden Figuren gehörte. Eine Reihe von in sich geschlossenen Einschüben sind einzelnen Figuren des Romans gewidmet. Herausgeber und Arzt kommentieren und diskutieren, was in den ersten sieben Büchern wie in jenen Einschüben mitgeteilt wurde. Das neunte Buch führt die Romanhandlung zum Abschluß und trägt die Vorgeschichte Hermanns, die Geschichte seiner Eltern, nach.

Hermann tritt auf als Sohn eines Bremer Senators und Neffe eines sehr reichen Industriellen, der durch geschickte Manipulationen umfangreiche Güter eines Adelshauses sowie das Erbrecht ihres letzten Besitzers an sich brachte. Auf dem Schloß einer andern Linie dieses Adelshauses verbringt Hermann längere Zeit als gern gesehener Gast, aufmerksam und hilfsbereit an allen Ereignissen seiner Umwelt teilnehmend. Der Herzog, lediglich Titularfürst, und die Herzogin, Inbe-

griff gehobenen, beseelten Frauentums, verkörpern die Adels-
welt; ihr Lebensstil wie ihr Lebensinhalt sind durch den überkommenen Besitz geprägt, den sie als selbstverständlichen
Bestandteil ihrer Existenz betrachten. Hermann kann sich in
dieser Welt einleben, da er der Ansicht ist, daß «jetzt an einen
großen Inhalt des Lebens doch nicht zu denken ist» (I, Kap.
1). Als Siebzehnjähriger nahm er an den Befreiungskriegen,
als Zwanzigjähriger am Wartburgfest teil. Enttäuscht von den
politischen Bestrebungen der Studenten und des staatlichen
Referendardienstes schnell müde, läßt er sich wie ein Aben-
teurer treiben, hin- und hergerissen von vielen Eindrücken
und Möglichkeiten. Die erzählerische Spannung seiner Geschichte wird durch eine rätselvolle Brieftasche erreicht, die
ihm der Onkel eines Tages schickt mit der Weisung, sie auf
Geheiß seines Vaters als Vierundzwanzigjähriger zu öffnen
und, bevor er ihren Inhalt kenne, sich nicht einzukaufen, kein
festes Amt zu übernehmen und sich vor allem nicht zu ver-
loben. Er scheut sich aber, zur gegebenen Zeit die Brieftasche
zu öffnen, und läßt sie sich von der Herzogin abnehmen und
verwahren; «mit meinem Willen lesen Sie kein Blatt darin»,
erklärt sie dazu. Schon während ihres ersten Zusammentref-
fens mit Hermann hatte sie bei ihm «die größte Ähnlichkeit»
mit ihrer illegitimen Schwägerin Johanna bemerkt und dazu
gesagt: «Ach, es ist nicht alles *eines* Blutes, was *einen* Namen
trägt!» (II, Kap. 1) So erhält der Leser frühzeitig Hinweise,
während Hermann nicht zur Klarheit kommt, obwohl ihm
manches begegnet, was ihn auf die Spur seiner Abkunft
bringen könnte. Eines Tages plötzlich – Hermann ist seit
längerer Zeit vom Schloß abwesend – sendet ihm die Herzogin die Brieftasche. Er liest, was er darin findet, und verliert
den Verstand.

Noch ehe der Leser von der Krankheit Hermanns und ihrer
inneren Ursache unterrichtet ist, wird ihm durch Aufbau und
Anlage des achten Buches sowie die seine Mitteilungen begleitenden Reflexionen vor Augen geführt, inwiefern der Arzt
im Zeitalter der Epigonen eine besondere Aufgabe hat. Lediglich bei Hermann kann er den unmittelbaren Anlaß für den
Ausbruch der Krankheit nicht erkennen. Er weiß nur, daß der

Leidende Opfer der allgemeinen Situation der Epigonen ist: «Mit schwerem Finger hatte ihn das Schicksal berührt, an ihm ein Zeichen gesetzt, welche Gefahren unsre Zeit den Jünglingen bereitet, die, mit Empfindung und Geist ausgerüstet, ungebunden dahinleben zu können meinen.» Da es um die «Gefahren» der «Zeit» geht, erklärt sich der ärztliche Partner des Herausgebers, bevor er das Krankheitsbild Hermanns beschreibt, über seine Stellung in der Gegenwart: «Der Arzt hat eine große Aufgabe in der Gegenwart zu lösen. Krankheiten, besonders die Nervenübel, wozu seit einer Reihe von Jahren das Menschengeschlecht vorzugsweise disponiert ist, sind das moderne Fatum. Was in frischeren, kürzer angebundenen Zeiten sich mit einem Dolchstoße, mit andern raschen Taten der Leidenschaft Luft machte oder hinter die Mauern des Klosters flüchtete, das nagt jetzt inmitten scheinbar erträglicher Zustände langsam an sich, untergräbt sich von innen aus, zehrt unbemerkt an seinen edelsten Lebenskräften, bis denn jene Leiden fertig und ausgebildet dastehn. – Zwischen diese verlarvten Schicksale ist nun der Arzt gestellt.» (VIII, Kap. 12)

Wodurch Hermann bei seinem «verlarvten Schicksale», bei Tabus und Täuschungen, in den Wahnsinn getrieben wird, ergibt sich erst aus der Aufhellung einzelner Handlungszüge. Eine besondere Rolle spielt dabei die romantische Gestalt Flämmchens – Mignon und Philine in einem. Auf magische Weise glaubt sie sich mit Hermann verbunden, lebt eine Zeitlang als Junge verkleidet in seiner Nähe, wird von ihm getrennt und findet ihn wieder, gepackt von einer elementaren Tanzbegabung, umringt von einem albernen Gefolge und getrieben vom Wunsch zur Vereinigung mit dem Freund, von dem sie ein Kind haben möchte. Sie erreicht die Vereinigung durch Irreführung, Zimmerwechsel und Täuschung; in leidenschaftlichem Liebesspiel nimmt sie ihm einen Ring ab. Hermann meint, die Nacht bei der von ihm verehrten Johanna verbracht zu haben. Da er bald danach aus den Papieren in der ihm plötzlich wieder zugestellten Brieftasche erfährt, daß nicht der Bremer Senator, sondern – wie er schon ahnen konnte – der verstorbene Herzog Heinrich sein leiblicher Vater und Johanna seine Schwester ist, nimmt er an, er habe sich mit der Schuld des Inzests beladen. Dies ist die Ursache seines Zusammenbruchs.

Nicht nur Hermann und Johanna stammen aus einer illegitimen Verbindung, auch Ferdinand, der vermeintliche Sohn von Hermanns vermeintlichem Onkel, hat einen anderen Vater, eben jenen Aristokraten, der seine Güter wie seine Erbansprüche dem Industriellen und damit dem eigenen Sohn übertrug. Die Verwirrungen werden im neunten Buch von der äußeren Handlung her gelöst. Ferdinand geht zugrunde, und der betrogene Stiefvater stirbt, als ihm die Wahrheit über den Ehebruch seiner verstorbenen Frau enthüllt wird. Flämmchen gibt, bevor sie im Elend versinkt und stirbt, jenen in der Liebesnacht gewonnenen Ring zurück, und Hermann erfährt, daß er mit ihr die Nacht verbrachte. Allmählich findet er zu sich selbst und übernimmt das riesige Erbe des Industriellen.

Der Roman ist im ganzen nicht einheitlich. Überkommene Motive verschiedenster Art sind darin verarbeitet. Daß Figuren nach ihrer Identität suchen und nicht die sind, die sie dachten, gab es schon im deutschen Roman des 17. Jahrhunderts (vgl. Band I, S. 38 und S. 45 f.). Bis in Immermanns Zeit war das Motiv beliebt. Ganz offenbar ist außerdem der Einfluß des *Wilhelm Meister* auf *Die Epigonen* sowohl in Einzelzügen als auch in der Gesamtstruktur. Das Schema des Goetheromans verbindet sich mit dem Gedanken des Zeitromans der dreißiger Jahre. Wilhelmi, der sich Hermann als Vertreter einer geheimen Gesellschaft zu erkennen gab und ihn in sie aufnahm, spricht eine Adelskritik aus, die die Gegenwart Immermanns betrifft: Der Adel ist «eine Ruine»; er ist «im Kern verwest; aber das Gehäuse steht noch aufrecht, und man kann sich daran noch immer die Stirn einrennen. Die Lebensluft der Aristokratie ist der Egoismus.» (II, Kap. 15) Im gleichen Sinne sagt der erfolgreiche Industrielle zu Hermann: «Du weißt es nicht, denn du bist noch zu jung, wie uns andre dieses bevorzugte Geschlecht drückte, peinigte, verdrängte, wie es sein Gift in das Innerste unserer Häuser spritzte! ... Was mich betrifft, ich will mich wenigstens an meinem Platze bestreben, die alten Feudaltürme und Burgverliese zu sprengen.» (IV, Kap. 9) In solchen Ausfällen wird der Unterschied zu dem nur vierzig Jahre zurückliegenden *Wilhelm Meister* greifbar. Daß die feudale Welt sich in überlebten Formen ergeht, denen in der Gegenwart keine Realität mehr entspricht, demonstriert die Großveranstaltung eines Festes zum Geburtstag des Herzogs (IV). Die Herzogin nahm sich für den Ablauf des Festes das Turnier von Ashby in Walter Scotts *Ivanhoe* zum Muster, muß aber auf das Lanzenstechen verzichten, weil es sich als zu gefährlich erweist. Die Ironie, die mit der Darstellung des ganzen Unternehmens verbunden ist, kommt allein durch die Sache selbst zum Ausdruck und findet in der kühlen, sich stets gleichbleibenden Sprache des Autors keine Spiegelung. So heißt es nach der halsbrecherischen Probe der ritterlichen Zweikämpfe, bei der es ausdrücklicherweise immerhin keine Toten gab: «Hermann sah die Herzogin die Hände ringen ... Ein Strom von Tränen floß aus ihren Augen; die armen feinen Lippen zitterten, sie war außer sich ... Augenblicklich sollten Schranken und Gerüste abgebrochen werden; denn sie wolle nicht eine zweite Angst wie die heutige erleben.»

In der gleichen sachlichen Weise wird das Demagogentreiben der Studenten geschildert. Auch hier scheint der Erzähler keine Miene zu verziehen, obwohl die Szenen, die er bringt, von einmaliger Komik sind und den Leser so großartig erheitern, daß der Ernst des Themas ganz überspielt wird.

Dies ist um so auffallender, als die Sorge um die Zeit, um ihre verborgenen wie sichtbaren Tendenzen, das ausdrückliche Thema des Romans ist. Die Gespräche, die darüber geführt werden, sind nicht lediglich gesellschaftliche Unterhaltungen, die dem Leser gelegentliche Äußerungen und beiläufige Anmerkungen des Autors geistreich zuspielen, sondern besitzen in dem Thema des Romans ihre inhaltliche Mitte. In ihr findet die Eigenart der neuen Romangattung, findet der Zeitroman den ihm gemäßen Ausdruck. So abgeschmackt die Handlung in vielen Einzelzügen uns im 20. Jahrhundert vorkommen muß – die Zeitanalyse, sowohl in den Salondebatten als auch im persönlichen Austausch zwischen Wilhelmi und Hermann während dessen Berliner Aufenthaltes im sechsten Buch, ist noch immer bemerkenswert. Sie erarbeitet die Zwiespältigkeit und Unsicherheit der neuen Situation des Menschen in den Jahren vor der Julirevolution von 1830. Diese Situation wird als allgemeines Problem sowie als persönliche Not beschrieben und soll in der Fiktion des Romans durch die Verhältnisse, um die sich die Gespräche wie die Darlegungen des Erzählers drehen, sichtbar bestätigt sein: Berlin, bei aller Goetheverehrung noch immer die Stadt Friedrich Nicolais, vermittelt keine Impulse für Kunst und Dichtung, und wer sich einer öffentlichen Tätigkeit widmen möchte, findet im preußischen Staat keinen Boden dafür. Dies wirkt um so bedrängender, als die privaten Beziehungen, wie sie in empfindsamer Zeit im Bereich der Freundschaft, Liebe und Familie bestanden, ihre Voraussetzungen im Gemüt des Menschen verloren. Nur oberflächliche Naturen, so erläutert Wilhelmi, können in solcher Gegenwart Behagen finden, während die ernster Veranlagten von Unruhe getrieben sind.

Trotzdem findet Hermann einen Bezirk, der von tätigem Leben zeugt und viele Möglichkeiten zur Entfaltung zukunftgestaltender Kräfte bietet: das Industrieunternehmen seines vermeintlichen Onkels. Mit der Darstellung dieses Unternehmens und seiner Struktur sprach Immermann der modernen Welt positive Aspekte zu, wie sie in der gleichzeitigen Literatur sonst nirgends zu finden sind. Der Verlauf einer Konferenz demonstriert die neue Form menschlichen Zusammenwirkens, die das feudale Verhältnis von Herr und Diener abzulösen hätte. Es heißt: «Hermann konnte bald ... sehn, daß hier keine Geschäftsführung im gewöhnlichen Sinne stattfinde. Nicht *ein* Herr mit verschiednen, nur die Ausführung besorgenden Dienern war vorhanden, sondern ein jeder Geschäftszweig hatte seinen unabhängigen Vorstand, welcher innerhalb desselben frei nach eigenem Ermessen verwaltete.» Mitunter «wurde die Beratung ganz kollegialisch, die Stimmenmehrheit entschied streitige Punkte ... Die Autorität des Oheims bestand nur in der Präsidentschaft. Er hörte die Berichte der einzelnen Direktoren an, äußerte darauf seine Meinung, die jedoch niemals wie ein Befehl klang, lächelte beifällig, wenn sie angenommen wurde, und ließ es geschehn, wenn der Referent sie verwarf.» (VII, Kap. 2)

Immermann stellt seiner geschichtlich bedeutsamen Bemühung um die Darstellung eines demokratischen Arbeitsstils und seiner Vorteile einen Katalog von Nachteilen entgegen, die er Hermann im Bereich der Maschinen wahrnehmen läßt. Zu seinem «tiefen Widerwillen gegen die mathematische Berechnung menschlicher Kraft und menschlichen Fleißes» sowie gegen «die Verdrängung lebendiger Mittel durch tote» kommt das ihn abschreckende ungesunde Aussehen der Arbeiter und ihrer Kinder, die Zunahme der Kriminalität, der Mangel an Schönheitssinn, die schlechten Sitten bei den hastig eingenommenen Mahlzeiten. Als Hermann am Ende das gesamte Erbe zufällt, das der Industrie wie das des Adels, beschließt er, für seinen Bereich den Weg zur Industrie rückgängig zu machen, die Fabriken eingehen zu lassen, die Mitarbeiter des Onkels auszuzahlen und den Boden dem Ackerbau zurückzugeben. «Die Erde gehört dem Pfluge, dem Sonnenscheine und Regen, welcher das Samenkorn entfaltet, der fleißigen, einfach arbeitenden Hand.» (IX, Kap. 16) Wie bei Laube im *Jungen Europa* ist auch hier die Idylle der einzige Ausweg.

Bei weitem kunstvoller als *Die Epigonen* gestaltete Immermann seinen zweiten Roman *Münchhausen. Eine Geschichte in Arabesken* (1838–39). Es ist ein bedeutendes Werk. Obwohl es sich gleichfalls um einen Zeitroman handelt, der auch nur wenig später als *Die Epigonen* erschien, unterscheidet er sich von ihnen doch wesenhaft in seiner Gesamtanlage. Während Immermann *Die Epigonen* als unmittelbare Zeitanalyse darbot, die mit den erzählerischen Mitteln einer Romanfiktion konventionell durchgeführt war, machte er in *Münchhausen* den fiktiven Charakter der Romanerzählung zum Zentrum dieser Erzählung. Die Fiktion ist nicht nur Ausdrucksmittel, sondern über weite Strecken hin das Thema des Werks. Selbst dort, wo von sachlichen, außerhalb der Fiktion bestehenden Inhalten die Rede ist, muß dem Leser das Fiktive der Situation bewußt bleiben. Er muß ständig wach mitverfolgen, wie

der Autor handelt, wie der Autor spricht; er darf sich nicht
der Illusion einer im Roman dargebotenen Wirklichkeit hin-
geben, sondern muß sich offenhalten für die Realität der
Fiktion. Von ihr her und in ständiger Bestätigung ihrer Eigenheiten entfaltet der Autor das ironische Spiel mit der Wechselbeziehung zwischen Lüge und Wahrheit, in dem der Gehalt des Buches zu sehen ist. In der Verwirklichung der Kunstform des Romans als Fiktion demonstriert er zugleich den
Inhalt der Zeitanalyse. Dies wird schon im Titel des Romans
deutlich. Sagte der Titel *Die Epigonen* sehr einfach, als was
die Zeitgenossen sich zu betrachten hätten und was ihr Schicksal sein müßte, so deutet *Münchhausen. Eine Geschichte in
Arabesken* auf das Schwindelerregende, Ungreifbare, Schwebende hin, das dem Buch eigen ist.

Dem deutschen Publikum war der «Lügenbaron» Münchhausen seit dem späten 18. Jahrhundert bekannt. Mit der
historischen Figur des Baron Karl Friedrich Hieronymus von
Münchhausen (1720–1797), der im Rahmen der geselligen
Kultur jener Zeit fabulierend seine Freunde unterhielt und dabei gern durch absichtliche Übertreibungen Unwahrheiten
entlarvte, war noch zu dessen Lebzeiten ein bunter Kranz von
Lügengeschichten aus der reichen und weitzurückgehenden
Tradition dieser Gattung verbunden worden. Nur eine von
mehreren in den achtziger Jahren des 18. Jahrhunderts er-
schienenen Sammlungen solcher Geschichten ist Gottfried
August Bürgers *Wunderbare Reisen zu Wasser und zu Lande,
Feldzüge und lustige Abenteuer des Freiherrn von Münchhausen, wie er dieselben bei der Flasche im Zirkel seiner
Freunde selbst zu erzählen pflegt* (1786).

Mit dem Wort «Arabesken», das nicht nur im Titel, sondern auch im Laufe des Romans gelegentlich verwendet wird,
verband Immermann die Vorstellung freier, nicht unbedingt
logisch verknüpfter Romanteile, die sich dennoch zu einem
Ganzen verschlingen. Diese Vorstellung wurde ihm durch die
Romantik vermittelt. Friedrich Schlegel nannte die Arabeske
«die älteste und ursprüngliche Form der Phantasie»[23]. Der
Zeitroman hat als «Arabeskengeschichte» vielfältige Dimensionen. Immermann unterbrach seine Verbindung mit dem

Bildungsroman und näherte sich der Romanform Sternes. Sie bedeutet das freie Spiel der Phantasie, des Geistes und der Ironie in Aufbau und Erzählweise (vgl. Band I, S. 87 ff.). Offenbar ist nur, wer sich auf dieses Spiel versteht, dem Zeitgeist gewachsen, der sich in dem Narrentreiben auf Schloß Schnick-Schnack-Schnurr spiegelt und mit dem die Lügengeschichten des abenteuerlichen Erzählers, der Gast des Schloßherrn ist[24], als schwerelose Luftgebilde korrespondieren.

Dieser abenteuerliche Erzähler bringt das Narrentreiben auf Schnick-Schnack-Schnurr erst recht in Gang, bewirkt aber auch den Umschlag vom Wahn zur Vernunft. Er selbst ist weniger Narr als bewußter Lügner. Er weiß, daß er Lügengeschichten erzählt, während seine Hörer einen Weg suchen, sich durch sie hindurchzufinden. Die Situation wird durch den verzweifelten Ausbruch des Schulmeisters erkennbar: «Herr von Münchhausen beginnen zu erzählen; dann fangen wieder andere Personen an, in diesen Erzählungen zu erzählen; wenn man nicht schleunig Einhalt tut, so geraten wir wahrhaftig in eine wahre Untiefe des Erzählens hinein, worin unser Verstand notwendig Schiffbruch leiden muß ... Herr von Münchhausen, ich halte Sie für einen großen, wunderbar begabten Mann, aber ich bitte Sie um die einzige Gnade, erzählen Sie etwas geordneter und schlichter.» Münchhausen erwidert darauf: «Ich kann versichern, daß ich meinen Stoff beherrsche, und daß in meinen Geschichten wie in meinem Geiste alles zusammenhängt ... Freilich für manche sind manche Kombinationen zu hoch.» (I, 13) Münchhausen kann nicht anders erzählen. Erst im Laufe des Romans wird sich zeigen, warum ihn «manche» nicht verstehen.

Daß nicht nur der Erzähler Münchhausen, sondern auch der Autor selbst, der das Erzählen arrangiert, mit dem Spiel der Fiktion hintergründige Absichten verfolgt, ist aus der fiktiven Umstellung der angeblich ersten zehn Kapitel zu ersehen, die erst nach dem sogenannten 15. Kapitel gebracht werden, so daß der Roman mit Kapitel 11 einzusetzen scheint. Begründet wird diese Umstellung mit der Eigenmächtigkeit des Buchbinders, der den vorgesehenen Eingang des Romans für unbrauchbar hielt. In der «Korrespondenz des Herausgebers mit seinem Buchbinder» (zwischen dem 15. und 1. Kapitel) – in den *Epigonen* (Buch 8) gab es eine «Korrespondenz mit dem Arzte» (vgl. S. 48) – legt der Buchbinder dem fiktiven Autor, der sich als «Herausgeber» vorstellt, dar: «Sie hatten die Münchhausenschen Geschichten wieder so schlicht angefangen, wie Ihre Manier ist: ‹In der deutschen Landschaft, worin ehemals das mächtige Fürstentum Hechelkram lag, erhebt sich eine Hochebene› usw., hatten dann von dem Schlosse und seinen Bewohnern berichtet ... dieser Stilus mochte zu Cervantes' Zeiten gut und ersprießlich sein, wo die Leser so sacht und gelind in eine Erzählung hineinkommen wollten wie in eine Zaubergrotte ... Aber heutzutage paßt die Magie eines solchen süßfesselnden Stils gar nicht mehr ... heutzutage müssen Sie noch mehr tun als die Baßposaune blasen, sie müssen den Tam-Tam schlagen und die Ratschen in Bewegung setzen ... die ordentliche Schreibart ist aus der Mode. Ein jeder Autor, der etwas vor sich bringen will, muß sich auf die unordentliche verlegen, dann entsteht die Spannung, die den Leser nicht zu Atem kommen läßt und ihn parforce bis zur letzten Seite jagt. Also nur alles wild durcheinander gestopft ... Mit *einem* Worte: Konfusion! Konfusion! – Ew. Wohlgeboren, glauben Sie mir, ohne Konfusion richten Sie heutzutage nichts mehr aus.»

Die Satire des Buchbinders bedeutet als Proklamation der Konfusion zwar Zeitkritik, doch besteht die Kritik an dem vorgesehenen Eingang «In der deutschen Landschaft, worin ehemals ...» gleichfalls zu Recht. Dieser verspottete Eingang wäre für ein so geistreiches Buch in der Tat schlecht, so schlecht wie die Gründe für seine Verschiebung an eine spätere Stelle. Der Herausgeber fühlt sich denn auch selbst sehr bald nicht wohl bei der Wiedergabe der Informationen, die er dem Leser in seinem ersten Kapitel schuldig zu sein glaubt: «ist es nicht ein Unglück für einen armen Erzähler, daß er immerfort die alten Geschichten wieder aufwärmen muß?» sagt er plötzlich zwischendurch. «Die Sachen, die ich da berichte, schienen schon vor fünzig Jahren durch die Romanenschreiber jener Zeiten so verbraucht zu sein!» Allerspätestens hier müßte dem Leser bewußt werden, was der Buchbinder nicht verstand: das Einführungskapitel mit all seinen schließlich doch notwendigen Angaben ist Parodie und zwar auf den unter Scotts Einfluß in Deutschland übermäßig Blüten treibenden historischen Roman. Eine solche Parodie hatte Münchhausen schon vorher zum besten gegeben. Es war die Einleitung für die «historische Novelle von sechs verbundenen kurhessischen Zöpfen» (I, 13), mit der Immermann den Stil der geographischen Lokalisierung, in dem die historischen Romane zu beginnen pflegten, verspottete: «Da, wo die buschichten Anhöhen des Habichtwaldes gegen Abend, die Hügelketten des Reinhartwaldes gegen Mitternacht, der felsichte Sörewald gegen Mittag zu einem weiten Tale auseinandertreten, durch welches die Fulda in mannigfachen Krümmungen von Mittag nach Mitternacht ihre Fluten wälzt, gegen Morgen aber eine lachende Ebne sich auftut, über welcher in weiter Ferne der majestätische Meißner sein blaues Haupt erhebt, liegt Kassel ...». Die umständlich geschraubte Ortsangabe entspricht einem bekannten Schema, das Immermann mit der Parodie Münchhausens verdeutlicht. In einem komplizierten Gefüge von verschachtelten, aus phrasenhaften Wendungen zusammengeleimten Nebensätzen windet sich eine pedantische Beschreibung vorwärts, die mit der zu erwartenden Geschichte nichts zu tun hat und von jedem Leser unwillig übergangen wird. Wie ein ernüchternder Schlag wirkt nach der langatmigen Ansammlung von im einzelnen nicht aufzunehmenden Angaben die knappe Feststellung des Hauptsatzes: «... liegt Kassel ...». Bezeichnenderweise erfolgt bei dieser eindeutigen und überraschend einfachen Auskunft eine von einer Schockwirkung zeugende Unterbrechung durch den Schulmeister: «O ihr heiligen und gerechten Götter, wohin soll denn nun das wieder führen?» Gleichsam unter Systemzwang fährt Münchhausen unerbittlich fort: «... liegt Kassel, die Hauptstadt des Kurfürstentums Hessen. Reinliche, breite Straßen ...». Vom Ort überwechselnd zur «Zeit, als nach der glücklichen Herstellung der alten Verhältnisse Kurfürst Wilhelm in die Hallen seiner Väter zurückgekehrt war», setzt er schließlich die in Darstellung und Verlauf sowie in den in sie eingelegten

Erzählungen sehr liebenswürdige Geschichte an, die Bemerkung einfügend: «der historischen Dichtung aber ziemt es, nichts in der Geschichte verloren gehen zu lassen, nicht einmal den ehemaligen kurhessischen Zopf». Münchhausen weiß über die Gattung, deren er sich bedient, Bescheid. Wie er den Schulmeister zurückweist, der ihn ein zweites Mal unterbricht – mit der schon zitierten Warnung vor einer «wahren Untiefe des Erzählens» –, so verwahrt er sich auch gegen die Aufforderung zur Beschleunigung seiner Geschichte: «Die historische Darstellung erheischt langsame Entfaltung; auf den Landstraßen sind Eilwagen eingeführt, aber, Sie wissen es ja selbst, unsre Romanciers fahren in ihren Geschichten noch mit der sächsischen gelben Kutsche, welche sich ehemals zwischen Leipzig und Dresden bewegte und zur Vollendung dieser Reise drei Tage gebrauchte, vorausgesetzt nämlich, daß der Weg gut war.» (I, 14)

Nach all dem ist deutlich geworden, warum der Roman nicht so einsetzen konnte, wie er der Fiktion nach mit dem ersten Kapitel hätte einsetzen sollen. Das Eingreifen des Buchbinders erweist sich als sachlich begründete Korrektur im Sinne der Intention des Autors, die durch die Behauptung des Buchbinders, es ginge darum, Konfusion zu schaffen, verschleiert wird, trotzdem aber sehr wohl zu erkennen ist. Das Spiel mit der Wechselbeziehung von Lüge und Wahrheit ist auch hier in vollem Gang. Läßt doch der Autor beide sprechen, Münchhausen wie den Buchbinder. Beide tragen durch Vortäuschung und Doppeldeutigkeit zur Enthüllung von Vorgetäuschtem bei, ohne daß die Täuschung aufzuheben wäre. Heine konnte im *Rabbi von Bacherach* noch die Sprache der Romantik für geschichtlich überlieferte Vorgänge und ihre geographische Lokalisierung verwenden (vgl. S. 14); Immermann ist fünfzehn Jahre später der Meinung, «die Magie eines solchen süßfesselnden Stils» passe nicht mehr in die Zeit. Er kann ihn nur noch parodierend verwenden. Der süßfesselnde Stil ist verbraucht. Er gleicht dem zerfallenen Schloß, dessen wunderliche Bewohner aus den Vorstellungen und Erfahrungen der Vergangenheit leben, zur eigenen Gegenwart aber keine Beziehung haben.

Münchhausen indessen gehört der Zeit an, er verkörpert sie als «Zeitgeist in persona» (II, 6). Der flüchtige Augenblick ist sein Element, denn in ihm haben Witz und Lüge ihr spontanes, beherrschendes und unmittelbar wieder zerrinnendes Leben. Um ihretwillen wird Münchhausen bewundert und verfolgt. Man studiert ihn und rätselt über ihn; in vielerlei Gestalt hat er sich gezeigt, viele Meinungen sind über ihn im Umlauf; und viele glauben, ihn zu kennen. Wer er tatsächlich ist, weiß keiner. Das Beste, was über ihn gesagt wird, stammt von ihm selbst. Und zwar äußert er es dem Schriftsteller Immermann gegenüber, der persönlich in Erscheinung tritt, um seinem Helden beizustehen. Münchhausen gerät nämlich auf Schnick-Schnack-Schnurr schließlich in große Bedrängnis, denn man glaubt auf die Dauer seinen Lügen nicht mehr, ist seiner Erzählungen müde und enttäuscht darüber, daß er die versprochene Luftverdichtungsfabrik nicht errichtet. Die Vertreter der überkommenen Welt – Baron, Bürgermeister, Polizist – bedrohen ihn mit Verhaftung, nachdem er sich fürs erste in einen Dauerschlaf rettete. Als Immermann ihm Vorwürfe macht, es mit seinem Unwesen zu weit getrieben und sich in eine unmögliche Lage gebracht zu haben, beweist ihm Münchhausen, daß er noch lange nicht am Ende sei. Er habe zwar phantasiert, Streiche ausgeheckt und die Wahrheit «ziemlich oder vielmehr unziemlich leicht genommen», aber das meiste doch ganz uneigennützig unternommen. Nach der einzigen Ausnahme (vgl. S. 69) habe er sich das Ehrenwort gegeben, «in der reinen unselbstischen Erfindung zu schwelgen». Der Schriftsteller nennt das «eine traurige Schwelgerei», erhält aber die begeisterte Erwiderung: «Die lieblichste und üppigste! ... Was ist das süße Feuer, welches die Traube in unsere Adern gießt, was sind die veratmenden Ohnmachten des höchsten Liebesrausches gegen das selige Behagen, mit allen stolzen Torheiten der Zeit zu tändeln, zu scherzen, zu spielen und des Witzes urkräftige Blitze in alle Spelunken hinableuchten zu lassen! Man fühlt sich wahrhaftig als Schöpfer; eine neue Welt ersteht, durch welche man als König und Wohltäter hinzieht, denn hinter den Rädern des Siegeswagens blühen in den Geleisen phantastische Blumen auf, welche dem

Gefolge lieblicher duften als Rosen und Jasminen. Ich habe viele Narren glücklich gemacht, und da die Welt aus Narren besteht, so habe ich die Welt beglückt, so weit mein streifender Fuß sie betrat.» Im übrigen sei «jetzt» nichts anderes zu unternehmen. Weder Kriegsdienst noch Staatsdienst noch die Börse noch irgend etwas Sonstiges böten verlockende Möglichkeiten. Es sei nichts anderes zu tun als «lügen, die Prahlhänse zum besten haben, umherlaufen, sich wandeln und verwandeln ... Ein Lügner war ich, ein Lügner bin ich, ein Lügner will ich sein!» (VI, 6) Einen Vorwurf von Seiten des Schriftstellers verbitte er sich.

Damit kommt es zur Diskussion über Münchhausens Originalität, zum Streit über die Frage, ob er ein Geschöpf des Schriftstellers ist oder eine unabhängige Figur. Während der Schriftsteller meint, das Geschöpf empöre sich hier wider seinen Schöpfer, erklärt ihm «der Freiherr mit ruhiger Hoheit: ‹Ihr seid nicht der Mann, einen Mann wie mich zu schaffen.›» Der Schriftsteller habe lediglich «ein Stück ... Biographie geliefert ... und wer weiß noch, ob mir und meinem Rufe damit sehr gedient gewesen ist, denn Ihr habt wenig Kredit in der Literatur».

Der sich fortsetzende Dialog ist von höchster Wichtigkeit im Hinblick auf die darin zur Sprache kommenden Einsichten in das Wesen des Zeitromans. Da sie die gesamte Gattung betreffen, geben sie noch mehr zu denken als die gleichfalls bemerkenswerte Selbstironie Immermanns, in der das Spiel mit der Fiktion und ihre Durchbrechung eine besondere Arabeske hervorbrachte. Bei der Beurteilung der Auseinandersetzung zwischen dem Schriftsteller und Münchhausen gilt es vor allem zu berücksichtigen, daß Münchhausen im Rahmen des Romans schon relativ früh als «Zeitgeist in persona» (II, 6) bezeichnet wurde und und zwar von einem Gegner, dem jungen schwäbischen Grafen Oswald, der Münchhausen im gleichen Zusammenhang einen «Erzwindbeutel» nennt und ihn im letzten Stadium seiner Geschichte auf Pistolen fordert, von dem Duell aber abläßt, als er erkennt, daß das Mädchen, das er heiraten will, Münchhausens Tochter ist. So beziehungsreich wie diese Handlungszüge, von denen noch zu sprechen sein wird, erweisen sich alle Äußerungen über Münchhausen, ob sie von ihm selbst oder von anderen stammen, sofern man jene Formulierung vom «Zeitgeist in persona» im Sinn behält. Unter ihrem Aspekt enthüllt das Verhältnis zwischen Münchhausen und dem Schriftsteller Immermann die Zwiespältigkeit in der Konzeption des Zeitromans als Kunstform. So, wenn es heißt: «‹Sie behaupten also im vollen Ernste, ein selbständiger Charakter zu sein?› fragte der Schriftsteller befremdet. ‹Freilich. Ich weiß gar nicht, wie Sie mir vorkommen. Nehmen Sie sich nur in acht, daß Sie nicht ganz gegen mich verschwinden, daß Sie nicht für eine Erfindung von mir gelten. Was hätten *Sie* mir geben oder leihen können? – Sie sind kein Genie –›» (VI, 6). Die Kraft der Selbstdeutung und die Ohnmacht des Schriftstellers manifestieren sich auch, als sich mit anderen Gestalten «die drei Unbefriedigten», die schon früher in Beziehung zu Münchhausen standen und von denen es damals hieß, sie «studierten ihn» (II, 6), am Lager des wieder Eingeschlafenen zusammengefunden haben und schließlich alle gemeinsam fragen: «Aber wer ist er denn eigentlich?» Münchhausen, sich im Bett aufrichtend, antwortet: «Sein eigener Vater und Großvater, der nie gestorbene, nimmer verwelkte ehemalige Jagd- und Pferdegeschichtenerzähler Freiherr von Münchhausen auf und zu Bodenwerder ... Im Besitz eines Lebens- und Verjüngungselexiers; dadurch erhalten, restauriert und nach Maßgabe der Zeiten metamorphosiert schon seit nunmehro zwei Menschenaltern ...» (VI, 10). Der Verstand der Anwesenden ist dem nicht gewachsen. Das Kapitel schließt mit der ironischen Arabeske: «In dieser allgemeinen Not und Bedrängnis erschien der Schriftsteller wieder als der einzige noch übrige Halt; und alle wiederholten ihre Frage an ihn: ‹Wer ist er denn eigentlich?› ‹Meine Herren›, versetzte der Schriftsteller, ‹ich weiß es nicht.› ‹Wie?› ‹Mir ist vielleicht mehr von seinen Lebensumständen bekannt als Ihnen›, sagte Immermann; ‹wer er aber eigentlich ist, das weiß ich so wenig als Sie.›» Mit der Ironie dieses Kapitelschlusses steht das Ende der Münchhausengeschichte in Zusammenhang: Münchhausen verschwindet in einer Krypta ohne Ausgang, und der Schriftsteller kann nicht sagen, wie das zuging. «Natürlich muß die Krypta einen geheimen Ausgang gehabt haben; wer nur wüßte, wo», heißt es im Brief des Herausgebers an den Buchbinder, dem einen der zwei Briefe, die den Anhang des Romans bilden. Mit dieser Erklärung wird noch einmal ausdrücklich unterstrichen, wie begrenzt die Möglichkeiten des Schriftstellers Immermann gewesen sind. Er hatte nämlich «über eine Stunde» mit Hilfe von Bauern vergeblich nach dem Ausgang der Krypta gesucht.

Der Roman enthält nicht nur die Geschichte Münchhausens, sondern noch eine Reihe von anderen Geschichten, Themen und Motiven. Man hat ihn lange Zeit als einen Doppelroman betrachtet und einen Teil daraus unter dem Titel *Oberhof* für sich abgedruckt. In Wahrheit sind die Romanteile aber eng aufeinander bezogen wie bei E. T. A. Hoffmanns *Kater Murr*, der Immermann zu seiner Romankonstruktion anregte. Die bäuerliche Welt, die im zweiten, fünften und siebten Buch den Raum der Vorgänge abgibt, ist zwar von der verkommenen Ruinensituation auf Schnick-Schnack-Schnurr von Grund auf verschieden, bildet aber im Rahmen des Gesamtromans eine Einheit mit ihr. Der alte Hofschulze, Herr und Besitzer des Oberhofs, repräsentiert sie. Wohl gegründet und dauerhaft erscheint alles in seinem Umkreis: der Hof mit den gut bestellten Feldern, das ererbte, sorgfältig gepflegte Brauchtum und die im Geheimen von den Bauern selbst ausgeübte Gerichtsbarkeit. Der Stil, in dem davon gesprochen wird, entspricht dem Inhalt der Aussage; er ist sachlich und gegenstandsbezogen, fast ohne Ironie. Ironisch sind hingegen einzelne Handlungszüge, die im Zusammenhang mit Gestalten dieses Bereichs Bedeutung haben, so die Erpressung eines Antiquitätensammlers durch den Hofschulzen: der Sammler ist überzeugt, das die Gerichtsbarkeit des Hofschulzen repräsentierende Schwert sei kein halbes Jahrtausend alt, läßt sich aber durch die Verlockung, ein altertümliches Gefäß zu erhalten, das ihm entginge, sofern er seine Meinung über das Schwert weiter vertrete, dazu verführen, dem Hofschulzen vor Zeugen eine schriftliche Erklärung darüber abzugeben, es handle sich um das echte Schwert Karls des Großen (II, 2). Als er später das Gefäß zurückbringt und seine Bescheinigung wieder haben möchte, weil sie sein Gewissen belastet, weist der Hofschulze ihn ab. Bedenklicher noch ist die Szene, in der der Hofschulze den jungen Grafen Oswald mit der Axt in der Hand auf Leben und Tod herausfordert, weil Oswald das Heimliche Gericht belauschte (VII, 10). Das Schwert spielt dabei wieder eine Rolle. Man hatte es aus Rache entwendet und unauffindbar versteckt. Dies sei das Schlimmste, was an Herzeleid über ihn gekommen, erläutert der Hofschulze: «Mein Schwert ist mir gestohlen, mein Schwert! mein Schwert! Das Schwert von Carolus Magnus! Ich bin wie Asche und Scherben, wenn ich daran denke. Nun behorchen Sie auch noch die Heimlichkeit, meine Heimlichkeit!» Der Wahn waltet hier wie auf Schnick-Schnack-Schnurr, und er wirkt sich hier im Einzelfall noch gefährlicher aus als dort. Der junge Oswald weist es denn auch zurück, gleichfalls zur Axt zu greifen und sich «wie ein Schlächter und Stierfäller» herumzuhauen. Es gehe «um Possen». Oswald spricht damit ein Urteil aus, wie er es im Fall Münchhausens auch getan hatte.

Neben solchen knappen Urteilen, die blitzartig Gehalt und Sinn einzelner Begebenheiten beleuchten, stehen im Oberhofteil ausführliche Reflexionen, die dem Diakon, einer bürgerlichen Intellektuellenfigur, in den Mund gelegt werden und, teils durch die Begebenheiten bewiesen, teils über sie hinausführend, eine Soziologie der Stände entfalten. Im Gespräch einmal mit seinem Studienfreund Oswald und an andrer Stelle mit einer Exzellenz, die als Vertreter der Hofgesellschaft in der bäuerlichen Welt auftaucht, beschreibt der Diakon das Bild, das er sich auf Grund eigener Erfahrungen von der deutschen Nation macht; sowohl ihr geschichtliches Werden als auch ihr gegenwärtiges Sein wie die Möglichkeiten ihres Wirkens in die Zukunft kommen zur Sprache und werden im Hinblick auf drei Gruppen betrachtet: das Bauerntum, den Adel – verschieden bewertend auch «Aristokratie» sowie «die höheren Stände» genannt – und den Mittelstand, eine nicht ohne weiteres präzise zu definierende Gruppe. Ausgehend von der romantischen «Idee des unsterblichen Volkes» (II, 10) – die Formulierung stammt, gleichsam als Stichwort, vom Grafen

Oswald –, wendet er sich, das Volk als Ganzes betrachtend, zunächst der nach seiner Meinung wertvollsten, produktivsten Gruppe zu; er meint «damit die besten unter den freien Bürgern und den ehrwürdigen, tätigen, wissenden, arbeitsamen Mittelstand» (II, 10). Die genauere Begründung für diese Heraushebung des «Mittelstandes» enthalten seine Äußerungen im Gespräch mit der Exzellenz während der Hochzeit der Hofschulzentochter. «Der vornehme Herr vom Hofe» nannte die Bauern, mit denen er zusammensaß, «von den Fesseln der Konvenienz gelöste Naturmenschen». Er hatte sich dementsprechend gegen sie bei der Tafel benommen, war aber auf eine nur zu deutlich fühlbare Ablehnung seines Verhaltens gestoßen. Die Deutung für diese Ablehnung gibt ihm der Diakon, wenn er erklärt, der Bauer sei «zwar viel im Freien, aber nichts weniger als ein Naturmensch. Er hängt so sehr von Konvenienz, Herkommen, Standesbegriffen und Standesvorurteilen ab wie nur die höchste Klasse der Gesellschaft. Im Mittelstande allein gilt die Freiheit des Individuums, in diesem Stande fließt einzig der Strom der Selbstbestimmung nach Charakter, Talent, Laune und Willkür. Der Bauer denkt, handelt, empfindet standesmäßig und hergebrachter Weise. Die Abstufungen werden in den Dörfern wenigstens ebenso festgehalten als in den Schlössern und Palästen ... Durch meinen nahen Verkehr mit diesen Leuten hat sich die Ansicht bei mir festgestellt, daß der Bauernstand nur einen zweiten ihm ähnlichen hat, den sogenannten alten oder hohen Adel, wo ein solcher nämlich noch wahrhaft besteht. Der Mittelstand ist eine von beiden ganz verschiedene Schicht. Bauer aber und hoher Aristokrat stimmen darin überein, daß ersterer sowohl als letzterer weniger sich als ihrer Gattung angehören, zuvörderst Bauer sind und Aristokrat und erst nachher Mensch.» (V, 7)

Schwere Anklagen erheben Oswald und der Diakon gegen die Adelskreise und betonen, daß es sich bei deren Versagen um die besondere Situation des deutschen Volkes handle. «Dieses tüchtige Volk», sagt Oswald, «würde bei weitem mehr ausrichten, es würde weit entschiedener Front machen, wenn in den höheren Ständen eine gleiche Tüchtigkeit lebte!»

In welchem Zusammenhang dieser Mangel an Tüchtigkeit bei den führenden Kreisen Deutschlands zu sehen ist, führt der Diakon aus: «Leider ... sind unsre höheren Stände hinter dem Volke zurückgeblieben, um es kurz und deutlich auszusprechen. Daß es viele höchst ehrenwerte Ausnahmen von dieser Regel gebe, wer wollte es leugnen? Sie befestigen aber eben nur die Regel. Der Stand als Stand hat sich nicht in die Wogen der Bewegung, die mit Lessing begann und eine grenzenlose Erweiterung des gesamten deutschen Denkens, Wissens und Dichtens herbeiführte, getaucht. Statt daß vornehme Personen geboren sind, die Patrone alles Ausgezeichneten und Talentvollen zu sein, halten bei uns noch viele Große das Talent für ihren natürlichen Feind oder doch für lästig und unbequem, gewiß aber für entbehrlich. Es gibt ganze Landstriche im deutschen Vaterland, in welchen dem Adel ein Buch zu lesen noch immer für standeswidrig gilt und er statt dessen lärmende, nichtige Tage abhetzt ...». Daß man sich in Frankreich und England zur Literatur anders stelle als in Deutschland, hatte schon Lessing hervorgehoben (bei der Aufnahme des *Agathon*, vgl. Band I, S. 114). In ähnlichem Sinne fragt Oswald: «Wie kommt es nur, daß sich dort ganz natürlich gemacht hat, was bei uns nie zustande kommen will, nämlich: ein beständiger Kontakt der Großen mit den Geistern und mit dem Geiste der Nation, eine zarte Achtung vor dem geistigen Ruhme der Nation und eine unbedingte Anerkennung der Literatur als der eigentlichen Habe der Nation?» Der Diakon erklärt die Tatsache mit dem Wesen des Esprit, der als Fluidum in Frankreich die Brücke vom Volksgeist und der Literatur zu der vornehmen Klasse bilde. «*Wir* haben keinen Esprit. Unsere Literatur ist ein Produkt der Spekulation, der freiwaltenden Phantasie, der Vernunft, des mystischen Punkts im Menschen.» Die Aneignung solcher Literatur verlange Arbeit. «Die Vornehmen arbeiten aber nicht gern, sie ziehen es bekanntlich vor, zu ernten, wo sie nicht gesäet haben.» So hänge «die Barbarei des ersten Standes» mit der Eigenart des deutschen Geistes zusammen. Oswald meint dazu, «die Absonderung des deutschen Geistes von dem Atem der hohen Sozietät» habe ihm auch manches Gute erhalten, «seine Frische, seine eigensinnige herbe Jungfräulichkeit, sein rücksichtsloses Um- und Vorgreifen. Denn jede Erfindung der schaffenden Seele, welche vor Augen haben muß, mit gewissen Forderungen der Gesellschaft zusammenzutreffen, wird notwendigerweise mechanisiert.» (II, 10)

Immermanns Zeitroman mag für manche Leser mit diesen Reflexionen erst sein spezielles Gewicht als Zeitroman erhalten. Sie sind mit der Fiktion im einzelnen wie im ganzen sorgfältig verknüpft. Dies kommt schon in der Dialogführung zum Ausdruck, bei der die Partner unverwechselbar sind. Der junge Graf – der zu den ehrenwerten Ausnahmen seines Standes gehört, die die Regel befestigen – sagt anderes und auf andere Weise als der bürgerliche Intellektuelle. Die Figuren bilden eine Einheit mit ihren Aussagen, und diese Aussagen werden sowohl ihrem Inhalt nach als auch in der Art, wie sie vorgetragen werden, bestätigt durch die Gesamtanlage des Romans. Freilich ist dies nur bei genauer Kenntnis des Romans zu überschauen.

Schwerer noch allerdings ist es für den heutigen Leser, die zahlreichen Anspielungen auf Zeitgenossen Immermanns und literarische, politische, philosophische und gesellschaftliche Einzelerscheinungen aus der Entstehungszeit des Romans zu identifizieren. In den satirischen Teilen wird verwiesen – um nur Beispiele zu geben – auf Alexander von Humboldt, den Fürsten Pückler-Muskau, Raupach, David Friedrich Strauß, Görres, Bettina von Arnim, Müllner, Houwald, Menzel, Gutzkow, Platen, Gervinus, Jahns Deutschtümelei, die Hegelsche Philosophie, Justinus Kerners Geisterseherei, auf das Unwesen der Journale und vieles andere, was schon den Zeitgenossen nicht immer ganz einsichtig gewesen sein mag. Die Lektüre als solche wird jedoch, seien die Anspielungen verständlich oder nicht, niemals durch sie gehemmt oder erschwert, sondern ist eine unerschöpfliche Unterhaltung.

Dies gilt nicht nur für die Szenen auf Schnick-Schnack-Schnurr. Man verkennt die Struktur des Romans und bringt sich um viele Lesefreuden, wenn man die Teile des Romans zu pedantisch klassifiziert. Die Oberhofteile bilden keinen Bauernroman, wie man oft angenommen hat, und sie sind auch nicht als Gegenstück zur «Adelssatire» ein «realistischer Roman». Sie werden im allgemeinen in einem sachlich berichtenden Sprechton erzählt, einer Redeform gemäß, deren sich Männer bedienen wie der Diakon und Oswald, der oft selbst als Erzähler fungiert. Immermann verwendet diesen Sprechton auch für die auf Schnick-Schnack-Schnurr spielenden Teile, solange er sich nicht parodistisch in der Manier eines anderen Stils ausdrückt, das bedeutet: sofern er nicht in einer Weise sprechen will, für die jene ruhig darstellende Redeform ihm nicht brauchbar erscheint, so, wenn er sich dem ausgelassenen Spiel des Spottes überlassen will. Imitieren und Parodieren, Satire und Karikatur sind von jeher künstlerische Ausdrucksmittel gewesen und fanden auch von jeher neben dem sachlich darstellenden Stil, den es gleichfalls immer gegeben hat, Verwendung. Immermann benutzt sie nicht allein für die Münchhausenteile. Der Hofschulze kann in gewissen Augenblicken als Karikatur seiner selbst erscheinen. Lediglich der Kunstwille des Autors dämpft sie etwas herab und bändigt den von ihm selbst zusammengetragenen Explosivstoff, so daß der Eindruck ironischer Erzählung entsteht. Der Hof des Schulzen ist ein fiktiver Ort wie Schnick-Schnack-Schnurr. Beide haben im Rahmen des Romans die Funktion von Versammlungsorten. Der Autor versammelt dort die Figuren, mit denen er seine Zeitanalyse experimentierend durchführt und vorführt. Als Experiment ist etwa der Aufenthalt des jungen Grafen auf dem Oberhof anzusehen. Bei seinem Zusammentreffen mit dem Hofschulzen stellen sich als erstes Verständigungsschwierigkeiten vom Sprachlichen her ein, weil sie verschiedene deutsche Dialekte sprechen, von denen charakteristische Einzelheiten herausgehoben werden. Allmählich treten trotz guten Einvernehmens weitere Schwierigkeiten gegenseitigen Verstehens auf, so daß Oswald in Lebensgefahr gerät. Der Brunnen ist schon bereitet, in dem man ihn verschwinden lassen würde, wenn nicht alles anders käme; und es kommt anders, weil der Autor es so arrangiert.

Daß im entscheidenden Augenblick die blonde Lisbeth den Hofschulzen daran hindert, sein einer Schicksalstragödie zukommendes Gerichtsurteil zu vollstrecken, ergibt sich nicht

aus den Vorgängen selbst, läuft dem Bauernroman geradezu
entgegen. Lisbeth ist reine Erfindung, mitten hineingestellt
in ihr fremde Welten. Ihre Gestalt bedeutet einen Gegenentwurf sowohl zum Bereich Münchhausens wie zu dem des
Hofschulzen. Die Handlung ist in großen Zügen: Lisbeth
wuchs als Findling auf Schnick-Schnack-Schnurr auf, wohnt
gelegentlich auf dem Oberhof in einem ihr dort reservierten
Zimmer und verlobt sich mit Oswald, der sich danach auf
den Weg macht, um ihrem Pflegevater, dem alten Baron, die
Verlobung mitzuteilen. Es tritt auf beiden Seiten eine Trübung
der Beziehung ein, der zufolge beide sie abbrechen wollen:
Lisbeth erfährt vom Hofschulzen, daß Oswald, der sich ihr
gegenüber als Jäger ausgegeben hatte, ein Graf ist. Unter dem
Eindruck der Eröffnungen des Hofschulzen, der ja als Bauer
an Konvenienz, Herkommen und Standesbegriffen hängt, wie
der Diakon darlegte, kann Lisbeth sich nicht mehr als Braut
Oswalds betrachten. Die Darstellung ihrer großen Erschütterung ist das zarteste Kapitel des Buchs. («Fragt ihr mich,
ob sie dem glauben konnte, was der alte Bauer ihr gesagt,
so antworte ich, daß ich es nicht weiß. Denn alles weiß der
Dichter zwischen Himmel und Erden, aber eines weiß er nicht:
das Innerste, Feinste, Heimlichste eines liebenden Mädchens.»)
Zur gleichen Zeit erkennt Oswald auf Schnick-Schnack-
Schnurr, daß Lisbeth Münchhausens Tochter ist, das un-
eheliche Kind aus seiner kurzen Verbindung mit Emerentia,
der Tochter des Barons. Da Oswald meint, seine Liebe sei dem
Gedanken an das Lächerliche dieser Herkunft nicht gewachsen, kehrt er mit der Absicht, die Verlobung zu lösen, zum
Oberhof zurück. Er wird aber in der Atmosphäre von Lisbeths
Zimmer, während sie sich vor ihm versteckt hält, wieder vom
Gefühl für sie überwältigt. Der Hofschulze erklärt ihm Lisbeths Verschwinden mit der Wetterwendigkeit junger Mädchen; es wäre ihr wohl nicht ganz ernst gewesen. Wenig
später belauscht Oswald die Hochgerichtssitzung; anschließend findet die gefährliche Bedrohungsszene in der kleinen
Kammer statt, die durch Lisbeths Dazwischenreden beendet
wird. Getrennt verläßt das Paar den Oberhof und findet sich,
nachdem Oswald auf dem Weg einen Blutsturz erlitt, wieder

zusammen. Im Haus des Diakons, wo der letzte Teil des achten Buches spielt, werden sie getraut. Auch dieses Haus wird zum Versammlungsort. Es finden sich dort eine Baronesse, es ist Oswalds Kusine, mit ihrem Mann ein und ein Oberamtmann, Oswalds Freund. Beide, Kusine wie Freund, wollen, während Oswald sich noch im Krankenzimmer aufhalten muß, der Standesunterschiede wegen mit allen Mitteln verhindern, das Oswald Lisbeth heiratet. Im Laufe der Debatten über Lisbeth sagt der Diakon von ihr, Goethe würde sie «eine Natur» nennen. Die ihr von der Baronesse unter Heranziehung vieler Gründe vorgeschlagene Entsagung lehnt Lisbeth rundweg ab und widerlegt mit aller Entschiedenheit die aus den «Entsagungsromanen» Johanna Schopenhauers [25] bekannten Argumente. Die Baronesse gibt sich schließlich besiegt. Aufgebaut ist dieser letzte Teil des Romans wie ein Lustspiel. Immermann hatte wie Henry Fielding und Johann Carl Wezel (vgl. Band I, S. 83 und S. 170), bevor er sich der epischen Form zuwandte, jahrelang Lustspiele geschrieben.

In den vielfältigen Handlungszügen der Geschichte von Oswald und Lisbeth, in die der breit angelegte Roman schließlich einmündet, wird das konstruktive Vorgehen Immermanns besonders deutlich. Der junge Graf – leicht konservativ im guten Sinne: «Ich halt' mich ans Positive», schrieb er seinem Freund. «Begeisterung und Liebe ist die einzig würdige Speise edler Seelen.» (II 6) – verbindet sich mit der Tochter Münchhausens, den er selbst im gleichen Brief einen «Erzwindbeutel», den «Zeitgeist in persona» nannte. Was ihn vorübergehend von seinem Entschluß abbrachte, war lediglich der Gedanke an das Lächerliche ihrer Herkunft. Irgendwelche andern grundsätzlichen Erwägungen kommen ihm nicht in den Sinn. Ob in ihrem Wesen, ihrem Aussehen früher oder später die Eltern hervortreten könnten – Fragen, die in den *Epigonen* noch vorherrschend waren (vgl. S. 49), sie bestehen hier nicht. Von der Gabe, «Familienzüge zu erkennen», die die Herzogin dort besaß, ist nicht die Rede. Lisbeth zeigt keine Züge, die auf ihre biologische Herkunft schließen lassen, und von der Umwelt, in der sie aufwuchs, übernahm sie nichts. Sie ist ein neues, aus sich selbst wachsendes Wesen und gehört keinem

Stand an. Das ist das Wunder ihrer Existenz. Dieses Wunder geht noch über das im Roman selbst herangezogene Gleichnis von der fremden Blume, die aus dem vermoderten Stamm wuchs, hinaus, denn es wird bei dieser Blume ausdrücklich von dem Samenkorn gesprochen, das «wer weiß, welcher Zufall in den durch die Verwesungskräfte bereiteten Gartenboden getragen» und unter günstiger Sonne zum Gedeihen kam. Zudem verliert die Blume für den Nähertretenden an Schönheit und wird schließlich als Amaryllis erkannt (II, 11). Dies alles läßt sich nicht auf Lisbeth übertragen. Die Frage ihrer biologischen Herkunft ist entschieden, ohne daß über ihre Identität etwas gesagt wäre. Diese Identität ist nur aus ihrem Sein abzulesen, für das der Diakon die Formel findet, wenn er sagt, Goethe würde sie «eine Natur» nennen.

Die Tochter Münchhausens hat mit ihrem Vater nichts gemeinsam. «Ich weiß ... du magst dich nicht vorstellen», sagt Oswald einmal zu ihr. «Nein ... Niemals was vorstellen, was man nicht ist», gibt sie zur Antwort (V, 6). Der Gegenentwurf zu Münchhausens Lebenskonzeption ist ausdrücklich formuliert in ihrem Brief an den Diakon, in dem sie um Aufnahme in sein Haus bittet. So programmatisch wie Münchhausen sich zur Lüge bekennt, bekennt sie sich zur Wahrhaftigkeit. «Wer mir sagt, Herr Diakonus, er sei ein armer Förster und ist ein großer Graf, der kann auch noch anderen Lug und Trug wider mich vorhaben!» Es sei immer ihr Gefühl gewesen, «daß die Liebe die ganze Wahrheit und nichts als Wahrheit und zwar die Wahrheit in der Brust, und eine solche Offenheit, daß man dem anderen auch nicht das Kleinste verschweigt ... Denn wenn zwei Menschen ... ein Leib und eine Seele werden sollen, so darf doch auch nicht ein Stäubchen zwischen ihnen sein von Verschweigen, Hinterhalt, Verstellung und Künstelei.» (VII, 4) Neben dieser Erklärung Lisbeths ist die subtile Selbstinterpretation Münchhausens zu stellen, sein Bekenntnis, seine «einzige eigennützige Lüge» sei die gegen Emerentia gewesen, und die habe ihm keinen Erfolg gebracht. Für einen Charakter wie ihn gäbe es «kein abscheulicheres Gefühl ... als Witz und Phantasie umsonst ausgespendet zu haben», doch höchster Genuß sei das Schwelgen «in der reinen unselbsti-

schen Erfindung». Lisbeth besitzt keinen Sinn für sie, wie
Goethe ihn auch nicht besaß.

Ebensowenig besitzt ihn der Hofschulze. Deshalb versteht
er das liebenswürdige Versteckspiel des Grafen nicht und
macht Lisbeth das Herz schwer, um «Ordnung in dem Handel
zwischen ihr und dem Jäger zu stiften» (V, 9). Oswald aber
gibt er eine falsche Auskunft über Lisbeths Verhalten. Was
zwischen den Liebesleuten vorgeht, ist ihm verschlossen. Man
muß den weiten Hintergrund seiner Existenz kennen, muß
über all das Bescheid wissen, was der Autor an sachlicher Information zum Aufbau der Oberhofwelt zusammentrug, um
zu begreifen, daß er ebensoweit wie Münchhausen von Lisbeth
und Oswald entfernt ist, obwohl er sich gegen beide wenigstens zu Anfang angemessen und aufmerksam verhält.

Die Doppeldeutigkeit seiner Person – in ihrer Fragwürdigkeit wie in ihrer Ehrwürdigkeit – behauptet sich neben der
Eindeutigkeit der Gestalt Lisbeths und der Ungreifbarkeit der
Münchhausenfigur. Der Leser wird sowohl durch die unterschiedlichen Individuen als auch die sich verschlingenden
Handlungsarabesken wie die Mannigfaltigkeit der Details auf
verschiedenen Wegen von Kapitel zu Kapitel näher zum Kern
der Romanfiktion geführt. Sie ist zugleich der Kern der Ro-
manaussage. Immermann hat mit dem großangelegten Zusammenspiel aller Teile keine Welt abgebildet, sondern eine
Welt aufgebaut und damit eine Zeitanalyse – kein Zeitbild –
gegeben. Im Aufbau der vom Künstler geschaffenen Welt hat
der Ehebund, mit dem der Roman in alter Romanweise endet,
zukunftsweisende Funktion, wie auch die Tatsache, daß der
letzte Teil im Haus des Diakons spielt. Die Kunst des Zeitromans jener Epoche erreichte mit Immermanns *Münchhausen*
ihre Höhe, indem Fiktion und Zeitgehalt eine Einheit bilden.

Wenig Glück hatte KARL GUTZKOW (1811–1878) mit seinen
Zeitromanen. Es sind: *Wally, die Zweiflerin* (1835), *Die Ritter
vom Geiste* (1850–51) und *Der Zauberer von Rom* (1858–61).
Wally, die Zweiflerin wurde der Anlaß zu dem Bundestagsbeschluß vom 10. Dezember 1835, durch den die deutschen Re-

gierungen verpflichtet wurden, die Veröffentlichung und Ver-
breitung aller Schriften von Autoren aus der «literarischen
Schule» des Jungen Deutschland zu verhindern und zwar unter Anwendung der «Straf- und Polizeigesetze ... nach ihrer
vollen Strenge». Vorausgegangen war ein Verbot des Romans
sowohl in Preußen – am 24. September 1835, wenige Wochen
nach seinem Erscheinen – als auch in andern deutschen Ländern und die Eröffnung eines Gerichtsverfahrens gegen Autor
und Verleger. Die Anklageschrift bezichtigte Gutzkow der
«Gotteslästerung, der Verächtlichmachung des christlichen
Glaubens und der Kirche und der Darstellung unzüchtiger Gegenstände». Die Beanstandungen charakterisieren mehr die
staatlichen Behörden der Zeit als das Buch. Im endgültigen
Urteil am 13. Januar 1836 wurde denn auch nur noch die
«verächtliche Darstellung des Glaubens der christlichen Reli-
gionsgesellschaften»[26] aufgeführt, und Gutzkow erhielt eine
hinter dem ursprünglichen Antrag weit zurückbleibende Ge-
fängnisstrafe von einem Monat, der er sich ohne Appellation
unterwarf. Wie schon in zeitgenössischen Auseinandersetzungen erkannt und von Gutzkow selbst hervorgehoben wurde,
beruhte die Verdammung des Buches auf einem Mißverständ-
nis.

Sein Thema ist, wie schon der Titel anzeigt, der religiöse
Zweifel. «Ich wollte eine Seelenstimmung schildern, die mir
poetisch schien. Ich wollte die Zeitgenossen in ihr Inneres
blicken lassen ... Ich suchte eine neue Stimmung, welche das
Mittelalter und die klassische Zeit nicht kannte ... Ich hatte
ein psychologisches Bild vor Augen und malte es mit den Farben, welche mir die Wirklichkeit lieh.» Dies sind Gutzkows
eigene Äußerungen in *Appellation an den gesunden Menschenverstand. Letztes Wort in einer literarischen Streitfrage*
(datiert 1835, abgedruckt in der Ausgabe der 2. Auflage des
Buchs von 1852). Er räumte ein: «Was kümmerte mich als
Dichter die positive Kirche?» und er gab zu, die Kritik könne
sagen: «Es ist mißlich, Motive für einen Roman zu wählen,
die für den Leser einen speziellen Beigeschmack haben; die
Einheit deines Werkes wird zerrissen, wenn uns die Motive
lebhafter spannen als die Fabel selbst.» Dies würde nicht der

Fall gewesen sein, führte er aus, wenn er sich seine Farben nicht aus seiner Umwelt, aus der «Wirklichkeit» genommen, sondern «von der Heidenwelt ... oder vom Islam oder vom Judentum». Die «weise und gerechte Kritik ... diejenige Kritik, welche an Aristoteles, nicht an den Staat und die bewaffnete Autorität appelliert», urteile so: «Die Motive müssen in das Interesse der Fabel sanft verschwimmen, und die Leser müssen einsehen, daß du nur dichten, nicht belehren wolltest.» Gutzkow kennzeichnet hier auf Grund bitterer Erfahrung Tatsachen, mit denen die Autoren von Zeitromanen, von Zeitdichtung – ja alle, die mit Literatur überhaupt umgehen – zu allen Zeiten zu tun haben. Freilich wird mit den Worten *dichten* und *belehren* und dem mit ihnen gegebenen Gegensatz die Situation für moderne Vorstellungen etwas unscharf formuliert. Sie besteht darin, daß bei zu starkem Interesse am Stoff – Gutzkow sagt *Motive* – die ästhetische Wirkung eines Werkes gefährdet ist und an ihrer Stelle die Diskussion über den Stoff tritt. Der politische Dichter ist, theoretisch gesehen, mit einem solchen Erfolg sehr zufrieden; ja er sieht seinen Zweck erreicht. Gutzkow war nicht zufrieden und beklagte sich mißverstanden zu sein. «Sind die Figuren meines Romans nicht Typen, welche der Sache angehören? Ich habe das Irrwerden an dem Glauben schildern wollen, nicht um dem Glauben Abbruch zu tun, sondern um ein psychologisches Phänomen zu zeichnen. Jede der mir insinuierten Stellen, welche eine spezielle, gegen das Bestehende gerichtete Absicht haben sollen, ist aus dem Zusammenhange des Ganzen erklärlich: jeder Satz ist einer, der zur innern Dialektik meiner Fabel gehört und den die nächste Entwicklung wieder aufhebt. Das Ganze endet mit einem Triumphe der Religion im Allgemeinen, als einer heiligen Sache, ohne die man nicht bestehen kann. Wo ist hier ein Verbrechen? Einen mißlich gewählten Stoff sieht der Vernünftige; aber keine Verspottung Eurer Heiligtümer.»

Gutzkow wurde nach seiner eigenen Meinung nicht das Opfer seiner Überzeugung, sondern der «Misère der deutschen Literatur». Er konnte sich in den ihm aufgezwungenen Streit mit den Behörden nicht durchsetzen, denn, so argumentierte er: «Das Talent steht einsam, ohne Schutz ... man gilt nichts gegen den Beamten, der sich unter den Fittichen des Staates wärmt ... Man muß Gassen laufen vor Buben, die in ihre Umgebungen hinausschreiben das Trivialste, was die willige Muttersprache nur zu stottern vermag.» Was Gutzkow hier als «die Misère der deutschen Literatur» beschreibt, ist die Folge der Bildungskluft zwischen den deutschen Ständen, von der Immermann spricht. Als Misere wirkte sich aus, daß, wie der Diakon im *Münchhausen* sagt, «leider ... unsre höheren Stände hinter dem Volke zurückgeblieben», und von einer «Barbarei des ersten Standes» gesprochen werden kann, des Standes, der die Verantwortung für Politik und Kultur trug (vgl. S. 66). Allerdings ist damit noch nicht geklärt, warum der Literat Wolfgang Menzel die Attacke gegen Gutzkow im *Morgenblatt für gebildete Stände* so gehässig eröffnete und über viele Wochen hin weiterführte, so daß die Zensurstellen der deutschen Behörden alarmiert wurden. Von theologischer Seite wurde Gutzkow empfohlen, einen Injurienprozeß gegen Menzel anhängig zu machen. Gutzkow hat es nicht getan und in seiner *Appellation an den gesunden Menschenverstand* nicht den Adel für den schlechten Bildungsstand der Beamten verantwortlich gemacht, sondern lediglich die bestehende Kluft von seinem individuellen, elitären Standpunkt her gekennzeichnet: «Für die Massen schreib' ich nicht. Mein Stil und meine Bildung entfremden mich der Durchschnittsintelligenz. Ich habe mich bisher, wenn ich schrieb, immer nur im Umgang mit befähigten Naturen gedacht ... Wenn die Zukunft mich in der Verfassung läßt, meine Kräfte der Wiederbelebung unsrer Nationalliteratur zu widmen, so werden meine Schriften immer nur einen geweihten Kreis bilden, in welchen die Einsichtsvollen und Unterrichteten eintreten. Mit diesen kann ich allein unterhandeln, mit Männern von Belesenheit und Bekanntschaft in dem geistigen Entwicklungsprozesse dieser Zeit, mit Frauen, welche reif sind für ernste Anschauungen und in Romanen keine blondgelockten und empfindsamen Ideale suchen, sondern Wesen der Wirklichkeit und Erfahrungen der Psychologie.»

Der Roman *Wally, die Zweiflerin* konnte in der Tat seiner

ganzen Art nach nur von Kreisen aufgenommen werden, wie
Gutzkow sie hier charakterisierte. Er enthält im ersten Teil
viele kaum flüchtig orientierende, über das Sachliche hinweg-
gleitende Dialoge. Sie sind geistreiches Hin und Her von Ein-
fällen und Pointen, streifen Fragen der Musik und der Literatur, der Moral und der Religion, berühren sie eben, lassen sie
wieder fallen; eine wichtige Erklärung fand sogar nicht statt,
sondern war nur «so fast» gesprochen. Wally, ein junges
Mädchen aus adliger und wohlhabender Familie, erscheint
von Anfang an als reizbares Wesen und besonders empfindlich in ihren Reaktionen auf die religiöse Thematik. Sie weint,
sie errötet, wenn Christlich-Religiöses anklingt. Während eines Kuraufenthaltes schließt sie einen Bund mit dem ihr schon
länger bekannten Skeptiker Cäsar. Eine «kurze Übereinkunft»
regelt die Beziehung, deren Basis ist, daß sie «für die Illusion
beide nicht gemacht» sind. Von der nur als Gedankengebilde
gegebenen Szene heißt es: «Sehet da eine Szene, wie sie in alten Zeiten nicht vorkam! Hier ist Raffiniertes, Gemachtes, aus
der Zerrissenheit unsrer Zeit Geborenes».

Gutzkow versucht das Neue, der veränderten Zeit Entsprechende sowohl vom Inhaltlichen her wie in der sprachlichen
Ausdrucksweise zu vermitteln. Wie Helmut Koopmann hervorhob[27], drückt sich die «Umorientierung», die die Generation
des Jungen Deutschland in der Haltung zum Leben wie zur
Kunst vollzog, nicht in radikalen Bestrebungen nach politischer Aktion aus; «die Schreibart, der Stil» bezeichnete sie,
und die Autoren waren sich dessen bewußt. Freilich unterschieden sie sich gerade hierin wieder deutlich voneinander.
Heine und Börne schrieben anders als Gutzkow. Was Gutzkow in den dreißiger Jahren in den Roman neu einzubringen
versuchte, ist abzulesen etwa aus der Schreibart der folgenden
Stelle: «Die Erklärung, welche Waldemar über das Christentum abgab, hatte auf ihre Seele wie die Berührung eines kranken Zahnes gewirkt. Glaubt ihr, Wally habe nach einem Mittelpunkt ihres Lebens gesucht? Wahrlich nicht. Nirgends lagen etwa zerstreute Bruchstücke von Gedanken, die sie gern
verbunden hätte. Unmittelbar und zufällig war ihr ganzes Leben: nur im Religiösen stand sie oft wie ein Wanderer auf der

Landstraße, der den Weg verfehlt zu haben glaubt, sich in der Gegend umblickt und mit seinem Ortssinne sich zu orientieren sucht. Es war ein ganz bewußtloses Sinnen, ein träumerisches Fühlen, dem sie sich tastend und anpochend hingab. Von einer Reflexion, einer zusammenhängenden Untersuchung konnte bei Wally nicht die Rede sein. Sie litt an einem religiösen Tick, an einer Krankheit, die sich mehr in hastiger Neugier als in langem Schmerz äußerte.» Neben der modernen, vibrierenden Sprechweise steht die konventionelle epische Darstellung von Vorgängen. Außerdem werden geschlossene Erzählungen eingelegt, die wohl als Hinweise auf die Hauptgeschichte anzusehen sind.

Der zweite Teil des Romans bringt Wallys Ehe. Auf einem Ball teilt sie Cäsar mit, sie werde den sardinischen Gesandten heiraten. Cäsar bittet sie in einer letzten Unterredung, sich ihm wie Sigune dem Schionatulander im mitteralterlichen *Titurel* zum Abschied nackt zu zeigen. Wally verläßt darauf empört das Zimmer, kommt sich aber sehr schnell «mit ihrer Tugend recht abgeschmackt» vor und fühlt, «daß das wahrhaft Poetische unwiderstehlich» sei und höher stehe «als alle Gesetze der Moral und des Herkommens». Sie liest selbst die Sigunengeschichte nach, vor deren Gehalt sie die Grundsätze und Lehren ihrer Erziehung verblassen sieht, und erfüllt Cäsars Bitte: sie läßt ihn in ihrer Hochzeitsnacht kommen und einen Vorhang zurückziehen. Die Szene selbst ist als Durchblick durch die Sigunenszene gegeben und auf die Keuschheit konzentriert. Die Darstellung endet: «So stand Sigune einen zitternden Augenblick; da umschlang sie rücklings der sardinische Gesandte, der seine junge Frau suchte. Es war ein Tropfen, der in den Dampf einer Phantasmagorie fällt und sie in nichts auflöst. Die Vorhänge fielen zurück und Tschionatulander wankte nach Hause. Der Gesandte ahnte nichts. Tiefes Geheimnis.» Nach der Hochzeit lebt Wally mit ihrem Mann in Paris und überläßt sich den dortigen Vergnügungen, bis sie begreift, daß ihr Mann sie benutzt, um seinem tödlich in sie verliebten Bruder Jeronimo das Vermögen abzujagen und ihn zu vernichten. Nachdem Jeronimo sich vor ihren Augen erschoß, verläßt sie Paris, begleitet von Cäsar, der einige Zeit vorher schon wieder bei ihr erschienen war und sie über ihre Situation aufgeklärt hatte.

Der dritte Teil besteht im wesentlichen aus Wallys Tagebuchaufzeichnungen. Wally ist zunächst bemüht, eine Personenbeschreibung ihrer Freundin Delphine zu geben, vom Erscheinungsbild zum Wesen vordringend – stilgeschichtlich ein interessantes Experiment. Da Delphine als Jüdin von vornherein der religiösen Bedrängnis Wallys enthoben war, gibt sie ein Gegenbild zu Wally ab, die schon früh die Möglichkeit einer Verbindung zwischen Delphine und Cäsar erwägt. Als es wirklich dazu kommt, muß Wally Cäsar, der ihre volle Liebe besitzt, verloren geben. Doch dies ist nur die eine Seite ihrer Leiden. Ihre Hauptnot beruht auf ihren ansteigenden Glaubenszweifeln. Sie zerquält sich im Durchdenken der ihr vermittelten Gotteslehre und findet keinen Ausweg aus der Widersprüchlichkeit der theologischen Vorstellungen. Warum gab Gott den Menschen «nicht die Fähigkeit, ihn begreifen zu können?» ist ihre Kernfrage. Mit großer Anteilnahme, wenn auch schließlich unbefriedigt, liest sie die von Lessing herausgegebenen *Fragmente des Wolfenbüttelschen Ungenannten* und fordert schließlich Cäsar auf, ihr seine Stellungnahme zu Religion und Christentum schriftlich mitzuteilen. Als sie seine «Geständnisse» gelesen hat, bricht sie darüber zusammen. Wie zu erwarten war, bringen ihr die Darlegungen des Skeptikers keinen Trost. Aus Verzweiflung darüber, auf die Gottesfragen keine Antworten finden zu können, weil «die Gottheit ... zögert zu kommen und sich zu enthüllen», begeht sie Selbstmord. Der Erzähler sagt von ihr in einem der letzten Abschnitte vor ihrem Tod: «Sie, die Zweiflerin, die Ungewisse, die Feindin Gottes, war sie nicht frömmer als die, welche sich mit einem nicht verstandenen Glauben beruhigen? Sie hatte die tiefe Überzeugung in sich, daß ohne Religion das Leben des Menschen elend ist.»

Viele Anklänge an zeitgenössische Werke sind in Gutzkows erstem Roman festzustellen. Anspielungen und nicht gekennzeichnete Zitate stehen neben ausdrücklichen Namensnennungen. Wally, noch keine zwanzig Jahre alt, gibt im dritten Kapitel des ersten Teils literarische Urteile ab, so über Schwab und Chamisso: «Diese guten Waldsänger ... nehmen sich die Freiheit, sehr ennüyant zu sein ... Heines Prosa ist mir lieber als Uhland und sein ganzer Bardenhain.» Sie greift nach Heines *Salon, zweiter Band.* «Einige Schriften vom jungen Deutschland lagen zur Hand, von Wienbarg, Laube, Mundt.» Wally weiß Bescheid darüber: «Wienbarg ist zu demokratisch ... Laube scheint den Adel nicht abschaffen, sondern überflügeln zu wollen ... Mundt goutir' ich nur halb ...»[28] Später, im dritten Teil kritisiert sie Rahel Varnhagen von Ense und Bettina von Arnim. Der Erzähler selbst befaßt sich mit den Verhältnissen in Paris nach der Julirevolution und verweist auf Balzac. Die in Wallys Tagebuch eingefügten «Geständnisse» Cäsars enthalten die zeitgenössische Auseinandersetzung mit dem Christentum und bringen dagegen angeführte historisch-kritische Argumente von David Friedrich Strauß. Die von Gutzkow geschaffene Figur Wallys verrät ihre literarische Abkunft von Friedrich Schlegels Lucinde und George Sands Lélia, mit der Gutzkow sie in der Vorrede zur zweiten Auflage ausführlich vergleicht. Sie steht außerdem in Verbindung mit dem damals weithin bekannten Fall der Charlotte Stieglitz, die gleichfalls Selbstmord beging. Gutzkow hat auch hierauf selbst hingewiesen. Mit vielen Äußerungen Wallys wird auf die Situation der Frauen und Mädchen im 19. Jahrhundert angespielt, so wenn Wally von «dieser pflanzenartigen Bewußtlosigkeit» spricht, «in welcher die Frauen vegetieren ... dieser Zufälligkeit in allen ihren Begriffen, in ihrem Meinen und Fürwahrhalten», wenn sie klagt: «man verlangt nichts von uns ... wir haben einen Ideenkreis, in welchen uns die Erziehung hineinschleuderte ... Diese Gefangenschaft unserer Meinungen –». Die Sigunenszene, die so großes Aufsehen erregte, ist im Zusammenhang mit diesen Äußerungen und der Gesamtsituation der Frauen im 19. Jahrhundert zu sehen. Ihre Voraussetzung ist, daß Wally einen Mann heiratet, an dem ihr nichts liegt, und auch keine innere Entscheidung trifft, weder für die Ehe mit dem Gesandten, noch für die Liebe zu Cäsar. Daß Gutzkow ihren Entschluß, sich Cäsar in der Hochzeitsnacht doch noch zu zeigen, mit ihrer Einsicht in den Vorrang des Poetischen vor Moral und Herkommen begründet, bedeutet einen Ausweg aus ungelöster Situation. Dies macht die Szene so peinlich.

Es handelt sich bei der Beurteilung sowohl der Sigunenszene als auch des ganzen Werkes nicht um Fragen, die Gerichte oder Behörden zu entscheiden hätten, sondern um Fragen des Geschmacks. Im Hinblick auf sie ist das Buch keine angenehme Lektüre. Was es auch heute noch interessant erscheinen läßt, ist der Versuch, zeitgenössisches Leben von psychologischen Voraussetzungen her zu erfassen sowie der Tatbestand, daß ausgerechnet ein solches Buch von so großem öffentlichen Interesse sein konnte.

Ganz andere Absichten verfolgte Gutzkow in seinem Roman *Die Ritter vom Geiste* (1850–51). Das Werk hat seinen Wert vornehmlich als Formexperiment. Gutzkow wollte mit ihm den «Roman des Nebeneinander» schaffen, der ihm in jenen Jahren als die dem Zeitroman angemessene Form erschien. Sowohl im Vorwort zu dem Roman selbst als auch in einer späteren Schrift aus dem Jahr 1854[29] legte er dar, daß der große *soziale Roman*, in dem er die neue Aufgabe sah, nicht mehr «das *Nacheinander* kunstvoll verschlungener Begebenheiten» sein könne. «Denn wer sagte euch, ihr großen Meister des alten Romans, daß die im Durchschnitt erstaunlich harmlose Menschenexistenz gerade auf *einem* Punkte soviel Effekte der Unterhaltung sammelt, daß sich ohne Lüge, ohne willkürliche Voraussetzung, alle Bedingungen zu eurem einzigen behandelten kleinen Stoff so zuspitzen konnten?» (Vorwort). Gutzkow ließ außer acht, daß im Auffinden und Ergreifen, im Gestalten und Umgestalten, von dem, was er hier in Frage stellt, gerade die Kunst des Romanautors bestand. «Den Roman des *Nebeneinander*, den ich aufgestellt habe,» so führte er aus, «wird man verstehen, wenn man sich aus einem Bilderbuch die Durchschnittszeichnungen eines Bergwerks, eines Kriegsschiffs, einer Fabrik vergegenwärtigt. Wie da das nebeneinander existierende Leben von hundert Kammern und Kämmerchen, wo eine von der andern keine Kenntnis hat, doch zu einer überschauten Einheit sichtbar wird, so wird der Roman des *Nebeneinander* den Einblick gewähren von hundert sich kaum berührenden und doch von einem einzigen großen Pulsschlag des Lebens ergriffenen Existenzen.» Durch «eine Betrachtungsweise, wo ein Dasein unbewußt die Schale oder der Kern des andern wird, jede Freude von einem Schmerz benachbart ist,» würde man «den Roman noch mehr als früher zum Spiegel des Lebens machen.» Denn: «Dem *sozialen Roman* ist das Leben ein Konzert, wo der Autor alle Stimmen und Instrumente zu gleicher Zeit, sie in- und nebeneinander vereinend, spielt oder leitet.»

Gutzkow wußte durchaus, daß seine Absichten sich praktisch «nur in der Form des Nacheinander» durchführen ließen. Den Eindruck des Nebeneinanders erreicht er an einigen Stellen seines Romans für einige, freilich wenige Ausschnitte des zeitgenössischen Lebens. Gleichzeitiges wird zwar nacheinander gebracht (weil es nicht anders sein kann), doch dem Leser wird durch die Darstellung bewußt gemacht, daß die betreffenden Szenen sich zur gleichen Stunde abspielen. Die Szenen sind verbunden durch eine Handlung, die zu einem Teil eine Detektivgeschichte ist. In einem Haus zerbricht man sich den Kopf, wohin ein gewisses Bild gekommen sein könnte, während man sich in einem andern Haus das gesuchte Bild vergnüglich betrachtet. Wichtig war Gutzkow vor allem die Darstellung der sozialen Gegensätze, die sich aus dem Nebeneinander verschiedener Szenen ohne besonderen Hinweis ergab. Die Handlung hatte sich durch die verschiedenen gesellschaftlichen Schichten zu schlingen und die Auswirkung der Geschehnisse von der einen Sphäre in die andere einsichtig zu machen. Es bedurfte vieler Gestalten, vor allem gegensätzlicher Gestalten und vieler Verknüpfungen vom Königshof zum Adel, zum Bürgertum, über Heimatlose und Bedienstete, bis hin zum Proletariat in den Mietskasernen.

Die Achtbarkeit des Experiments kann nicht darüber hinwegtäuschen, daß das Werk mißlungen ist. Gutzkow verfaßte es unter dem Eindruck des großen, auch heute noch populären Feuilleton-Romans *Les Mystères de Paris* (1842–43) von Eugène Sue (1804–1857). Er war im *Journal des Débats* erschienen und ein einzigartiger, sensationeller Erfolg gewesen. Gutzkow beabsichtigte wohl, in deutscher Sprache etwas Entsprechendes zu bringen, das inhaltlich den deutschen Verhält-

nissen angepaßt, gleichsam eine Übertragung in deutsche Verhältnisse wäre. Er erreichte sein Ziel nicht. Sein «Roman in
neun Büchern» hat im zeitgenössischen Druck einen Umfang
von mehr als viertausend Seiten. Gutzkow besaß weder die Erfindungsgabe noch die Gestaltungskraft, weder das Erzähltal-
ent noch die Redekunst, um den Leser über so lange Strecken
hin im Bann zu halten. Auch verstand er es nicht, den von
ihm innerhalb des Romans propagierten Ideengehalt sinnvoll
und überzeugend mit den Vorgängen zu verbinden. Die Handlung, eine Familienangelegenheit, kommt in Gang durch einen
wertvollen Schrein mit Urkunden, die beweisen, daß ausgedehnte Ländereien, die im Besitz der Stadt sind, rechtlich den
Gebrüdern Dankmar und Siegbert Wildungen gehören. Der
Schrein, den Dankmar auf seinem Grundstück ausgrub, verschwindet auf unerklärliche Weise beim Transport. Die Suche
nach ihm bringt Personen aus allen Gesellschaftsschichten ins
Spiel. Dies war die eigentliche Absicht Gutzkows. Da die
Handlung aber zu Ende kommen muß, hat noch vieles zu geschehen. Die Brüder gewinnen ihren Prozeß, der Schrein
taucht auch wieder auf, verschwindet wieder und wird bei einem Brand vernichtet. Der ideelle Gehalt des Romans, den die
Zeitgenossen bei seinem Erscheinen unterstrichen, hat mit diesen Vorgängen nichts zu tun. Er ist einerseits in einer Zusam-
menschau aller Lebenskreise der für Gutzkow überschaubaren
Welt zu sehen, zum andern mit dem auf Reform der Gesellschaft gerichteten Bestreben der «Ritter vom Geiste» gegeben,
eines nach den älteren Vorbildern der Freimaurer gebildeten
Bundes, der sich als Erneuerung des Templerordens versteht
und sich eine Weihestätte errichtet, den «Tempelstein». Seine
«Waffe ist der Geist»; sie soll geführt werden «allein für die
Gesinnung» zur «Vernichtung des von der Theorie längst ver-
worfenen und in der Praxis unvertilgbar scheinenden Alten»;
zur Verbesserung der menschlichen Verhältnisse, ohne vorhe-
rige Festlegung auf ein System. Obwohl über lange Kapitel
hin von der Gründung des Bundes berichtet wurde, ist von
seinem Wirken nichts zu erfahren. Die Mitglieder versammeln
sich am Ende in großer Zahl auf dem Tempelstein. Was sie
sich geloben, bedeutet Verzicht auf praktisches Handeln. Ihr

Vorsatz ist, «auf die Zeit zu wirken durch die Lehre». Die «Reisige vom Geist brauchen nicht einmal zu kämpfen ... Sie haben nichts zu tun als sich nur von der Gesellschaft der ewigen Lüge abzuwenden, dieser nicht zu dienen ...» Man hat den Eindruck, nun hätte der eigentliche Roman erst zu beginnen.

Im 19. Jahrhundert wurde das Werk recht gut aufgenommen, sowohl von breiten Leserkreisen als auch von angesehenen Autoren. Storm, Hebbel, Keller rühmten es. Nach langer Vergessenheit hat man sich in jüngster Zeit wieder darum bemüht, im besonderen Arno Schmidt, der es jungen Autoren empfiehlt und ihm wieder einen Leserkreis gewinnen möchte *(Die Ritter vom Geist. Von vergessenen Kollegen, 1965)*.

In Gutzkows *Der Zauberer von Rom* (1858–61), gleichfalls ein Roman von neun Bänden, ist der ideelle Gehalt eine Reform der katholischen Kirche. Sie wird propagiert mit den Mitteln einer weitverzweigten, mit sensationellen Effekten gespickten Handlung, die Abenteuerliches und Banales in ihren Dienst nimmt.

Gutzkow hat bei seinen beiden späten Zeitromanen – und dies ist interessant im Hinblick auf ihren experimentellen Charakter – nicht ganz auf eine Handlung verzichten wollen, sich jedoch nur geringe Mühe mit ihr gegeben. Durch die flache, unbedeutende Handlung aber lenkt er den Leser ab; er beschäftigt ihn zwar vorübergehend, aber er packt ihn nicht. Er zieht ihn nicht in die Welt des Romans hinein. Dafür ist die Handlung zu schwach. Das gleiche gilt von dem Prinzip des Nebeneinander. Ob das Nebeneinander verwirklicht ist oder nicht, auch wenn es sichtbar wird, es bleibt eine Konstruktion, solange es den Hauptzweck des Romans bildet und als Bilderbuchschema, wie Gutzkow es beschrieb, allein die Bindung der Teile zur Einheit gewährleistet. Man vermißt gerade das, wovon Gutzkow ausdrücklich sprach, jenen «einzigen großen Pulsschlag des Lebens», der alle Existenzen ergreifen sollte.

Es entspricht der Situation des Zeitromans in jenen Jahren, daß die Handlung immer problematischer wird. In gleichem Maße wie statt einer Hauptfigur eine Vielzahl von Figuren die

Zeit repräsentieren kann (vgl. S. 47), ist die Haupthandlung durch eine Vielzahl von Handlungen zu ersetzen, die wie die Figuren in dem übergreifenden Element der Zeit ihre Einheit findet. Möglich ist eine mittlere Lösung in Form einer zwar durchgehenden, aber schwach ausgebildeten Handlung ohne Eigengewicht, die zeitweilig hinter anderem verschwindet. Gelernt hatten die Autoren die verschiedenen Techniken am Geschichtsroman Walter Scotts (vgl. S. 11 f.). Geschichtsroman und Zeitroman liegen denn auch im 19. Jahrhundert sehr nah beieinander und sind mitunter kaum voneinander zu unterscheiden.

Dies trifft in besonderem Maße zu bei *Ruhe ist die erste Bürgerpflicht* (1852) von WILLIBALD ALEXIS (Wilhelm Häring, 1798–1871). Der Roman spielt größtenteils in Berlin und behandelt die Zeit vom Sommer 1804 bis zu den Tagen nach der Schlacht bei Jena und Auerstedt im Oktober 1806. Er ist vom Standpunkt seines Erscheinungsjahrs ein historischer («vaterländischer») Roman, wirkt aber wie ein Zeitroman, denn er behandelt Zeitverhältnisse, die mit denen seiner Berliner Leser sich nur allzu gut vergleichen lassen. Dies wird um so deutlicher, als der Autor sehr oft auf Abstand und Unterschied der Zeiten hinweist, das besagt, auf den Unterschied seiner eigenen von der der Schlacht bei Jena. Er versteht sich vorzüglich auf die «schnelle Bewegung des Blickes, der zwischen Damals und Heute zu vermitteln sucht», gerade da, «wo die rasch sich wandelnden Dinge und Worte des Alltags zur Sprache kommen» (Peter Demetz)[30]. Daneben aber bringt er Wertungen und Charakterisierungen, die sich zwar auf jene Vergangenheit beziehen, jedoch in gleicher Weise für die Gegenwart gelten oder gelten könnten, wenigstens den Leser zu Überlegungen anregen müßten, ob er sich nicht in der gleichen Lage befindet. Es beginnt beim Titel des Buches. Er ist Zitat aus der in Plakatform den Berlinern bekanntgegebenen Polizeiordnung des preußischen Ministers Schulenburg nach der gegen Napoleon verlorenen Schlacht von Jena und Auerstedt: «Der König hat eine Bataille verloren. Jetzt ist Ruhe die erste Bürgerpflicht ...» Die von der Regierung dem Bürger im Oktober

1806 anbefohlene Ruhe entsprach der schon lange in Preußen auf politischem Gebiet herrschenden Lähmung. Lähmung kennzeichnet auch den Zustand nach der verschütteten Revolution um die Jahrhundertmitte. Was Gustav Freytag 1854 aus der Stimmung seiner Zeit schrieb, konnte ähnlich auch über die Zeit von 1806 gesagt werden:« Wir hatten gehofft, daß der Tag gekommen sei, wo in dem preußischen Volk wieder Aktivität und Interesse an seinem Schicksal aufschießen könne. Die Hoffnung war verfrüht. Zu arg ist die Niederlage, die das Selbstgefühl und Rechtsbewußtsein der Preußen in den letzten Jahren erlitten.» (an Salomon Hirzel 15. 4. 1854) Von ihrer Gegenwartssituation her erkannten die Leser im Thema des historischen Romans von Alexis ihre eigene Sache; die Probleme ihrer eigenen Zeit kamen zur Sprache. Sie konnten diesen Roman wie einen Zeitroman lesen. Alexis gab das Bild einer verrotteten Gesellschaft: einerseits Korruption, Ehebruch und Giftmord, auf der anderen Seite Gedankenlosigkeit, Verantwortungslosigkeit und geistige Beschränktheit; ideale Selbsthingabe blieb eine seltene Ausnahme. Die Vorgänge erbringen – so wie Alexis sie darstellt –, daß die Niederlage Preußens die unaufhebbare Folge des schlechten Zustandes von Staat und Gesellschaft war. Sie entfalten sich im allgemeinen im Dialog und spielen im großen Salon, im kleinen häuslichen Kreis, in den Ministerien, beim König (Friedrich Wilhelm III.) und der Königin (Luise), bei Landpartien, Wagenfahrten, in den Straßen Berlins und am Rande des Schlachtfeldes. Mit der Vielzahl der Schauplätze korrespondiert eine Vielzahl von Figuren. Sie sind alle in die allgemeinen Verhältnisse verstrickt und leisten ihnen je nach der eigenen Situation mehr oder weniger Vorschub. Das intellektuelle Vermögen, das Übel zu durchschauen, ist nur wenigen gegeben. Alexis wendet sich im besonderen gegen die zivile Beamtenschaft, in deren Kreisen der Roman vornehmlich spielt. «Die besten sind geschulte Puppen», urteilt ein Minister, «wenn redlich, steif wie ein Wegweiser. Sie machen Front dahin, wo sie vor zwanzig, dreißig Jahren den Feind sahen; daß die Dinge sich verändert ... ist ihnen nicht begreiflich zu machen ... Da stehen die Posten, wo man sie hingestellt, sich brüstend, daß sie die Stelle nie um einen halben Fußbreit verlassen, aber unaufmerksam, wenn die Contrebande drei Schritte von ihnen bei hellem Tage über die Grenze dringt. Was geht es sie an, sie tun ihre Pflicht! ... Mag das Vaterland untergehen, wenn sie nur an ihrem Schilderhaus präsentieren ... keine Freiheit des Urteils, keine selbsteigene Bewegungskraft.» (Kap. 69)

Die gesellschaftskritische Substanz des Werkes wird in der den damaligen Formmöglichkeiten des Romans entsprechenden Weise dargeboten; das besagt: die durchgehende Handlung verschwindet häufig im Gewebe des Ganzen, wird überwuchert von anderem. Man kann fragen, ob es sie gibt und wie sie herauszuarbeiten wäre. Sehr auffällig ist, wie Theodor Fontane in seinem Aufsatz *Willibald Alexis* (1872) bei der Besprechung des Romans vorgeht. Nach ganz kurzer allgemeiner Einleitung greift er eine Einzelhandlung heraus: die sehr belanglose Geschichte der Adelheid Alltag. Er setzt sie mit den Worten an: «Der Faden, an dem die Ereignisse aufgereiht sind, ist der folgende.» Nachdem er die Geschichte sorgfältig, viele Details herausarbeitend, gebracht hat, heißt es: «So schließt der Roman. Die eigentliche Aufgabe, die er sich gestellt hat, ist selbstverständlich nicht die Schilderung der Lebens- und Herzensschicksale eines jungen Mädchens von ziemlich zweifelhaftem Interesse, sondern, wie ich schon eingangs bemerkte, die Darstellung jener Epoche politischer Unfähigkeit, hohlen Dünkels und sittlichen Falls.» Fontane unterscheidet damit zwischen der schwach entwickelten durchgehenden Handlung, die nur der Faden zur Aufreihung der Ereignisse ist, und der «eigentlichen Aufgabe», die der Roman «sich gestellt hat». Eine besondere Form des Zeitromans ist damit charakterisiert: der Roman dieser Prägung besitzt zwar den Faden einer durchgehenden, wenn auch keineswegs bedeutenden Handlung noch, hat aber eine ganz andere, weit wichtigere Aufgabe, nämlich die Darstellung einer Epoche und zwar einer durch geistige und moralische Eigenschaften besonders bezeichneten Epoche.

Wie schwierig es ist, eine Debatte über einen Roman wie *Ruhe ist die erste Bürgerpflicht* zu führen, erweist sich gerade an Fontanes Artikel. Schon seine Distanzierung vom politischen Standpunkt Alexis' demonstriert, daß bei einem historischen Roman die Frage nach der historischen Wahrheit immer gestellt werden kann. Da Fontane es bei der Distanzierung bewenden läßt und für die Beurteilung des Romans die politischen Anschauungen des Autors anerkennen will, werden die Klippen hier elegant umschifft. Dies geschieht nicht im Zusammenhang mit dem Fall der Geheimrätin Lupinus. Nach Fontanes eigener Aussage zählt sie «zu den entschieden *historischen* Figuren des Romans und glänzte in der Tat ein Jahrzehnt lang in der Berliner Gesellschaft». Sie gibt sich im Roman die längste Zeit als vorbildliche Gestalt, bis sie gegen Ende als Giftmörderin entlarvt wird. Fontane sagt dazu, Alexis überschreite hier «die Schönheitslinie» und verstimme «uns durch ein Übermaß von psychologischer Teilnahme, die er dem moralisch Häßlichen zuwendet». Das Argument, das Alexis in dieser Frage seinen Kritikern entgegenhielt: möglicherweise male die Geschichte die Dinge noch schwärzer als die Dichtung, wies Fontane mit der Bemerkung zurück: «Die Richtigkeit seiner Schilderungen ist nie angegriffen worden, nur die künstlerische Berechtigung. Die Dichtung hat andere Wahrheitsgesetze als die Geschichte.» Fontane erhebt mit dieser Äußerung einen entscheidenden Einwand gegen den Zeitroman als solchen und alle in ihm zu Wort kommende Zeitkritik.

Trotzdem erklärt er *Ruhe ist die erste Bürgerpflicht* – im Einklang mit Gutzkow – für den besten von Alexis' Romanen und gibt darüber das im Hinblick auf die Entwicklung seiner eigenen Romankunst zu beachtende Urteil ab: «Es ist nicht der wohltuendste und säuberlich-poetischste Roman, den Willibald Alexis geschrieben hat, aber es ist der lebenswahrste, fesselndste und bedeutendste.» Was bei diesem Urteil am meisten auffällt, ist das Hervorheben der Lebenswahrheit. Bei der Behandlung von Fontanes weiteren Äußerungen über den Geschichtsroman wird darauf zurückzukommen sein (vgl. S. 174–180). Fontanes Auseinandersetzung mit Alexis ist von großer Bedeutung, weil Alexis neben Scott zu Fontanes Vorbildern gehört. Es bestanden viele wesentliche Beziehungen zwischen beiden. Fontane schrieb seinen Alexisartikel, um sein Verhält-

nis zu dem älteren und für ihn so wichtigen Romanautor zu
klären. Er hatte zu jener Zeit schon mit der Arbeit an seinem
ersten großen historischen Roman *Vor dem Sturm* (1878) begonnen.

Die Anfänge der Romantätigkeit von Willibald Alexis fallen in die zwanziger Jahre des 19. Jahrhunderts. Er trat zunächst mit einer Scottübersetzung (*Jungfrau vom See*, 1822)
hervor und danach mit zwei Scottparodien sehr amüsanter Art
(*Walladmor*, 1823, und *Schloß Avalon* 1827). Später übertrug
er, was er bei Scott gelernt hatte, auf die brandenburgisch-
preußische Geschichte und brachte eine Serie *Vaterländische
Romane* heraus: *Cabanis* (1832), in der Zeit des siebenjährigen Krieges spielend, *Der Roland von Berlin* (1840), in der
Mitte des 15. Jahrhunderts; *Der falsche Woldemar* (1842),
hundert Jahre vorher. Der bekannteste und am meisten gelesene Roman der Serie *Die Hosen des Herrn von Bredow* (1846)
behandelt heiter behäbig eine liebenswürdige Geschichte aus
der Zeit des beginnenden 16. Jahrhunderts. *Der Wärwolf*
(1848) schließt sich zeitlich an. Zu der Serie gehören auch
Ruhe ist die erste Bürgerpflicht (1852) und, sich wiederum
zeitlich und stofflich anschließend *Isegrimm* (1854), sowie
1856 *Dorothee*. Man hat die *Vaterländischen Romane* mit
Adolf von Menzels Zeichnungen zu Kuglers *Geschichte Friedrichs des Großen* und mit Menzels Historienmalerei verglichen[31] und sie damit ihrem Ansatz nach und den Bestrebungen
des Autors entsprechend – nicht ihrem künstlerischen Wert
nach, der geringer ist – richtig eingeordnet. Die Genauigkeit
im kulturhistorischen Detail, die sachgerechte Wiedergabe
des Gegenständlichen, das auf eine historische Ganzheit verweist, ist beiden gemeinsam.

Noch während des ersten Jahrzehntes nach der Julirevolution
begann der Schweizer JEREMIAS GOTTHELF (Albert Bitzius,
1797–1854) sich als Autor eigenen Ranges einen Namen zu
machen. Als aktive, schon früh auf «eingreifen, schaffen und
wirken» gerichtete Persönlichkeit hatte er sich begeistert zur
Revolution bekannt und erwartet, die von ihm längst für notwendig erachteten Reformen würden durch die auf die

Schweiz übergreifende Bewegung möglich. Bei den großen Umwälzungen, die sie in der Tat für das Land brachte, konnte er jedoch nur in begrenztem Maße mitwirken; und er fand auch früh bedeutende Gegner seiner sich im Lauf der Jahre und im Zusammenhang mit der allgemeinen Entwicklung wandelnden Vorstellungen. Sein Hervortreten als Schriftsteller hat hier seine Begründung. Er wurde durch die Zeit zum Romanautor.

Das Ansehen eines berühmten und weit über die Schweiz hinaus anerkannten Künstlers erwarb er sich mit seinen großen Romanen, deren Reihe 1841 mit *Wie Uli der Knecht glücklich wird* beginnt und in *Geld und Geist* (1843–44) und *Anne Bäbi Jowäger* (1843–44) bedeutende Beispiele hat. Diese Romane sind ganz selbständige Schöpfungen. Literarische Voraussetzungen wirken in ihnen nur in sehr geringem Maße nach. Zu Pestalozzis *Lienhard und Gertrud* (1781–87) mag der Autor eine Beziehung gehabt haben wie auch zu den Arbeiten anderer Schweizer Schriftsteller. Der Roman Goethes beeinflußte ihn nicht. Sein künstlerisches Schaffen stand in Zusammenhang mit seinem volkserzieherischen Wirken als Pfarrer und Förderer des allgemeinen Schulwesens. Das Material zu seinen umfassenden Erzählungen gewann er aus der Erfahrung seiner beruflichen Tätigkeit. Seine Themen sind vornehmlich: das Leben in der bäuerlichen Hofgemeinschaft, Vorgänge in der Familie, Sorge für das Gesinde, das Verhältnis zu anderen Familien, zur Gemeinde, die Gefahren, die dem Zusammenleben der Jugend, der gesamten Daseinsordnung drohen, sei es von außen, sei es von innen, sowohl durch das Aufkommen neuer Lebensansichten – «die luftige neumodische Welt» – in der näheren und weiteren Umgebung als auch durch das Aufsteigen dunkler Gewalten im Gemüt der Menschen. Diese Themen bedeuten seine Sorge wie seinen Mythos. Der Stil, in dem er sie zu lebendiger Wirkung bringt, ist sein Eigentum und steht im Zusammenhang mit seinem Weltbild und seinen zeitpolitischen Vorstellungen. Von seinen Gegenständen her gewann er eine Romanform, die ihm allein gehörte und seinen Intentionen entsprach. Das Bild, das Gotthelf von den jahrhundertealten Höfen und den zu ihrem Dienst bestellten Menschen gibt, scheint aus archaischer Zeit zu stammen, und von dort her scheinen Verpflichtung und Anruf für die Gegenwärtigen zu kommen, in ihrem eigenen Innern die Gefahren zu bezwingen, die die neue Zeit dort weckt. Ganz unabhängig von fremden Einflüssen breitet Gotthelf psychologisches Wissen aus, zeigt den Verlauf innerer Krisen und den Weg zu ihrer Heilung. Seine Romane bringen jeweils einen inneren Prozeß, der sich an Vorgängen der Umwelt belebt und entfaltet, und verraten sowohl im Hinblick auf die zwischenmenschlichen Beziehungen als auch auf die individuellen Reaktionen und das psychische Leben des einzelnen eine intensive Kenntnis menschlichen Verhaltens.

Seine ihm eigene Romanweise hat Gotthelf nicht von Anfang an besessen. Sein erstes episches Werk ist in sozialkritischer Absicht geschrieben und erschien unter dem Pseudonym, das – zwar schnell entlarvt – heute allgemein als sein Name gilt: *Der Bauernspiegel oder Lebensgeschichte des Jeremias Gotthelf. Von ihm selbst beschrieben* (1837). Die Schärfe der Anklage, die das Buch enthält, ist der Ausdruck der leidenschaftlichen Bestrebungen des Autors, die Bildungsverhältnisse seines Landes zu ändern. Er hielt es für unabdingbar notwendig, die Bevölkerung durch Erziehung zu heben, damit jeder einzelne den Anforderungen der in der Schweiz damals schon weit fortgeschrittenen politischen Demokratisierung gerecht werden könnte. Es galt nach Gotthelfs Meinung, einerseits durch moderne Volksschulen und durch Erwachsenenunterricht gegen Analphabetentum und allgemeine Unwissenheit zu kämpfen, und zum andern Ausbreitung und Aneignung sittlicher Vorstellungen durch Intensivierung christlicher Gesinnung zu fördern. Die Geschichte, die der *Bauernspiegel* bringt, hat exemplarische Bedeutung und sollte die Mißstände zeigen, die es zu bekämpfen galt.

Ihr Verlauf ist: Der fünfjährige Jeremias muß mit seinen Eltern und Geschwistern den ansehnlichen Hof seiner Großeltern verlassen, auf dem er bis dahin lebte, denn ein jüngerer Bruder seines Vaters kaufte mit dem Heiratsgut seiner Frau den gesamten Hof. Alle andern Brüder und Schwestern gehen leer aus. Jeremias' fünfundvierzigjähriger Vater, der bis dahin als Knecht ohne Lohn auf dem Hof arbeitete, übernimmt in seiner Empörung über die Benachteiligung als Pächter einen andern, sich bald als sehr ungünstig erweisenden Hof. Da ihm bisher stets nur untergeordnete Arbeiten aufgetragen wurden, besitzt er wenig Sachkenntnis; seine Frau, eine eitle Krämerstochter, versteht von bäuerlichen Arbeiten gar nichts; der alte Besitzer des Hofs betrügt ihn fortwährend. So gerät er immer tiefer ins Elend; als sein Vater stirbt, kann er von dem kleinen Erbe, das er erhält, wohl die Pacht für die beiden verflossenen Jahre bezahlen, aber es bleibt wenig übrig. Im darauffolgenden Frühjahr verunglückt er beim Holzfällen. Nach seinem Tod bringen die Behörden seine Witwe um den letzten Rest des Besitzes. Der achtjährige Jeremias wird von der Gemeinde als «Güterbub» in den Dienst eines Bauern gegeben. Mit dem, was er hier und in andern Stellen als Güterbub sowie beim gelegentlichen Besuch von Schulen erlebt, ist der schwere Leidensweg eines verlassenen Kindes beschrieben. Als er Knecht geworden ist, betrügt ihn der Bauer für Jahre um seinen Lohn, und die Gemeinde verlangt die Zurückzahlung der Ausgaben, die die Bauern, bei denen er Güterbub war, ihr berechneten. Großes Unglück widerfährt ihm zur gleichen Zeit mit einem sehr liebenswerten Mädchen, das an der Geburt seines Kindes stirbt. Wie beim Tod des Vaters läßt der Arzt sich schwere Versäumnis zuschulden kommen. In seiner Verzweiflung wird Jeremias zum Randalierer, erhält einen sehr unredlichen Prozeß, bei dem man ihm für den nächsten Tag mit Prügel droht, sofern er nicht alles eingesteht, was man ihm vorschreibt. Er entwischt aus dem Gefängnis, läßt sich zum französischen Militär anwerben und macht in Paris die Julirevolution von 1830 mit. Er hatte anfangs auch beim Militär vieles auszustehen, wird aber von einem Offizier namens Bonjour entdeckt und von ihm gebildet und erzogen. Er lernt schreiben und rechnen (in den Schulen wurden die Kinder der Armen nur bis zum Lesen gebracht); viele Wissensgebiete erschließen sich ihm; er lernt auch Fechten und sich bei den Kameraden durchzusetzen. Die christliche Gesinnung Bonjours und die damit verbundenen sittlichen Vorstellungen macht er sich zu eigen. Als Gewandelter kehrt er nach der Revolution in die Heimat zurück. Seine eigenen Ersparnisse und das kleine Vermögen Bonjours, den er beerbt, entheben ihn der finanziellen Not. Sein Suchen nach einem Amt in dem 1830/31 neu belebten Land bleibt jedoch erfolglos; und er erfindet sich, angeregt durch den Rat eines einsichtigen Mannes, eine volkserzieherische Tätigkeit: er belehrt die Menschen im Wirtshaus. Das Buch klingt ohne Schluß aus. Der Verfasser hat keine Lösung, aber viele Gedanken und Vorschläge.

Die Handlung des Buches ist das Gerüst, in das zahllose Überlegungen zur Sache, um die es Gotthelf zu tun war, eingebaut sind. Gotthelf schuf sich mit dem *Bauernspiegel* insofern den Ausgang für sein gesamtes späteres Werk, als er hier von konkreten Vorkommnissen her zunächst einmal viele ihn bedrängende Fragen und Themen ausbreitete. Wie auf einer Landkarte sind im System der Erzählung vom enterbten Enkel Jeremias die Probleme des bäuerlichen Lebens und der mit ihm in Beziehung stehenden Berufsgruppen: Pfarrer, Ärzte, Anwälte, Lehrer, Gemeindevertreter zu finden; und es fällt auf, wie nüchtern und rational sie angegangen werden. Als Beispiel mögen die Ausführungen gelten, die im Zusammenhang mit dem hinterhältigen Verkauf des Hofes durch den Großvater stehen: «War denn Großvater ein so schlechter Mann, daß er seine sieben übrigen Kinder auf eine so schändliche Weise betrog? O nein, er war nur wie hundert andere Bauern! Sein Lebtag hatte er wenig anderes gesinnt und getrachtet, als einen großen Haufen zusammenzubringen; seine Kinder sah er wie Ameisen an, welche zu diesem Haufen immer noch mehr zusammenkräzen sollten. Daß dieser zusammengescharrte Haufen zusammenbleibe, auch nach seinem Tod, das war sein Lieblingsgedanke; ob darüber seine andern Kinder Bettler würden, daran dachte er gar nicht, oder dachte vielleicht, es wäre am besten, wenn keines heiratete, sondern die unbezahlten Leibeigenen ihres Bruders blieben. Zu solcher grenzenlosen Herzlosigkeit und unnatürlichen Härte wird der Mensch gebracht, wenn er im Leben und im Tode Abgötterei treibt mit Geld und Gut.» Gotthelf faßt hier ein für ihn zentrales Thema knapp zusammen, nachdem er vorher eine Reihe von Vorgängen erzählte, die zu dem Verkauf des Hofes gehörten, ohne daß sie ihn noch erkennen oder vermuten ließen, so daß der Leser zunächst nicht wissen konnte, wohin die Erzählung führte. Es begann mit der Anfahrt der derben, aufgeputzten Braut und den von ihr ausgelösten, eiligen Hantierungen der Großmutter in der Küche, in denen die Auslieferung des gesamten Familienbesitzes ihr Vorspiel hatte. Aus dem Thema der «Abgötterei ... mit Geld und Gut» des Großvaters folgt das Thema der Armut. Als nach dem Tod von Jeremias' Vater die Familie gänzlich verarmt ist, wird gesagt: «Eine arme Familie war mehr in der Welt; die Großkinder eines reichen Bauern waren Bettler und warteten auf die Bettlergemeinde, um versorgt zu werden. Wer trägt die Schuld, daß sie Bettler wurden? Sind eigentlich die Armen allein schuld, daß so viele Arme sind?» Als nächstes Thema ergibt sich von hier aus folgerichtig das Thema Erziehung. Anknüpfend an das Vorhergesagte, führt der Erzähler aus, so wie «viele Reiche ihre eigenen Nachkommen in die Armut» brächten, so blieben «viele Arme nicht nur durch ihre Schuld arm ... sondern deswegen, weil man gar nicht daran denkt, sie so zu erziehen, daß sie sich in der Welt mit Ehren forthelfen können». Die Rolle der Erziehung im Gesamtgefüge der Gesellschaft wird von Gotthelf handgreiflich am Fall seines Helden demonstriert, wobei immer wieder zur Sprache kommt, wie wichtig die Liebe für die Heranbildung der Kinder sei. Mit der Figur des enterbten und verstoßenen Jeremias schuf Gotthelf ein gutartiges Geschöpf, das durch die Herzlosigkeit nicht verdorben wird und von sich sagen kann: «Ich liebte so gerne, und man haßte mich, über mein Herz ging Frost um Frost; sie töteten die Liebe nicht, aber ihre Blüten, die offene, muntere Freundlichkeit; und Sauersehen ward meine Freundlichkeit, ein größeres Unglück für die Sauersehenden, als die meisten begreifen.» Die Lieblosigkeit seiner Landsleute fällt Jeremias auch bei seiner Rückkehr aus Paris sogleich wieder auf, und es wundert ihn, wieviel Macht einfach nur durch Rücksichtslosigkeit und hochfahrendes Wesen ausgeübt werden kann. «Es kam mir aber sehr merkwürdig vor, was man auf dem Lande, und noch dazu in einem freien Lande, mit einer tüchtigen Portion Unverschämtheit, unterstützt von eigennützigen und herrschsüchtigen Menschen, für einen Zwang ausüben, die Menschen in Angst und Schrecken jagen kann ...». Aus den speziellen Erfahrungen am Bauerntum erwächst eine allgemeine Lehre von der Gesellschaft und dem Verhalten des Menschen. Sie bildet die Voraussetzung für Gotthelfs spätere Romankunst.

Auch sein zweites episches Werk *Leiden und Freuden eines Schulmeisters* (1838–39) bereitet diese Romankunst vor. Die zweibändige Geschichte des Schullehrers Peter Käser, in der Ichform erzählt, hat wie der *Bauernspiegel* eine sozialkritische Tendenz. Sie behandelt die aktuellen Fragen des Schullebens, wie sie in den Jahren ihrer Entstehung im Kanton Bern diskutiert wurden. Den Hintergrund des ersten Kapitels bildet eine Berner Schulverordnung vom Frühjahr 1836, die bestimmte, daß alle amtierenden Lehrer sich einer Prüfung zu unterziehen hätten und ein Gehalt von wenigstens 150 Franken erhielten, sofern sie die Prüfung bestünden. Am 31. Juli 1836 – dies ist der Tag, mit dem der Roman einsetzt – erfährt Peter Käser, daß er die Prüfung nicht bestanden hat und mit Frau und fünf Kindern bei 80 Franken Gehalt weiter der Armut ausgeliefert bleibt. Der Roman endet mit dem 1. März 1837, dem Tag, an dem Peter Käser erfährt, daß er die 150 Franken doch noch bekommt. Warum Peter Käser die Prüfung nicht bestand und ein Lehrer der alten Zeit ist, gegen den sich die modernen Bestrebungen der Schweiz in den dreißiger Jahren richteten, geht aus seiner Lebensgeschichte hervor, die im zweiten Kapitel beginnt. Käser ist der Sohn eines sehr armen Webers, der acht Kinder hatte. Die Geschichte seiner Jugend ist eine Elendsgeschichte, die Gotthelf naturalistisch aus vielen Details aufbaut. Der Vater nutzte den Heranwachsenden als unbezahlte Arbeitskraft aus und verfolgte ihn mit Flüchen, als er davonging, um Lehrer zu werden. Eine Ausbildung hatte er nie erhalten. Er konnte lediglich als Schüler rasch auswendig lernen und schnell aufsagen und war dadurch den andern voraus. Sein eigener Lehrer, ein gutartiger Trinker, machte ihm den Vorschlag, Schulmeister zu werden. Es erschien ihm wie vielen seinesgleichen eine stolze Laufbahn. In wieviel Not, Ratlosigkeit und Demütigung sie führte, wird an den Etappen seines Weges sichtbar. In seiner Einfalt ist er außerstande, seine Situation zu überschauen und die modernen Maßnahmen zu verstehen. Sein guter Wille aber, seine Bereitwilligkeit zu treuem Dienst sind unerschütterlich. In Gytiwyl, wo Käser schließlich bleibt, schließt er Freundschaft mit dem Pfarrer, in dem Gotthelf ein Selbstporträt gab. Mit dieser Freundschaft bekannte Gotthelf seine eigenen Vorstellungen über die Notwendigkeit des Zusammengehens von Schule und Kirche, das nicht mehr den modernen Absichten seiner Zeitgenossen entsprach. Sie traten für die Befreiung der Schule von Aufsicht und Einfluß ein, während Gotthelf die religiöse Grundlage der Erziehung erhalten wollte und die Zusammenarbeit der beiden Institutionen wünschte, freilich in der Erwartung durchgreifender Reformen der Kirche.

Der nicht lange nach der Geschichte Peter Käsers erschienene Roman *Wie Uli der Knecht glücklich wird. Eine Gabe für Dienstboten und Meisterleute* (1841) ist nicht mehr als Anklage aufgebaut wie die beiden vorausgegangenen epischen Darstellungen. Gotthelf fand mit ihm seinen originalen Stil, die große Form des Bauernromans. Auch verarbeitete er hier seine sozialen Vorstellungen und Erfahrungen. Sie blieben sein stetes Anliegen. In der Schrift *Die Armennot* (1840), unmittelbar vor *Uli der Knecht*, hatte er die Probleme der sozialen Frage noch einmal im ganzen behandelt und als einzigen Weg zur Eindämmung der Armut die Erziehung verwahrloster Kinder bezeichnet, wie sie in der Armenerziehungsanstalt Sumiswald-Trachselwald verwirklicht wurde. In dem Roman Ulis setzte er den ihn beunruhigenden Mißständen das Bild einer vollkommenen Welt entgegen. Er baute Lebensverhältnisse auf, wie sie sein sollen. In ihnen kann Uli der Knecht glücklich werden. Wie dies zugeht, das macht seine Geschichte aus. Sie hat die Form eines Bildungsromans, ohne das Goethes *Wilhelm Meister* damit vergleichbar wäre. Die bäuerliche Welt enthält – dies ist die Fiktion des Romans – die bildenden Kräfte, die auf Uli einwirken. Sie haben Erfolg – und dies ist die weitere Fiktion –, weil Uli befähigt und willig ist, sich von ihnen bilden zu lassen. Der Einklang von Forderung und eigener Einsicht, von gegebener Aufgabe und

eigenem Können ermöglicht dem armen, haltlosen Knecht die
Entfaltung zum selbständig handelnden, verantwortungsbe-
wußten Bauern.

Die Geschichte Ulis beginnt damit, daß er betrunken und
erst gegen Morgen nach Hause kommt und die Bäuerin, die es
hört, ihren Mann weckt, damit er selbst das Vieh besorge. Sie
meint außerdem, der Bauer müsse mit Uli sprechen; er denke
sonst, er habe ein Recht auf sein Verhalten. «Und dann müssen wir uns doch ein Gewissen daraus machen; Meisterleut
sind Meisterleut, und man mag sagen, was man will, auf die
neue Mode, was die Diensten neben der Arbeit machen, gehe
niemand etwas an: die Meisterleut sind doch Meister in ihrem
Hause, und was sie in ihrem Hause dulden und was sie ihren
Leuten nachlassen, dafür sind sie Gott und den Menschen verantwortlich.» Die Struktur des Romans ist schon auf der ersten Seite erkennbar. Es gibt eine Instanz, die verantwortlich
ist, auch wenn das Zeitalter sie von der Verantwortung frei-
spricht. Aus der Dunkelheit kommt die Stimme der Frau, die
den Mann weckt: Das Vieh muß sein Futter haben; es darf
auch nicht unvorsichtig mit dem Licht im Stall umgegangen
werden, ein betrunkener Knecht könnte leicht Schaden anrich-
ten. Nach dem kurzen Gespräch der Bauersleute («Meister»
meint Bauer) erläutert der Erzähler: Bei den Bauern, deren Besitz sich lange in der Familie fortgeerbt hatte, die damit zum
«eigentlichen Bauernadel» gehörten, bei denen «Familiensitte»
und «Familienehre» entstanden sei, würde jeder heftige Auftritt, jeder Zank, der Aufmerksamkeit erregen könne, vermieden. «In stolzer Ruhe liegt das Haus mitten in den grünen
Bäumen; in ruhigem, gemessenem Anstande bewegen sich um
und in demselben dessen Bewohner, und über die Bäume
schallt höchstens das Wiehern der Pferde, aber nicht die Stimme der Menschen. Es wird nicht viel und laut getadelt.» Mit
wem der Bauer unzufrieden ist, den ruft er «ins Stübli ... so
unvermerkt als möglich», liest ihm «unter vier Augen ein Kapitel ... und dazu hat der Meister gewöhnlich sich recht vorbereitet». Er verhehlt nichts, bleibt aber gerecht. «Diese Kapiteln sind meist von guter Wirkung, wegen dem Väterlichen,
das darin vorherrscht, wegen der Ruhe, mit welcher sie gehalten

werden, wegen der Schonung vor andern. Von der Selbstbeherrschung und ruhigen Gemessenheit in solchen Häusern vermag man sich kaum eine Vorstellung zu machen.»

Der Romaneingang hat die Funktion eines Prologs. Vergleicht man ihn mit dem Eingang des *Bauernspiegels* und dem der Geschichte Peter Käsers, so wird erkennbar, daß Gotthelf jetzt als Romandichter, nicht mehr als Romanschreiber, am Werk ist, daß er nicht nur eine Geschichte erzählt, sondern vielmehr einen Mythos schafft. Der Stil des Berichts ist dem der Beschwörung gewichen. Dies zeigen schon die ersten Sätze. Der *Bauernspiegel* begann: «Ich bin geboren in der Gemeinde Unverstand, in einem Jahre, welches man nicht zählte nach Christus. Mein Vater war der älteste Sohn eines Bauern, der einen ziemlich großen Hof besaß und noch vier Söhne und drei Töchter hatte.» *Leiden und Freuden eines Schulmeisters* beginnen: «Peter Käser heiße ich, ein Schulmeister bin ich, und im Bette lag ich trübselig, nämlich den 31. Juli 1836.» *Uli der Knecht* setzt ein: «Es lag eine dunkle Nacht über der Erde; noch dunkler war der Ort, wo eine Stimme gedämpft zu wiederholten Malen: ‹Johannes!› rief. Es war ein kleines Stübchen in einem großen Bauernhause; aus dem großen Bette, welches fast den ganzen Hintergrund füllte, kam die Stimme. In demselben lag eine Bäuerin samt ihrem Manne, und diesem rief die Frau: ‹Johannes!›, bis er endlich anfing zu mugglen und zuletzt zu fragen: ‹Was willst, was gibt's?› ‹Du wirst aufmüssen und füttern. Es hat schon halb fünf geschlagen ...›».

Die ersten Sätze der beiden frühen Werke verraten einen begabten Schriftsteller. Man ist sogleich bereit weiterzulesen; das fängt gut an. Flott und sicher. Hier spricht einer, der es kann; und er erlaubt sich einen eigenwilligen Stil. Hätte Gotthelf in dieser Weise fortgefahren, man hätte ihn gewiß zu den achtenswertesten Romanautoren des 19. Jahrhunderts gezählt. Daß er mehr als dies war, belegt der Eingang von *Uli der Knecht*. Wie die weitere Geschichte des gesegneten Knechtes im ganzen erbringt, war Gotthelf ein einmaliger Romanschöpfer, lediglich in den Voraussetzungen seiner Kunst einzuordnen, lediglich im Material abhängig und selbstverständlich an Erfahrungen gebunden, die nicht ihm allein angehörten, aber in der Gestalt seines Werkes, in der Erfindung war er unvergleichbar.

Mit dem Prolog ist der Roman vom ersten Satz an auf seinen Ton gestimmt. Für den weiteren Verlauf der Erzählung besteht die Frage, wie der Bauer mit seinem liederlichen Knecht verfahren wird. Bei der ersten Unterredung gelingt es ihm nicht, Zugang zu ihm zu finden. Uli begehrt auf und ist bereit, den Dienst zu kündigen. Der Bauer gibt ihm Bedenkzeit und schafft eine neue Gelegenheit, indem er mit Uli zusammen in der Atmosphäre einer warmen Nacht auf der Bank vor dem Stall wartet, bis eine Kuh zum Kalben kommt. Es wird ein langes pädagogisches Gespräch; zeitweilig geht es in heftige Diskussion über, da Uli die soziale Frage vom Klassenstandpunkt angeht und der Bauer ebenso lebhaft die Gegenargumente bringt. Es geht darum, daß Uli das »Hudeln« (das Ausgehen, Herumlumpen) und den Umgang mit einem losen Mädchen für sein gutes Recht erklärt, denn es seien seine einzigen Freuden neben der Arbeit. «‹Ja, du hast gut krähen›, sagte Uli, ‹du hast den schönsten Hof weit und breit, hast die Ställe voll schöner Ware, den Spycher voll Sachen, eine gute Frau, von den besten eine, schöne Kinder; du kannst dich wohl freuen, du hast Sachen, woran du Freude haben kannst; wenn ich sie hätte, es käme mir auch kein Sinn ans Hudeln, an Anne Lisi. Aber was habe ich? Ich bin ein armes Bürschli, habe keinen Menschen auf der Welt, der's gut mit mir meint ... Böshaben ist mein Teil in der Welt ... Oh, daß man unsereinen nicht z'Tod schlägt, wenn wir auf die Welt kommen!› Und damit fing der große, starke Uli an, gar bitterlich zu weinen.» Die Position des Bauern ist selbstverständlich mit dem konservativen Standpunkt identisch. Im Rahmen der bestehenden Ordnung könne Uli, so legt der Bauer ihm dar, die Armut überwinden. Es sei dies möglich durch eine angemessene Einstellung zum Dienen. Er läßt eine lange Rede folgen, die er als Belehrung seines Pfarrers in jungen Jahren ausgibt. Ihre Substanz bezeichnet die Richtung für das weitere Verhältnis zwischen dem Bauern und seinem Knecht: es gelte den Dienst nicht «als eine Sklavenzeit» zu betrachten, den Meister nicht «als den Feind», sondern den Dienst «als eine Lehrzeit und den Meister als eine Wohltat Gottes»; und wer sich der Arbeit voll widme, habe auch Freude, nämlich an der Arbeit selbst und könne sich einen Namen schaffen, so daß er Geltung unter den Menschen habe.

Mit dem Untertitel des Romans *Eine Gabe für Dienstboten und Meisterleute* ist von vornherein die Lesergruppe bestimmt, an die er sich richtet. Eine Debatte über seine politische Tendenz, über die belehrende Gebärde und die aufklärerische Lebensweisheit erübrigt sich im Hinblick auf das Publikum, das in den Roman miteinbezogen ist. *Uli der Knecht* ist, worauf das Titelblatt hinweist, als Lebensbuch für solche gedacht, die in der gleichen Lage wie die Menschen sind, von denen es handelt. Dies gehört zur Fiktion des Werkes, und von ihr her allein kann es betrachtet werden. Deshalb ist es nicht an modernen politischen Vorstellungen zu messen, sondern an den Absichten, die mit ihm verbunden sind.

Zu den Absichten gehört es, daß der Bauer mit seiner Rede Erfolg hat. «Bei Uli war etwas Neues erwacht und in die Glieder gefahren, ohne daß er es selbst nocht recht wußte. Er mußte der Rede des Meisters je länger, je mehr nachsinnen, und es dünkte ihn immer mehr, der Meister hätte doch etwas recht. Es tat ihm wohl zu denken, er sei nicht dazu erschaffen, ein arm, verachtet Bürschli zu bleiben, sondern er könnte noch ein Mann werden.» Nicht begreifen kann Uli allerdings, wie er mit seinem Geld auskommen und womöglich noch sparen soll. Auch dafür hat der Bauer eine Lösung; es geht nicht darum, daß Uli weniger ausgeht als bisher und weniger Tabak raucht. Er muß beides ganz lassen, dann kann er viel von seinem Lohn übrig behalten, und er wird frischer bei der Arbeit sein, wenn er am Sonntag ruht. Wie hier, so berät der Bauer seinen Knecht bei vielen anderen Gelegenheiten; er hilft ihm, wenn er in Schwierigkeiten gerät; er zeigt ihm auch die gehobenen Arbeiten. «Der Meister hatte nämlich im Herbst den Uli einen Acker säen lassen, während er selbst geeggt, hatte ihn Pflug halten lassen, während er den Ackerbub machte. Er hatte Uli gesagt, er müsse das auch lernen, wenn er ein Hauptknecht werden wolle ... es sei doch nichts Traurigeres als so ein Bauernknechtlein, das nicht die halbe Landarbeit verstehe». An Uli wird getan, was im *Bauernspiegel* am Vater des Jeremias versäumt wurde. Es gehört zum Stil des Romans, ausdrücklich auszusprechen, um was es geht. Deshalb heißt es, der Meister habe «den Uli an den Pflug gestellt, was hundert Väter an den eigenen Söhnen nicht tun, solange sie ein Bein machen können, ihnen Pflughalten und Säen nie anvertrauen, aus Furcht, es könne eine Handvoll Korn mehr gebraucht oder sonst irgendein Fehler gemacht werden.» Die volkserzieherischen Absichten des Autors und der Stil des Romans bilden sowohl in der Behandlung der Details als auch im Gesamtaufbau des Romans eine Einheit. Der Bauer Johannes, nach seinem Hof der Bodenbauer genannt, ist eine ideale Figur. Nur durch das Mittel einer solchen Figur war es Gotthelf möglich, seine volkserzieherischen Ziele einem größeren Publikum klarzumachen. Deshalb ist alles vorbildlich, was der Bodenbauer tut. Er erzieht Uli nicht nur zum mustergültigen Knecht, er bringt ihn auch auf den Weg, ein selbständiger Bauer zu werden. Gotthelf demonstriert damit seine Vorstellung, daß die Armen nicht arm und erniedrigt bleiben müssen, sofern man ihnen die richtige Erziehung gibt und ihnen das Selbstbewußtsein einflößt, zu dem er sie als Geschöpfe Gottes verpflichtet hält. Der Mensch sei durch die Gnade Gottes mit Kräften ausgestattet, legte Gotthelf in der *Armennot* dar, und habe, wie er an Gott glaube, auch an seine Kräfte zu glauben und zu vertrauen, «daß sie uns durch das Leben zu tragen vermögen». Deshalb sei es ihm wichtig, die Kinder in den Armenanstalten nicht «mit sogenannten demütigen Gesichtern ... mit dem bekannten Niederschlag und Aufschlag der Augen» zu sehen. Wer scharf auf «die übertünchten Gesichter» achte, erblicke dahinter «ein wüstes, giftiges Tändeln mit Lust und Sünde, aber keine Kraft und Lust zur Arbeit, zum Sichselbständigstellen in der Welt». Was der Bodenbauer in Uli entwickelt, ist eben dies, wovon Gotthelf in der *Armennot* sprach: «Kraft und Lust zur Arbeit, zum Sichselbständigstellen in der Welt». Der Bodenbauer empfiehlt Uli schließlich einem Verwandten, dem Glunggenbauern Joggeli, als Meisterknecht.

Der zweite Teil des Romans zeigt Uli in dieser Stellung. Er

hat es auf dem neuen Hof nicht mehr mit einem vorbildlichen Bauern zu tun. Joggeli ist eigensinnig, geizig, hinterhältig und mißtrauisch. Der Hof ist verwahrlost. Die beiden Kinder verkörpern den Verfall einer Familie. Der Sohn, Gastwirt in der Nähe, will Uli für den eigenen Betrieb gewinnen und Joggeli abspenstig machen. Die Tochter, Elisi, ein eitles, albernes Ding und ganz unfähig zur Bäuerin, läßt Uli zeitweilig glauben, er könne sie gewinnen, nimmt aber dann einen ihr vornehm erscheinenden Baumwollhändler, der, wie sich später herausstellt, es nur auf ihr Geld abgesehen hatte. Uli kann sich nur unter Aufbietung aller Kräfte in der schwierigen Welt durchsetzen. Das Gesinde, nachlässig und aufsässig, setzt dem Meisterknecht brutalen Widerstand entgegen. Joggeli stützt ihn nicht, fällt ihm in den Rücken, verletzt seinen Stolz, gibt aber jedes Mal nach, wenn die Gefahr besteht, daß er Uli verliert. Vermittelnd und einsichtig verhält sich die Bäuerin. Der gute Geist im Haus ist Vreneli, ein Mädchen, das als uneheliches Kind und arme Verwandte auf dem Hof aufgezogen wurde und inzwischen die Hauswirtschaft so tüchtig und umsichtig lenkt wie Uli die Landwirtschaft. Sie ist von Anfang an die natürliche Verbündete Ulis. Tief verletzt ist sie durch Ulis Beziehung zu Elisi, nach deren Verheiratung beide, Uli wie Vreneli, den Hof verlassen wollen.

Der letzte Teil bringt die Lösung, die von der Bäuerin ersonnen und durchgeführt wird. Uli erhält den Glunggenhof als Lehen, das heißt er pachtet ihn; der Bodenbauer leistet die finanzielle Bürgschaft; Vreneli läßt sich versöhnen und heiratet Uli. Heiter und ausgeglichen ist in diesem letzten Teil das Zusammenspiel der Gestalten. Selbst Joggelis Widerspenstigkeit wirkt nicht mehr bedrängend, sondern als Wunderlichkeit eines echten Bauern, der auf seine Weise genommen werden muß. Schließlich trägt auch er zur Lösung bei, denn er hat längst Ulis Wert eingesehen. Das junge Paar erhält einen sehr günstigen Vertrag.

Die nach *Uli der Knecht* erscheinenden Romane Gotthelfs bleiben in Thematik und Stil alle in dem durch die Schweizer Verhältnisse gegebenen Rahmen, behandeln aber innerhalb dieses Rahmens verschiedene Probleme und beziehen sich sehr entschieden auf die Zeitverhältnisse. Die Bedeutung christlicher Gesinnung, die als Kraft das Leben zu durchfluten habe, wenn nicht der Besitz dem Bauern zum Unglück werden soll, ist in *Geld und Geist* (1843–44) behandelt, die Gefahr des Aberglaubens und der Quacksalberei in *Anne Bäbi Jowäger* (1843–44). Die das Bauerntum von innen bedrohenden Mächte der Selbstzerstörung beschäftigten Gotthelf auf mehrfache Weise. Als ideelle Gegenpole zum Geist christlicher Gesinnung sind sie ihm Gegenstand der Diskussion, der lehrhaften Auseinandersetzung, was sich schon in einem Titel wie *Geld und Geist* ausdrückt. Zum andern faszinierten ihn als Künstler offenbar Gestalten wie Joggeli in *Uli der Knecht*, wie der geldgierige, machtbesessene Bauer vom Dorngrüt in *Geld und Geist* und Anne Bäbi Jowäger mit ihrer bannenden Gewalt. Beschränkt und herrschsüchtig, in dumpfer psychischer Gebundenheit und ohne Überlegung handelnd, bringt Anne Bäbi Unglück über die Familie und sich selbst. Der einzige Sohn und Erbe des Hofs verliert bei einer Blatternerkrankung ein Auge, und später stirbt der Enkel, weil sie jedes Mal eine törichte Magd quacksalbern läßt und selbst unsinnig herumjammert, ohne vernünftige Entscheidungen zu treffen. Dem Sohn will sie in starrem Festhalten an der einmal von ihr getroffenen Entscheidung eine abscheuliche Frau aufdrängen. Als der Enkel gestorben ist, kommt sie in ihrer Verzweiflung an den Rand des Wahnsinns und macht einen Selbstmordversuch. Gotthelf sah in dieser über ihre Umwelt als ein düsterer Schatten waltenden Frau einen weitverbreiteten Typ verkörpert: «Nein, von solchen Anne Bäbi wimmelt die Welt.» Der Roman, dessen Mitte sie einnimmt, ist besonders reich an Gesprächen, und ihre Figur wird vornehmlich in der Redeführung plastisch.

In den späten Romanen greift Gotthelf manche Probleme der frühen wieder auf. Sofern sie seine Lebensfragen geblieben waren, drängte es ihn, sie von neuem und den gewandelten Zeitverhältnissen angepaßt zu gestalten. *Der Geltstag* (1845) trägt den Untertitel: *Oder die Wirtschaft nach der neuen Mode.* Die zur Zwangsversteigerung führende Verlotterung einer Gastwirtschaft durch die Wirtsleute Steffen und Eisi sah

Gotthelf als Folge einer allgemeinen Verlotterung an und wollte mit den von ihm geschilderten Vorgängen die Zeit treffen. Ohne Tradition und Halt, ohne Moral und Glauben läßt das Paar sich treiben. Eisi ist die stärkere Natur, vergleichbar Anne Bäbi Jowäger. Sie beherrscht ihren Mann in schonungslosem Kampf, bis die Zerstörung vollkommen ist. Gotthelf gibt keinen Ausblick auf eine bessere Welt, wenn auch Eisi mit ihren Kindern am Ende bei guten Menschen Aufnahme findet. Es geht nur um das Geschehen selbst, den Niedergang der Wirtschaft und die Auflösung der Ehe, um die gegenständliche Erfassung der Umstände. In *Käthi die Großmutter oder Der wahre Weg durch jede Not* (1847) hat Gotthelf eine weibliche Hauptfigur in die Mitte gestellt, eine beschränkte Frau wie Anne Bäbi. Doch der Nachdruck liegt auf ihrer Frömmigkeit und Güte, auf der Beseelung und Verklärung der Armut.

Noch im gleichen Jahr wie *Käthi* erschien *Uli der Pächter* (1847). Daß Uli nach der Hochzeit wieder am Anfang steht und die Hauptaufgabe seines Lebens noch vor sich hat, ist der Ansatz des zweiten Teils seiner Geschichte. Wieder hat er einen langen Weg vor sich. Er verfällt sogleich aus Angst, die Pacht nicht bezahlen zu können, in das Laster seines Standes: den Geiz, worunter vor allem sein Verhältnis zu Vreneli leidet. Weitere Verirrungen kommen im Verlauf einiger Jahre hinzu, so daß Uli in dem Hagelwetter, das große Zerstörungen in seiner Ernte anrichtet, eine Strafe Gottes sieht, einen Zusammenbruch erleidet und schwer erkrankt. Während der Krankheit nimmt seine innere Geschichte ihren Verlauf, eine Wandlung vollzieht sich, er findet Ruhe und Gelassenheit. Seine äußeren Verhältnisse verschlechtern sich weiter, weil Joggeli durch seine Kinder gezwungen wird, den Hof zu versteigern. Es erwirbt ihn jedoch ein Verwandter, Hagelhans im Blitzloch, der sich am Ende als Vrenelis Vater zu erkennen gibt. Gotthelf kam es darauf an, mit dem letzten Teil die menschliche Reife des Paares zu zeigen. Obwohl Uli und Vreneli wissen, daß die Versteigerung des Hofes und die Verluste, die sie persönlich erlitten, sie mit ihren Kindern obdachlos machen – hat doch Uli nun Schulden beim Bodenbauer, so daß er bei Übernahme eines neuen Pachthofs nicht ohne weiteres einen Bürgen zu finden meint –, sind sie voll Vertrauen in die Zukunft und überzeugt, einen Weg zu finden. Daß schließlich der Glunggenhof ihr Eigentum wird, ist daher nicht einfach als das glückliche Ende eines landläufigen, den Leser zufriedenstellenden Romans zu betrachten, sondern als das Bekenntnis des gläubigen Autors zu einem utopischen Prinzip.

Reaktion auf die politischen Ereignisse von 1848 sind die beiden Romane *Die Käserei in der Vehfreude* (1850) und *Zeitgeist und Berner Geist* (1852). Nicht mehr der Weg des einzelnen oder einzelner Familien wie in den vorausgegangenen Romanen bildet das Gefüge der Erzählungen, sondern die Geschichte ganzer Gruppen. In der *Käserei* ist das gesamte Dorf dichterisches Exempel. Gotthelfs tiefe Enttäuschung über die politische Entwicklung seines Landes fand in der auf demokratische Weise zustandekommenden Gründung der Käserei ihren Ausdruck. Obwohl er mit der Käsezubereitung als Bild für die menschliche Gesellschaft eine heitere Form der Aussage benutzt, schwingt die Bitterkeit seiner Kritik ständig mit. Das Buch ist mit Wielands *Abderiten* (vgl. Band I, S. 173 ff.) zu vergleichen und in der Fülle seiner Anspielungen eine erregende Lektüre. Noch enger an die Zeitereignisse knüpft *Zeitgeist und Berner Geist* an. Das Werk hat eine polemische Grundrichtung, in der sich Gotthelfs Stellungnahme zu aktuellen Fragen seiner Tage ausdrückt.

II

Konkretisierung neuer Erfahrungen mit der Natur des Menschen durch den Roman

Die deutsche Romangeschichte nach 1830 erschöpfte sich von Anfang an nicht im Zeitroman. Nachdem im 18. Jahrhundert der Roman als Mittel zur Darstellung der «inneren Geschichte» des Menschen einmal entdeckt war, hat die «innere Geschichte» des Menschen die Romanautoren immer wieder von neuem beschäftigt, sowohl im 19. wie im 20. Jahrhundert. Ob Wieland und Goethe geschätzt oder abgelehnt wurden, ob man sie kannte oder nie gelesen hatte, ihre Romanweise (vgl. Band I, S. 102 ff.) blieb in Übung. Sie wandelte und verfeinerte ihre Formen, paßte sich neuen Denkgewohnheiten an und war ohnehin mit jedem Zeitgehalt zu verbinden. Besondere Anteilnahme an ihrem Erzählstoff sicherte ihr bei Autoren und Lesern die wachsende Aufgeschlossenheit weiter Kreise für psychologische Fragen und neue Methoden der wissenschaftlichen Psychologie.

In die gleiche Zeit wie die Bemühungen um eine spezielle Form des Zeitromans fallen intensive Bestrebungen, im Roman ein neues, vielschichtiges Menschenbild zu entfalten. Es enthält die Gespaltenheit und Unsicherheit des einzelnen gegenüber dem ihn herausfordernden Leben und zeigt, wie selten die Gesellschaft ihm Stütze und Hilfe zuteil werden läßt. Sein Verhalten in der Liebe, zu den Mitmenschen, im Beruf, in zweifelhaften Situationen offenbart die Unzuverlässigkeit und das Ausgeliefertsein der menschlichen Natur. Ihre Konkretisierung wird durch bewegungsreiche und mitunter sehr komplizierte Geschehnisabläufe bewirkt, weshalb die äußere Handlung bei einigen dieser Romane, wie etwa bei Mörikes *Maler Nolten*, aufschlußreich ist; in ihr und durch sie werden die inneren Vorgänge sichtbar. Es entstanden dabei bedeutende Erzählwerke, die einen besonderen Platz in der deutschen Literaturgeschichte haben. Ihre Autoren befanden sich in selbstverständlichem Traditionszusammenhang mit der gesamten Goethezeit. Sie hatten Klassik und Romantik nicht nur in feststellbaren Einzelzügen übernommen, sondern waren von ihnen als einem Lebenselement durchdrungen. Nicht im Widerspruch dazu steht, daß sie einen neuen auf Gegenständlichkeit gerichteten Stil verwirklichten: ihre Kunstweise ist gekennzeichnet durch zugreifende Intensität und hohe Subtilität der Darstellung, die sich sowohl auf die sichtbare Welt wie auf das innere Leben des Menschen beziehen.

EDUARD MÖRIKE ist es nicht leicht gefallen, seine Erfahrungen mit der Natur des Menschen in der Prosaform des Romans auszusprechen. *Maler Nolten* (1832) wird deshalb oft abgewertet. Die Erzählung beginnt recht umständlich; der Leser hat zu warten, bis ihn der Autor in die Vorgänge hineingleiten läßt. Ein Baron Jaßfeld erklärt als Kunstkenner dem Maler Tillsen die überraschende Veränderung seiner Kunst anhand von Gemälden, zu denen Tillsen sich erst nach längerem Zögern bekennt. Wie sich später herausstellt, stammen die Entwürfe zu jenen Gemälden von Nolten, dessen Diener Wispel sie ihm entwendete und an Tillsen verkaufte, der sie ausführte. So ist von Anfang an, ohne daß der Leser es sogleich begreift, von Maler Nolten die Rede. Die Bilder, die Jaßfeld beschreibt, geben Aufschluß über die Hauptfigur des Romans und zwar gerade in der Gebrochenheit ihrer schwer zu identifizierenden Art. Die Handlung nimmt zunächst keinen Bezug auf sie. Nolten zog sich von seiner Braut, der Försterstochter Agnes, zurück, einerseits weil Gerüchte zu ihm drangen, sie habe sich von ihm abgewandt und unterhalte Beziehungen zu einem andern, einem Vetter, der sogar an Nolten geschrieben und Beweise für ihre Zuneigung vorgelegt hatte; andererseits weil die Gräfin Konstanze ihn fasziniert und das Leben in der Residenzstadt und der Verkehr im Hause der Gräfin ihn ohnehin der Braut entfremdeten. Der Freund des Malers aber, der Schauspieler Larkens, meint, die Beziehung zwischen den Brautleuten erhalten zu sollen und schreibt in der Handschrift des Malers Briefe an Agnes, die sie für Briefe ihres Bräutigams halten muß. Larkens spielt außerdem der Gräfin Belege dafür in die Hand, daß Nolten in ungestörtem Austausch mit seiner

Braut stehe. Nachdem die Gräfin Nolten daraufhin abgewiesen hat, nimmt er die Beziehung zu Agnes erneut auf. Das Verhältnis zwischen den Brautleuten leidet jedoch an einem inneren Bruch, den Agnes ahnt. Gestört wurde ihre Beziehung zu Nolten seinerzeit durch die Zigeunerin Elisabeth, die Agnes auflauerte und sie wissen ließ, Nolten und sie seien nicht füreinander bestimmt. Elisabeth stammte aus der Ehe des Bruders seines Vaters, eines Malers, mit einer Zigeunerin, deren Bild, von diesem Onkel gemalt, Nolten in einer Dachkammer seines Elternhauses sah. Er erkannte in Elisabeth, der er bei einem Ausflug begegnete, die Züge wieder, die ihn von jenem Bild her erregten. In ihren Augen schien ihm das Rätsel seines Lebens zu liegen. Ein geheimes Bündnis wurde bei dieser Begegnung geschlossen. Er sah Elisabeth nicht wieder und hielt sich um so mehr an jenes Bild in der Kammer. Schon immer hatte er gern gemalt und gezeichnet: ... «der Trieb zu bilden und zu malen, ward jetzt unwiderstehlich, und sein Beruf zum Künstler war entschieden.»

Die Geschichte der Beziehung zwischen Elisabeth und Nolten erfährt der Leser durch einen Einschub, überschrieben *Ein Tag aus Noltens Jugendleben*. Larkens berichtet, er habe das Schriftstück nach Erzählungen von Nolten selbst verfaßt. Wie hier die Hintergründe der inneren Vorgänge, die das Leben des Malers bestimmen, in einer besonderen Einlage gegeben werden, so stehen auch die Bekenntnisse, die Larkens seinem Freund Nolten zukommen läßt, ehe er aus der Stadt verschwindet, in einer besonderen Einlage, überschrieben *Larkens an Nolten*, die als Brief aus dem epischen Erzählfluß herausgenommen ist. Larkens gibt darin zu, daß er für seinen Weggang keine ernsthafte Begründung hat; «genug, mir ist in meiner eigenen Haut nimmer wohl. Ich will mir weismachen, daß ich sie abstreife». Worauf es ihm allein ankommt, ist Noltens Aussöhnung mit Agnes. Nolten wird mitgeteilt, was man für ihn monatelang tat, während er sich dem Spiel mit Konstanze überließ. Er entnimmt den von Larkens hinterlassenen Unterlagen, daß die Gräfin über seine Beziehung zu Agnes unterrichtet ist, daß Elisabeth bei Agnes auftauchte, ihre Liebesverwirrung bewirkte und in Noltens Umkreis gesehen wurde.

Eine bedeutende Rolle sowohl für die Aussage als für den Aufbau des Romans spielen die lyrischen Einlagen, die die Ereignisse begleiten. Intensiver noch als die Prosaeinlagen, die Individuelles, Bekenntnishaftes und Hintergründiges aus dem epischen Erzählstrom herausheben und es dabei in hellere Beleuchtung rücken, bringen die eingelegten Gedichte die verborgenen Bereiche des inneren Lebens, von dem aus die sichtbaren Vorgänge bestimmt werden, ans Licht. Mörike hat dieses Verfahren bei der Vorbereitung zur späten Fassung des Romans, die erst nach seinem Tod herausgebracht wurde (1877), noch gesteigert. So findet sich dort unter Noltens Papieren ein von Agnes mitgeteiltes Gedicht: «Kann auch ein Mensch des andern auf der Erde / Ganz, wie er möchte, sein? / – In langer Nacht bedacht' ich mir's und mußte sagen, nein!» Damit hat die Liebesunfähigkeit der Figuren schon Ausdruck gefunden, ehe die Romanhandlung ihre Unausweichlichkeit erkennen ließ. Das Gedicht, das Mörike erst später verfaßte, enthält den Kern der Thematik des gesamten Romans. Wie in diesem Gedicht drückt Agnes in der ersten Fassung schon[32] nach Noltens Rückkehr ihre Ahnung, daß trotz der Versöhnung und der heitern Stimmung ein Unheil auf sie wartet, in ihrem Lied aus: «Rosenzeit! wie schnell vorbei, / Schnell vorbei, / Bist du doch gegangen! / Wär' mein Lieb nur blieben treu, / Blieben treu, / Sollte mir nicht bangen.» Das Lied, das Agnes vor Nolten singt, führt besser in ihr Inneres und sagt mehr aus als die sichtbaren Ereignisse in ihrem Vaterhaus. Seine Funktion ist nicht allein die einer Vorausdeutung, sondern – und das ist wichtiger – es ist Ausdruck eines sehr sicheren, genau die Umstände erfassenden Wissens. Agnes verrät in ihrem Benehmen auch sonst, daß ihr die Gebrechlichkeit der Situation bewußt ist, was am deutlichsten wird, als sie die Hochzeit hinausschiebt.

Zum Austrag kommt das über alle Verhängte auf einer Reise während eines Aufenthaltes auf dem Landschloß eines Präsidenten. Larkens beging kurz vorher, nach einer gelegentlichen, flüchtigen Wiederbegegnung mit Nolten, Selbstmord. Unter seinen hinterlassenen Papieren fand Nolten die Peregrina-Gedichte und erkannte in dem lyrischen Zyklus eine Phantasie auf sein Verhältnis zu Elisabeth. Getrieben durch eine «sonderbare Herzensnot», gesteht er Agnes in plötzlicher Anwandlung seine Liebesverwirrung der letzten Monate, wobei er alles zur Sprache bringt: ihre eigene Abirrung, die von Larkens vorgetäuschten Briefe, seine Verfehlung mit Konstanze; lediglich Elisabeth übergeht er. Agnes, erschüttert von dem Eingeständnis, zieht sich sofort von Nolten zurück und gerät nach einer Unterredung mit Elisabeth, die sich schon am nächsten Tag einfindet, in unheilbare Verstandeswirrnis. In großer dramatischer Szene wird bei Elisabeths Auftreten Noltens ganzes Unglück offenbar. Die Umgetriebene bestimmt in unverkennbarem Wahnsinn die Situation, indem sie vor den Schloßbewohnern ihr Recht auf Nolten fordert. Nolten weist sie zwar ebenso entschieden ab, er kann aber nicht verhindern, daß sie um so leidenschaftlicher ihre Liebe bekennt und ihn der Untreue bezichtigt sowohl an Agnes als auch an ihr. Eine eigenartige «Personenverwechslung zwischen Nolten und Larkens» geht in der nächsten Zeit in Agnes vor, während der blinde Henni, der Sohn des Gärtners, ihr Freund und Begleiter wird. Er erzählt ihr die Legende vom Alexisbrunnen, die berichtet, wie die Liebe eines getrennten Paares an diesem Brunnen durch ein Wunder bezeugt wurde. In dem gleichen Liebesbrunnen findet Agnes den Tod. Nolten, aufgerieben vom Leid, stirbt in der Nacht vor ihrem Begräbnis an einer Vision. Elisabeth starb einige Tage vor ihm, Konstanze überlebt ihn nur wenige Monate.

Auch im letzten Teil des Romans haben die lyrischen Einlagen eine bedeutende Funktion. Es spricht sich in ihnen wiederum ein Wissen aus, das über die sichtbaren Ereignisse weit hinausgreift. Wie bei der Darstellung von Noltens Wiedervereinigung mit Agnes enthalten sie eine zweite, inneres Leben betreffende Handlung, die von den in der Prosaerzählung gebrachten Vorgängen durch die lyrische Form hermetisch abgeschlossen ist. Sie gehören alle Agnes als unmittelbares Eigentum an. Sie handeln vom Kernthema des Romans: dem Versagen des Menschen in der Liebe, und weisen darüber hinaus auf die durch die christliche Verkündigung zugesicherte Gottesliebe und die sich daraus herleitende Erlösungserwartung

des Menschen. Während Agnes ihrer Umwelt als Bild entsetzlichen Jammers und grauenvoller geistiger Verwirrung erscheint, sind ihre Lieder von höchster Klarheit, Meisterwerke
der Form und der Intensität der Aussage. Die Todesverfallenheit der Hauptgestalten darf daher nicht als der alleinige Gehalt des Romanendes oder gar des gesamten Romans betrachtet werden. Daß den dem Leid ausgelieferten Gestalten als Gegengewicht eine ganze Reihe von persönlich unbedrohten Figuren beigegeben ist, Figuren, die sich durchaus angemessen
und eindrucksvoll verhalten, wie der Förster und der Präsident,
bringt schon zum Ausdruck, inwiefern es sich bei Nolten wie
auch bei Larkens ganz unbestreitbar um ein besonderes
Schicksal handelt. In ihm wird zwar Allgemeines sichtbar,
aber Allgemeines ist in noch weit umfassenderem Maße in den
lyrischen Einlagen ausgesprochen, ja erst durch sie werden die
besonderen Schicksale ins Allgemeine gehoben. Agnes, die in
den Augen der Menschen den Verstand verliert, stellt mit ihren Liedern die Verbindung zwischen den Einzelvorkommnis-
sen und dem Allgemeinen her, verknüpft das Versagen des
Menschen in den besonderen Situationen in das umfassende
Netz des allgemeinen Versagens. Während Nolten und Konstanze sich die Frage ihrer Schuld zu stellen haben, weiß
Agnes, daß in der Unbeständigkeit der Liebenden die Natur
der menschlichen Liebe sichtbar wird. Nachdem in langer Pro-
saeinlage mit der christlichen Legende von den beiden Liebenden Alexis und Belfore, die sich durch alle Prüfungen hin die
Treue hielten, ein musterhaftes Paar gezeigt wurde, singt
Agnes das Lied vom Wind, in dem die Ruhelosigkeit des Win-
des Gleichnis der Heimatlosigkeit der Liebe ist. Das Motiv
klang schon an in dem berühmten Gedicht «Hier lieg' ich auf
dem Frühlingshügel», das der Autor im Zusammenhang mit
Noltens Weg zu Agnes mitteilte. Es hieß schon dort: «Ach
sag' mir, alleinzige Liebe, / Wo du bleibst, daß ich bei dir blie-
be! / Doch du und die Lüfte haben kein Haus.» Im gleichen
Sinne werden im letzten Teil des Romans die Winde befragt:
«Sagt, wo der Liebe Heimat ist, / Ihr Anfang, ihr Ende!» Und
es erfolgt die Antwort: «Wer's nennen könnte! ... / Lieb' ist
wie Wind, / Rasch und lebendig, / Ruhet nie, / Ewig ist sie, /

Aber nicht immer beständig.» Im Einklang mit den hier gegebenen Vorstellungen stehen die geistlichen Lieder, die Agnes am Tag vor ihrem Tod singt. Das Bewußtsein der Gebrechlichkeit und Erlösungsbedürftigkeit bildet ihren Grundton. Obwohl der Roman alle Eigenschaften des tragischen Romans (vgl. S. 113) hat und Düsternis und Ausweglosigkeit gegen Ende hin immer beängstigender werden, schaffen die Lieder dennoch eine Atmosphäre des Überwindens und der Befreiung. Ein besonderer Glanz geht vom Zyklus der Gedichte «An L.» aus, den Agnes sich in ihrer letzten Zeit zueignet.

Daß Mörike mit der gesamten Romankomposition sehr weit in bis dahin noch unentdeckte Bereiche der Psychologie vorgedrungen ist, wurde bisher noch kaum erkannt und gewürdigt. Die Beschreibung der Bilder am Eingang des Romans erweist sich von seinem Ende her im Hinblick auf die psychische Situation des Malers als kompositionell wohlbegründet, und die einzelnen Aussagen zu den Bildern treffen Wesen und Existenz der Figuren im ganzen. Es darf nicht als Konzession an den Zeitgeschmack aufgefaßt werden, daß die Hauptfigur ein Maler ist. Es handelt sich nicht um einen der damals üblichen Künstlerromane. Noltens Künstlertum hängt mit dem Kern seiner Geschichte zusammen, denn er stellt als Künstler die dämonische Wurzel seines eigenen Unglücks schon heraus, ehe das Unglück als solches erkennbar ist, und er macht auf diese Weise, noch ehe etwas Greifbares geschieht, den Beziehungspunkt sichtbar, von dem her alle Linien des Romans ihre Richtung empfangen. Elisabeth ist als einzige in der Liebe treu, während alle andern durch sie in Untreue und Schuld verstrickt werden. Daraus ergibt sich die einheitliche Struktur des Romans. Zugleich aber ist damit auch das wichtigste Element für die Beurteilung des von Mörike verarbeiteten seelenkundlichen Wissens bezeichnet.

Mörike selbst stand seinem Romanprodukt von Anfang an ziemlich ratlos gegenüber. Unentschieden war die Gattungsfrage. Als «Novelle in zwei Teilen» bezeichnete er das Werk auf dem Titelblatt. Erst die späte Fassung, die nach seinem Tod herauskam, trägt den Gattungsnamen Roman. In seinen Briefen benutzte Mörike zunächst beide Bezeichnungen, später

bevorzugte er «Roman». Sein Schwanken mag zum Teil damit
zusammenhängen, daß zu jener Zeit die Grenzen der Gattungen noch als gleitend galten und demzufolge die Terminologie
nicht eindeutig festlag. Auch andere Prosawerke des 19. Jahrhunderts, die wir heute als Romane ansprechen, wurden von
ihren Autoren Novellen genannt, so Heinrich Laubes *Das junge Europa* (vgl. S. 40), Ludwig Tiecks *Vittoria Accorombona*
(vgl. S. 118) Conrad Ferdinand Meyers *Jürg Jenatsch* (vgl.
S. 169). Friedrich Theodor Vischer fügte in seiner Rezension
des *Maler Nolten* an einer Stelle beim Gebrauch des Terminus
Roman ausdrücklich in Klammern hinzu: «oder Novelle, wir
wollen hier nicht über diese Benennung rechten, ich nenne das
Buch lieber Roman» (64) [33]. Die Bemerkung Vischers belegt
einerseits, daß es damals, bis zu gewissem Grade wenigstens,
im Ermessen des einzelnen stand, ein Werk als Roman oder
als Novelle anzusehen, andererseits, daß man doch, wenn
auch mehr gefühlsmäßig, zwischen beiden unterschied. Mörike hat das getan. Es ist nicht allein auf die damals noch mögliche Vertauschbarkeit der Beziehungen zurückzuführen, daß
er sie während der Entstehungszeit des *Maler Nolten* anscheinend wahllos verwendete, sondern auch auf seine Unsicherheit dem eigenen, im Werden begriffenen Kunstgebilde gegenüber. Es war sein erstes episches Werk. Als er daran arbeitete, hatte er als Lyriker seine originale Ausdrucksweise schon
gefunden, und sein Rang als Dichter war ihm bewußt. Etwas
bedenklich erschien ihm hingegen «der epische Versuch» – so
nennt Vischer den *Maler Nolten* in seiner Rezension. Es sei
«nicht zufällig», führt Vischer aus, «daß aus der schwäbischen Gruppe in der romantischen Schule kein Dichter in die
objektiveren Gattungen der Poesie sich erhoben» habe. Unter
den «objektiveren Gattungen» versteht er Roman und Novelle,
«welche als wesentlich moderne Gattungen der Poesie notwendig auch das Vielverschlungene, Geteilte, Komplizierte
moderner Zustände, die Dialektik eines reicheren, vielseitige-
ren Pathos, eines mannigfaltig gebrochenen geistigen Lichtes
in sich aufzunehmen haben» (61).

  Mörike hat diese von Vischer nachträglich, das heißt nach
Erscheinen des *Nolten*, formulierte Aufgabe, die ihm «die ob-

jektiveren Gattungen» stellten, fraglos erkannt und erfüllen wollen, meinte aber, der anspruchsvollen Form des Romans noch nicht gerecht geworden zu sein. Zu ihr gehöre mehr Reflexion, durch die die Handlung gehoben würde. Im Charakter der Novelle hingegen liege es, daß «mit allgemeinen Maximen und Reflexionen zurückgehalten wird, daß, wenn auch der Geschichte (und diese ist die Hauptsache) eine tiefere Idee unterliegt, solche nur angedeutet, nicht aber ausgeführt werden muß» (an Vischer 30. 11. 1830). Mörike stand bei seinen Überlegungen unter dem Eindruck von Goethes *Wilhelm Meister*, den er während der Drucklegung des *Nolten* erneut las. Er war überzeugt, daß vom *Nolten* nicht die gleiche Wirkung ausgehen würde, überschaute aber nicht, wo die Gründe dafür zu suchen wären.

Maler Nolten gehört einem andern Romantyp an als *Wilhelm Meister*. Es geht darin nicht vornehmlich um den Bildungsgang der Hauptfigur, wenn er auch ab und zu zur Sprache kommt. Den zeitgenössischen Rezensenten schien der Vorzug des Werks seine Originalität zu sein, und zwar die Originalität in der Erfindung der Fabel. «Der Roman hat den großen, in dieser erfindungslosen Zeit nicht genug zu schätzenden Vorzug, daß er *originell*, daß die Fabel eine neue ist, die Situationen noch nicht dagewesen sind», schrieb Wolfgang Menzel, der «in der reichen und warmen Färbung dieses Romans einige Ähnlichkeit mit der tief poetischen und viel zu wenig geschätzten *Gräfin Dolores* von Arnim» fand und meinte, es sei «eine Verwandtschaft, die unserm Verfasser nur zur Ehre gereicht» (33 f.). Menzel nennt mit der *Gräfin Dolores* nicht nur einen Roman, der sich mit *Maler Nolten* vergleichen läßt, sondern weist auf den Romantyp hin, mit dem die Grundstruktur des *Maler Nolten* im Einklang steht: auf den tragischen Roman, der in Goethes *Wahlverwandtschaften* seine erste Prägung fand. In seinem aufschlußreichen Buch *Goethes «Wahlverwandtschaften» und der Roman des 19. Jahrhunderts* (1968) erklärte Jürgen Kolbe den *Maler Nolten* für den «Kreuzungspunkt zweier Formen des Romans, die dem 19. Jahrhundert von Goethe vorgegeben wurden: des Bildungsromans und des tragischen Romans» (80). Zu diskutieren ist noch, inwiefern der sogenannte Bildungsroman wirklich auf die Struktur des *Maler Nolten* einwirkte und welche Elemente des *Wilhelm Meister* tatsächlich verarbeitet wurden. Mörikes eigene Äußerungen berechtigen zu der Annahme, daß er selbst der Meinung war, sein *Nolten* stehe gerade nicht unter der besonderen Einwirkung des *Wilhelm Meister*, ja er unterscheide sich wesentlich von ihm, weshalb er ihn sogar nicht als Roman bezeichnen wollte. Da Mörike sich aber in jenen Jahren über die Eigenheiten seines Werkes nicht klar werden konnte, wird man ihn besser nicht als Zeugen heranziehen, wenn es darum geht, die Form seines Erzählwerks zu ermitteln. Ergiebiger indessen ist der wiederholte Hinweis der zeitgenössischen Rezensenten auf «die Originalität der Erfindung». Vermutlich bewirkten die gleichen Eigenschaften, die die Bewunderung der Literaturkenner der Zeit hervorriefen, daß der Roman dem breiten Publikum fremd blieb. Es besaß noch nicht die Voraussetzungen, verfügte noch nicht über die Organe, um ein so subtiles Werk aufzunehmen.

Erstaunlich ist für den heutigen Leser, wie Mörike in einer oft altmodisch anmutenden Sprache Aussagen macht, die für seine Zeit höchst modern sind. Die Prosa des Romans verhüllt eher, ja verdeckt geradezu die Originalität der Erfindung. Hat man sich einmal daran gewöhnt, erhält man den Eindruck, es gehe zügig voran. Auch befreit sich die Sprache über weite Strecken hin vom Ballast und gewinnt Geschmeidigkeit genug, um den vielen Einzelgeschichten, aus denen sich der Roman zusammensetzt, ungehemmt ihren Lauf zu lassen. Mit den Einlagen – Prosaerzählungen, Gedichten, dem Orplidspiel – schafft sich der Autor die Möglichkeit, immer wieder in geschlossenen Abschnitten zu arbeiten. Zwar schreitet eine Handlung im ganzen dabei weiter, doch von einer Entwicklung der Hauptfigur kann nicht die Rede sein, nachdem ihre psychische Situation schon auf den ersten Seiten feststeht. Ebensowenig haben die andern Figuren einen Bildungsweg. Als gebrechliche Gestalten sind sie den Versuchungen ausgeliefert und erliegen ihrem Verhängnis. Auch bei ihnen wird schon früh deutlich, daß ihnen wie Nolten die Kraft zum Widerstand nicht gegeben ist. Je mehr der Roman zu seinem Ende kommt, um so schneller rollen die Ereignisse ab und um so deutlicher wird, wie alles sich erfüllt, was von Anfang an schon in den Figuren und ihren Konstellationen angelegt war.

Die altväterliche Sprechweise in manchen Teilen des Romans hängt mit der historischen und der persönlichen Situation des Autors während der Abfassung zusammen. Mörike war seit seiner Schülerzeit mit den Romanen Goethes vertraut, hatte *Faust* und *Dichtung und Wahrheit* früh gelesen, war wenig später gefesselt von Jean Pauls *Titan*, beschäftigte sich mit Novalis, Hölderlin, E. T. A. Hoffmann und Tieck. Das große Erbe war ihm vertraut; er lebte noch dazwischen, besaß aber einen Eigenbereich in den seelischen Erfahrungen und dem primären Können, aus denen seine Lyrik aufblühte; weiter als dieser Bereich reichte jedoch seine individuelle Basis nicht, denn die Probleme der Zeit lagen ihm fern. So äußert er sich gelegentlich etwas linkisch, verhilft seiner Erfindung nicht selbstsicher zum Durchbruch, sondern trägt sie vorsichtig und höflich-zurückhaltend vor, wird aber unerwarteterweise oft genug von ihr überwältigt. Gerhard Storz meint, der Noltenroman stehe «*zwischen* den Epochen» (*Eduard Mörike* 1967, S. 135). Mit gleichem Recht ist zu betonen: die Epochen treffen sich in ihm. Viele Motive aus vorangegangenen Romanen sind wieder zu erkennen. Deshalb hat sich die Mörikeforschung jahrelang damit beschäftigt, ob Elisabeth mehr von Mignon oder von Ophelia habe, ob Autobiographisches oder Literarisches Vorrang besitze. Der Streit ist müßig, denn es sind jeweils verschiedene Elemente verschiedener Herkunft, die zur Einheit wurden und in ihr über ihre Herkunft hinausweisen. Voll Einsicht sagte Friedrich Gundolf, Mörike sei «mit Leib und Seele tief verwandt den sogenannten Dekadenten, nicht nur ein schwäbischer und deutscher Nachfahr der Schiller und Hölderlin, sondern ein europäischer Gesell der Baudelaire und Poe»[34]. Ganz unfruchtbar erweist sich der Vergleich mit dem modernen europäischen Gesellschaftsroman. Mörike benutzte in der deutschen Literatur seit langem heimische Figuren: Baron, Gräfin, Maler, Schauspieler, unschuldiges Mädchen, Heimatlose, Präsident, Förster, Pfarrer, Handwerker, Diener. Wenn damit auch viele Stände vertreten sind und alle Vertreter

mit individuellen Zügen ausgestattet wurden, so ist das gesellschaftliche Leben, das im Roman als Stoff verwendet wird,
doch ganz ohne Dynamik. Worum es Mörike geht, ist allein
die «innere Geschichte» seiner Hauptgestalten. Es ist die «innere Geschichte» gebrechlicher, zwiespältiger Menschen. Außer Elisabeth, die außerhalb der Gesellschaft lebt, sind sie alle
unzuverlässig und werden aus ihrer Natur heraus, ohne äußeren Zwang und ganz gewiß nicht durch die Gesellschaft,
schuldig. Im Rahmen eines konservativen Gesellschaftsbildes
bringt Mörike schon vor Büchner ein Menschenbild, das erst
im 20. Jahrhundert ins allgemeine Bewußtsein drang.

Bei der herkömmlichen Epochengliederung wird Mörikes *Nolten* als Spätling der Romantik eingeordnet. Die von den beiden bekannten Autoren der Romantik EICHENDORFF und TIECK
stammenden Romane *Dichter und ihre Gesellen* (1834) und
Vittoria Accorombona (1840) müßten sich, sofern der Gedanke von der fortschreitenden Entwicklung durch die Geschichte
bestätigt würde, gut anfügen. Da aber Eichendorff nach einem
Ausspruch von Richard Alewyn «der Reinste, Redlichste und
Ritterlichste aus dem Geschlecht der Romantiker ... sich ... in
beinahe fünfzig Jahren, d. h. seit er seine Gesinnung und seine
dichterische Handschrift ausgeformt hatte, nicht wesentlich
geändert» [35], ist sein später Roman in seiner Grundkonzeption
nicht sehr unterschieden von *Ahnung und Gegenwart* (1815;
vgl. Band I, S. 337 ff.). Eichendorffs eigene Erklärung während der Abfassung des Romans war, er schreibe «an einem
größeren Roman, der die verschiedenen Richtungen des
Dichterlebens darstellen soll» (Brief an Theodor von Schön
12. 4. 1833). Die Hauptfigur, Graf Viktor von Hohenstein, ist
ein ernster und weithin verehrter Dichter. Schwer auffindbar
und von vielen gesucht, lebt er zeitweilig unter anderem Namen in Verbindung mit einer wandernden Schauspielertruppe,
wird in Verwirrungen gezogen und stiftet Verwirrungen. Am
Ende wendet er sich von der Welt ab, wird Eremit und tritt
schließlich als militanter Katholik in einen Orden ein. Fortu-
nat, sein heiterer Freund und gleichfalls Dichter, bleibt bei seiner Kunst und führt die Verwirrungen um die Verbindung mit

seiner italienischen Braut zum guten Ende. Otto, ehemaliger Jurastudent, fühlt sich zum Dichter berufen, ist der Berufung aber nicht gewachsen und scheitert. Die Handlung bedeutet Hinweis auf die andere Welt, die sich nach der Vorstellung des Autors hinter den Erscheinungen verbirgt. Die Elemente des Sichtbaren, wie Garten, Spielmann, Posthorn, sind Mittel auf dem Weg in die Bereiche des Unsichtbaren, die sie ahnen lassen, sind Bilder zur Erfassung dessen, was sich nur in Bildern andeutet[36]. Die Ruhelosigkeit des Dichters ist in dem großen Spiel der Andeutungen und Verweise begründet.

Während Eichendorff mit *Dichter und ihre Gesellen* in der Kontinuität der eigenen Ausdrucksweise blieb, schuf LUDWIG TIECK mit *Vittoria Accorombona* (1840) ein Werk ganz neuen Stils. Seines Stoffes wegen kann das Buch als historischer Roman angesehen werden. Die Handlung spielt in der Zeit der Spätrenaissance, zwischen Sommer 1575 und Weihnachten 1585. Einzigartig ist die Ausgewogenheit des Aufbaus. Der Roman gliedert sich in fünf Bücher, auf die sein Erzählmaterial dem Rhythmus der Geschehnisse entsprechend in faszinierender Form verteilt ist. Eine vorzügliche Analyse der Sinngliederung gibt Marianne Thalmann[37].

Tieck hatte sich mit *Der Aufruhr in den Cevennen* (1826) schon einmal in der Gattung des historischen Romans versucht. Doch dieses Werk war Fragment geblieben und gibt dem Leser in seiner Zwiespältigkeit viele Rätsel auf. Sein Stoff, der Religionskrieg von 1702 zwischen Katholiken und aufständischen Rebellen, wurde von Tieck über Jahre hin als Anregung empfunden, mag ihm aber bei der Ausarbeitung zu wenig Gelegenheit zu persönlichem Engagement gegeben haben. Im Gegeneinander der Parteien, die ihren Kampf mit äußerster Grausamkeit führen, stehen Vater und Sohn, von Tieck erfundene Gestalten, auf verschiedenen Seiten, wodurch der Sohn schweres Unglück über Vater und Schwester bringt; der Sohn kehrt aber zum katholischen Glauben zurück und findet den Vater wieder. Nach diesem Ereignis, bei dem das Fragment abbricht, war von Tieck noch eine längere Handlung vorgesehen. Man hat jedoch den Eindruck, die Thematik des Werkes sei mit dem vorliegenden Text erschöpft und einen

ganz passenden Schlußakkord bilde die in einem seiner letzten
Abschnitte ausgesprochene Klage: «... wo ist heutzutage noch
Sicherheit oder Assekuranz wie vormals? Alles ist ja Trubel
und Kriegsgeschrei, und die sonderbarsten Fatalitäten treiben
den Menschen hin und her, wie es nur in den alten Wunderhi-
storien geschehen ist. Und die Angst wird immer größer, und
der Verdacht immer stärker ...».

Auch die Geschichte der Dichterin Vittoria Accorombona
ist mit dem Bild einer wilden Zeit verbunden. Dies gehört ausdrücklich zu ihrer Fiktion. Tieck fand den Stoff, wie er in dem
Vorwort zu dem Roman sagt, schon 1792 in John Websters
Trauerspiel *The white Devil* (gedruckt 1612 in London und
auch aufgeführt), und er orientierte sich später bei verschiedenen Historikern über die von Webster verurteilte, von andern
Autoren gerechtfertigte und mit Mitgefühl betrachtete Gestalt
Vittorias sowie die Umstände ihrer Ermordung. Für die Gestaltung seines Romans datierte Tieck die Vorgänge sehr genau und setzte für das historisch festlegbare Faktum der zweiten Verheiratung Vittorias das Jahr 1585 an, das bedeutet, es
liegt rund 25 Jahre später als bei Webster, wodurch die gesamte Handlung ein spätzeitliches Gepräge erhalten konnte.
Tieck sagt gegen Ende des Vorworts: «Ein Gemälde der Zeit,
des Verfalls der italienischen Staaten sollte das Seelen-Gemälde als Schattenseite erhellen und in das wahre Licht erheben.»
Wie die Forschung es offen ließ, ob man den Roman unter
dem Einfluß von Heinses *Ardinghello* oder von Walter Scott
sehen will, so braucht auch nicht entschieden zu werden, ob
man ihn wirklich als historischen Roman bezeichnen möchte,
oder eine andere Seite an ihm stärker betonen will. «Entwick-
lungs-, Familien- und Zeitroman» sagte Wolfgang F. Taraba[38] und brachte damit zum Ausdruck, daß keine der Bezeichnungen voll trifft. Tieck zeigte eine bedeutende, beein-
druckende Frau im Lebenskampf mit einer brutalen, jedermann unterjochenden, für niemanden einen Ausweg bietenden
Zeit. Es kam ihm sowohl auf das «Seelen-Gemälde» als auf
das Bild der Zeit an. Die Überlieferung durch Webster zur Seite schiebend, wählte er sich die Zeit bewußt aus und belud sie
mit allen Zeichen der Krise. Die Auflösung der staatlichen

Formen und die Entfesselung der Gewalt, die Auslieferung des einzelnen an ihn rettungslos einkreisende Feindmächte und der völlige Mangel an Freiheit der persönlichen Entscheidung, dies alles ist Bestandteil der Handlung und charakterisiert die Zeit. Wie es einer kultivierten Frau möglich sei, in einer solchen Zeit zu existieren, dies war Tiecks Thema. Daß sie ermordet wurde, war überliefert. Festgestellt hatte Tieck zudem, daß in der gleichen Zeit auch andere Frauen ermordet wurden. Er nennt in der Einleitung Eleonore von Toledo, die von ihrem Mann, Julius Pietro aus dem Geschlecht der Medici, 1576 in einer Julinacht in einem Landhaus getötet wurde, und Isabella, die Frau des Herzogs von Bracciano, die wenige Tage später auf einem einsamen Schloß ihres Mannes «auf rätselhafte Weise» starb. Die beiden Frauen, von deren Tod Tieck ausdrücklich erklärt, er gehöre zu dem, was er «nicht erfunden, sondern der Wahrheit gemäß dargestellt» habe, diese beiden Frauen bilden im Rahmen des Romans Gegenbilder zu Vittoria. Sie war für das «Seelen-Gemälde» als gebildete Dichterin besonders geeignet, denn bei einer solchen Gestalt erscheint es sehr natürlich und glaubwürdig, daß ihr das Wort mehr als andern zur Verfügung steht, daß sie fühlt und denkt und vor einem Kreis von Menschen zum Ausdruck bringt, was sie bewegt. Tieck benutzte für den Aufbau des Seelengemäldes vornehmlich ihre eigene Rede in Gedicht und Erzählung, im Meinungsaustausch über Kunst und Politik, in der Auseinandersetzung über Lebensfragen und bei der Selbstdarstellung.

In Vittorias engerem Kreis wird zunächst ihre Familie sichtbar: ihre Mutter Julia, wie die Tochter eine eindrucksvolle Gestalt, und drei Brüder. Den weiteren, sehr gefährlichen Kreis um Vittoria bilden die sie bedrängenden Männer. Im Salon der Mutter erscheint zudem noch eine Reihe von neutralen Gestalten. Vittoria tritt als Siebzehnjährige in der heiteren Ferienlandschaft Tivolis auf. Ihre unbekümmerte Parteinahme für den «kleinen freundlichen Camillo» veranlaßt ein die zentralen Fragen des Romans berührendes Gespräch zwischen Mutter und Tochter: Julia empfiehlt ihr die «Vermählung mit einem ausgezeichneten und hochstehenden Mann», der ihrer wert sei. Vittoria aber lehnt für sich selbst die Ehe ganz ab und gesteht, «ein Grauen vor allen Männern» zu empfinden bei dem «Gedanken, ... ihnen angehören, ... ihnen mit» ihrem «ganzen Wesen» sich «aufopfern» zu sollen. «Sieh sie doch nur an, auch die Besten, die wir kennen, auch die Vornehmsten: wie dürftig, arm, unzulänglich und eitel sind alle, wenn sie alle Verlegenheit der ersten Besuche ablegen und sich so recht frei und offen zeigen. Diese klägliche Lüsternheit, die aus allen Zügen spricht, wenn das Wort Liebe oder Schönheit nur genannt wird; diese alberne hohnlächelnde Tugend, die jene andern, welche für moralisch gelten wollen, zur Schau tragen; diese Dienstbeflissenheit und das Kriechen vor den Weibern, die sie doch in ihrem Herzen verachten – o weh! wenn ich in diesen Gesellschaften meine Heiterkeit behalten soll, so muß ich mich in einen Traum von Leichtsinn hüllen und meine Beobachtung zum Schlaf einwiegen.» Undenkbar scheint es ihr, sich «diesen Herzlosen, Gelangweilten, Geldgierigen, nach Ehrenstellen und Lob der Großen Durstenden» hinzugeben.

Mit diesem Bekenntnis Vittorias wird einer der beiden Brennpunkte der Seelenhandlung des Romans, der «inneren Geschichte» der Titelfigur, enthüllt. Der zweite ist ihre Liebesbereitschaft, die, erst lange nachdem die Mutter sie an einen sehr schwachen und ihrer ganz unwerten Mann verheiratete, ihren Gegenstand findet.

Ein plötzlicher Aufbruch nach Rom erscheint Julia notwendig, da der Bandenführer, dem ihr Sohn Marcello sich angeschlossen hatte, nach einem schweren Anschlag mit seiner Bande gefangen wurde. Damit sind Julia und Vittoria in die politische Situation hineingezogen, denn die Banden stehen mit den Regierungstruppen in offenem Krieg. Vittoria gesteht, daß sie von Jugend auf von der Vorstellung verfolgt wäre, sie würde eines Nachts von Mördern überfallen, eingekreist und umgebracht. Sie beschreibt die Szene genau so, wie sie sich über zehn Jahre später in Padua abspielen wird. Ähnlich eingekreist wie in jener imaginären Szene ist Vittoria schon in Rom. Als Ausweg ergibt sich die Ehe mit dem schwächlichen Peretti, dem Neffen des Kardinals Montalto. Ohne Illusionen unterwirft Vittoria sich dem Handel: «Ich werde eingespannt wie der Ackerstier in das Joch der alltäglichen Gewöhnlichkeit, so ziehe ich denn nun auch die Furchen der hergebrachten und regelrechten Langeweile wie die übrigen Menschen ... Weggeworfen bin ich, vernichtet, es hat so sein müssen, ich erlebe meine sogenannte Bestimmung, das heißt in meiner Sprache: die Nichtswürdigkeit.»

Im dritten Buch begegnet Vittoria der Herzog Bracciano: «So habe ich doch wirklich einen wahren, wirklichen Mann gesehen», sagt Vittoria nach Braccianos erstem Besuch, «jedes Wort ist gewichtig, das von seinen Lippen fällt.» Ein Gespräch am andern Morgen stellt klar, daß sie die gesamte Problematik ihrer Situation schon überschaut, obwohl sie noch nicht weiß, wer der Fremde ist. Mit der echten Liebeserfahrung gewann sie die Erkenntnis, daß ihre Betroffenheit durch den fremden Gast und ihre Bindung an Peretti auf verschiedenen Ebenen zu sehen sind. Sie erklärt, ihr Peretti gegebenes Wort könne sie nicht verpflichten, ihr Gefühl zurückzudrängen. Ein Liebesversprechen habe niemand von ihr erhalten, hätte sie doch nicht gewußt, was «Lieben! ... was das Wort zu bedeuten habe». Die Besonderheit ihres Zustandes umschreibt sie mit der Versicherung, der Fremde könne Verräter, Mörder, Angehöriger des Hochgerichts oder Bettler sein, ihre «Seele» sei «auf ewig mit der seinigen verkettet». Die Sprache Vittorias macht ihr Liebeserlebnis als Durchbruch kenntlich, mit dem Naturgesetze aufgehoben, moralische Vorstellungen zur Seite geschoben, gesellschaftliche Positionen gleichgültig werden; ob jung oder alt, gut oder schlecht, hoch oder niedrig – die «Seele» sei angesprochen, unabhängig von Zeit und Raum. Zur gleichen Zeit, in der Bracciano unter seinem Namen in ihrem Haus verkehrt, erlischt zwar ihre Ehe, weil Peretti sich dem schwärmenden Leichtsinn in verrufener Gesellschaft überläßt. Vittoria gibt sich aber trotzdem Bracciano nicht hin und hält seinen Wünschen entgegen, daß sie das Wort, das sie dem Kardinal Montalto wie ihrer Mutter gab, nicht brechen will. Dieser Widerstand mit der Berufung auf das gegebene Wort ist die andere Seite zu der ausdrücklichen Erklärung, ihr Peretti gegebenes Wort verpflichte sie nicht, ihre Gefühle zurückzudrängen. Erst nach dessen Ermordung und dem Tod des regierenden Papstes gelingt es Bracciano, Vittoria zu heiraten. Als kurz darauf Montalto zum Papst gewählt wird und in dem von Banden und aufsässigen Adligen gequälten Rom zur Herstellung der Ordnung eine blutige Herrschaft aufrichtet, verlassen Bracciano und Vittoria die Stadt und verbringen glückliche Monate am Gardasee vom Frühling bis zum Herbst. Dann wird Bracciano von seinen Feinden bei einem Ausflug vergiftet. Vittoria zieht in einen Palast ihres Mannes nach Padua, wo sie ermordet wird; es verwirklicht sich die Todesszene, die ihr schon in jungen Jahren vor Augen gestanden hatte.

Mit dem Untergang der gesamten Familie endet der Roman. Er ist straff und in chronologischer Folge erzählt. Abgesehen von einigen wenigen Rückblicken, die aus der Handlung heraus notwendig werden, und einigen Kleinerzählungen, die Teile der gesellschaftlichen Unterhaltung sind, finden sich lediglich im dritten Buch größere Erzähleinlagen. Aus ihnen entfaltet sich eine selbständige Handlung. Sie hat eine doppelte Funktion: sie führt einerseits die Gegenbilder zur Gestalt Vittorias vor, und andererseits läßt sie die Persönlichkeit des Herzogs deutlich werden. Er hat vom dritten Buch ab als zweite Hauptgestalt neben Vittoria zu gelten. Seine Wirkung auf Vittoria ist weder aus besonderen Zügen seines Charakters abzuleiten noch auf besondere Taten zurückzuführen, sondern beruht auf einer allgemeinen Faszination. Sie macht sich vor allem im Gespräch geltend. Bis zum dritten Buch besitzt Julia den wichtigsten Platz neben Vittoria. In dem Maße, in dem der Herzog an Gewicht für die Handlung gewinnt, tritt Julia zurück, was sowohl die formale Ausgewogenheit des Romans beeinflußt als auch vom Inhalt her sinnvoll ist. Die drei Brüder und die Liebhaber Camillo und Luigi Orsini begleiten die Handlung vom Anfang bis zum Ende und treten im Wechsel nach vorne und wieder zurück. Eine geheime Begleitfigur für Vittoria und von besonderer Wichtigkeit ist zudem Torquato Tasso; es wird immer wieder auf ihn Bezug genommen; er ist wie Vittoria im ersten Teil glücklich und später vom Zeitalter noch mehr erpreßt und erniedrigt als sie.

Das Problem der Entfaltung des Menschen im Rahmen der ihm gegebenen Umstände besteht auch bei Heinrich Lee, der Hauptgestalt in GOTTFRIED KELLERS *Der grüne Heinrich* (1854–55, 2. Fassung 1879–80). Auch Heinrich ist früh eingekreist von Verhältnissen, die von ihm nicht zu meistern sind und denen er schließlich unterliegt. Der Roman endet – wenigstens in der frühen Fassung – mit seinem Tod. Warum «das Buch tragisch» schließt, hat Keller sowohl seinem Verleger Eduard Vieweg als auch dem Literaturhistoriker Hermann Hettner gegenüber dargelegt. Hettner gestand in einem Brief an Keller, es sei ihm anfangs etwas zu weit gegangen, «wenn der Held seine strebsamen Bildungswirren mit dem Tode büßt», allmählich aber könne er anerkennen, «daß der Ernst der Bildungstragödie nur um so durchschlagender auftritt» (11. 6. 1855). Aus Kellers Erwiderung geht hervor, wie wichtig ihm die zweite Hauptfigur des Romans war: die Mutter des grünen Heinrich. Das Bewußtsein, ihren Tod verschuldet zu haben, nimmt Heinrich die Möglichkeit weiterzuleben. Als er sieben Jahre nach seinem Auszug aus der Heimat endlich zurückkehrt, kommt er gerade zu ihrem Begräbnis. Sie hatte, seinetwegen verarmt und ohne Hoffnung auf seine Rückkehr, alle Lebenskraft verloren. Es ließe «sich wohl kein edles und ungetrübtes Lebens- oder Eheglück denken ... nach dem so beschaffenen Tode der Mutter» (25. 6. 1855), führt Keller aus. In der späten Fassung des Romans lebt Heinrich zwar weiter, doch in einer gedämpften Stimmung und ohne Hoffnung und Lebensmut, zurückgezogen, einem begrenzten Staatsamt sich widmend; erst nach Jahren verwindet er den Tod der Mutter, bleibt jedoch auch weiterhin der Erinnerung mehr verbunden als neuen Eindrücken.

Wenn Hermann Hettner von einer Bildungstragödie spricht und der Autor selbst sich für seinen Helden, nach dem was vorgefallen ist, kein Lebensglück mehr denken kann, so ist zu fragen, wie es zu der großen Düsternis kam, nachdem Heinrich «wie ein wahrer König in die helle Welt» hinausgezogen war, um Maler zu werden, «ein Herz voll Hoffnung und blühenden Weltmutes in der Brust». Die Frage ist um so subtiler, als der jugendliche Heinrich Lee sich ja nicht in einem durch

politische Verhältnisse begründeten Zwiespalt mit seinem
Land befindet. Es ist nicht das Deutschland der Restaurations-
zeit, an dem Laube und Gutzkow litten, nicht das Österreich,
aus dem Postl/Sealsfield floh, sondern die Schweiz, die in
Übereinstimung mit sich selbst, liebenswürdig und sonnen-
überglänzt, dem Scheidenden sich darbietet. Die ersten Kapitel, die die Ausreise des Zwanzigjährigen zeigen, lassen den
Leser fühlen, wie sehr der Autor das Land, durch das er seinen
Helden noch fahren läßt, liebt, wie wohlbestellt ihm dort alle
Einrichtungen erscheinen und wie fest er davon überzeugt ist,
daß die sozialen Verhältnisse in Verbindung mit der Unver-
brüchlichkeit der Gesetze jedem die persönliche Freiheit si-
chern und ihn sein Schicksal nach eigenem Willen gestalten
lassen. Heinrich kann, als er schon auf deutschem Boden ist,
so vernünftig und zugleich erfüllt von seiner Heimat sprechen, daß es zunächst schwer vorstellbar ist, wo das große
Unglück, wo die Bildungstragödie ihre Wurzel haben sollte.

Aufschluß darüber gibt die im vierten Kapitel des ersten
Bandes einsetzende und bis zum dritten Kapitel (einschließlich) des dritten Bandes reichende «Jugendgeschichte» Heinrich Lees – in der Ichform erzählt –, die über die Hälfte des
Romans ausmacht (etwa vier Siebentel in der frühen Fassung,
von der hier ausgegangen wird). Persönliches Schicksal und
besondere Veranlagung sind die Basis für den schwierigen
Weg, auf dem der Jugendliche sich befindet. Er verlor früh
den Vater, wuchs als einziges Kind bei einer hingebungsvollen
Mutter in einem großen städtischen Haus auf und verfehlte
den Anschluß an die bürgerliche Welt des praktischen Lebens.
Keller schrieb an Hettner: «Ich hatte die doppelte Tendenz: einesteils zu zeigen, wie wenig Garantien auch ein aufgeklärter
und freier Staat, wie der zürchersche, für die sichere Erziehung des einzelnen darbiete heutzutage noch, wenn diese Garantien nicht schon in der Familie oder den individuellen Verhältnissen vorhanden sind, und andernteils den psychischen
Prozeß in einem reich angelegten Gemüte nachzuweisen»
(4. 3. 1851). Daß die Schule dem versponnenen kleinen Jungen nicht gerecht zu werden vermag, zeigt sich vom ersten
Schultag an bei vielen kleinen Vorfällen, bis er schließlich we-

gen eines geringen, schwer definierbaren Vergehens als Halbwüchsiger von vierzehn Jahren ganz von der Schule verwiesen wird und sich selbst überlassen bleibt. Die Situation kommt seinen Neigungen durchaus entgegen; es liegt ihm sehr, sich als Autodidakt weiterzubilden, sich sinnend und grübelnd seinem inneren Leben zu überlassen.

Von seinen frühsten Tagen an, so berichtet Heinrich Lee in seiner «Jugendgeschichte», hätte er sich die sichtbare Welt von seinen inneren Bildern, Vorstellungen, Wünschen und Träumen her geformt und sich schöpferisch Täuschungen hingegeben. So wollte er die Schneekuppen der Berge und die Wolken, die er von den Fenstern der hochgelegenen mütterlichen Wohnung aus in ihrem wechselnden, vom Wetter bestimmten Aussehen beobachtete, nicht als Gegenstände unterscheiden, sondern ergötzte sich an ihrem Ineinanderfließen und betrachtete das Gebirge als etwas Lebendiges wie die Wolken. Mochte die Mutter ihm erklären, es seien dies Berge, so waren ihm die Worte trotzdem «leerer Schall» und er «pflegte auch andere Dinge mit den Namen Wolke oder Berg zu beleben, wenn sie» ihm «Achtung und Neugierde einflößten». Ein junges Mädchen, das ihm gefiel und in weißem Kleid auftrat, nannte er «die weiße Wolke», ein langes hohes Kirchendach «den Berg». Der golden glänzende Hahn auf einem Glockentürmchen, der in der Dämmerung als Letztes zu sehen war, galt ihm eines Abends als Gott selbst, ein ander Mal nahm er den farbigen Tiger aus dem Bilderbuch dafür. Ausdrücklich wird gesagt: «Es waren ganz innerliche Anschauungen, und nur wenn der Name Gottes genannt wurde, so schwebte mir erst der glänzende Vogel und nachher der schöne Tiger vor.» Der persönliche Umgang mit Gott sowie das Problem seines Wesens waren von den Kindertagen an – wie durch den gesamten Roman hin – für Heinrich von Wichtigkeit, als ob seiner «suchenden Phantasie» durch diesen sich weder dem ernsten Gespräch noch dem blasphemischen Spiel entziehenden Partner ein Ausgleich für vielerlei Mängel würde. Wie die inneren Erfahrungen, so spann er auch alle von außen kommenden Eindrücke in der Stille der mütterlichen Stube «zu großen träumerischen Geweben» aus, «wozu die er-

regte Phantasie den Einschlag gab». Damals schon bildeten
sich Neigung und Fähigkeit aus, «an die Vorkommnisse des
Lebens erfundene Schicksale und verwickelte Geschichten an-
zuknüpfen und so im Fluge heitere und traurige Romane zu
entwerfen ... In jener ersten Zeit waren es kurze und wech-
selnde Bilder, welche sich rasch und unbewußt formierten und
vorbeigingen wie die befreiten Erinnerungen und Traumvor-
räte eines Schlafenden. Sie verflochten sich mir mit dem wirklichen Leben, daß ich sie kaum von demselben unterscheiden
konnte.» Auf diese Weise erfand der Siebenjährige eines Tages eine große Geschichte, wie ältere Schüler ihn zu einem
Spaziergang überredeten und ihn unterwegs zwangen, ihnen
unanständige Worte nachzusprechen. Er glaubte im Erzählen
selbst daran. Als die Schüler bestraft wurden, bedauerte er sie
nicht, es befriedigte ihn vielmehr, «daß die poetische Gerechtigkeit meine Erfindung so schön und sichtbarlich abrundete,
daß etwas Auffallendes geschah, gehandelt und gelitten wurde, und das infolge meines schöpferischen Wortes». Dem
Ineinanderknüpfen von Phantasiewelt und Wirklichkeit ent-
springt das große Unglück seines Ausschlusses aus der Schule.
Widerwillig ließ er sich in eine Schülerdemonstration hineinziehen, die ihn ursprünglich gar nicht verlockte, aber schließlich, als er einmal dabei war, mitriß; der Gedanke an Volksbe-
wegungen und Revolutionsszenen berauschte ihn, und er befand sich plötzlich an der Spitze des Zuges und machte Vorschläge für die wirkungsvolle Gestaltung des Unternehmens.
Sein jugendlicher Geltungsdrang, der ihn schon bei andern
Gelegenheiten zu befremdlichen Streichen verführte, ließ ihn
die Unbilligkeit seines Vorgehens vergessen. Später belasteten
ihn Mitschüler als den Hauptschuldigen. Keller betont ausdrücklich, daß eine Schule sich mit dem «Ausstoßen auch des
nichtsnutzigsten Schülers ... ein Armutszeugnis ... gibt»; daß
der Staat verpflichtet sei, sich um die Erziehung der Kinder zu
kümmern und der gesamte Fragenkomplex «den wunden
Fleck» auch der besten Erziehungseinrichtungen bezeichne,
«die moralische Faulheit nämlich, die Trägheit und Bequem-
lichkeit ... derer, welche sich als Erzieher par excellence geben». Die jugendpsychologischen wie individuellen Vorausset-

zungen des Vergehens, das hier mit Verweisung von der Schule bestraft wurde, waren, das zeigen die vorausgegangenen Kapitel der «Jugendgeschichte», nicht schwer zu durchschauen. Sie hängen mit der Natur des Menschen zusammen, um den es geht.

Der Schulausschluß des gutartigen grünen Heinrich, der Mangel an einer angemessenen Betreuung durch einfühlende Erzieher scheint eine der Wurzeln der «Bildungstragödie» zu sein, die der Roman darstellt. Ihre Herausarbeitung bedeutet scharfe Gesellschaftskritik. Sie ist besonders eindrucksvoll, da die Schweiz das Land Pestalozzis (1746–1827) ist und man naiverweise erwarten würde, daß die Jugendgeschichte eines Schweizers gerade aus dem Jahrzehnt nach Pestalozzis Tod von vorbildlicher öffentlicher Erziehung zu berichten hätte. Sehr ergiebig ist der Vergleich der Jugendgeschichte des grünen Heinrich mit der Geschichte Anton Reisers (vgl. Band I, S. 196 ff.). Festzustellen ist, daß Reiser bei seiner schlechten sozialen Lage doch öfters Persönlichkeiten findet, die Verständnis für ihn haben, trotzdem aber der Schule entläuft auf der Suche nach einem Künstlerberuf, in dem er es wie Heinrich nicht zu Erfolg bringt. Bei beiden Autoren, bei Karl Philipp Moritz wie bei Gottfried Keller, hat die dargestellte Jugendgeschichte autobiographische Voraussetzungen. Gottfried Keller wurde 1834 von der Schule verwiesen, und die Schärfe seiner Erziehungskritik ist in persönlichen Erfahrungen begründet.

Es besteht die Frage, ob Heinrichs Entwicklung anders, ob sie wirkich besser hätte verlaufen können, wenn ihn die Schule nicht ausgeschlossen hätte. Zweierlei ist dabei zu berücksichtigen. Erstens glaubt der Autor selbst in seinen schlechten Schulerfahrungen bei aller Verurteilung seiner uneinsichtigen Lehrer ein Gesetz seines Lebens zu erkennen. Zwischen den Bericht von der Demonstration sowie dem Verhör seiner Mitschüler und die Darstellung seiner eigenen Vernehmung schaltet er die eindrucksvolle Bemerkung ein: «Wenn ich nicht überzeugt wäre, daß die Kindheit schon ein Vorspiel des ganzen Lebens ist und bis zu ihrem Abschlusse schon die Hauptzüge der menschlichen Zerwürfnisse im kleinen abspiegele, so daß später nur wenige Erlebnisse vorkommen mögen, deren Umriß nicht wie ein Traum schon in unserm Wissen vorhanden, wie ein Schema, welches, wenn es Gutes bedeutet, froh zu erfüllen ist, wenn aber Übles, als frühe Warnung gelten kann, so würde ich mich nicht so weitläufig mit den kleinen Dingen jener Zeit beschäftigen.» – Zweitens ist es bei Heinrichs Veranlagung unwahrscheinlich, daß eine längere Schulausbildung die Klärung seines beruflichen Problems hätte bringen können. Bei der Dumpfheit und Rationalität der Lernverhältnisse, wie die «Jugendgeschichte» sie zeigt, war offenbar für die persönliche Entwicklung eines Heranwachsenden wenig zu erwarten.

Vor dem grünen Heinrich indessen liegt nach dem Schulabgang mit dem großen Dorf, aus dem seine Eltern stammen, eine reiche und schöne Welt. Der Bruder seiner Mutter nimmt ihn auf seinem pfarrherrlichen Gutshof zu unbegrenzten Ferienaufenthalten immer herzlich auf. Ein großer Kreis von Verwandten, Vettern und Basen ist ihm freundlich zugetan. Sein Gemüt hat Zeit und Kraft, sich den ersten Liebeserfahrungen zu widmen. Keine Schule hätte ihm bieten können, was seiner suchenden Phantasie in der Fülle des ländlichen Daseins an lichten Bildern begegnet und was sein Herz durch das Leben unter klaren, mit sich selbst einigen Menschen an Wärme und Wohlbehagen erfährt.

Die Schilderung seiner Doppelliebe zu Anna und Judith, in denen sein jugendliches Sehnen zum ersten Mal ein Ziel findet, ist in der Geschichte des deutschen Romans etwas Einmaliges. Daß Romane *des fictions d'aventures amoureuses* wären, stellte schon der frühste europäische Theoretiker des Romans, Pierre Daniel Huet, im 17. Jahrhundert fest [39]. *Liebesgeschichten* sagte sein erster deutscher Übersetzer Eberhard Werner Happel. Die deutschen Romane waren es im allgemeinen, gleichgültig, welchem Typ sie angehörten und ob die Liebeshandlung Hauptthema war oder ein anderes Thema begleitete. Doch wurde weder vor noch nach der ersten Fassung des *Grünen Heinrich* jemals mit den Mitteln deutscher Sprache ein so in Urbildern sich entfaltendes und gleichzeitig ganz konkreter Gegenwart angehörendes Liebesspiel gezeigt, ein Liebesspiel von solchem Reichtum, in solcher Fülle von Situationen und gestaltet durch eine im Rahmen begrenzter Verhältnisse grenzenlos wirkende Seelenkraft. Daß die epische Darstellung im Lyrischen ihren Vorklang hatte, zeigt Alexander Durst [40]. Anders als in Mörikes *Maler Nolten* aber, wo das lyrische Gedicht als hermetisch abgeschlossenes Gebilde zwischen der Prosa steht und sie überstrahlt, sind im *Grünen Heinrich* die lyrischen Partien ganz in die Prosa eingegangen und mit ihr verschmolzen, so daß der Glanz allein von ihr ausgeht. Die Gedichte als solche blieben außerhalb des Romans (es gibt nur wenige Verseinlagen im *Grünen Heinrich*), und sie erreichten auch nicht die künstlerische Höhe von Kellers Erzählstil.

Anna und Judith sind über fünf Jahre hin mit Heinrich verbunden. Heinrich lernt, während er vom Knaben zum Jüngling heranwächst, zu lieben und zwar in dem Maß und der Weise, die ihm in jenem Alter gegeben sind; er lernt die eigene Fähigkeit zur Liebe kennen und hat, als ihn viele Jahre später eine neue Liebe erfaßt, Vergleichsmöglichkeiten durch jene hohe Schule Annas und Judiths. Er weiß sich aus dieser Schule entlassen, als Anna stirbt, und verabschiedet sich von Judith, um Anna treu zu bleiben. Einen Teil jener fünf Jahre verbringt er in der Stadt bei seiner Mutter und widmet sich seiner Ausbildung als Landschaftsmaler, den andern Teil, die schöne Jahreszeit vor allem, ist er der gern gesehene Gast der ländlichen Verwandten. Er besucht Anna im Haus ihres Vaters, des alten, längst kein Amt mehr verwaltenden Schulmeisters, der ein kleines Anwesen an einem nicht weit vom Dorf gelegenen See bewohnt; Anna kommt selbst oft zu Heinrichs Onkel, mit dessen Töchtern sie befreundet ist. Die Beziehungen zu ihr entwickeln sich unter den Augen der geselligen Verwandtschaft, unterliegen gelegentlichen Schwankungen und sind ihrem Wesen nach eine ernste, verhaltene Liebe sehr junger Menschen, die von der Umwelt respektiert wird. Heinrichs Verhältnis zu Judith dagegen ist von vornherein an Verborgenheit und Geheimnis gebunden, obwohl er sie anfangs bei Tag in ihrem kleinen Haus besucht, zeitweilig täglich. Später bringen ihre nächtlichen Zusammenkünfte die entscheidende Verwirklichung ihrer Beziehung, bei der beide sich ihres Alters-

unterschiedes immer bewußt bleiben, Judith sich verantwortungssicher und reif verhält, Heinrich aber sich ihr überläßt.
Heinrich erzählt über den Aufenthalt bei Judith während der
ersten Zeit ihrer Bekanntschaft: «Durch diesen Verkehr war
ich heimisch und vertraut bei ihr geworden, und, indem ich
immer an die junge Anna dachte, hielt ich mich gern bei der
schönen Judith auf, weil ich in jener unbewußten Zeit ein
Weib für das andere nahm und nicht im mindesten eine Untreue zu begehen glaubte, wenn ich im Anblicke der entfalteten vollen Frauengestalt behaglicher an die abwesende zarte
Knospe dachte als anderswo, ja als in Gegenwart dieser
selbst.» Und nach einem halbscherzhaften, halb anzüglichen
Ringen: «Meine Augen gingen den ihrigen nach in den roten
Abend hinaus, dessen Stille uns umfächelte; Judith saß in tiefen Gedanken versunken und verschloß, die Wallung ihres
aufgejagten Blutes bändigend, in ihrer Brust innere Wünsche
und Regungen fest vor meiner Jugend, während ich, unbewußt des brennenden Abgrundes, an dem ich ruhte, mich arglos der stillen Seligkeit hingab und in der durchsichtigen Rosenglut des Himmels das feine, schlanke Bild Annas auftauchen sah.» Dem Ansteigen des Liebesglücks mit Anna im
vierten Jahr folgt die Intensivierung des Liebesspiels mit Judith. Nachdem es zwischen Heinrich und Anna am Tag einer
gemeinsam erlebten Tellaufführung zu einer Leidenschaftsszene gekommen ist, verbringt Heinrich die Nacht bei Judith und
gesteht ihr auf ihre Aufforderung hin – sie weiß über die Tatsache seiner Empfindungen für Anna längst Bescheid –, was
sich zwischen Anna und ihm abspielte. Das sich daraus entwickelnde Liebesgespräch analysiert seine Gefühle und endet
in einer der Annaszene des Nachmittags korrespondierenden
Weise. Wie im Gespräch, so tritt auch jetzt die Eigenart der
Doppelliebe hervor. Als Judith ihn entlassen, packt ihn die
Verzweiflung; zerknirscht, unter Tränen, sich selbst Vorwürfe
machend, streift er durch die Morgendämmerung: «Ich fühlte
mein Wesen in zwei Teile gespalten und hätte mich vor Anna
bei der Judith und vor Judith bei der Anna verbergen mögen.»
Obwohl er sich vornimmt, nicht mehr zu Judith zu gehen,
bleibt er in Judiths Bann und besucht sie auch, während Anna

auf dem Sterbebett liegt. In diese Zeit, Heinrichs letzten Liebessommer in der Schweiz, fällt eine besondere Begebenheit:
auf einem nächtlichen Spaziergang vermißt Heinrich Judith
mit einem Mal, sieht wenig später ihre Kleider auf Steinen am
Wasser, danach sie selbst beim Baden. Vor seinen Augen nähert sie sich ihm, steigt aus dem Wasser und zieht sich an.
Keller hat diese Szene in der späten Fassung gestrichen, was,
wie Werner Günther mit Recht sagt, «auf fast erschreckende
Weise verrät, mit welchem Unverstehen und welch kleinlichbürgerlicher Prüderie der spätere Keller der frühen Schöpfung
gegenübersteht» [41]. Um «Nuditäten», wie Keller sich 1871 in
einem Brief an Emil Kuh (10. 9. 1871) ausdrückte, handelt es
sich gewiß nicht, denn einmal ist die Szene so nicht dargestellt, zum andern scheint sie doch zu der Entwicklung Heinrichs hinzuzugehören. Kurz darauf wird Annas Tod berichtet.
Der Erzähler verweilt bei Heinrichs Totenwache, der Anfertigung des Sarges, dem Leichenzug über die Anhöhe zum Dorf.
Am Tag nach Annas Begräbnis verabschiedet sich Heinrich
von Judith und schwört, sie nie wiederzusehen. Judith wandert bald darauf nach Amerika aus.

In den gleichen Zeitraum wie Heinrichs Liebeserfahrungen
fallen seine nicht ganz erfolglosen Bemühungen, sich in seiner
Vaterstadt zum Landschaftsmaler auszubilden. Fortschritte
macht er besonders unter der zeitweiligen Anleitung eines fähigen und gebildeten, aber sehr unglücklichen Lehrers, bei
dem er lernt, sorgfältig nach der Natur zu arbeiten. In den
Jahren in Deutschland indessen kommt er nicht mehr weiter
und gibt am Ende die Malerei auf. Auch die Freunde, die er in
der Kunststadt (gemeint ist München) gewinnt, bleiben nicht
bei der Kunst. Zur Gefahr wird Heinrich sein Hang zur Spekulation, zum Erfinden. So stellt es der Erzähler dar, der nach
Beendigung der «Jugendgeschichte» wieder das Wort ergriff.
(Er bezeichnet sich als den «Verfasser dieser Geschichte» und
erzählt in der 3. Person.) Heinrich selbst hatte im Zusammenhang mit seinem Liebestreiben davon gesprochen, «daß zwischen Phantasie und Wirklichkeit eine jähe Kluft liegt». Von
dieser Kluft konnte der Künstler Gottfried Keller offenbar nur
als Dichter sprechen. Sie ist durch die gesamte «Jugendge-

schichte» hin sein ihn selbst wie den Leser ständig von neuem
fesselndes Thema, fesselnd und bezaubernd, weil es dem Dichter in jedem Fall gelingt, jene «jähe Kluft» zu überbrücken, indem er von ihr spricht; weil er das Wirkliche bezeichnet und
im gleichen Zug seine Verwandlung durch die Phantasie. Es
entsteht dabei die überzeugende, poetische Darstellungsweise,
die Kellers Kunststil ist. Das Wesen dieses Stils mag in den eigentümlich sicher getroffenen Maßverhältnissen von Wirklichkeit und Phantasie bestehen, die den Eindruck der Ausgewogenheit, der Stimmigkeit und Richtigkeit der Erzählung er-
wecken. Es handelt sich bei einem solchen Stil um eine Gabe,
die als Sprechton und Redeweise im Kern der Künstlerpersön-
lichkeit ihre Wurzel hat. In der Malerei war Keller dieser Stil
nicht gegeben, sowenig wie seinem Helden Heinrich Lee. Beiden
fehlte die Fähigkeit, sich auf der Leinwand auszudrücken – etwa
in der Weise wie die Zeitgenossen Carl Spitzweg, Moritz von
Schwind, Adolf von Menzel, bei denen, obwohl sie auf ihren
Bildern durchaus erzählen, das Malerische den Ausschlag gibt
und die Wirklichkeit bewältigt wie bei Keller das Poetische.
Im vierten Kapitel des dritten Bandes – nach dem Abschluß
der «Jugendgeschichte» – wird berichtet, wie der Zwanzigjäh-
rige sich am neuen Ort in der Kunst umsieht; und er «ergriff
... sogleich diejenige Richtung, welche sich in reicher und be-
deutungsvoller Erfindung ... bewegt und es vorzieht, eine ideale Natur fortwährend aus dem Kopfe zu erzeugen, anstatt sich
die tägliche Nahrung aus der einfachen Wirklichkeit zu holen». Der Verfasser erläutert anschließend, er schreibe keinen
Künstlerroman, sondern bezwecke mit seinem Verweilen bei
den Fragen der Kunst allein «das menschliche Verhalten, das
moralische Geschick des grünen Heinrich», das besagt, «das
Allgemeine» in den besonderen Berufsangelegenheiten zu zeigen. «Das Herausspinnen einer fingierten, künstlichen, allego-
rischen Welt aus der Erfindungskraft, mit Umgehung der guten Natur» sei nichts anderes als «Arbeitsscheu», wie sie dem
Wesen des Spiritualismus entspreche. Die Erfindungsgabe
wäre für Heinrich sehr bequem gewesen, er hätte damit aus
dem Nichts produzieren können und sei an der zu leistenden
Arbeit vorbeigekommen. Aber: «Alles Schaffen aus dem Not-

wendigen und Wirklichen heraus ist Leben und Mühe, die sich selbst verzehren, wie im Blühen das Vergehen schon herannaht; dies Erblühen ist die wahre Arbeit und der wahre Fleiß; sogar eine simple Rose muß vom Morgen bis zum Abend tapfer dabei sein mit ihrem ganzen Corpus und hat zum Lohne das Welken. Dafür ist sie aber eine wahrhaftige Rose gewesen.»

Ein solches Blühen gelingt Heinrich nicht, obwohl er seine Kunstmappe mit neuen Blättern auffüllen kann und sich auf vielen Gebieten bildet. Lange Partien der Erzählung gelten der Beschreibung eines Künstlerfestes, bei dem Heinrich im Narrenkostüm an einem großen Maskenball teilnimmt. Für den Gottesglauben eintretend, ficht er ein Duell und verletzt seinen Gegner lebensgefährlich. Da er mit wenig Mitteln ausgerüstet war, gerät er bald in finanzielle Bedrängnis, er macht Schulden, bittet die Mutter um Geld, deckt mit dem von ihr Erhaltenen seine Schulden und macht neue, so daß er wieder Hilfe von der Mutter braucht. Er hungert und verkauft allmählich alles, was er besitzt, samt all seinen eigenen Arbeiten einem Trödler, der ihn mit Gelegenheitsarbeit etwas Geld verdienen läßt. Endlich macht er sich auf den Heimweg, ohne aber die Mutter zu benachrichtigen. Unterwegs findet er auf einem Grafenschloß Aufnahme. Die Glücksfälle der letzten Teile wiegen aber das Unglück, das durch das lange Fernbleiben verursacht wurde, nicht mehr auf.

In der späten Fassung, in der Heinrich die Mutter zwar noch lebend antrifft, sie aber sogleich verliert, kehrt Judith einige Jahre, nachdem Heinrich im Staatsdienst ist, aus Amerika zurück, weil sie gehört hatte, Heinrich sei ins Unglück geraten. Obwohl er in Wohlstand und Ansehen lebt, fühlt er sich noch immer schwer belastet von Leid und Tod der Mutter. Erst während er Judith alle Vorkommnisse erzählt, spürt er den Seelendruck weichen und weiß sich durch Judith «erlöst». Sie bleibt bis zu ihrem Tod mit ihm verbunden. Der milde Schluß ist der Hauptunterschied der zweiten Fassung gegenüber der ersten. Neu eingefügt hat Keller außerdem einige Episoden und Figuren. Spontanes und Zeitkritisches brachte er distanzierter und abgemessener. Reflexionen des Erzählers wurden gestrichen, gekürzt oder umgeschrieben. Die Gesamtanlage änderte sich dadurch, daß Keller nun den gesamten Roman in die Ichform umschrieb und nicht mit der Ausfahrt des Jugendlichen begann, sondern mit Herkommen und Kindheit.

Im Gegensatz zu Gottfried Keller kommt es ADALBERT STIFTER (1806–1868) in *Der Nachsommer* (1857) nicht auf die Jugendentwicklung seiner Erzählerfigur Heinrich Drendorf an, sondern auf die Entfaltung einer vorbildlichen Welt. Utopisches Dasein breitet sich vor dem Leser aus. Sowohl das Elternhaus Heinrichs als die Umwelt, in die er später tritt, sind ideale Bereiche, deren zeitlos gültige Ordnung er sich mühelos aneignet. Daß er nicht in Konflikte gerät, hat seine Begründung in der vorgegebenen Übereinstimmung seiner Natur mit jenen idealen Bereichen. Sie bestehen außerhalb der gesellschaftlichen Wirklichkeit, ja im Widerspruch zu ihr, und gewähren Heinrich zu jeder Zeit alles, was er braucht. Man überläßt ihn den Studien, die seinen Neigungen entsprechen; man bietet ihm die Möglichkeit zur «Erweiterung» seiner Bildung, ja regt ihn dazu an, als es an der Zeit ist; man schafft ihm alle finanziellen Mittel und lehrt ihn, damit umzugehen; man achtet darauf, daß die Räume, die er bewohnen soll, immer seinen Wünschen und Bedürfnissen entsprechen; man richtet sich im Gespräch ausdrücklich nach seinen Interessen und umgeht Themen, für die er noch nicht aufgeschlossen ist, wartet bis er sich ihnen zuwendet, und bezieht sie dann erst ins Gespräch ein. Ehe er noch an eine Verlobung denkt, ja ohne daß das Mädchen und er sich nur gesehen hätten, begegnet man ihm schon als ihrem möglichen Bräutigam.

Die Utopie der Geborgenheit menschlicher Existenz scheint sich durch den ganzen Roman hin in den Gegenständen zu verwirklichen, mit denen die Menschen umgehen, scheint in den Dingen garantiert, zwischen denen sie leben. Wenn der Erzähler mehr von den Räumen spricht, in denen seine Figuren auftreten, als von den Figuren selbst, so ist diese Erzählweise in seiner Absicht begründet, mit dem Bild der Räume geistiges Dasein darzustellen und in seinen Figuren Menschen zu zeigen, deren Wesen sich in diesem Dasein ausdrückt. Zu-

gleich wird aber ständig darauf hingewiesen, wie die gesamte
Welt der schönen Dinge von den Menschen geschaffen wurde
und weiter geschaffen wird. Bei jedem Gegenstand erfährt
man die Geschichte seiner Erwerbung, bei jedem Raum und jedem Haus den Vorgang, wie Menschen bewußt die Räumlichkeiten auf ihren Zweck hin gestalteten. Der Erzähler beginnt
bei der Etagenwohnung seiner Eltern, in der er seine Kindheit
verbrachte, führt zu dem Vorstadthaus, das sein Vater später
erwarb, verweilt dann die längste Zeit auf dem Asperhof mit
dem Rosenhaus, bezieht später den Sternenhof mit ein und
läßt den Vater am Ende den Gusterhof, gelegen zwischen
Asperhof und Sternenhof, kaufen, dessen Einrichtung in der
Zukunft liegt. Bezeichnenderweise erfährt Heinrich erst spät
den Namen seines Gastgebers im Rosenhaus. Man nennt ihn
in der ganzen Gegend «den Asperherrn» oder «den Aspermei-
er», weil es üblich ist, «den Besitzer eines Gutes nach dem
Gute, nicht nach seiner Familie zu benennen». Auch der vori-
ge Besitzer des Asperhofes wurde so genannt. Ebenso bemerkenswert ist, daß er den Adelstitel, den er führt, wie den
Asperhof nicht von Geburt her besitzt. Er wurde ihm für seine
Verdienste um den Staat verliehen. «Ihr werdet wohl wissen,
daß ich der Freiherr von Risach bin», so stellt er sich Heinrich
am Ende vor, nachdem die Heinrich betreffende Handlung abgeschlossen ist.

Risach ist die Hauptfigur des Werkes. Der Leser wird dies
erst allmählich gewahr, denn der Erzähler beginnt bei sich
selbst, genauer bei seinem vorbildlichen bürgerlichen Elternhaus, in dem der gleiche Geist herrscht wie im Umkreis des
Freiherrn von Risach. Wichtig sind dabei im Hinblick auf die
einheitliche Thematik des Romans die Gründe, die Heinrichs
Vater, erfolgreicher Kaufmann und Sammler schöner Dinge, in
Anschlag brachte, als er im Gegensatz zu Wilhelm Meisters
Vater seinen Sohn bei der Wahl seiner Studien dem «Drang»
seines «Herzens» folgen ließ. Wähend die Umwelt meinte,
Heinrich hätte zu einem Beruf verpflichtet werden müssen,
der der bürgerlichen Gesellschaft von Nutzen wäre, vertrat
sein Vater den Standpunkt, «der Mensch sei nicht zuerst der
menschlichen Gesellschaft wegen da, sondern seiner selbst

willen. Und wenn jeder seiner selbst willen auf die beste Art
da sei, so sei er es auch für die menschliche Gesellschaft ...
Und aus solchen Männern, welche ihren innern Zug am weitesten ausgebildet, seien auch in Zeiten der Gefahr am öftesten
die Helfer und Retter ihres Vaterlandes hervorgegangen.»
Diese utopische Vorstellung kommt am Ende des Romans mit
dem Lebensrückblick Risachs ausführlich zur Sprache, nachdem sie vorher durch Heinrichs Weg vielfach im Blickfeld erschien. Die Geschichte Heinrichs endet mit Eheschließung
und Familiengründung. Offen läßt er, in welcher Weise er
darüber hinaus «sonst noch nützen» wird. Lediglich der Gedanke an seine wissenschaftlichen Bestrebungen beschäftigt
ihn in seinen Überlegungen über die Zukunft; «das reine Fa-
milienleben, wie es Risach verlangt, ist gegründet, es wird,
wie unsre Neigung und unsre Herzen verbürgen, in ungemin-
derter Fülle dauern, ich werde meine Habe verwalten, werde
sonst noch nützen, und jedes, selbst das wissenschaftliche Bestreben hat nun Einfachheit, Halt und Bedeutung». Damit endet der Roman. Es bedarf keiner Debatte über dieses Ende,
weil Heinrichs Geschichte nur Rahmen und Unterlage für das
Bild Risachs bildet. Heinrichs Zusammentreffen mit Risach ist
der erzählerische Anlaß für die epische Darstellung der Zen-
tralfigur des Romans. Sie entfaltet ihr Wesen, indem Heinrich
sie kennenlernt.

Mit der Anlage des großen ländlichen Anwesens, auf dem
Heinrich vor einem Gewitter Schutz sucht, und in der Kost-
barkeit der Einrichtung des Rosenhauses, in dem er als Gast
viele Male wohnt, enthüllt sich der menschliche Stil der Persönlichkeit des Besitzers. Seine Lebensart wird in seinem Verhalten zu Mitarbeitern, Angestellten, Bekannten und Freunden
wirksam. Von besonderer Bedeutung sind ihm Mathilde und
ihre beiden Kinder, Natalie und Gustav. Gustav wird auf dem
Asperhof von Risach erzogen und von ihm selbst unterrichtet.
Mathilde und Natalie, die auf Mathildens Besitz, dem Sternenhof, wohnen, halten sich bei häufigen Besuchen, vornehmlich
zur Rosenblüte, in Risachs Haus auf. Natalie und Heinrich
lernen sich dabei kennen. Ihre Liebe, in großer Verhaltenheit
über lange Zeit umschwiegen, führt im Einvernehmen mit der

älteren Generation zu Verlobung und Ehe. Unmittelbar vor der Hochzeit erhält Heinrich Aufschluß über die menschlichen Schicksale, die durchlitten wurden, ehe der jetzige Zustand auf Asperhof und Sternenhof erreicht war.

Risach berichtet davon in verschiedenen Abschnitten. Er spricht zuerst von seiner Haltung zum Staatsdienst, in dem er viele Jahre stand, dann von seiner Kindheit und Jugend in bescheidenden Verhältnissen und seinem persönlichen Weg in den Beruf und schließlich von der Geschichte seiner Liebe zu Mathilde. Der erste Teil seiner Darlegungen ist eine anthropologische Selbstinterpretation. Risach beweist, warum er seiner Natur nach dem Staatsdienst, in dem er große Erfolge hatte, nicht geeignet war: «Ich war erstens gerne der Herr meiner Handlungen. Ich entwarf gerne das Bild dessen, was ich tun sollte, selbst und vollführte es auch gerne mit einer alleinigen Kraft ... Eine zweite Eigenschaft von mir war, daß ich sehr gerne die Erfolge meiner Handlungen abgesondert von jedem Fremdartigen vor mir haben wollte, um klar den Zusammenhang des Gewollten und Gewirkten überschauen und mein Tun für die Zukunft regeln zu können. Eine Handlung, die nur gesetzt wird, um einer Vorschrift zu genügen ... konnte mir Pein erregen ... Ihr seht, daß mir zwei Hauptdinge zum Staatsdiener fehlen, das Geschick zum Gehorchen, was eine Grundbedingung jeder Gliederung von Personen und Sachen ist, und das Geschick zu einer tätigen Einreihung in ein Ganzes und kräftiger Arbeit für Zwecke, die außer dem Gesichtskreise liegen, was nicht minder eine Grundbedingung für jede Gliederung ist. Ich wollte immer am Grundsätzlichen ändern und die Pfeiler verbessern, statt in einem Gegebenen nach Kräften vorzugehen, ich wollte die Zwecke allein entwerfen, und wollte jede Sache so tun, wie sie für sich am besten ist, ohne auf das Ganze zu sehen, und ohne zu beachten, ob nicht durch mein Vorgehen anderswo eine Lücke gerissen werde, die mehr schadet, als mein Erfolg nützt.» Er wäre, erläutert Risach, in sehr jungen Jahren in diese Laufbahn gekommen, ohne noch sie und sich selbst zu kennen, und hätte sie weiterverfolgt, so gut er konnte, weil er einmal dabei war und sich schämte, seine Pflicht nicht zu tun. Wenn einiges Gute durch ihn bewirkt worden wäre, so weil er sich einerseits sein Möglichstes abgerungen hätte und andererseits die Zeitereignisse Aufgaben stellten, die er auf seine Weise lösen konnte. «Wie tief aber mein Wesen litt, wenn ich in Arten des Handelns, die meiner Natur entgegengesetzt sind, begriffen war, das kann ich Euch jetzt kaum ausdrücken, noch wäre ich damals imstande gewesen, es auszudrücken. Mir fiel in jener Zeit immer und unabweislich die Vergleichung ein, wenn etwas, das Flossen hat, fliegen, und etwas, das Flügel hat, schwimmen muß. Ich legte deshalb in einem gewissen Lebensalter meine Ämter nieder.»

Mit diesen Darlegungen enthüllt Risach, daß die schöne Welt des Asperhofes, die er baute, Gegenbild ist zu einer sorgenvollen beruflichen Laufbahn, und daß der Besitz, dessen er sich freut, schwer errungen ist. Das gleiche gilt von seinem späten Zusammenleben mit Mathilde. Ihrer Liebe in sehr jungen Jahren wurde durch Mathildens Eltern die Erfüllung versagt. Daß Risach Mathilde auf Wunsch ihrer Mutter die Trennung vorschlug, legte Mathilde ihm als Liebesversagen, als Treubruch aus. Es war die Zeit der Rosenblüte, und Mathilde rief in verzweifelter Leidenschaft die Rosen zu Zeugen ihrer Liebe und seiner Untreue auf. Während sie fassungslos in die Blüten hineinweinte, drückte er sich die Dornen in die Hand, so daß Blut floß. In Erinnerung an diesen Vorgang bepflanzte Risach nach Übernahme des Asperhofes die Wand seines Wohnhauses mit vielen Rosen und ließ diesen Rosen eine einzigartige Pflege angedeihen. Eines Tages fand er Mathilde und ihren Sohn davor. Sie gestand, längst zu wissen, daß sie ihm in ihrer Leidenschaft Unrecht getan. Als gealterte Menschen fanden sie sich zusammen zu einem «Nachsommer ohne vorhergegangenem Sommer». Die Rosen bildeten das «Merkmal» ihrer «Trennung und Vereinigung».

Der Sprechton des Erzählers ist der eines neutralen Naturwissenschaftlers. Beobachtend und feststellend berichtet er Eigenheiten und Besonderheiten, wie sie ihm auffallen und unterscheidet im allgemeinen nicht nach Prioritäten. So wird oft Banales beschrieben, über das der Leser nicht so viel hören möchte. Die Vorbildlichkeit aller Personen tritt in sich ständig wiederholenden Gepflogenheiten zu Tag, die immer wieder berichtet werden; das vielfache Sichbedanken zum Beispiel fällt dabei etwas ermüdend auf. Die gleichmäßige, ernste Sprechweise bewirkt zugleich die Verhaltenheit des Stils in Augenblicken der Gefühlserregung. Es gibt Szenen, in denen leidenschaftliche Empfindungen ihren Lauf nehmen, ohne daß ein einziges Wort darauf hinweist. Als Heinrich zum ersten Mal Mathildens Besuch zu Beginn der Rosenzeit erlebt, wird gesagt: «Wir gingen bei dem grünen Gitter hinaus und gingen auf den Sandplatz vor dem Hause. Die Leute mußten von diesem Vorgang schon unterrichtet sein; denn ihrer zwei brachten einen geräumigen Lehnsessel und stellten ihn in einer gewissen Entfernung mit seiner Vorderseite gegen die Rosen. Die Frau setzte sich in den Sessel, legte die Hände in den Schoß und betrachtete die Rosen. Wir standen um sie. Natalie stand zu ihrer Linken, neben dieser Gustav, mein Gastfreund stand hinter dem Stuhle, und ich stellte mich, um nicht zu nah an Natalie zu sein, an die rechte Seite und etwas weiter zurück. Nachdem die Frau eine ziemliche Zeit gesessen war, stand sie schweigend auf, und wir verließen den Platz.» In gleicher Weise wird von der Neigung zwischen Heinrich und Natalie berichtet. Heinrich ist jahrelang erfüllt von Natalie; ihretwegen lernt er Zitherspielen, treibt Spanisch und beginnt zu malen, ohne daß er mit ihr je über sein Gefühl spricht. Eines Tages treffen sich beide in der Nähe des Asperhofes und gehen nach einem zwar beziehungsreichen, doch kühlen Dialog zusammen zum Abendessen. Es heißt: «Wir gingen bis zu dem Meierhofe. Von demselben gingen wir über die Wiese, die zu dem Hause meines Gastfreundes führt, und schlugen den Pfad zu dem Gartenpförtchen ein, das in jener Richtung in der Gegend der Bienenhütte angebracht ist. Wir gingen durch das Pförtchen in den Garten, gingen an der Bienenhütte hin, gingen zwischen Blumen, die da standen, zwischen Gesträuch, das den Weg säumte, und endlich unter Bäumen dahin und kamen in das Haus. Wir gingen in den Speisesaal, in welchem die anderen schon versammelt waren. Natalie zog hier ihren Arm aus dem meinigen. Man fragte uns nicht, woher wir gekommen wären und wie wir uns getroffen hätten. Man ging bald zu dem Abendessen, da die Zeit desselben schon herangekommen war. Während des Essens sprachen Natalie und ich fast nichts.» Die Zurückhaltung des Paares bildet den Gegensatz zu der hemmungslosen Getriebenheit, mit der Mathilde und Risach in jungen Jahren aufeinander zugingen. Die Gedämpftheit des Nachsommers ist das einheitliche Fluidum, das, getragen und beherrscht von der nun reif gewordenen Generation Risachs, sich auf alle übrigen Figuren ausbreitet.

Fast zur gleichen Zeit wie Stifters *Nachsommer* erschien *Die Chronik der Sperlingsgasse* (Okt. 1856, datiert 1857; unter Pseud. Corvinus) von WILHELM RAABE (1831–1910). Es ist das erste epische Werk des über Jahrzehnte hin produktiven Autors. Lange Zeit wurde er von Forschern und Lesern mißverstanden. Er galt als gemüthafter, freundlicher Erzähler idyllischen Lebens, den man sowohl seines Humors als auch seiner ethischen Festigkeit wegen schätzte und deshalb die vermeintliche Ungeordnetheit seiner Darstellung verzieh. Die moderne Forschung beurteilt Raabe anders und weist die bisherigen Vorstellungen von seinem Werk als «unrichtig» zurück [42]. Von den neuen Romanweisen des 20. Jahrhunderts her gewann man Verständnis für die Kunstform des Romans, zu der Raabe besonders in seinem Spätwerk gelangte. Eigenständig verarbeitete er die gesamte Romantradition des 18. und 19. Jahrhunderts. Der Roman Goethes, Sternes und Jean Pauls, Thackerays und Dickens, die Ideen der Jungdeutschen und der Zeitroman seiner Gegenwart, Immermanns *Münchhausen* und Gustav Freytags *Soll und Haben* lassen sich im Werk Raabes erkennen. Als vielbelesener Mann trieb er sein Spiel mit allen, und die kunstvolle Verwendung von Zitaten aus vielen Bereichen der überkommenen Literatur ist eine besondere Qualität seiner Schreibweise. Zugleich schuf er mit seinen großen Erzählungen Formgebilde von vorausweisender Bedeutung.

Schon in der *Chronik der Sperlingsgasse*, als Dreiundzwanzigjähriger, verstand er sich auf die raffinierte Technik, durch das fiktive Medium eines sich erinnernden alten Mannes, der als Erzähler fungiert, verschiedene Zeitebenen zu mischen.

Zwar hat das Werk eine durchgehende Handlung, die Geschichte von Elise und Gustav, eines jungen Paares, das in der Sperlingsgasse aufwächst und am Ende verheiratet ist; doch es wird noch vieles andere erzählt; Zeitgeschichtliches und Vergangenes reiht sich in einer Kette von Episoden nebeneinander. Es ist im Erleben und Erinnern des Chronisten verknüpft und wird in mannigfaltiger Darstellung, in Aufzeichnungen, Briefen, Traumbildern sowie Berichten Dritter gebracht. Raabe war sich der Besonderheit seines Vorgehens voll bewußt und wies im Rahmen seines Werkes selbst darauf hin. Er «schreibe keinen Roman», erläutert der Erzähler. «Ich hab's mir wohl gedacht, als ich diese Bogen falzte, und ich hab's auch wohl mit aufgeschrieben, daß ihr Inhalt nicht viel Zusammenhang haben würde. Ich weile in der Minute und springe über Jahre fort; ich male Bilder und bringe keine Handlung.» Die künstlerische Einheit der Erzählung ist ihr Schauplatz: das «Traum- und Bilderbuch der Sperlingsgasse», «eine unschätzbare Bühne des Weltlebens, wo Krieg und Friede, Elend und Glück, Hunger und Überfluß, alle Antinomien des Daseins sich widerspiegeln». Das künstlerische Verfahren wird ausdrücklich als Reihung beschrieben, vergleichbar «jenen alten, naiven Aufzeichnungen ... welche in bunter Folge die Begebenheiten aus Vergangenheit, Gegenwart und Zukunft erzählen». Ihm korrespondiert das Vorbeiziehen von Traumbildern: «Ein Bild nach dem andern zieht wie in einer Laterna magica an mir vorbei, verschwindend, wenn ich mich bestrebe, es festzuhalten ... Das verschlingt sich, um sich zu lösen; das verdichtet sich, um zu verwehen; das leuchtet auf, um zu verfliegen, und jeder nächste Augenblick bringt etwas anderes.» Zu einem solchen Kunststil gehört kein monumentaler Schluß. Daß das junge Paar am Ende «glücklich in dem schönen Italien» ist, bedeutet mehr heitere Parodie eines alten Schemas. Die Chronik klingt aus, nachdem sie bis in die Gegenwart geführt hat. Die Chronisten früherer Zeiten hätten in dieser Lage noch einige leere Bogen hinten angeheftet, sagt der Erzähler, damit später «die ‹wenigen› Ereignisse» bis zum Weltuntergang darauf nachgetragen werden könnten; er wolle sie nicht nachahmen. Seine Meinung, «wie ein wahres Märchen enden» müßte, sagte er schon vorher, nachdem er der kleinen Elise am Krankenbett eine Geschichte zum Einschlafen erzählt hatte, «nämlich ohne allzu klugen Schluß und Moral».

Bei all dem spielt in der *Chronik* die gegenwärtige Zeit, in der die *Chronik* geschrieben wird, eine wichtige Rolle. Von den Lebensverhältnissen in dieser Zeit ist vielfach die Rede. Der Erzähler beginnt «Am 15. November» zu schreiben und endet «Am 1. Mai. Abend.» Bekannt ist, daß Raabe am 15. November 1854 in Berlin mit der Niederschrift des Werkes begann, im Sommer 1855 damit fertig war und damals in der Spreegasse wohnte, die 1931 zu seinem hundertsten Geburtstag in Sperlingsgasse umbenannt wurde. Der erste Abschnitt der *Chronik* schon enthält eine Anspielung auf den Krimkrieg zwischen Rußland und der Türkei (1853–56); dies bedeutet weitere Datierung. Mit ihr erhalten andere Andeutungen bestimmten Zeitbezug. Eindrucksvoll ist die Einbeziehung der Auswandererbewegung in die *Chronik*. Im zweitletzten Tagesabschnitt, «Am 15. April», steigt der Erzähler mit dem Karikaturenzeichner Strobel «in eine dunkle Kellerwohnung» hinunter und sieht das Elend einer im Aufbruch nach Amerika begriffenen Familie. Der Erzähler sagt dazu: «Es ist nicht mehr die alte germanische Wander- und Abenteuerlust, welche das Volk forttreibt von Haus und Hof, aus den Städten und vom Lande, ... Not, Elend und Druck sind's, welche jetzt das Volk geißeln, daß es mit blutendem Herzen die Heimat verläßt.» Von hier aus erhält der Eingang des Buchs seine sachliche Begründung. «Es ist eigentlich eine böse Zeit! Das Lachen ist teuer geworden in der Welt, Stirnrunzeln und Seufzen gar wohlfeil. Auf der Ferne liegen blutig dunkel die Donnerwolken des Krieges, und über die Nähe haben Krankheit, Hunger und Not ihren unheimlichen Schleier gelegt; – es ist eine böse Zeit!» Noch zweimal im gleichen Abschnitt wird der Satz von der bösen Zeit wiederholt. Nicht schwierig ist von hier aus der Übergang zu der Selbstaussage des Erzählers, daß hier «ein einsamer alter Mann» spricht, der von sich sagt: «Ich bin alt und müde; es ist die Zeit, wo die Erinnerung an die Stelle der Hoffnung tritt.» Die Gebärde des Erzählers ist Kunstmittel wie Reaktion auf die Zeiterfahrung. Beides ist nicht voneinander zu trennen. Nicht abwegig erscheint es, die *Chronik* als Zeitroman zu bezeichnen, doch ist sie damit noch keineswegs definiert. Sie nimmt trotz ihrer Schwächen, die vornehmlich im Sentimentalen liegen, vieles vom Kunstcharakter der späten Romane Raabes vorweg.

Das Ineinandergleiten der Zeitebenen, das die Forschung ausführlich durch alle Romane hin verfolgte[43], hängt gewiß mit dem im 19. Jahrhundert sich immer intensiver herausbildenden historischen Sinn zusammen, dem ein Künstler wie Raabe auf besondere Weise Ausdruck gab. Während das Nebeneinander der Zeitebenen in der *Chronik* in der persönlichen Erfahrung des Erzählers begründet scheint, in seiner Art des Erlebens, seiner Fähigkeit, im «Traum- und Bilderbuch der Sperlingsgasse» zu lesen und deshalb als Kunstgriff des Autors gelten kann, gehören in den späten Romanen die verschiedenen Zeitebenen und ihr Ineinanderfließen unlösbar mit den Begebenheiten und Örtlichkeiten selbst zusammen; Historisches ist im Gegenwärtigen schon enthalten, ehe es persönlich erfahren wird. Es gibt kein Entweichen vor ihm, sondern nur die Notwendigkeit, sich ihm zu stellen und sich zu entscheiden. Dies gilt für die Hauptgestalten in *Alte Nester* (1880) wie in *Stopfkuchen* (1891). Die beiden Romane gehören zu den Werken aus Raabes letzter Periode in Braunschweig (seit 1870) und zählen zusammen mit *Die Akten des Vogelsangs* (1896) und den beiden historischen Romanen *Das Odfeld* (1887) und *Hastenbeck* (1898) zum Wichtigsten, was Raabe geschrieben hat.

Die Werke seiner mittleren Periode in Stuttgart (1862–70), die früher bevorzugt wurden, werden heute weniger geschätzt. Sie zeigen, wie Raabe nach Wegen, Stoffen und Themen tastete und sich neben der Icherzählung in der Form der Ererzählung erprobte. Bemerkenswert ist *Drei Federn* (1865), weil Raabe hier den Icherzähler in drei Einzelerzähler aufspaltete, was er mit dem Titel des Romans schon anzeigte. Daß die drei Federn sich in ihrer Darstellung unterscheiden, gibt dem Experiment seinen spezifischen Sinn. Zu den Werken der mittleren Periode gehören außerdem die einst sehr verbreiteten drei Romane der sogenannten Stuttgarter Trilogie: *Der Hungerpastor* (1864),

Abu Telfan oder Die Heimkehr vom Mondgebirge (1867) und _Der Schüdderump_ (1870). Die Bezeichnung «Stuttgarter Trilogie», die zuerst von Wilhelm Jensen gebraucht wurde [44], geht darauf zurück, daß Raabe selbst diese drei Romane als Einheit ansah und am Ende des _Schüdderump_ auch davon sprach. Die Handlung der drei Romane ist nicht verbunden.

Vorausgegangen waren den Stuttgarter Werken schon einige in den Jahren nach der _Chronik_ in Berlin und Wolfenbüttel entstandene Romane: _Ein Frühling_ (1857), _Die Kinder von Finkenrode_ (1859) und _Die Leute aus dem Walde, ihre Sterne, Wege und Schicksale_ (1862). Wegen des proletarischen Milieus, in dem die Liebeshandlung des Philologen Georg Leiding und der Putzmacherin Klärchen Aldeck spielt, und der damit zusammenhängenden Gesellschaftskritik, die im Bild einer proletarischen Revolution gipfelt, findet _Ein Frühling_ noch immer Erwähnung in der deutschen Romangeschichte, obwohl es sowohl von den Kritikern wie von Raabe selbst sehr negativ beurteilt wurde. Abgegriffene Romantik und banale Handlungszüge sind wohl die Ursache für den Mißerfolg, den das Buch von Anfang an hatte. Romantische Elemente finden sich auch in _Die Kinder von Finkenrode_. Doch ist das Gesamtniveau des Buches viel höher als das des vorausgegangenen Werks. Raabe versuchte sich hier schon in der Form, die für seine späten Braunschweiger Romane maßgebend wurde. Es ist ein Ichroman, in dem durch die Heimkehr und Rückerinnerung des Erzählers Max Bösenberg das Spannungsgefüge der Handlung entsteht. Dieser Erzähler tritt in _Alte Nester_ noch einmal auf und zwar als inzwischen saturierter Stadtrat. Der Icherzähler in _Alte Nester_ Fritz Langreuter trifft ihn im Eisenbahnzug. Indem Raabe ihn als Verwandelten, als Verbürgerlichten zeigt, rückt er von ihm ab. _Die Leute vom Walde_ ist seiner Form nach ein Bildungsroman und hat eine buntverschlungene, episodenreiche Handlung mit vielen Personen. Das Objekt einer nach festen Grundsätzen durchgeführten Erziehung ist Robert Wolf, der aus dem Wald in die Stadt kam. Nach Irrwegen des Anfangs findet er die rechten Erzieher, die sich seiner annehmen. Er findet auch die rechte Frau und gelangt zu Erfolg; bei einem Abstecher nach Kalifornien macht er sein Glück als Goldgräber und gründet einen Hausstand in der Heimat. Das Werk, während dessen Abfassung Raabe nach Stuttgart übersiedelte, steht seinem Konzept und Aufbau nach den Romanen der Stuttgarter Trilogie nicht allzufern. Der Bildungsroman hat Raabe in seiner mittleren Epoche vordringlich beschäftigt, wobei es ihm um Bildungskritik und im gleichen Maße um Gesellschaftskritik ging.

Das berühmteste Werk aus der Stuttgarter Zeit war lange *Der Hungerpastor*, von dem Raabe selbst später abrückte und das dem heutigen Leser bei aller Anerkennung für die Gewandtheit des Autors als sehr flach in der Gesamtanlage und schablonenhaft in der Figurenzeichnung erscheint. Der Schustersohn Hans Unwirrsch und die Gegenfigur zu ihm, der Trödlerssohn Moses Freudenstein, verkörpern extreme Arten des Hungers. Beide wachsen in ärmlichen Verhältnissen auf, besuchen das Gymnasium, studieren und gehen ihrer Art gemäß verschiedene Wege. Von der «wüsten» und «zerstörerischen» Gier nach Geld und Ansehen, die Moses treibt, hebt sich der «aufbauende» Hunger Unwirrschs nach «Wahrheit, Freiheit und Liebe» ab. Der eine wird ein an die Gesellschaft angepaßter intriganter Erfolgsmensch, der andere übernimmt die «Hungerpfarre» im Fischerdorf Grunzenow an der Ostsee. Bei weitem schärfer als im *Hungerpastor* sprach Raabe seine Gesellschaftskritik in *Abu Telfan* aus, weshalb das Werk beim Publikum keinen Anklang fand. Die Hauptgestalt, Leonhard Hagebucher, ein relegierter Theologiestudent aus bürgerlichem Elternhaus, wurde im oberen Nilgebiet von den Barranegern gefangen und zehn Jahre als Sklave in Abu Telfan am Mondgebirge festgehalten. Seine Heimkehr nach Bumsdorf und dem benachbarten Residenzstädtchen Nippenburg ergibt die Perspektive für die Beurteilung der Verhältnisse in Deutschland. Der Weitgereiste erkennt, daß er im eigenen Land mehr zu leiden hat als in der Sklaverei Afrikas. Ein Einvernehmen mit der Gesellschaft derer, die in Sicherheit und ewig gleicher Ordnung leben, kann sich nicht einstellen. Der eigene Vater verstößt ihn. Nur selten begegnet ihm Verständnis. Wird hier das Bürgertum angeprangert, so im *Schüdderump* der Adel, dessen Vertreter als nicht lebensfähig erscheinen. Die männliche Hauptfigur, der jugendliche Hennig von Lauen, ist kraftlos und läßt geschehen, was er verhindern sollte. So wird Antonie, uneheliches Kind einer Barbierstochter und Vollwaise, die auf dem Lauenhof zu großer Schönheit und Liebenswürdigkeit heranwuchs, ihrem profitsüchtigen Großvater ausgeliefert, der auf Grund seiner erfolgreichen Spekulationen in Wien geadelt worden war und nach jahrelanger Verschollenheit Anspruch auf die Enkeltochter erhob. Ihr Untergang bezeugt die Fremdheit und Hilflosigkeit der Schönheit in einer Welt, der die schützenden Kräfte fehlen. Der Schüdderump, der Pestkarren, ist das Bild für die Todesverfallenheit dieser Welt.

So scharf die Kritik an der Gesellschaft in den Stuttgarter Romanen hervortritt, so bleiben doch in jedem von ihnen vereinzelte Gestalten, die sich von dem trüben Fluß des gemeinen Lebens nicht mitnehmen lassen wollen. Solche Gestalten beschäftigten Raabe in den berühmten Romanen seines Spätwerks vornehmlich. In *Stopfkuchen* und *Alte Nester* stellte er sie nicht mehr nur der Gesellschaft gegenüber, sondern demonstrierte durch eine besondere Erzählweise und viele Handlungszüge die unaufhebbare Verflochtenheit ihres Lebens mit dem der Gesellschaft. Sie gehören zwar nicht dazu, sind aber doch bis in ihr tiefstes Wesen auf sie bezogen (vgl. S. 155).

Raabe war nach seiner Übersiedlung nach Braunschweig noch jahrelang erfindungsreich, sowohl im Ersinnen von Fabeln für seine Romane wie im Gestalten des Erzählvorgangs. Von den drei ersten Romanen der Braunschweiger Zeit *Meister Autor oder Die Geschichten vom versunkenen Garten* (1874), *Vom alten Proteus. Eine Hochsommergeschichte* (1875) und *Horacker* (1876) wurde *Horacker* bei weitem am meisten vom Publikum geschätzt. Es erschienen noch zu Lebzeiten Raabes vierzehn Auflagen. Das Werk ist ernster gemeint als das Publikum es verstand. Es endet zwar mit der Aussöhnung zwischen dem neunzehnjährigen Cord Horacker und der Gesellschaft; doch die Gefährlichkeit dieser Gesellschaft, die den Jugendlichen verantwortungslos schwerster Verbrechen bezichtigte, ist damit nicht herabgemindert. Der Angeklagte, den das Gerede der Bauern des Dorfes Gansewinckel zum Mör-

der und Mädchenschänder machte, hatte nichts Schlimmeres
getan, als daß er einen Topf Schmalz stahl, und war aus der
Fürsorgeanstalt entwichen, weil er hörte, sein Lottchen sei ihm
untreu geworden. Nachdem man ihn im Wald gefunden und
ein junger Lehrer sein Vertrauen gewonnen hatte, trifft sich
in einer schönen Sommernacht im gastfreien Pfarrhaus ein
Kreis von Beteiligten – außer den zwei Lehrern und ihren
Frauen, der Pfarrer und seine Frau sowie der Staatsanwalt –
und beschließt das Leben Horackers und Lottchens zu ordnen. In dem Titel *Unruhige Gäste. Ein Roman aus dem
Säkulum* (1886) verwendete Raabe die beiden Stichworte,
die die Vorstellungen kennzeichnen, mit denen er in diesem
Werk arbeitete. Das Wort «Säkulum» gebrauchte er innerhalb des Romans neben den Worten «Zeitlichkeit» und «Gesellschaft», ohne daß sie eindeutig als Synonyme angesehen
werden könnten[45]. Es heißt: «‹Hm›, murmelte der Mann aus
dem Säkulum, der Zeitlichkeit – der Gesellschaft». Der «Mann
aus der Zeitlichkeit», so wird er auch sonst genannt, ist ein
weitgereister, sehr vermögender Professor, der während eines
Kuraufenthaltes in einem modernen Badeort die elegante Gesellschaft verläßt, um einen Besuch bei einem Studienfreund,
einem Pfarrer im nahen Gebirge, zu machen. Der Pfarrer
und seine junge Schwester Phöbe repräsentieren sowohl durch
ihr Wesen als auch mit ihrem schweren Leben in dem armen
Dorf eine Gegenwelt zu jener «Zeitlichkeit». In diese Gegenwelt gehört auch der ehemalige Strafgefangene Fuchs, dessen
Frau am Flecktyphus starb. Fuchs vergleicht sich selbst
mit dem Pfarrer: «denn auf seine Weise ist der ebenso eine
Unglückskreatur als wie ich ... – wir sind alle unruhige
Gäste auf des Herrn Erdboden, sagt Fräulein Phöbe.» Da
die Wendung «unruhige Gäste» nicht an einen Personenkreis
gebunden ist und innerhalb des Romans auch ohne Bedeu-
tungsschwere verwendet wird, besteht die Frage, ob Raabe
sich mit ihr begrifflich festlegen wollte. Die Klärung steht in
der Forschung noch aus. Raabe experimentierte in jenen Jahren im Thematischen und im Formalen. In *Das Horn von
Wanza* (1881) schrieb er eine Ererzählung mit mehreren Perspektiven. Indem dem Studenten Bernhard Grünhage in einer

Kleinstadt im Harz verschiedene Geschichten über seinen verstorbenen Onkel und den Nachtwächter erzählt werden, entstehen mehrere Erzählstufen, die in ihrer Auffächerung den
Seelenschichten entsprechen, in denen sich die einsamen
Schicksale der beiden am Rande einer wunderlichen Gesellschaft lebenden Menschen erfüllten.

Wohl in Angleichung an die Bezeichnung «Stuttgarter Trilogie» werden die drei bemerkenswertesten Romane aus Raabes Spätzeit *Alte Nester* (1880), *Stopfkuchen* (1891) und *Die
Akten des Vogelsangs* (1896) auch die «Braunschweiger Trilogie» genannt. Sie sind sowohl durch ihre Erzählweise wie ihre
Thematik, die beide in dem gesamten Werk Raabes ihre Vorbereitung haben, so eng miteinander verbunden, daß die Bezeichnung Trilogie zu Recht gebraucht wird. In ihnen gipfelt
Raabes Romankunst. Zugleich gelangen mit ihnen die Bestrebungen des 19. Jahrhunderts, durch den Roman die neuen,
über die Goethezeit hinausgehenden Erfahrungen mit der Natur des Menschen zu konkretisieren, zu ihrem Ende.

Die drei Romane werden von einem sich erinnernden Icherzähler getragen. Er gehört der Welt der Durchschnittsmen-
schen an und berichtet die Geschichte einer Ausnahmefigur,
die ihn fasziniert. Die Faszination des Berichtenden durch eine
Gegenfigur ist Anlaß und treibende Kraft der Erzählung; sie
schafft den Romanhelden. Die Beziehung zwischen Erzähler
und Held beginnt in der Fiktion der drei Romane jeweils als
Jugendfreundschaft und ist für beide Seiten in ihr begründet.
Die Durchschnittswelt ist durch den Erzähler mit einer achtbaren Figur vertreten und öffnet sich mit dessen Faszination
dem Ungewöhnlichen. Wie weit man den Erzähler deshalb als
Vermittler zwischen beiden Seiten, zwischen dem Gewöhnlichen und dem Ungewöhnlichen ansehen kann, ist noch nicht
entschieden worden. Die Frage besteht nicht nur bei den Romanen Raabes, sondern ist in ähnlicher Weise bei Thomas
Manns *Doktor Faustus* im Hinblick auf das Verhältnis von
Zeitblom und Leverkühn zu stellen.

Im ersten der drei Romane, der schon auf Grund des großen
zeitlichen Abstandes von den andern als Vorspiel zu ihnen
gelten mag, steht die nahe Beziehung zwischen dem Erzähler

Fritz Langreuter und dem Helden Just Everstein in Zusammenhang mit den sozialen und historischen Vorstellungen des Autors, obwohl dessen Gesellschaftskritik sich nicht mit den Bewußtseinsinhalten des sich erinnernden Erzählers deckt. Der gesamte Bereich der «alten Nester» ist im Bewußtsein des Erzählers als unverletzlicher Bereich herausgehoben aus der «Zeitlichkeit» – um Raabes eigenen Ausdruck aus *Unruhige Gäste* zu benutzen – aus «der boshaften, stürmischen Welt», wie Just die Gegenmacht einmal in *Alte Nester* nennt. Trotzdem kommt, wie nicht anders zu erwarten, die Zerstörung der alten Nester von dieser Gegenmacht – in diesem Fall von Spekulanten –, und sie wirkt sich in dem Maße aus, wie der Bereich der alten Nester als konkrete Gegebenheit zum Untergang reif ist. Schloß Werden ist ihr gänzlich ausgeliefert. Über die Stelle, an der die Jugendlichen ihre luftigen Sitze in den verwachsenen Nußbaum als «Nester» gehängt hatten, führt später eine Landstraße. Aber Just Eversteins Steinhof, der zunächst auch verlorengeht, ist wieder zurückzugewinnen und gedeiht am Ende kräftiger als vorher. Im Bewußtsein des Erzählers jedoch, für seine Erinnerung, gehören beide zusammen: die Nester in den Nußbüschen von Schloß Werden und Just Everstein mit seinem Steinhof. Daß das Grafenschloß nicht wieder aufzubauen ist, hat historische Gründe. Der Adel war nach Raabes Meinung – das zeigte schon der *Schüdderump* – nicht mehr lebensfähig, wenngleich der letzte Herr von Schloß Werden, Graf Friedrich Everstein, dem Erzähler Fritz Langreuter als sympathische Erscheinung in Erinnerung blieb, einsichtig und weitblickend die Mutter Langreuter nach dem Tod ihres Mannes als Erzieherin seiner Tochter in sein Haus aufnahm und für die Erziehung ihres Sohnes sorgte.

Ob man Just Everstein mit Recht (wie Herman Meyer [46]) als Sonderling bezeichnet, hängt von der Gesamtdeutung des Romans ab. In gleicher Weise ist es fraglich, ob man die Geschichte Justs als Bildungsroman auszulegen hat, was oft geschah. Raabe hat in *Alte Nester* eine Reihe von Absichten miteinander verbunden und mehrere Handlungen verschlungen. Es entstand dadurch ein Romangefüge, das sich nur unter Zwang auf die Linie einer bestimmten Kategorie bringen läßt.

Jedenfalls ist das Werk als Ganzes eine Auseinandersetzung mit Immermanns *Münchhausen*. Es können nicht nur die strukturbildenden Orte Schloß Schnick-Schnack-Schnurr und Schloß Werden einerseits, Oberhof und Steinhof andererseits mühelos nebeneinander gestellt werden, Raabe verweist selbst innerhalb seines Romans ausdrücklich auf Immermann, unterstreicht Parallelen in der Handlung, zieht selbst Vergleiche und gibt ein zeitgeschichtliches Urteil ab: «der treue Eckart – diesmal Karl Leberecht Immermann genannt – hat wieder einmal vergeblich am Wege gestanden und warnend die Hand erhoben. Wir haben uns ein Unterhaltungsstücklein aus seinem weisen, bitterernsten Buche zurechtgemacht – kehren wir rasch auf den Steinhof zurück. Was bleibt mir anderes übrig, als *mir* heute aus den Zuständen der Vergangenheit eine angenehme Gegenwartsunterhaltung künstlerisch-chemisch abzuziehen ...». Mit der Formulierung «angenehme Gegenwartsunterhaltung», die «aus den Zuständen der Vergangenheit ... künstlerisch-chemisch» abgezogen sei, hat Raabe sein eigenes Buch, seine Parodie auf Immermanns *Münchhausen* treffend bezeichnet. So interessant die Erzählstruktur der Romane der Braunschweiger Trilogie ist – es bleiben doch immer Zweifel, wie hoch Raabes Rang als Romanschriftsteller eigentlich einzuschätzen ist. Diese Zweifel werden durch eine Figur wie die des Helden Just Everstein bestätigt. Die Interpretation kommt hier nicht sehr weit. Faßt man das Wesentliche zusammen, so ist festzustellen: Just gehörte zum Bereich der «alten Nester», wenn er auch nie in den Nußbüschen saß, und war ein eigenartiger Junge aus einer Gutsbesitzerfamilie, deren männlicher Vertreter immer etwas versponnen und fahrig waren. Es ist ein guter Mann aus ihm geworden, der zu überleben wußte und für seine Jugendfreunde auch später die überragende Figur blieb, die sie in jungen Jahren in ihm sahen. Am Ende fällt ihm Schloß Werden zu, aus dessen Steinen er eine Brücke bauen will. Eine sympathische Tat, wie sie zu diesem sympathischen Mann paßt. Ob er selbst eine Brücke aus dem Bereich der «alten Nester» in eine neue Zeit bedeuten soll? Mit einem so schweren Problem darf eine «angenehme Gegenwartsunterhaltung» wohl nicht belastet werden.

Die Frage nach dem Rang von Raabes Kunst ist auch durch *Stopfkuchen*. *Eine See- und Mordgeschichte* (1891) nicht eindeutig zu beantworten, obwohl Kenner von «Raabes Meisterwerk» [47] sprechen, von «einem der bedeutendsten deutschen Romane des 19. Jahrhunderts» [48] und die moderne Raabeforschung vornehmlich durch dieses Werk zur Neubewertung von Raabes Gesamtwerk kam [49]. Raabe selbst hielt *Stopfkuchen* für sein bestes Werk. Es wird bis heute noch immer am meisten von allen Romanen Raabes interpretiert. Die Raffinesse seiner Kunstform und das Schwebende seiner Aussage verlocken die Interpreten stets von neuem, das Abenteuer dieses artistischen Gebildes zu bestehen. Raabe verwendete hier noch intensiver als in *Alte Nester* die Erzählweise als Mittel zu Aussagen und zwar einerseits durch den Verlauf der Erzählung selbst, durch die Verteilung des Erzählstoffes auf die Erzählabschnitte, zum andern durch betonte Einbeziehung der Figur des Erzählers in das Gesamtspiel der Erzählung und ihrer Aussagen. War der Erzähler in *Alte Nester* zu allen Zeiten fasziniert von seinem Helden, doch persönlich neutral, so wird er in *Stopfkuchen* durch die ihm vom Helden erzählten Vorgänge aus seiner anfänglichen Neutralität und Selbstsicherheit herausgeholt. Er macht eine Wandlung durch und ist am Ende tief betroffen. Überwältigt durch den Helden der Erzählung, der selbst über lange Strecken der Erzähler ist, gewinnt er ein neues Verhältnis zu sich selbst.

Der kunstvollen Erzählweise entspricht ein kunstvolles Gefüge von mehreren Handlungen, die inhaltlich nicht nur miteinander verknüpft sind, sondern allmählich ineinander übergehen und schließlich zusammenfließen. Die Geschichte der einen Gestalt verweist jeweils auf die aller anderen, obwohl es zunächst getrennte Geschichten zu sein scheinen mit ganz unterschiedlichen Handlungsverläufen. Die gesamte Masse des Erzählstoffes bildet am Ende eine Einheit. Von ihr her erhalten die Einzelzüge ihre Bedeutung und bilden ein Netz von Beziehungen. Wer sie alle verfolgt, ist lange Zeit beschäftigt und dreht sich am Ende im Kreis.

Das Schiff, auf dem der Erzähler Eduard, nach Südafrika zurückreisend, seine Erlebnisse während eines kurzen Heimataufenthaltes in Deutschland zu Papier bringt, heißt «Hagebucher». Dies ist der Name des Afrikaheimkehrers in *Abu Telfan*, der in Deutschland eine Gesellschaft vorfand, mit der er unausweichlich in Konflikt geraten mußte. Der Autor stand eindeutig auf seiner Seite und benutzte seine Perspektive zur Entlarvung der Gesellschaft. Anders sind die Erfahrungen des nach Afrika zu seinem Besitz, zu Frau und Kindern zurückkehrenden Eduard. Sie zwingen ihn zu der Einsicht, daß er den Zuhausegebliebenen nichts voraushat und in all ihre Vorstellungen immer verstrickt gewesen ist. Als er in seine Heimatstadt kam, war gerade Störzer gestorben, der Briefträger, den er als Junge oft auf seinen Gängen begleitete und der ihm dabei aus seinem «Levalljang» erzählte, – gemeint ist Le Vaillants *Reise in das Innere von Afrika* aus dem Französischen übersetzt und mit Anmerkungen von Johann Reinhold Forster – wodurch in dem von der Schule Ermüdeten und Gelangweilten die Lust, nach Afrika zu gehen, erweckt wurde. Wie ihn die Ferne lockte, so träumte sein Freund Heinrich Schaumann, wegen seiner Gefräßigkeit «Stopfkuchen» genannt, Herr der Roten Schanze zu sein, eines Bauernhofes auf einer ehemaligen Befestigung, von der aus im Siebenjährigen Krieg die Stadt beschossen wurde. Ausgestoßen und verfemt lebte dort der Bauer Quakatz mit seiner kleinen Tochter Valentine; man verdächtigte ihn, den Viehhändler Kienbaum erschlagen zu haben. Beweise hatte man nicht; mehrmals war der Bauer im Gefängnis gewesen, mußte aber jedes Mal wieder entlassen werden. Trotzdem blieb die Bevölkerung bei ihrer Anschuldigung. Die Jugend ergötzte sich, den Bauern zu verhöhnen, seine Tochter zu quälen und mit Steinen nach dem Hof und seinen Bewohnern zu werfen. Bei einem ihrer Überfälle auf die Rote Schanze wird Stopfkuchen, der seiner Art nach unter der Hecke gelegen hatte, zum Verteidiger Valentines. Er gewinnt dadurch ihre Freundschaft und bald auch das Vertrauen des Bauern. Dies ist um so wichtiger für ihn, als er unter seinen Altersgenossen sich so ausgestoßen fühlt wie Quakatz auf der Roten Schanze. Er war immer etwas faul und langsam, hatte «schwache Füße», einen großen Körperumfang und wenig Erfolg in der Schule. Als Eduard ihn nach Störzers Tod besucht

– also viele Jahre, nachdem sie als Jugendliche auseinandergegangen waren –, ist er Besitzer der Roten Schanze. Eduard stellt sogleich fest, daß der Ort gänzlich verwandelt ist, einen friedlichen, freundlichen Eindruck macht und Stopfkuchen als Herr der Schanze mit Valentine in harmonischer Ehe ein Leben in der Idylle führt. Wie es dazu kam, erfährt Eduard im Lauf des Tages aus dem ausführlichen Bericht Stopfkuchens.

Dieser Bericht gipfelt in der Aufklärung von Kienbaums Tod. Stopfkuchen bereitet seine Enthüllung langsam vor und nimmt sich viel Zeit, bis er nur zu der Andeutung kommt, daß er Bescheid weiß. Er beunruhigt Eduard durch Anzüglichkeiten und weist immer wieder auf die Harmonie seiner Ehe und auf die Liebenswürdigkeit seiner Frau hin, die durch ihn aus einem verwilderten, haßerfüllten Mädchen, das zu seinem Schutz stets von einem Rudel bissiger Hunde umgeben war, zu einer ausgeglichenen, gütigen, lebensfrohen Persönlichkeit von anziehendem Äußeren wurde. Am Abend begleitet er Eduard in die Stadt, seine Frau auf der Roten Schanze zurücklassend, und beschließt seine Erzählung im Wirtshaus vor den Ohren der Kellnerin, die alles weitertragen soll. Kienbaum wurde, so erfährt man, von Störzer getötet. Damit findet die Kriminalgeschichte ihr Ende. Störzer beging die Tat aus Versehen und fand nicht die Kraft, sie den Gerichten einzugestehen. Kienbaum, der sein Altersgenosse war, hatte ihn immer viel geärgert, ihm «den Schimpfnamen Storzhammel ... angehängt», ihn für seine langen Briefträgerwege verspottet und an jenem Abend aus reinem Mutwillen oder schlechter Laune mit der Peitsche nach ihm geschlagen. Störzer hatte daraufhin mit der schmerzenden Hand einen Stein ergriffen und geworfen, nicht in der Absicht zu töten, sondern als Reaktion auf jenen Peitschenhieb, gegen den er sich emotional wehrte. Die Pferde von Kienbaums Wagen hatten angezogen und nach Stunden fanden sie sich mit dem Toten vor ihrem Stall ein. Stopfkuchen brachte die Wahrheit erst nach dem Tod seines Schwiegervaters heraus und wartete mit ihrer Preisgabe noch bis zum Tod Störzers. Eduards Besuch schien ihm der geeignete Anlaß.

Die Geschichten, die hier erzählt werden, sind einerseits banal, andererseits grausig, ob sie vom Viehhändler Kienbaum, vom Briefträger Störzer oder vom Bauern Quakatz handeln. Karl Hoppe verweist auf zwei Zeitungsnotizen in Raabes Nachlaß, «die für die Abfassung des *Stopfkuchen* zweifellos von Bedeutung waren». Die eine, aus dem «Braunschweiger Tageblatt», «gab Raabe die Grundzüge seiner *Mordgeschichte* an die Hand»; die andere, aus den «Münchner Neuesten Nachrichten», hat ihn «möglicherweise zur Konzeption der Gestalt des Landbriefträgers Störzer inspiriert» [50]. Durch geschickte Kombinationen erhielten die Schauergeschichten ihre Funktion im Gesamtgefüge des Romans. Das Problem des Verbrechens, das Hermann Broch und Robert Musil vierzig Jahre später beschäftigte, taucht hier noch nicht auf, weshalb die banale Geschichte des Briefträgers als solche nicht ausreichen würde, Erschütterung hervorzurufen. Es ist «nur ein Zufall gewesen», daß der Stein traf, wie der Briefträger völlig glaubhaft versichert. Aber es ist ihm mit Kienbaums Tod, so sagt er zu Schaumann, «sein und mein Schicksal, und des Herrn Schwiegervaters kummervolles Schicksal auch, auf den Hals gefallen». Dies ist die Struktur des Romans, daß alle Schicksale wie alle Geschichten zusammenfallen und dabei ihr Gewicht empfangen.

Ein Eigengewicht haben sie alle nicht. Stopfkuchen selbst ist auch nicht der Held auf der Schanze, den er selbst in sich sieht. Claude David bezeichnet ihn mit Recht als «Erzphilister» und führt dabei «seine arrogante Selbstzufriedenheit» an, die völlige Identifikation mit der Rolle, in die er sich hineinspielte, seine sterile Lebensführung, sein schließlich erreichtes Einvernehmen mit den Spießern [51]. Raabe betonte die autobiographische Bedeutung des Romans und brachte damit zum Ausdruck, daß er Heinrich Schaumann als einen Erfolgreichen ansah und das Abseitige seiner Existenz, die ungestörte Lebensführung nach eigenem Geschmack als Ergebnis eines geglückten Lebenskampfes betrachtete.

Raabe bekennt sich damit rund sechzig Jahre nach Erscheinen der *Wanderjahre* (vgl. Band I, S. 352 ff.) zum Gegenbild dessen, was Goethes Vermächtnis in seinem letzten Roman war. Weder das Ethos des Nützlichseins noch die großen sozialen Probleme der Zeit, noch die Rolle der Entsagenden bei deren Lösung, noch das visionäre Element im Bereich Makariens sind hier von Geltung. Stopfkuchen bezog die Gegenposition zu allen Werten der Welt Goethes. Sie werden auch nicht vom Erzähler Eduard vertreten. Er entlarvt vielmehr den utopischen Charakter der Worte Lenardos: «Die Zeit ist vorüber, wo man abenteuerlich in die weite Welt rannte.» Weil er sich als Junge sehnte «nach dem Le Vaillant seinem Afrika und seinen Hottentotten, Giraffen, Löwen und Elefanten», weil das Abenteuer ihn lockte, ging er in die Welt; und er baute sich dort ganz ohne den Gedanken des Nützlichseins eine Existenz auf. Daß er trotzdem der heimatlichen Welt verbunden blieb, eigentlich nie ganz fortgegangen war, kommt in seiner Betroffenheit durch Stopfkuchen zum Ausdruck. Was zu Hause geschah, ereignete sich für ihn nicht in längst vergessener Vergangenheit, es sind nicht alte Geschichten, die ihn nicht mehr angehen, die versunkenen Zeiten angehören. Es sind vielmehr seine eigenen Angelegenheiten, von denen Stopfkuchen spricht. Was da geschah, ist von höchster Wichtigkeit für Eduard und wandelt sein Denken. Mit der Wirkung Stopfkuchens auf Eduard spricht Raabe sein Bekenntnis zu Stopfkuchen im Rahmen des Romans aus. Es ist das Bekenntnis zu einem Menschenbild, mit dem «der Geist der Goethezeit» endgültig außer Wirkung gesetzt ist. Etwas Neues hat begonnen, ohne daß es noch zu bezeichnen wäre. Mit der Raffinesse der Erzählform verdeckt Raabe die Leere der Alltäglichkeit im Leben seiner Figuren, ob es sich um den Helden oder den Erzähler handelt.

Ähnlich gebaut wie *Stopfkuchen* und ähnlich zwiespältig in Thema und Aussage ist *Die Akten des Vogelsangs* (1896). Noch einmal bildet wie in Raabes frühstem Werk, an dessen Titel der des späten erinnert, eine Straße den Raum der Erzählung und ihre künstlerische Mitte. Der Erzähler wie sein Gegenüber wuchsen im «Vogelsang», einer kleinen Vorstadtstraße, auf und sind von dorther miteinander verbunden. Sie gingen ihrer Natur gemäß verschiedene Wege, die sie aus dem Vogelsang herausführten. Der Erzähler, Doktor Karl Krum-

hardt mit einer tadellosen juristischen Laufbahn, lebt bei Beginn der *Akten* in einer seiner gehobenen Stellung entsprechenden guten Wohngegend, sein Freund Velten Andres ist in
einem kahlen Zimmer in Berlin einsam gestorben. Was es mit
dem hochbegabten, liebenswerten Velten Andres auf sich hatte, der «für das Leben unter allen Formen und Bedingungen
ausgerüstet war», ist das große Thema Karl Krumhardts. «Er,
mein Freund, ist in seinem kurzen Leben alles gewesen: Ge-
lehrter, Kaufmann, Luftschiffer, Soldat, Schiffsmann, Zei-
tungsschreiber – aber gebracht hat er es nach bürgerlichen Begriffen zu nichts, und ich kann es auch nicht zu diesen Akten
beibringen, daß er sich je um etwas anderes die richtige Mühe
gegeben habe als um das kleine Mädchen aus dem Vogelsang,
die heutige Witwe Mungo aus Chicago.» Dieses Mädchen, Helene Trotzendorff, gehörte zu dem Kreis von Jugendlichen, die
im Vogelsang ähnlich sorglos aufwuchsen wie die Jugendlichen im Umkreis von Schloß Werden. Sie wurde später von ihrem Vater nach New York geholt und heiratete einen Dollar-
millionär. Velten war ihr vor ihrer Verlobung gefolgt, hatte
sie aber nicht gewinnen können und war später nach Deutschland zurückgekehrt, ohne irgendwo Fuß zu fassen. Was die
tieferen Gründe für seinen erfolglosen Lebensweg waren, ist
für Krumhardt nicht zu ermitteln: «Ich bin eben in seinem Leben über nichts im Dunkeln geblieben als – über ihn selber.»
Etwas mehr weiß Helene von ihm. Daß er immer mit ihr verbunden gewesen sei und sie sich an vielen Orten der Welt getroffen hätten, gesteht sie Karl Krumhardt nach Veltens Tod.
Doch ergibt sich aus ihren Worten kein umfassendes Bild. Der
Leser erfährt nur Bruchstücke aus der Geschichte Veltens. Die
«innere Geschichte» des Menschen, die das große Thema des
neu aufkommenden Romans im 18. Jahrhundert war (vgl.
Band I, Kap. II), ist mit dem, was Karl Krumhardt und Helene
Trotzendorff berichten, nicht gegeben. Sie lag auch nicht in
der Absicht des Autors, er ließ umgekehrt gerade das Rätselhafte, Unaufgeklärte, Undurchschaubare in der Gestalt seines
Helden, gerade das, was die Darstellung seiner «inneren Geschichte» unmöglich macht, sichtbar werden. Während *Agathon* und *Werther* sich fortlaufend aussprechen und damit

selbst den Aufbau ihrer inneren Geschichten schaffen, verschleiert Velten Andres wichtige Tatsachen und führt die Umwelt irre. Nicht überzeugend ist die leitmotivische Verwendung des Goetheverses aus der *Dritten Ode an Behrisch*, der schließlich auch noch an der Wand von Veltens Sterbezimmer steht: «Sei gefühllos! / Ein leichtbewegtes Herz / Ist ein elend Gut / Auf der wankenden Erde.» Helene Trotzendorff sagt über die Bedeutung der Verse für Velten: «Es war ja auch nur ein törichter Knabe, der mit seinem leichtbewegten Herzen zuerst in jenen nichtigen Worten Schutz vor sich selber suchte!» Als Fingerzeig für die psychologische Entwicklung Veltens kann der Vers gewiß nicht gebraucht werden. Wie man wohl überhaupt fehlgeht, wenn man versucht, Velten als runde, selbständige Gestalt mit folgerichtigen Beziehungen zwischen innerem Leben und sichtbarem Verhalten zu sehen. Er ist nur verständlich als Gegenfigur zu Karl Krumhardt, die sogar als das andere Selbst Krumhardts zu betrachten wäre.

Der Vertreter des bürgerlich Normalen, der Durchschnittsbürger macht sich sein Verhältnis zu dem Ungewöhnlichen, außerhalb der Gesellschaft Stehenden klar mit Lessings Worten über den *Ungenannten*: «Ich habe ihn darum in die Welt gezogen, weil ich mit ihm nicht länger allein unter einem Dache wohnen wollte.» Diese Worte aus Lessings literarischem Nachlaß interpretiert Krumhardt in einer für die gesamte Epoche bedeutsamen Weise: «Mein ganzes Leben lang habe ich mit diesem Velten Andres unter einem Dache wohnen müssen, und er war in Herz und Hirn ein Hausgenosse nicht immer von der bequemsten Art – ein Stubenkamerad, der Ansprüche machte, die mit der Lebensgewohnheit des andern nicht immer leicht in Einklang zu bringen waren, ein Kumpan mit Zumutungen, die oft den ganzen Seelenhausrat des soliden Erdenbürgers verschoben, daß kein Ding anscheinend mehr an der rechten Stelle stand.» Er habe versucht, sich von ihm zu befreien; aber es sei nicht gelungen, «und nun – da er für immer gegangen ist, will er sein Hausrecht fester denn je halten: ich aber *kann nicht länger mit ihm allein unter einem Dache wohnen*. So schreibe ich weiter.» Es geht, dies besagen die Feststellungen Krumhardts, in den *Akten des Vogelsangs* nicht um die Geschichte Veltens, nicht darum, weshalb alles so mit ihm gekommen ist, sondern um innere Vorgänge, die den «Seelenhausrat des soliden Erdenbürgers» betreffen. Es geht um den Erzähler Krumhardt, um seine inneren, nicht ausgelebten Möglichkeiten, um die Teile seines Wesens, die er in seiner bürgerlichen Lebensform nicht verwirklichte. Es ist seine zweite Natur, die ihn nicht zur Ruhe kommen läßt. Er versucht sich von ihr zu befreien, indem er von ihrer Heimatlosigkeit und Unruhe erzählt. Man kann von einer besonderen Form des Doppelgängers sprechen oder von einer komplementären Figur und auf die Romantik und Goethe verweisen; man geht damit bei Raabes Belesenheit nicht in die Irre. Wichtiger aber ist im Hinblick auf die vorausweisende Bedeutung seiner Erzählform, auch bei seinem Menschenbild die Gedankenwelt späterer Autoren einzubeziehen. Sehr zu denken gibt Krumhardts Erklärung, er könne nicht berichten, daß Velten «sich je um etwas anderes die richtige Mühe gegeben habe als um das kleine Mädchen aus dem Vogelsang». In den neunziger Jahren, während Raabe an seinen letzten Romanen arbeitete, gewann Sigmund Freud seine grundlegenden Vorstellungen von der Sexualität und erkannte, daß die Störungszustände seiner neurotischen Patienten nicht auf Hirnschäden oder auf ererbte Nervenkonstitution zurückzuführen wären, sondern mit ihren «Reminiszenzen», mit ihren Erinnerungen an gewisse Erlebnisse zusammenhingen. Raabe und Freud sind zur gleichen Zeit auf verschiedenen Wegen mit sehr verschiedenen Mitteln zu verwandten Ergebnissen gelangt. 1879 schon sagt Wilhelm Jensen: «Raabe zählt zweifellos zu den tiefsinnigsten Denkern unserer Zeit. Das Gebiet seiner Forschung ist das Menschenleben, und er hat über alles gedacht, weiß alles, was dies von jeher bewegt hat und heute bewegt ...» [52].

Wie im *Stopfkuchen* ist die formale Leistung, ist der Kunstverstand Raabes auch in *Die Akten des Vogelsangs* beachtlich. Es sind auch hier noch weitere Handlungen in das Gesamtgefüge eingegliedert. Der Wandel der Verhältnisse durch die fortschreitende Entwicklung des modernen Lebens hat vordringlichen Anteil an der Auflösung des Vogelsangs, wo die verschiedenartigsten Menschen noch in guter Nachbarschaft zusammenstanden. Dieser Wandel wird an einer Reihe von Vorgängen und Gestalten demonstriert, die alle mit der Haupthandlung eng verflochten sind. Geschichtliches und Zeitgenössisches spielen bei Raabe immer eine Rolle. Die «alten Nester» haben im Bewußtsein der Menschen ihren Platz wie im geographischen Raum. Daß der Mensch sich an Vergangenes erinnern kann, ist die Voraussetzung für das Erzählen wie für die Gegenwärtigkeit des Geschichtlichen. Wie das Ineinanderfließen der Zeitebenen bei Raabe nicht denkbar ist ohne den historischen Sinn des 19. Jahrhunderts, der die Zeitebenen zunächst einmal sonderte, so ist das komplizierte Erzählen Raabes im Spätwerk nicht denkbar ohne die Kenntnis der zum Erinnern befähigten Natur des Menschen, ohne das Wissen um die Eigenheit des menschlichen Bewußtseins, das die verschiedenen Zeitebenen mühelos verbindet und dabei neue, von den Zeitebenen unabhängige Zusammenhänge schafft. Raabe hat offenbar über dies alles Bescheid gewußt, wovon auch seine beiden späten geschichtlichen Romane *Das Odfeld* und *Hastenbeck* zeugen. In der Kompliziertheit des Erzählvorgangs aller Romane der Braunschweiger Trilogie konkretisieren sich ohne Zweifel Erfahrungen mit der Natur des Menschen, die für jene Zeit noch neu und unausgesprochen waren.

Die lockere Schreibweise, der leichte Stil Raabes mögen die Ursache dafür sein, daß jahrzehntelang der Tiefgang seiner Erzählform verkannt wurde und seine Romane auch noch heute bei aller Anerkennung seiner Leistung doch den Eindruck von Unterhaltungsliteratur machen. Freilich ist es immer ein Vorteil, wenn ein Roman unterhaltend ist – aber Raabe hat im allgemeinen einen Redestil, der dem modernen Leser etwas zu wenig dicht erscheint. Mag sein, daß Raabe sich damit einem breiten Publikum angenehm machen wollte.

III

Von Theodor Fontane zu Thomas Mann: Geschichtsroman – Gesellschaftsroman – Spiritualisierung

1. GESCHICHTSROMAN UND ZEITROMAN

Die Vorstellung, die deutsche Romangeschichte hätte sich von etwa 1850 bis 1890 in einer speziellen Epoche des Realismus befunden, ist überholt. Der Begriff Realismus, in jener Zeit bei theoretischen Erörterungen häufig verwendet, erwies sich im Gebrauch moderner Wissenschaftssprache als vieldeutig und vage. Wie jahrzehntelange Bemühungen namhafter Forscher erbrachten [53], gehören die Vieldeutigkeit und Unbestimmtheit seines Inhaltes zu seinem Wesen. Die Romanwerke des Zeitraums von 1850 bis 1890 sind durch ihn nicht zu charakterisieren. Die Schwierigkeiten, denen sich die Wissenschaft im 20. Jahrhundert bei seiner Benutzung ausgesetzt sieht, beleuchtet eine Erklärung von Claude David: «Wenn man mit Erich Auerbach (*Mimesis*, Bern 1946, S. 460) Realismus als die ‹ernste Darstellung der zeitgenössischen, alltäglichen, gesellschaftlichen Wirklichkeit auf dem Grunde der ständigen geschichtlichen Bewegung› versteht, so ist diese Gattung im deutschen 19. Jahrhundert sicher kaum vertreten [54].»

Daß vom Selbstverständnis jener Epoche her das Wort Realismus unbekümmerter verwendet wurde, erklärt sich aus dem unreflektierten Bedeutungsinhalt, den die Epoche mit dem Wort noch verband, und aus ihrer Überzeugung, in einem besonders gearteten Traditionszusammenhang mit dem vorausgegangenen Jahrhundert zu stehen. So sagte Fontane in seiner ersten literaturkritischen Schrift *Unsere lyrische und epische Poesie seit 1848* (1853): «Der Realismus in der Kunst ist so alt als die Kunst selbst, ja, noch mehr: *er ist die Kunst.* Unsere moderne Richtung ist nichts als eine Rückkehr auf den einzig richtigen Weg, die Wiedergenesung eines Kranken ... Der unnatürlichen Geschraubtheit *Gottscheds* mußte, nach einem ewigen Gesetz, der schöne, noch unerreicht gebliebene Realismus *Lessings* folgen, und der blühende Unsinn, der während der dreißiger Jahre dieses Jahrhunderts sich aus verlogener Sentimentalität und gedankenlosem Bilderwust entwickelt hatte, mußte als notwendige Reaktion eine Periode ehrlichen Gefühls und gesunden Menschenverstandes nach sich ziehen, von der wir kühn behaupten: sie ist da.» Aus dieser Geschichtsphilosophie leitete Fontane ab, es ergäbe sich «von selbst eine nahe Verwandtschaft zwischen der Kunstrichtung» seiner eigenen «Zeit und jener vor beinahe hundert Jahren, ... die Ähnlichkeiten» seien «überraschend». Sollten, so meinte Fontane, die Autoren, die er für fähig hielt, «das angefangene und wieder unterbrochene Werk der hervorragenden Geister des vorigen Jahrhunderts fortzusetzen, sich als zu schwach für solche Aufgaben erweisen», so könnte er sich nur in Bezug auf ihre Personen geirrt haben, es bestehe kein Zweifel, daß sich Talente entwickeln müßten, die das zu Erwartende vollbringen würden und zwar in gesteigerter Weise. «Dem Guten folgt eben das Bessere ... Das ist der Unterschied zwischen dem Realismus unserer Zeit und dem des vorigen Jahrhunderts, daß der letztere ein bloßer Versuch (wir sprechen von der Periode nach Lessing), ein Zufall, im günstigsten Falle ein unbestimmter Drang war, während dem unserigen ein fester Glaube an seine ausschließliche Berechtigung zur Seite steht.» Goethe und Schiller wären «entschiedene Vertreter des Realismus» gewesen, ihm aber «nicht treu fürs Leben» geblieben. Schiller hätte am Ende vollständig mit ihm gebrochen, Goethe «den Realismus seiner Jugend zu der gepriesenen Objektivität seines Mannesalters» verdünnt.

Aus dem allem ist zu erkennen, daß sich aus Fontanes Ausführungen keine spezifische Definition des Realismus ergeben kann. Bei seinem Versuch, sich zu erklären, führt Fontane aus, er verstehe unter Realismus nicht «das nackte Wiedergeben alltäglichen Lebens, am wenigsten seines Elends und seiner Schattenseiten». Der Realismus sei «die Widerspiegelung alles wirklichen Lebens, aller wahren Kräfte und Interessen im Elemente der Kunst; ... er will das *Wahre*. Er schließt nichts aus als die Lüge, das Forcierte, das Nebelhafte, das Abgestorbene – vier Dinge, mit denen wir glauben, eine ganze Literaturepoche bezeichnet zu haben.» Was Fontane hier lange vor dem Einsetzen seiner eigenen Romankunst formulierte, mag «ein hochpersönliches Programm» gewesen sein [55], als Hinweis auf eine Kunstweise wirkt es verschwommen. Es verrät die allgemeine Tendenz, von der Fontanes Suchen zu jener Zeit getragen war, ohne daß man daraus schon auf ihre Verwirklichung schließen könnte und ohne daß das Zeitalter im ganzen charakterisiert wäre.

Auch Wilhelm Bölsche sah eine Verbindung zwischen den «realistischen» Bestrebungen seiner Tage und der vorausgegangenen Epoche. Er erklärte 1889, «das Prioritätsrecht des eigentlichsten realistischen Romans im vollen Sinne» müsse «dem Altmeister Goethe in seinen *Wahlverwandtschaften*» zuerkannt werden. Der Roman gäbe «bereits einen vollkommenen Spiegel ab für den von Zola so getauften Experimentalroman.» Man könne «bei sorgfältiger Analyse alle Vorzüge und Gefahren dieser ins Gebiet der Naturwissenschaft hinübergreifenden exakt psychologischen Dichtungsart an dem alten Buche so genau aufweisen, als gehöre es zeitlich zu den neuesten Erzeugnissen des Büchermarktes» [56]. Bölsches Ausführungen verstehen sich von einem rational geformten Weltbild her und im Zusammenhang mit dem speziellen Inhalt, den die von ihm verwendeten Kategorien bei ihm haben. Er gebrauchte das Wort Realismus synonym mit Naturalismus.

Da Bölsche und Fontane die vorausgegangene Epoche noch in so nahem Zusammenhang mit ihrer eigenen sahen und sich mit ihr gerade durch den Realismus verbunden glaubten, lassen sich ihre Urteile in der modernen Realismus-Diskussion nur als der Vergangenheit angehörende Auffassungen verwerten. Sie unterscheiden sich grundsätzlich von den Epochenvorstellungen der neueren Forschung. Bemerkenswert ist, daß Fontane in seinem Aufsatz von 1853 das im Titel stehende «seit 1848» als rein äußerliche, lediglich arbeitsmäßig begründete Abgrenzung verstanden haben wollte. «Wir sind durchaus nicht der Meinung», sagte er, «daß die Vorgänge des Jahres 1848 richtunggebend auf unsere schönwissenschaftliche Literatur eingewirkt haben, und können uns höchstens zu der Ansicht bequemen, daß sie der Gewitterregen waren, der die Entfaltung dieser oder jener Knospe zeitigte. Aber die Knospen waren da. Wir würden vergeblich geschrieben haben, wenn dem Leser nicht unsere Ansicht dahin entgegengetreten wäre, daß der Realismus kam, weil er kommen mußte.»

Anderer Meinung über die Bedeutung des Jahres 1848 war etwa Theobald Ziegler. Mit einer eindrucksvollen Äußerung aus seinem 1899 erschienenen Werk *Die geistigen und sozialen Strömungen des 19. Jahrhunderts* eröffnet Fritz Martini das erste Kapitel von *Deutsche Literatur im bürgerlichen Realismus. 1848–1898* (1962): «Der März 1848 bildet den großen Einschnitt im Leben unseres Volkes im neunzehnten Jahrhundert ... Wer in vormärzlichen Anschauungen lebt, ist veraltet, ist für unsere Zeit tot; wir Menschen von 1848 bis 1898 können uns dagegen verstehen, was immer auch uns trennt; diese fünfzig Jahre sind Gegenwart, nicht einmal das Jahr 1870 als Zahl hat für das geistige Leben unseres Volkes eine solche Bedeutung.» Für die Formulierung einer Realismus-Epoche ist der hier vertretene Standpunkt gleichfalls unergiebig. Das beweisen Martinis Anstrengungen, sein Schiff zwischen all den ihm nur zu gut bekannten Klippen hindurchzusteuern, ohne anzustoßen, das besagt: ohne ausdrücklich Falsches vorzubringen. Besonders charakteristisch ist in dieser Hinsicht sein Absatz «Das Grundproblem des bürgerlichen Realismus» (S. 13–17), in dem man von Satz zu Satz aufs neue davon überzeugt wird, daß der Realismusbegriff ungreifbar ist. So beängstigend wie sein ständiges Entweichen bei Martini wirkt, so überraschend mutet seine handfeste Anwendung auf Gustav Freytags *Soll und Haben* an, die Fontane 1855 in seiner Rezension dieses Romans praktizierte. Es heißt da: «wir glauben nicht zuviel zu sagen, wenn wir diese bedeutsame literarische Erscheinung die erste Blüte des modernen Realismus nennen».

Was Gutzkow mit dem Roman des Nebeneinander bezeichnete (vgl. S. 80 f.), machte GUSTAV FREYTAG (1816–1895) in *Soll*

und Haben (1855) zum Strukturprinzip. Die Handlung verbindet die geschichtlich gegebenen Lebenskreise von Adel und
Bürgertum, die ergänzt werden durch die beide bedrohende
Region der Außenseiter, in der Betrug als Mittel zum Aufstieg
erlernbare Methode ist und wie alles Erlernbare eine bestimmte Begabung zur Voraussetzung hat. Der Autor ergreift Partei
für das Bürgertum und zeichnet es als wohlgegründete, respekt-
heischende, patriarchalisch gegliederte Ordnung, die der sich
als wenig verläßlich erweisenden Adelsgesellschaft überlegen
ist. Von starkem Einfluß auf Freytag waren Dickens und Thak-
keray. Sein immenser Erfolg in Deutschland hing mit der
Ausstrahlung zusammen, die die englischen Autoren gleichsam
durch seine Figurenwelt hindurch hatten. Zudem verbindet
sich in Freytags Darstellung in einer die bürgerlichen Leser
des 19. Jahrhunderts bestrickenden Weise das Bestreben nach
wirklichkeitsnaher Schilderung von Örtlichkeiten, Situationen
und Figuren mit dem Hang zur Verklärung und zwar nicht nur
der bevorzugten Gestalten; alle, auch die fragwürdigen, profi-
tieren von der im Erzählton fortwährend wirksamen Tendenz
zur Beschönigung und der nicht aussetzenden Bemühung des
Autors, alle Situationen gleichmäßig auf Glanz zu polieren. Es
entstand dadurch eine umfassende Täuschung des Lesers, wodurch das Werk zur Hebung bürgerlichen Selbstgefühls beigetragen hat. Der Held der Erzählung Anton Wohlfahrt, seinen
Weg wie im Bildungsroman durch bürgerliche wie adlige
Kreise der bekannten Welt nehmend, vereinigt in seinem Wesen nicht nur die überkommenen Tugenden des Bürgertums,
Fleiß, Tüchtigkeit, Verläßlichkeit, er besitzt auch die ritterlichen Eigenschaften, Ehrgefühl und Tapferkeit. Trotzdem kann
sich sein Aufstieg nur innerhalb der bürgerlichen Klasse vollziehen: er heiratet am Ende keine Adlige, wie der Leser lange
Zeit annehmen kann, sondern die Schwester des Inhabers der
Firma, in der er als Lehrling begann, und wird Teilhaber. Es
erfüllen sich damit in ihm die idealen Vorstellungen des Standes, für den Freytag eintritt. Die ständig fortschreitende
Handlung mit ihren überraschenden Wendungen soll den Leser bis zum Ende im Banne der Vorgänge halten. Die sozialpo-
litische Absicht des Buches ist in dem ihm vorangestellten

Motto, einem Wort des zeitgenössischen Literaturkritikers Julian Schmidt, ausgesprochen: «Der Roman soll das deutsche Volk da suchen, wo es in seiner Tüchtigkeit zu finden ist, nämlich bei seiner Arbeit.»

Weniger Erfolg als *Soll und Haben*, von dem Hunderte von Auflagen herauskamen, hatte Freytags zweiter Roman *Die verlorene Handschrift* (1864), eine umständliche Gelehrtengeschichte, in der ein Professor eine Tacitushandschrift sucht und dabei seine Frau findet. Während er durch Täuschungen auf abwegige Fährten gelockt wird, macht der Fürst seiner Frau den Hof. Sie entflieht ihm und wird von ihrem Mann in einer Höhle gefunden, in der sich später auch die Einbanddeckel der Tacitushandschrift finden. Der Text selbst bleibt verloren. Die sich über mehrere Bände hinziehende Erzählung ist mühsam zu lesen. Die Motive sind charakteristisch. Sie weisen einerseits auf das zwiespältige Verhältnis von Adel und Bürgertum, das auch in *Soll und Haben* ein Hauptthema war. Anton Wohlfahrt durfte zwar die zerrütteten Finanzverhältnisse des Freiherrn von Rothsattel ordnen, er durfte der Familie nach Verlust ihres Erbsitzes eine neue Existenz schaffen und die Betrüger entlarven, aber er blieb außerhalb des Standes und konnte die Tochter des Freiherrn nicht heiraten. So erhält die junge Professorenfrau im zweiten Roman ihrer Herkunft wegen keinen Zutritt zur Hofgesellschaft, dem Fürsten ist sie zur Geliebten aber recht. Zu diesen schon im 18. Jahrhundert geläufigen Motiven kommen nun solche, die die Anteilnahme des Romanschriftstellers an den Problemen und Aufgaben der zeitgenössischen Geschichtswissenschaft demonstrieren.

Seiner Thematik nach ist der Roman *Die verlorene Handschrift* sehr bezeichnend für die sechziger Jahre des 19. Jahrhunderts, in denen sich eine neue Welle des Geschichtsromans vorbereitete. Sie erreichte in den siebziger Jahren ihre Höhe, ebbte am Ende der achtziger Jahre wieder ab und lief erst um die Mitte des 20. Jahrhunderts bis auf weiteres aus.

Ekkehard. Eine Geschichte aus dem zehnten Jahrhundert (1855) von VIKTOR VON SCHEFFEL (1826–1886) war gleichsam ihr Vorläufer. Der Roman bringt die Geschichte des St. Galler Mönches Ekkehard, der von der verwitweten jungen Herzogin von Schwaben als Lateinlehrer auf den Hohentwiel geholt wird, sie dort unterrichtet, aber durch seine Zurückhaltung kränkt, weshalb sie ihn, als er ihr endlich seine Neigung gesteht, abweist. Nach seiner Flucht dichtet er das Waltharilied, schießt das in lateinischen Hexametern verfaßte Werk, um einen Pfeil gewickelt, der Herzogin in die Burg und verläßt das Land. Scheffel hatte den *Waltharius* selbst übersetzt und fügte dem Roman umfangreiche wissenschaftliche Erläuterungen an. Daß er die beiden Mönche Ekkehard I. (um 900 bis 973), der in Wahrheit nicht der Verfasser des Waltharilied war, und Ekkehard II., den Lehrer der Herzogin, zu einer Person zusammenfaßte und auch sonst manches historisch nicht ganz genau brachte, tat dem im 19. Jahrhundert und bis weit ins 20. Jahrhundert viel gelesenen Buch keinen Abbruch. Es besitzt eine eigene Atmosphäre, «eine Poetenarbeit durch und durch», sagte Fontane in einer zu seinen Lebzeiten nicht veröffentlichten Rezension; *Ekkehard* zähle, erklärte er, «zu den besten Büchern», die er gelesen habe. «Aus einer dichterisch liebenswürdigen Natur heraus geboren, ist es in der Art seiner künstlerischen Gestalt nahezu vollendet. Es erinnert an Walter Scotts allerbeste Arbeiten.» [57]

Unter den historischen Romanen der Folgezeit sind nur wenige von Belang – «die Mehrzahl der geschichtlichen Romane ist einfach ein Greuel», äußerte Fontane bei Gelegenheit (1875 *Die Ahnen*). In den sechziger Jahren trat Heinrich Laube noch einmal mit einer Romantrilogie hervor: *Der große Krieg* (1865–66). Angestrebt ist eine umfassende Schilderung des Dreißigjährigen Krieges vom Beginn des Krieges bis zum Tod Bernhards von Weimar (1639); in einer Vielzahl von Einzelhandlungen werden die wechselnden Erfolge und Niederlagen der Parteien sowie führender Persönlichkeiten vorgeführt. Laube ging konsequent den Weg vom Zeitroman der Jungdeutschen zum Geschichtsroman der sechziger und siebziger Jahre. – Kein Geschick bewies Gutzkow mit seinen späten Romanen *Hohenschwangau* (1867–68) und *Fritz Ellrodt* (1871). Ein bedeutendes Werk ist indessen Adalbert Stifters *Witiko*

(1865–67). Die Handlung spielt im 13. Jahrhundert und hat die kriegerischen Auseinandersetzungen zwischen dem Herzog von Böhmen und den Fürsten, die ihn wählten, zum Gegenstand. Die Bewährung der idealen Vorstellungen, die Witikos Einsatz bei allen Konflikten und in allen Situationen bestimmen, ist der utopische Gehalt des Romans. Statt der privaten Sphäre wie im *Nachsommer* (vgl. S. 134) ist nun der Staat der Bereich zur Verwirklichung der Humanität. Waren dort die intimen Leidenschaften die gefährdenden Gegenmächte, so sind es nun die politischen Leidenschaften: Machtstreben und gewaltsame Rebellion gegen Recht und Ordnung. Ihre Bändigung gelingt durch das Zusammenspiel Witikos mit dem Herzog. Beide sehen in dem Krieg gegen die Aufrührer einen Kampf zur Wiederherstellung gottgewollter Ordnung. Stifters künstlerisches Problem fiel mit der Frage der Durchsetzung von Wertvorstellungen im Bereich der Geschichte zusammen. Die Möglichkeit der Beherrschung des Faktischen durch das Ideelle war ihm die Voraussetzung für die als geistiges Gefüge verstandene Form des historischen Romans. Stifter ist in *Witiko*, seinem Alterswerk, ein solches Gefüge gelungen.

Für die Autoren der seit der deutschen Reichsgründung von 1871 entstandenen Geschichtsromane bestand das Problem in ähnlicher Weise. GUSTAV FREYTAG erfüllte mit seinem achtbändigen Romanwerk *Die Ahnen* (1872–81) den Wunsch nach verklärender Rückschau in eine die Gegenwart durch ihren Glanz aufhöhende Vergangenheit. Er erzählte Ausschnitte aus der Geschichte eines Geschlechtes von der Völkerwanderungszeit bis 1848 und verband dabei jeweils die Ereignisse aus dem persönlichen Leben seiner Helden mit der allgemeinen deutschen Geschichte. *Die Ahnen* sind alles in allem geschickt gemacht; den großen Zug einer originalen Romandichtung besitzen sie nicht, weder im ganzen noch in den Teilen. Dem nationalpolitischen Denken aber kamen sie sehr gelegen. Sie gehören der in jenem Jahrzehnt geschätzten Gruppe des Professorenromans an. Er ist in allen Fällen Ergebnis fleißig geleisteter Arbeit, enthält eine breite Stoffkenntnis und wurde beredsam und umsichtig im Blick auf die gegenwärtige Zeit geschrieben. Eine sehr beliebte Lektüre war *Ein Kampf um Rom* (1876) von FELIX DAHN (1834–1912). Ruhm und Untergang des Ostgotenreiches in Italien, die letzten Gotenkönige und ihre Gegner faszinierten Erwachsene und Jugendliche. Felix Dahn verstand alle Figuren mit individuellen Zügen auszustatten, sowohl die Germanenkönige als den Römer Cethegus, eine erfundene Gestalt, und die byzantinischen Feldherrn germanischer Abkunft Belisar und Narses. Sie haben alle ihre besonderen Auftritte und sind immer eindrucksvoll, so klischeehaft das Nationensystem, in dem sie fungieren, auch ist. Indem der Autor die Gegner der Goten als erfindungsreiche und kraftvolle Gestalten zeigt, erhöht er beim Leser Sympathie und Bewunderung für den sich heldisch bewährenden gotischen Stamm. Ein nach politischer Identität suchendes Publikum fand hier seine Leitbilder. Später gab Dahn noch in dreizehn Bänden *Kleine Romane aus der Völkerwanderungszeit* (1882–1901) heraus, von denen einzelne gleichfalls viel gelesen wurden. Weniger bekannt wurde der dreibändige Roman *Julian der Abtrünnige* (1894). Daß Dahn, der Professor für Rechtsgeschichte war, im Lauf der Jahre auch ein historisches, zwölf Bände umfassendes Werk veröffentlichte, *Die Könige der Germanen* (1866–1911), zeigt, wie ausgebreitet seine schriftstellerische Tätigkeit war. Es ging ihm selbstverständlich vordringlich um den Stoff, für dessen zeitgemäße Darbietung ihm die Form des Romans geeignet schien. Gewaltsamer noch als Freytag und Dahn bezog sich der Ägyptologe GEORG EBERS (1837–98) von seinem Stoff her auf die Probleme der Zeit. Sein bekanntester Roman ist *Eine ägyptische Königstochter* (1864), eine breite, bewußt auf das Fühlen und Denken der Zeitgenossen zugeschnittene Intrigengeschichte. In *Uarda* (1877), gleichfalls im «alten Ägypten» lokalisiert, spielte Ebers mit dem Streit zwischen Priestertum und Königtum auf den Kulturkampf in Deutschland an. Daß praktisches Christentum mehr Wert habe als Weltflucht, soll der im vierten nachchristlichen Jahrhundert auf dem Sinai spielende Anachoretenroman *Homo sum* (1878) demonstrieren. Später benutzte Ebers auch Stoffe aus andern Bereichen, aus der griechischen wie der spanisch-niederländischen Geschichte, griff dann aber auch wieder auf Ägypten zurück. Noch vor seinem

Tod erschien eine Gesamtausgabe seiner Werke (1893–97) in zweiunddreißig Bänden. Als modischer Erfolgsautor hatte Ebers ein breites Lesepublikum.

Historische Stoffe bearbeitete in den siebziger und achtziger Jahren auch CONRAD FERDINAND MEYER (1825–1898). Er ist als Künstler bei weitem höher zu bewerten als die Autoren des Professorenromans. Seine Erzählweise tendiert im Gegensatz zu der seiner Zeitgenossen nicht zur Großform, sondern zur Novelle. Im Einzelvorgang, in der Episode weist er symbolisch auf Grundmuster des Lebens. Er war eine komplizierte, nervöse Natur und fand in der Geschichte das Material, durch das er seine Erfahrungen mit sich selbst aussprechen konnte. Erst die historische Distanz ermöglichte ihm, das zu gestalten, was in ihm als Menschenbild und Daseinsentwurf lebte. Er war als Schweizer einerseits in der romanischen Welt verwurzelt und mit romanischem Formsinn begabt; andererseits war er ein Bewunderer Bismarcks und hatte in dem deutschen Kanzler den sensiblen, vielschichtigen und reizbaren politischen Menschen vor Augen, mit dem er sich verwandt fühlte. *Jürg Jenatsch. Eine Bündnergeschichte* (1876) bringt in der Titelfigur eine in Zwielicht gehüllte Gestalt. Ihre Geschichte spielt im Dreißigjährigen Krieg. Jürg Jenatsch, ursprünglich reformierter Pfarrer, später ausschließlich Heerführer und Politiker, wechselt, für die Unabhängigkeit Graubündens kämpfend, mehrfach die Bundesgenossen und schließlich sogar den Glauben. Bei einem Fest, mit dem das Land ihn als seinen Befreier ehrt, wird er von seinen Gegnern überfallen. Als es keinen Ausweg mehr für ihn gibt, tötet ihn Lukretia mit der gleichen Axt, mit der er ihren Vater erschlug; sie war seit ihren Jugendtagen eng mit ihm verbunden und zu dem Fest gekommen, um ihn zu warnen. Die Todesszene ist charakteristisch für den gesamten Stil Meyers. Das überhöhte Bild, in dem das Geschehen gipfelt, bezeichnet die Verbindung von Monumentalität und Intimität, um die Meyer bemüht war, ohne die Mittel zur Erfüllung seines eigenen Anspruchs zu besitzen. Es heißt von Lukretia: «In Verzweiflung richtete sie sich auf, sah Jürg schwanken, von gedungenen Mördern umstellt, von meuchlerischen Waffen umzuckt und verwundet, rings und

rettungslos umstellt. Jetzt, in traumhaftem Entschlusse, hob
sie mit beiden Händen die ihr vererbte Waffe und traf mit
ganzer Kraft das teure Haupt. Jürgs Arme sanken, er blickte
die hoch vor ihm Stehende mit voller Liebe an, ein düsterer
Triumph flog über seine Züge, dann stürzte er schwer zusammen.»

Neben dem Geschichtsroman war in den siebziger und achtziger Jahren der Zeitroman noch immer eine beliebte Gattung.
Friedrich Spielhagen (1829–1911) und Paul Heyse
(1830–1914) traten mit einer Vielzahl von Romanen hervor.
Spielhagen wird heute mehr wegen seiner Romantheorie als
wegen seiner durchweg nicht mehr lesbaren Romane genannt.
Diese Romantheorie demonstrierte er in der Kritik an Goethes
Wahlverwandtschaften: er lehnte das Hervortreten und Sich-
geltendmachen des persönlichen Erzählers ab; der Dichter
habe kein Recht, «dem Helden in die Rolle zu fallen» und
«den Leser aus der Illusion zu reißen» [58]. Er verlangte das
«objektive» Erzählen und hielt die eingefügte Erzählerreflex-
ion für unpoetisch. In seinem eigenen Werk ließ er Motive
und Gedanken aus den *Wahlverwandtschaften* mitlaufen, so
in *Zum Zeitvertreib* (1897). Weit bekannt war er sogleich
nach seinem ersten Roman *Problematische Naturen* (1861),
der noch einmal das Thema der Zerrissenen behandelte, das
seit Immermanns *Epigonen* mehrfach bei den Vertretern des
Jungen Deutschland Romanthema war[59]. Fontane lobte den
Aufbau des Buches, gestand aber zugleich ein, daß es ihn sehr
unwillig gemacht habe: «Wir sind herzlich froh, daß sie [die
problematischen Naturen] endlich tot sind und daß die Welt
frei ist von höchst unerquicklichen Figuren, die beständig an
unser Interesse appellieren und es durchaus nicht wachrufen
können.» Zur Romantheorie Spielhagens sagte Fontane:
«... daß der Erzähler nicht mitsprechen darf, weil es gegen das
epische Stilgesetz sei, erscheint mir als reine Quackelei. Gerade die besten, berühmtesten, entzückendsten Erzähler, besonders unter den Engländern, haben es *immer* getan» (14. 1.
1879 an Wilhelm Hertz). Spielhagen gehörte zu Fontanes Berliner Bekannten. Mit Paul Heyse war Fontane befreundet. In

dem sich über Jahrzehnte erstreckenden Briefwechsel hat Fontane seine Einwände gegen Heyses Produktionen, bei aller Anerkennung des Talentes, vielfach, wenn auch mit Vorsicht, ausgesprochen. Was ihn befremden mußte, war Heyses Epigonenhaltung, ein sich gleichbleibender ästhetisierender Zug seines Werkes, der in der klischeehaften Sprache ständig zu hören ist, mit den vielen aufputzenden Details den Leser unentwegt beschäftigen soll und durch den jede Szene sich zur Idylle formt. *Kinder der Welt* (1873), in Berlin spielender Roman, ist offenbar von Balzacs Romantechnik angeregt, verliert sich aber bald in den harmonisierenden Bahnen gefühlvoller Geschichten. Der zweite Zeitroman Heyses, *Im Paradiese* (1876), in München spielend, ist im gleichen Ton gehalten.

Berlin und München werden auch bei einer Reihe von andern Autoren der Zeit zum Romanschauplatz. Der Provinzialismus des deutschen 19. Jahrhunderts beginnt sich damit wenigstens etwas zu lösen, zumal die Art, wie die Städte angegangen werden, sich qualitativ unterscheidet von dem Verfahren etwa Raabes in der *Chronik*, auch Immermanns in den *Epigonen*. Es entsteht der sogenannte «Berliner Roman», dessen Hauptvertreter neben Fontane MAX KRETZER (1854–1941) ist. Sein bekanntester Roman ist *Meister Timpe* (1888). Er schildert den Untergang eines Handwerkers, der dem Kampf gegen Maschine und Kapital nicht gewachsen ist; vom eigenen Sohn, der längst auf der Gegenseite steht, bestohlen und betrogen wird; beim Versuch, mit Hilfe streikender Arbeiter seine Position zu verteidigen, scheitert und am Ende im Keller seines zwangsversteigerten, brennenden Hauses tot aufgefunden wird, während der erste Zug der neuen Stadtbahn vorbeifährt. Der Roman ist sehr sorgfältig gearbeitet und exakt in der Manier des Naturalismus geschrieben.

Die gleiche Thematik, übertragen in bäuerliche Umwelt, behandelt WILHELM VON POLENZ (1861–1903) in *Der Büttnerbauer* (1895). Das Werk ist Mittelstück einer Trilogie; *Der Pfarrer von Breitendorf* (1893) ist ihr erster Teil, *Der Grabenhäger* (1897) ihr Abschluß. Der zeitkritische Gehalt verbindet die drei Romane zur Einheit. Es ist Kritik an der evangelischen Landeskirche, am Staat und vor allem am Kapitalismus. Lenin

zählte den *Büttnerbauer* zu seinen Lieblingsbüchern. Tolstoj
schrieb zur russischen Ausgabe von 1902 eine Einleitung und
pries das Buch als echtes Kunstwerk. Sein geschichtlicher
Wert besteht in der sachlichen Darstellung der sich zu jener
Zeit wandelnden Agrarverhältnisse. Die Macht des Wuche-
rers, an den der Bauer seinen Hof verliert, «die kalte Hand des
Kapitals» wird mit der alten Hörigkeit der Bauern in vergangener Zeit verglichen; gegen dieses neue «Joch waren die alten
Fronden, der Zwangsgesindedienst, die Hofegängerei und alle
Spann- und Handdienste der Hörigkeit, unter denen die Vor-
fahren des Büttnerbauern geseufzt hatten, federleicht gewesen». Während der Bauer Büttner die Ursache seines Unglücks
nicht erkennen kann und «nur ein dumpfes Gefühl» hat, «daß
ihm großes Unrecht» geschieht, wendet sich sein Sohn Gustav
allmählich modernen Erkenntnissen zu, überwindet das konservative Denken und findet zur Sozialdemokratie.

Unter den weiteren Autoren der Berliner Romane, es gibt
deren eine ganze Anzahl, ist auf PAUL LINDAU (1839–1919)
hinzuweisen und zwar nicht eigentlich seiner beiden Romane
wegen, *Der Zug nach dem Westen* (1886) und *Arme Mädchen*
(1887), die sich kaum aus der üblichen Tagesliteratur herausheben, sondern im Hinblick auf eine interessante Rezension,
die Fontane über *Der Zug nach dem Westen* im Erscheinungsjahr des Romans veröffentlichte und in einer im Nachlaß erhaltenen Fassung modifizierte. In der Nachlaßfassung stehen
die Sätze: «Es fehlt uns noch ein großer Berliner Roman, der
die Gesamtheit unseres Lebens schildert, etwa wie Thackeray
in dem besten seiner Romane *Vanity Fair* in einer alle Klassen
umfassenden Weise das Londoner Leben geschildert hat.» Sowohl für Fontanes theoretische Romanvorstellungen als für
sein praktisches Vorgehen bei der Besprechung eines Zeitromans sind seine Ausführungen in den beiden Fassungen der
Rezension ergiebig.

In München spielen die Romane von MICHAEL GEORG CON-
RAD (1846–1927). Conrad war ein begeisterter Anhänger von
Emile Zola (1840–1902) und plante einen zehnbändigen Ro-
manzyklus nach dem Muster von *Les Rougon-Macquart*
(1871–93). Es kamen jedoch nur drei Bände heraus. *Was die*

Isar rauscht (1887) ist der Titel des Gesamtwerkes wie des ersten der drei erschienenen Bände. Sie dokumentieren das Schwankende, Unprofilierte, Zerfließende in der Ausdrucksweise Conrads. Wie im Intrigenroman Spielhagens werden ständig neue Ereignisse berichtet. Dazwischen eingeschoben aber werden Essays, Vorträge, Briefe, Diskussionen. Es entsteht dabei weder eine durchgehende, in ihren Teilen verbundene Handlung noch irgendeine andere Einheit. Der flache Stil macht die Lektüre mühevoll.

Es besteht ein scharfer Gegensatz zwischen *Was die Isar rauscht* und den straff durchgehaltenen Romanen Zolas, etwa *L'Assommoir* (1877), *Nana* (1879–80), *Germinal* (1885). An ihnen ist sowohl ein literarischer Realismus als auch ein besonderes naturalistisches Stilbestreben abzulesen. Sie stehen in der großen französischen Tradition von Balzac und Flaubert, sind Werke eines künstlerisch wie politisch gleichermaßen Engagierten und – wie immer man zu den theoretischen Vorstellungen Zolas, dem Determinismus durch Vererbung und Milieu, stehen mag – eine packende Lektüre. Zweifellos mehr durch den Stoff überwältigend als durch Kunst, tragen sie doch durch das Mittel gut und überzeugend gebauter Handlungen der Bereitschaft zum Abenteuer, die jedem echten Romanleser eigen ist, Rechnung. Es gibt im Bereich deutscher Sprache kein Werk, das mit Zolas Romanen zu vergleichen wäre.

Gottfried Kellers später Roman *Martin Salander* (1886) ist ein in sich fest gefügter Zeitroman mit einer durchgehenden Handlung. Er zeigt den Redlichen im Kampf mit den Skrupellosen. Wenn er selbst den Kampf auch noch besteht und sein Sohn vielversprechende Anlagen zeigt, so ergibt sich doch ein trübes Bild der Zeitsituation. Keller war skeptisch und unruhig bezüglich der Zukunft. Ob hier die Begründung dafür liegt, daß er nicht mehr in der Lage war, ein anziehendes Romangebilde zu schaffen, ist schwer zu entscheiden. Die Erzählung wälzt sich jedenfalls recht reizlos dahin; alle Episoden sind auf ein moralisches System bezogen, dessen praktischer Wert dem Leser ständig vor Augen geführt wird. Ein Weg zu einer überzeugender Romanweise ist hier nicht zu sehen.

2. THEODOR FONTANE

Wohl aber fand THEODOR FONTANE (1819–1898) diesen Weg. Er bedeutet die allmähliche Loslösung von der beschreibenden, Ereignisse wiedergebenden Darstellung, die Jahrzehnte lang bei der Mehrzahl der deutschen Autoren üblich war. Thomas Mann sprach in seinem Aufsatz *Der alte Fontane* (1910) von «einer Verflüchtigung des Stofflichen» bei Fontane. Mit dieser Verflüchtigung leitete Fontanes Erzählweise noch entschiedener als die Raabes zu der Romankunst des 20. Jahrhunderts hinüber. Sie bedeutete Übergang und Vorbereitung und enthielt schon vieles, was Thomas Mann, Hermann Broch und Robert Musil von anderer Position her zu eigenständiger Form herausbildeten.

Fontane war schon 59 Jahre alt, als die Buchausgabe seines ersten Romanes *Vor dem Sturm* (1878) erschien. Die theoretische Position seiner literaturkritischen Schrift von 1853 (vgl. S. 160) hinter sich lassend, hatte er über Jahre hin sich mit der Romanpraxis sowohl seiner Zeitgenossen als auch der Autoren der vorausgegangenen Epoche auseinandergesetzt. Davon zeugen seine vielen, nur zum Teil zu seinen Lebzeiten veröffentlichten Aufsätze sowie seine Briefe. Ihn beschäftigte im besonderen das Verhältnis von Geschichtsroman und Zeitroman. Anfang der siebziger Jahre erschienen seine beiden großen Essays *Walter Scott* (1871) und *Willibald Alexis* (1872), im Jahr 1875 kam die Besprechung von Gustav Freytags *Die Ahnen* heraus. Hier präzisierte er in Form von Frage und Antwort die Ergebnisse seiner Überlegungen. «Was soll der *moderne* Roman? Welche *Stoffe* hat er zu wählen? Ist sein Stoffgebiet unbegrenzt? Und wenn *nicht*, innerhalb welcher räumlich und zeitlich gezogenen Grenzen hat er am ehesten Aussicht, sich zu bewähren und die Herzen seiner Leser zu befriedigen?» So lautet die Frage, auf die die Antwort erteilt wird: «Der Roman soll ein Bild der Zeit sein, der wir selber angehören, mindestens die Widerspiegelung eines Lebens, an dessen Grenze wir selbst noch standen oder von dem unsere Eltern noch erzählten.» Es sei «charakteristisch», so meinte er, «daß selbst Walter Scott nicht mit *Ivanhoe* (1196), sondern mit *Waverley*

(1745) begann, dem er eigens noch den zweiten Titel *Vor sechzig Jahren* hinzufügte.» Scott hätte nicht sogleich weiter in die Vergangenheit zurückgegriffen, da «er die sehr richtige Empfindung hatte, daß zwei Menschenalter etwa die Grenze seien, über welche hinauszugehen, als Regel wenigstens, *nicht* empfohlen werden könne». Erst der Erfolg hätte ihn später die Grenzen zurückverlegen lassen. Zu den «Ausnahmen» von der «Regel» zählte Fontane «den *dramatischen* Roman, den *romantischen* Roman und unter Umständen (aber freilich mit starken Einschränkungen) auch den *historischen* Roman».

Was an den Darlegungen Fontanes auffällt, ist nicht die Forderung nach dem Zeitroman, sie bestand seit langem. Auch bedeutete es keine neue Erkenntnis, wenn Fontane erläuterte, «alles Epochemachende, namentlich alles Dauernde, was die Erzählungsliteratur der letzten 150 Jahre hervorgebracht hat», entspräche «im wesentlichen dieser Forderung. Die großen englischen Humoristen dieses und des vorigen Jahrhunderts schilderten *ihre* Zeit; der französische Roman, trotz des älteren Dumas, ist ein Sitten- und Gesellschaftsroman; Jean Paul, Goethe, ja Freytag selbst (in *Soll und Haben*) haben aus *ihrer* Welt und *ihrer* Zeit heraus geschrieben.» Daß Fontane diese Tatsachen hervorhob, um seine Ausführungen über Freytags *Die Ahnen* zu stützen, beweist zunächst seine literarhistorischen Kenntnisse. Festgestellt werden muß außerdem, daß er das Wort *Realismus* hier nicht mehr verwendete. Aber dies alles ist für die Geschichte des deutschen Romans nicht richtungweisend oder auch nur erheblich. Auffällig ist vielmehr, daß der Erzählstoff bedeutender Romane aus der ersten Hälfte des 20. Jahrhunderts in jenem von Fontane bezeichneten Grenzbereich der Gegenwart verwurzelt ist, in den ihre Autoren noch selbst hineinblickten oder von dem ihre «Eltern noch erzählten», so in den *Buddenbrooks* (1901) und *Der Zauberberg* (1924) von Thomas Mann, *Die Schlafwandler* (1931) von Hermann Broch, *Der Mann ohne Eigenschaften* (1932) von Robert Musil. Darüber hinaus ist zu sagen: Fontane formulierte erstaunlicherweise 1875 sogar, «innerhalb welcher ... Grenzen» ein Roman seinem Stoff nach – soweit er Zeitroman ist – auch heute noch «am ehesten Aussicht» hat, «sich zu bewähren und die Herzen seiner Leser zu befriedigen». Man denke an den Erfolg der ersten Romane von Günter Grass *Die Blechtrommel* (1959), *Die Hundejahre* (1963) und an das gesamte Thema der Vergangenheitsbewältigung unserer Jahrzehnte, das dem Roman nach 1945 zufiel (vgl. Band III). Die produktiven Möglichkeiten der Verbindung von Geschichtsroman und Zeitroman – Romantypen, die man im 19. Jahrhundert über lange Strecken hin als getrennte Formen betrachtete – erfüllten sich im 20. Jahrhundert, als man zum Boden der Romanvorgänge jenen Grenzbereich am Rande der Gegenwart machte, der schon historisch ist und doch noch als erlebtes Leben empfunden wird.

Fontane waren selbstverständlich die anthropologischen Voraussetzungen des romangeschichtlichen Phänomens, das er an ihm bekannten Werken ablas, nicht bewußt. Auch läßt sich *Vor dem Sturm* nicht mit den hier herangezogenen Romanen des 20. Jahrhunderts vergleichen. Es ist ein zum Gesellschaftsroman tendierender historischer Roman des 19. Jahrhunderts. Er trägt den Untertitel *Roman aus dem Winter 1812 auf 1813*. Bedenkt man, daß Fontane das Werk an zwei Jahrzehnte im Sinn trug, ehe er es veröffentlichte – die Anfänge der Arbeit daran reichen «spätestens bis in die ersten Monate des Jahres 1864» [60] –, so entspricht der von ihm gewählte und auf dem Titel genannte Zeitraum der von ihm selbst aufgestellten Regel, die lediglich durch die späte Fertigstellung des Buches um ein weniges überschritten scheint. Die gleiche Epoche behandelte Leo Tolstoj (1828–1910) in *Krieg und Frieden* (1868–69.) An dieses Werk reicht *Vor dem Sturm* nicht heran. Der große Atem der Geschichte, der durch den russischen Roman weht, ist in Fontanes *Vor dem Sturm* – der Titel weist schon darauf hin – kaum als leichter Wind zu spüren. Trotzdem bestimmt er auch hier, unmittelbar vor Beginn der Befreiungskriege, das gesamte Leben und bewegt alle Figuren.

Hauptschauplatz ist das Hinterland Berlins westlich der Oder zwischen Küstrin und Frankfurt. Der Stammsitz der Vitzewitz, Schloß Hohen-Vietz, bildet sein Zentrum. Einbezogen ist Schloß Guse als Sitz der Gräfin Pudagla, Schwester Berndts

von Vitzewitz, des Herren von Hohen-Vietz; einbezogen ist
außerdem Berlin selbst, in dem viele Szenen spielen, zudem
Frankfurt an der Oder und Küstrin. Adel, Bauern und Bürger
des märkischen Bereichs, zum kleineren Teil auch Berlins, bilden den menschlichen Kreis. Um ihn war es Fontane vordringlich zu tun. Wie er selbst schon in einem frühen Stadium seiner Arbeit sagte, sollten «liebenswürdige Gestalten ... den Leser unterhalten, womöglich schließlich seine Liebe gewinnen, aber ohne allen Lärm und Eklat. Anregendes, heiteres,
wenn's sein kann geistvolles Geplauder ... ist die Hauptsache an
dem Buch». Dies ist ein neuer Ton in der Absichtserklärung
eines Romanautors des 19. Jahrhunderts. Er enthält seine
deutlichste Prägung mit den Worten: «Ich möchte etwas Fei-
nes, Graziöses geben.» (17. 6. 1866 an Wilhelm Hertz) Fontane
erreichte seinen Zweck. Das Buch liest sich angenehm. Obwohl es keine bedeutende Handlung hat, ist es doch hand-
lungsreich. Man gleitet von Episode zu Episode, stets erwärmt
und beeindruckt von den in der Tat «liebenswürdigen Gestalten», die sich durch ihr sicheres, in allen Lagen richtiges, angemessenes Verhalten als Angehörige einer guten Gesellschaft
ausweisen. Es ist eine Gesellschaft, die alle Stände und alle
Lebensalter umschließt und auch den Außenseitern einen Platz
überläßt.

Unruhe bringen die zugewanderten Emigranten, die beiden
jungen polnischen Geschwister Kathinka und Tubal von Ladalinski. Sie scheinen die rechten Partner für die Kinder
Berndts von Vitzewitz, Lewin und Renate, zu sein, so meint
die ältere Generation, und so meinen zeitweilig auch Lewin
und Renate selbst; sie sind beide voll ehrlicher, tiefer Neigung
und bereit, die Intensivierung einer Herzensbeziehung auf Seiten der für sie vorgesehenen Partner abzuwarten. Über die
wahre Situation läßt sich die Gräfin Pudagla, ihre Tante, in
einem Brief aus, den sie von Schloß Guse an den ihr durch
ihre Heirat verwandten Geheimrat von Ladalinski schreibt:
«Mais les choses ne se font pas d'après nos volontés. Des jungen Hohen-Vietzer Volkes bin ich sicher, aber nicht des Hauses Ladalinski. Kathinka nimmt Lewins Huldigungen hin, im
übrigen spielt sie mit ihm; Tubal hat ein Gefühl für Renate,

qui ne l'aurait pas? Aber dieses Gefühl bedeutet nichts weiter
als jenes Wohlgefallen, das Jugend und Schönheit allerorten
einzuflößen wissen. So seh' ich Schwierigkeiten, die mir bei
Kathinka in der Gleichgültigkeit, bei Tubal in der Oberfläch-
lichkeit der Empfindung zu liegen scheinen. Et l'un est aussi
mauvais que l'autre.» Die Gräfin repräsentiert den vornehmen
Stil der vergangenen Epoche des 18. Jahrhunderts, deren Kultur sie während ihres langen Aufenthaltes am Rheinsberger
Hof des Prinzen Heinrich (des Bruders Friedrichs des Großen),
zumal in ihrer persönlichen Beziehung zum Prinzen, selbst
lebte. Schloß Guse, das ihr Mann ihr bei seinem Tod hinterließ,
strahlt in seiner Atmosphäre jene Kultur noch aus, die sich in
einer geistreichen Geselligkeit verwirklicht. An ihr nehmen
die Jugendlichen und ein ausgesuchter Kreis der Älteren, zu
denen Berndt von Vitzewitz gehört, lebhaften Anteil. Die Existenz der Gräfin und ihre Lebensform bedeuten eine sympathische Ergänzung zur märkischen Welt, die durch schlichte Ge-
radlinigkeit und Natürlichkeit gekennzeichnet ist, so feinge-
bildet viele ihrer Vertreter sind.

Der elegante, französisch durchsetzte Brief der Geborenen
von Vitzewitz mit der souveränen Behandlung des delikaten
Themas charakterisiert Fontanes Kunst. In einem Brief aus
dem Jahr 1882 sagte er im Hinblick auf seine Gesellschaftsromane: «Meine ganze Aufmerksamkeit ist darauf gerichtet, die
Menschen so sprechen zu lassen, wie sie wirklich sprechen.
Das Geistreiche (was ein bißchen arrogant klingt) geht mir
am leichtesten aus der Feder. Ich bin – auch darin meine französische Abstammung verratend – im Sprechen wie im Schreiben ein Causeur; aber weil ich vor allem ein Künstler bin,
weiß ich genau, wo die geistreiche Causerie hingehört und wo
nicht.» (24. 8. 1882 an Mete Fontane) Schon in seinem ersten
Roman läßt Fontane alle Gestalten auf eine ihnen persönlich
angehörende Weise sprechen. Dies ist der Grund dafür, daß er
keiner eindringlichen Handlung bedarf. Das Sprechen ersetzt
die Handlung und ist der Gegenstand des Romans. In ihm
konstituiert sich die Gesellschaft samt ihren Problemen. Deshalb werden Geschichtsroman wie Zeitroman bei Fontane zum
Gesellschaftsroman, der sein Leben durch die sprechende –

und gelegentlich beredt schweigende – Figur erhält. Die Beschreibung – und Fontane beschreibt ja nicht viel an Örtlichkeiten und Gegenständen – hat daneben die Funktion des Kulissenaufbaus und des Zusammentragens von Requisiten, die zu den Figuren gehören.

Es treten sehr viele Figuren in *Vor dem Sturm* auf. Man benutzt in der Forschung gern die von Fontane gelegentlich verwendeten Worte «Porträtgalerie» und «Panoptikum». Mit den Figuren werden zugleich ihre Schicksale sichtbar sowie die jeweilige Wechselwirkung zwischen Figur und Schicksal, mit der die Sprechweise jeder Figur im Zusammenhang steht. Fontanes erster Roman erinnert durch die überwältigende Fülle an menschlichem Leben, das den Leser in seinen Bann zieht, an Balzac, Tolstoj, Dickens, Thackeray. Daß Fontane von ihnen unmittelbar beeinflußt gewesen wäre oder sie nachgeahmt hätte, kann jedoch nicht gesagt werden. William Makepeace Thackeray (1811–63) hat er sehr bewundert und ihn über Jahre hin Dickens vorgezogen. *Vanity Fair (Jahrmarkt der Eitelkeit* 1847–48) war eines seiner liebsten Bücher. Trotzdem unterscheidet sich *Vor dem Sturm* in seiner Grundkonzeption vom *Jahrmarkt der Eitelkeit*. Fontane hatte nicht die Absicht, die *vanitas vanitatum* darzustellen; er wollte auch nicht entlarven. «Liebenswürdige Gestalten» sollten auftreten. Fontane glaubte an «die verklärende Aufgabe der Kunst» (Rezension über Lindaus *Der Zug nach dem Westen*, Nachlaßfassung); er war überzeugt, die Dichtung habe «andere Wahrheitsgesetze als die Geschichte» und ein Roman wolle «doch zunächst nach ästhetischen Gesetzen beurteilt sein»; es erscheine nicht statthaft, dem Häßlichen zuviel Raum zu lassen (Aufsatz *Willibald Alexis*).

Er hat zwar fast im gleichen Atem mit der hier zitierten Äußerung von der verklärenden Aufgabe der Kunst eine andere getan, die mancher als Widerspruch dazu ansehen mag: «Das wird der beste Roman sein, dessen Gestalten sich in die Gestalten des wirklichen Lebens einreihen, so daß wir in Erinnerung an eine bestimmte Lebensepoche nicht mehr genau wissen, ob es gelebte oder gelesene Figuren waren, ähnlich wie manche Träume sich unserer mit gleicher Gewalt bemächti-

gen wie die Wirklichkeit.» Dennoch kann es hier keine Debatte über Fontanes Kunstauffassung geben, und es würde
auch nichts nützen, seine Äußerungen zum Realismus heranzuziehen (vgl. S. 160). Sowohl in den Jahren der Vorbereitung
seiner Romankunst als auch später, während er seine Romane
schrieb, war Fontane der Meinung, der Romanautor baue die
Welt auf. Er sah darin keinen Widerspruch zu seiner Forderung: «Der moderne Roman soll ein Zeitbild sein.» Das Kapitel über Freytags *Ahnen*, in dem dieser Satz steht, bringt etwa
zwei Seiten vorher die grundlegende Erklärung: «*Was soll ein
Roman?* Er soll uns, unter Vermeidung alles Übertriebenen
und Häßlichen, eine Geschichte erzählen, an die wir *glauben.*
Er soll zu unserer Phantasie und unserem Herzen sprechen,
Anregung geben, ohne aufzuregen; er soll uns eine Welt der
Fiktion auf Augenblicke als eine Welt der Wirklichkeit erscheinen, soll uns weinen und lachen, hoffen und fürchten,
am Schluß aber empfinden lassen, teils unter lieben und ange-
nehmen, teils unter charaktervollen und interessanten Menschen gelebt zu haben, deren Umgang uns schöne Stunden be-
reitete, uns förderte, klärte und belehrte.»

Wie Fontane sich mit seinen Grundvorstellungen als
Mensch und Künstler von Thackeray abhebt, so hebt sich
auch die Struktur seines Romans von der des *Jahrmarktes* ab,
auf dessen Titelblatt steht *A Novel without a Hero.* Ausdrücklich sagt Fontane im ersten Kapitel von *Vor dem Sturm* über
Lewin von Vitzewitz «der Held unserer Geschichte». Charakterisiert hatte er ihn bei seinem ersten Auftreten als: «ein
hoch aufgeschossener, junger Mann von leichter, vornehmer
Haltung». Lewin bleibt dies durch den ganzen Roman hin;
«der junge Herr» sagen die Leute von ihm. In allen Lagen
sympathisch und gerecht, die Probleme der Zeit vom Standpunkt des Verantwortlichen erwägend und immer auf Seiten
der Humanität, bewegt er sich locker und frei in seiner Welt.
Es widerfährt ihm vieles im Laufe der Erzählung, sowohl in
Berlin, wo er als Student seine Wohnung hat, als auch in Hohen-Vietz, das zum Hauptquartier wird, als der Landadel versucht, selbständig und ohne Rücksicht auf die abwartende
Haltung des Königs einen bewaffneten Volksaufstand gegen

die napoleonische Besatzung zu erreichen. Man erlebt Lewin in Berlin im literarischen Zirkel wie beim großen Ball, im Umgang mit seiner Hauswirtin wie mit Freunden; er liest Gedichte und dichtet selbst; er hört Fichte im Kolleg über die Bedeutung der Konvention von Tauroggen und weiß sich gequält durch Kathinkas Zweideutigkeiten. Er ist voll Hoffnung für das Land und für sich selbst und wird sich doch oft genug bewußt, daß er Kathinka nicht gewinnen wird. Als er die Nachricht erhält, daß sie Berlin verließ, bricht er zusammen. Sie kehrt mit dem polnischen Grafen, mit dem sie, wie alle wußten, lange im Einvernehmen stand, nach Polen zurück. Lewin erholt sich von seiner Erschütterung und nimmt die Entscheidung, die Kathinka traf, an. Er gewinnt am Ende die von jedermann in Dorf und Schloß als einmalig liebenswertes Geschöpf empfundene Marie, die als Tochter eines wandernden Schauspielers ins Dorf kam, nach dessen Tod als Vollwaise im Haus des Schulzen aufwuchs, mit Renate zusammen erzogen wurde und mit Lewin stets geschwisterlich verbunden war. Ehe es so weit kommt, daß sich mit der Verlobung, wie alle meinen, «das Natürliche, das von Uranfang an Bestimmte» vollzieht, gerät Lewin bei dem von seinem Vater gewünschten und unter Anteilnahme der gesamten Bevölkerung durchgeführten Überfall auf die französische Besatzung in Gefangenschaft. Der Überfall als solcher mißlang, und es besteht die Gefahr, daß Lewin vom französischen Kriegsgericht verurteilt und erschossen wird. Mehrere Kapitel des letzten Teils sind mit diesem handlungsmäßig stärksten Vorgang des Buchs ausgefüllt. Es gelingt Berndt von Vitzewitz mit einer Gruppe von Helfern, seinen Sohn bei Nacht aus dem Küstriner Gefängnis, in das er gebracht worden war, zu befreien. Doch wird dabei Tubal von Ladalinski durch eine französische Salve tödlich verwundet, als er den angeschossenen Hund des Hauses Vitzewitz davontragen will, der seinerseits Lewin gedeckt hatte.

An diese handlungsbestimmten Kapitel schließt sich als eindrucksvolle Sprech- und Gebärdenszene das Auftreten des alten Geheimrats von Ladalinski an, der den Sarg seines Sohnes abholt. Während seines Zusammenseins mit dem Küster, der ihn in die Kirche an den Sarg führt, stellt sich zwischen beiden eine von den Unterschieden des Standes und der Nation ganz unberührte, menschliche Verbindung her. Der Vorgang kann als Muster für die vielen ähnlichen Szenen, die über den gesamten Roman hin zerstreut sind, gelten. In wenigen knappen Sätzen findet zwischen dem Küster und dem Geheimrat eine Verständigung statt. Der Küster wurde wie der Geheimrat von einer Frau um eines anderen Mannes willen verlassen. Die Tochter dieser Frau ist ihm später gleichfalls entlaufen, wie Kathinka ihrem Vater. Der Küster ist 83 Jahre alt, der Geheimrat Mitte sechzig. Die Szene schließt: «‹Gute Nacht, Papa!› sagte Ladalinski. ‹Haben auch manches erlebt.› ‹Ja, gnäd'ger Herr. Aber Gras wächst über alles.›» Es folgt dieser Szene bald eine der Struktur nach ganz ähnliche: der General von Bamme geht «nach Anlegung seines Husarenrocks» zur Beerdigung der Botengängerin Hoppenmarieken. Sie war ein Zwerg wie er und hatte ihm in ihrer Wunderlichkeit und Verschlagenheit immer sehr gefallen. Sein Interesse ist so groß, daß er vor der Beerdigung ihr Haus besucht und sie im offenen Sarg betrachtet. «Nichts natürlicher als das, es sind Geschwister», sagt der Konventikelprediger Uhlenhorst darüber im Krug. Und die Bauern verstehen ihn. Sie finden es alle auch nur natürlich, daß Lewin Marie zur Frau nimmt; «sie wird uns freilich den Stammbaum, aber nicht die Profile verderben», äußert sich Berndt von Vitzewitz zu Lewin, «nicht die Profile und nicht die Gesinnung. Und das beides ist das Beste, was der Adel hat.» Dem skurrilen von Bamme legt der Autor die weitere zeitgeschichtliche Deutung in den Mund: «Frisches Blut ... frisches Blut ... das ist die Hauptsache ... wir müssen mit dem alten Schlendrian aufräumen ... Mitunter ist es mir, als wären wir in einem Narrenhause großgezogen. Es ist nichts mit den zweierlei Menschen.» Der General spricht mit diesen Sätzen den politischen Gehalt des Werkes aus. Fontane ließ ihn durch den gesamten Roman hin sichtbar werden, indem er ihn durch Gestalten aller Stände demonstrierte und Lewin für den Helden seiner Geschichte erklärte. Wenn man auch in Frage stellen kann, daß das Werk wirklich einen *Helden* hat, – man könnte von *vielen Hauptgestalten* sprechen –

so ist doch von jenem Gehalt her begreiflich, warum Fontane auf die Figur Lewins besonderen Nachdruck legte.

Über die Eigenheit seines Romanaufbaus hat sich Fontane in einem Brief an Paul Heyse geäußert, als er, auf dessen Kritik von *Vor dem Sturm* eingehend, vom «Vielheitsroman» sprach und «neben Romanen, wie beispielsweise *Copperfield*, in denen wir ein Menschenleben von seinem Anbeginn an betrachten, auch solche» für «berechtigt» erklärte, «die statt des Individuums einen vielgestaltigen Zeitabschnitt unter die Lupe nehmen» (9. 12. 1878). Wie so oft bei Fontanes theoretischen Äußerungen macht es auch hier zunächst den Eindruck, als sei nichts grundlegend Neues gesagt. Vor den Problemen der besonderen Struktur des Zeitromans standen schon Immermann (vgl. S. 47), Gutzkow (vgl. S. 72) und Alexis (vgl. S. 84). Wie wichtig aber das im Brief an Heyse angeschnittene Thema war, wie ungelöst die Fragen, die hinter ihm standen, beweisen einerseits Fontanes Auseinandersetzungen mit dem Alexisroman *Ruhe ist die erste Bürgerpflicht* (vgl. S. 86 ff.) und andererseits die Überlegungen, die Robert Musil über die Form des modernen Erzählens im ersten Band seines Romans *Der Mann ohne Eigenschaften* (1930) anstellt (vgl. S. 286). Fontane arbeitet schon mit ähnlichen Vorstellungen wie Musil. Er unterscheidet bei dem Alexisroman zwischen dem «Faden, an dem die Ereignisse aufgereiht sind» und seiner «eigentlichen Aufgabe», der Darstellung einer Epoche. Beides findet er in der Abhandlung von 1872 im selben Roman; es handelt sich gleichsam um verschiedene Ebenen. Wenn er im Brief von 1878 eine Unterscheidung von «Einheitsroman» und «Vielheitsroman» vornimmt, so bedeutet dies jetzt die Verteilung verschiedener Prinzipien auf verschiedene Romantypen, wobei es sich von selbst versteht, daß dem Einheitsroman, in dem «ein Menschenleben von seinem Anbeginn an» betrachtet wird, eine fadengerechte Erzählweise entspricht. Musil hielt das Erzählproblem nicht für ein allgemeines Problem, sondern für den Ausdruck der Problematik seiner eigenen Epoche. Er ließ Ulrich, seine Hauptfigur, zu dieser Erkenntnis kommen und damit Klarheit über seine eigene Situation gewinnen, daß nämlich «das private Leben noch» an der einfachen erzähleri-

schen Ordnung des epischen Nacheinander «festhält, obgleich
öffentlich alles schon unerzählerisch geworden ist und nicht
einem ‹Faden› mehr folgt, sondern sich in einer unendlich verwobenen Fläche ausbreitet». Hier sind die Vorstellungsele-
mente, die sich schon bei Fontane finden, in einen neuen Zusammenhang gebracht. Fontane zog seinem historischen
Standpunkt gemäß andere Schlüsse als Musil. Auch er wußte,
daß die Menschen die, wie Musil später sagte, «einfache Reihenfolge» bevorzugen; er meinte allerdings, sie hinge davon
ab, daß der Roman nur einen Helden habe und allein seine
Geschichte bringe. Deshalb schienen ihm die besonderen Er-
zählprobleme erst bei der Darstellung eines «vielgestaltigen
Zeitabschnitts» zu beginnen. Heyse gegenüber räumte er ein,
das «größere dramatische Interesse» würde «immer den Erzählungen ‹mit *einem* Helden› verbleiben»; er betonte aber,
«der Vielheitsroman, mit all seinen Breiten und Hindernissen,
mit seinen Porträtmassen und Episoden» könnte sich trotzdem
«dem Einheitsroman» – zwar nicht «an Wirkung», wohl aber
«an Kunst» – «ebenbürtig ... an die Seite stellen». Worauf es
bei ihm ankäme, sei, daß der Autor «nicht willkürlich» ver-
fahre, sondern nur solche Retardierungen bringe, die dem Ge-
samtzweck dienen. Obwohl man behauptet habe, daß *Vor dem
Sturm* «schwach in der Komposition sei», glaube er «ganz
aufrichtig, daß umgekehrt seine Stärke nach dieser Seite hin»
liege. Diesem stolzen Wort wird man nichts entgegenhalten
können, denn wer wird behaupten wollen, daß auch nur eine
einzige Retardierung in diesem Roman nicht seinem Gesamt-
zweck diene?

Fontanes Äußerungen im Brief an Heyse geben viel zu denken: befindet er sich hier doch in der Verteidigung. In Wahrheit schrieb er mit *Vor dem Sturm* einen Roman, der als «Vielheitsroman» – der Ausdruck ist sehr brauchbar – das Modern-
ste war, was die deutsche Romankunst des 19. Jahrhunderts bis
dahin hervorgebracht hatte. Die historischen Romane der Zeit
bleiben sämtlich hinter *Vor dem Sturm* zurück. An Eigenständigkeit kann ihm lediglich Immermanns *Münchhausen* an die
Seite gestellt werden. Fontane war mit seinem Buch im Recht.
Er veröffentlichte nicht noch einmal ein Werk der gleichen

Art, sondern konzentrierte sich im wesentlichen auf die Herausbildung einer Romangattung, die es bis dahin in Deutschland in dieser spezifischen Form nicht gab, nämlich den Gesellschaftsroman, zu dem *Vor dem Sturm* schon tendierte. Er ist, soweit es sich um den deutschen Sprachraum handelt, mit Fontanes Gegenwartsromanen charakterisiert. Sie entsprechen in ihrer Anlage und Durchführung einer europäischen Konvention, wie Peter Demetz in seinem Kapitel *Der Roman der guten Gesellschaft* [61] zeigte. Fontane ging es, soweit es ihm überhaupt um die Gesellschaft zu tun war und nicht vielmehr um den Roman, um die vornehme Gesellschaft und daneben um die guten Menschen unter den kleinen Leuten. Es handelt sich um Kreise, in denen man Sinn hat für das, was Goethe das «Gehörige» nennt: man verhält sich schicklich, und es finden sich immerhin einige, im besonderen unter den kleinen Leuten, die Herz haben. In Hohen-Vietz und Guse war das alles selbstverständlich, und man besaß auch in den Adelskreisen Herz, sonst wären die Figuren nicht liebenswürdig gewesen. In den danach entstandenen Romanen ist es nicht mehr selbstverständlich, sondern etwas Besonderes, Auszeichnendes. Dies gibt den Romanen, deren Reihe mit *L'Adultera* (1882) einsetzt, das Pointierte, Gesammelte, Nachdrückliche, das ihren Gesamtstil ausmacht und das *Vor dem Sturm* noch nicht hatte. Sie bringen alle – mit Ausnahme des *Stechlin* (1898), in dem viele Züge aus *Vor dem Sturm* wieder aufgenommen sind – einen Ausschnitt aus einer Welt, die als Ganzes unbeleuchtet bleibt, weshalb die meisten von ihnen ihrer Form nach mehr oder weniger an die Novelle grenzen. Fontane selbst nahm es nicht genau mit der Bezeichnung. Der Ausschnitt ist jeweils so abgesteckt, daß er gerade dem Raum gibt, was mit ihm demonstriert werden soll.

Die Gesellschaftsromane Fontanes sind in der Mehrzahl Eheromane. Fontane verwandte dabei als stoffliche Grundlage öfters Vorfälle, die ihm aus seiner Umwelt bekannt geworden waren. Bei ihrer Wiedergabe im Roman unterstrich er die gesellschaftlichen Gepflogenheiten, aus denen sie sich herleiteten, und machte das soziale Gefüge, in das die Ehepartner eingespannt waren, sichtbar. Ehrenkodex, allgemeines Verhalten und individuelle Reaktionen ergaben ein Handlungssystem, das sich von Fall zu Fall durch Verlagerung der Gewichte variieren ließ. Kein Zweifel besteht, daß die Zeitverhältnisse der achtziger und neunziger Jahre Fontane reiches Material lieferten sowohl durch die aktuellen Fälle, die sich als Stoff anboten, wie durch die Sitten und Denkgewohnheiten, die sich mit der Profilierung des jungen Kaiserreichs, in dessen Hauptstadt Fontane lebte, verfestigten. Im gleichen Maße ist Fontanes Auseinandersetzung mit Goethes *Wahlverwandtschaften* zu berücksichtigen. Jürgen Kolbe gab darüber wichtige Aufschlüsse und sprach von einer «Erneuerung» der *Wahlverwandtschaften* durch Fontane[62]. Die Beurteilung seiner Eheromane kann nicht allein von den Problemen des späten 19. Jahrhunderts her erfolgen, sie muß auch Fontanes Verhältnis zur Tradition von Goethes Roman berücksichtigen. Indem Fontane sich durch viele Zitate innerhalb der Romane auf sie bezog, wies er, sich von ihr abgrenzend, auf sie hin.

L'Adultera (1882) ist dem künstlerischen Wert nach umstritten wie die Mehrzahl der Eheromane Fontanes, bei denen sich Bewunderung und einschränkende Kritik der verschiedenen Interpreten fast die Waage halten. Die einfache Dreiecksgeschichte liest sich – auch darin mit den andern Eheromanen Fontanes verwandt – nicht wie eine pikante Ehebruchsgeschichte. Wenn viele der Zeitgenossen Fontanes darin Lässigkeit in sittlichen Fragen sahen und sich entrüsteten, so beweist das nur, wie gut die gesellschaftlichen Verhältnisse getroffen sind und wie wenig jene Kritiker den sittlichen Horizont des Autors erkannten.

Die Handlung ist einfach, fast banal. Melanie de Caparoux, wohlerzogen und liebenswürdig, «das verwöhnte Kind eines reichen und vornehmen Hauses», nach dem Tod des Vaters ohne Mittel, heiratete mit siebzehn Jahren den fünfundzwanzig Jahre älteren Kommerzienrat van der Straaten, einen «der vollgültigsten Finanziers der Hauptstadt». Als nach zehn Jahren ein für Melanie angemessener Partner auftaucht, ein weitgereister, eleganter junger Kaufmannssohn aus Frankfurt am Main, verläßt sie ihren Mann und heiratet den andern. Die Gesellschaft verurteilt sie, die eigenen Kinder wenden sich von ihr ab. Das Paar übersteht die Ächtung. Als es in wirtschaftliche Schwierigkeiten gerät, bewährt sich Melanie hervorragend; sie weiß den Haushalt einzuschränken und durch Stundengeben Geld selbst zu verdienen.

Die Handlung, die eine Reihe von Zügen enthält, die in *Effi Briest* (1895) wiederkehren, bildet den Anlaß für die eigentliche Erzählung, deren Gegenstand das Gespräch der Figuren ist. Es entfaltet sich, wie es dem Stil des Gesellschaftsromans entspricht, beim Frühstück, im Salon, beim festlichen Diner, bei der Landpartie und im «Nach- und Kommentargespräch, welches (wie bei Jane Austen) das eben vergangene gesellschaftliche Ereignis und seine Gespräche noch einmal zum Gesprächsgegenstand erhebt» (Demetz 143). Wie die Handlung dreht sich auch das Gespräch vornehmlich um die Hauptgestalten, van der Straaten und Melanie, deren eigenes Gespräch zugleich die Handlung auslöst, denn ihre Redeweise – im persönlichen, ohne Wärme, mit vielen ironischen Verschränkungen geführten Dialog sich meistens nur eben gerade die Balance haltend –, diese Redeweise ist von sehr verschiedener Art und die Ursache der Trennung. Van der Straaten, «von Jugend auf daran gewöhnt, alles zu tun und zu sagen, was zu tun und zu sagen er lustig war», bevorzugt im gesellschaftlichen Gespräch die zweideutige Rede, die das gesellschaftlich Unerlaubte zum Thema macht, und sagt am liebsten das, was der übrige Kreis für Entgleisung hält. Dem Leser wird sein aufreizendes Verhalten schon in einem frühen Kapitel bei Gelegenheit einer Abendgesellschaft vorgeführt und im «Nachgespräch» der Gäste interpretiert, wobei jeweils die eine Seite Melanie bedauert und die andere meint, van der Straaten sei so reich, daß er sagen könne, was er wolle, und Melanie empfange von ihm genug, um ihn zu ertragen. Was in Melanie tatsächlich vorgeht, verrät der Erzähler selbst, indem er berichtet, wie gern sie in der Sommerzeit vor der Stadt lebt, wo van der Straaten sie nur jeden dritten Tag besucht, sie «genoß in den zwischenliegenden Tagen das Glück ihrer Freiheit. Und dieses Glück war um vieles größer, als man ihrer Stellung nach, die so dominierend und so frei schien, hätte glauben sollen. Denn sie dominierte nur, weil sie sich zu zwingen verstand; aber dieses Zwanges los und ledig zu sein, blieb doch ihr Wunsch, ihr beständiges, stilles Verlangen. Und das erfüllten ihr die Sommertage. Da hatte sie Ruhe vor seinen Liebesbeweisen und seinen Ungeniertheiten». Daß sie sich ständig bezwang, war schon aus ihren ersten Dialogen mit van der Straaten herauszuhören. Später charakterisiert sie den Ton des Hauses: «Ein bißchen spitz, ein bißchen zweideutig und immer unpassend. Ich befleißige mich der Ausdrucksweise meines Mannes. Aber freilich, ich bleibe hinter ihm zurück. Er ist eben unerreichbar und weiß so wundervoll alles zu treffen, was kränkt und bloßstellt und beschämt.» Welcher Art die Trennung ist, die sie von van der Straaten vollzieht, geht aus all dem hervor. «Ich habe diese schnöde Lüge satt», sagt sie ihm in dem Gespräch, bevor sie das Haus verläßt. «Ich will fort, nicht aus Schuld, sondern aus Stolz, und will fort, um mich vor mir selber wieder herzustellen ... ich will wieder klare Verhältnisse sehen und will wieder die Augen aufschlagen können». Van der Straatens Redeweise hatte sie unterjocht, und von ihr befreit sie sich. Daß eine ehrliche Neigung zu einem andern Mann hinzukommt und ihren Schritt auslöst, daß sie von einer Ehe in die andere übergeht, bleibt dabei keinen Augenblick außer acht. Es betrifft die Handlungsstruktur von *L'Adultera*. Van der Straaten hatte mit einem Ehebruch längst gerechnet.

Der erste der Eheromane Fontanes unterscheidet sich von den späteren durch den freundlichen Ausgang der Erzählung, durch die Eindeutigkeit und Sicherheit im Handeln der Hauptfiguren sowie die Tatsache einer echten Gefühlsbindung an einen andern Mann auf Seiten der die Ehe brechenden Frau. Fontane nahm die bevorstehende Kritik der Zeitgenossen an seiner Behandlung des Sittlichen schon in den Roman hinein, indem er Melanie mit dem Gerede der Leute und der sie verurteilenden Selbstgerechtigkeit rechnen ließ und die Ächtung, der sie mit Beginn ihrer neuen Ehe ausgesetzt ist, konkret vorführte. Er ergriff zugleich Partei für Melanie. Dies mag der Grund dafür sein, daß er die Geschichte weiter ausspann und Melanie Tatkraft und Einsicht bei den finanziellen Schwierigkeiten ihres zweiten Mannes zusprach.

Die späteren Eheromane Fontanes sind alle unter dem Aspekt des «tragischen Romans» im Sinne von Goethes *Wahlverwandtschaften* zu betrachten. Sie sind ihm verwandt, insofern stets einer der Partner an den aus der Situation entstehenden Konflikten zugrunde geht; und sie sind von ihm abzuheben, insofern Leidenschaften nur selten ins Spiel kommen. Der Eheroman Fontanes ist Gesellschaftsroman, nicht Liebesroman. Ehefragen werden als gesellschaftliche Probleme behandelt. Sie sind von tödlichem Ernst. Sie können Gefühlsfragen miteinbeziehen, sie können aber auch über sie hinweggehen. Indem sie mit der Ehe im Zusammenhang stehen, betreffen sie die Stellung des Menschen in der Gesellschaft. Wenn immer wieder Duelle und Selbstmorde geschehen, so bringt dies die Ausweglosigkeit zum Ausdruck, in der der einzelne sich durch seine gesellschaftliche Gebundenheit sieht.

Fontane erprobte das Thema an der historischen, im Berlin von 1806 spielenden Erzählung *Schach von Wuthenow* (1882). Schach, Rittmeister in dem preußischen Eliteregiment Gensdarmes, erschießt sich unmittelbar nach seiner Hochzeit mit der von Blatternarben entstellten, früher als Schönheit bekannten, menschlich liebenswerten und charaktervollen Victoire von Carayon. Er hatte im Salon ihrer Mutter verkehrt, Mutter wie Tochter den Hof gemacht, die Tochter verführt und sich dann zurückgezogen. Er fürchtete den Spott der Gesellschaft bei einer Ehe mit einer unschönen Frau. Da der König auf der Eheschließung bestand, fügte er sich, wich aber dann in den Tod aus. Sein Verhalten wird am Ende der Erzählung von dem Zeitkritiker und ehemaligen Stabsoffizier von Bülow in einem Brief als Beispiel für falsche Ehrauffassung interpretiert, als Abhängigkeit «von dem Schwankendsten und Willkürlichsten, was es gibt, von dem auf Triebsand aufgebauten Urteile der Gesellschaft». Es würden «die heiligsten Gebote, die schönsten und natürlichsten Regungen eben diesem Gesellschaftsgötzen zum Opfer» gebracht. «Und diesem Kultus einer falschen Ehre, die nichts ist als Eitelkeit und Verschrobenheit, ist denn auch Schach erlegen». Weniger eindeutig urteilt Victoire, die das letzte Wort der Erzählung, unmittelbar nach von Bülow, gleichfalls in Gestalt eines Briefes hat.

Ihre Meinung ist: Entschieden sei nicht, ob Schach wirklich
dem «Spotte Trotz zu bieten ... nicht die Kraft gehabt»; gewußt hätte er jedenfalls, «daß aller Spott der Welt schließlich
erlahmt und erlischt». Das Wichtigste aber sei, er hätte zu den
Männern gehört, «die *nicht* für die Ehe geschaffen sind». Auf
Repräsentation gestellt, «auf mehr *äußerliche* Dinge», hätte er
sich ein Zusammenleben mit ihr nicht vorstellen können. Im
ganzen sei auf die Frage: «wie lösen sich die Rätsel?» zu antworten: «Nie. Ein Rest von Dunklem und Unaufgeklärtem
bleibt, und in die letzten und geheimsten Triebfedern andrer
oder auch nur unsrer eignen Handlungsweise hineinzublik-
ken, ist uns versagt.» Die beiden brieflichen Urteile, die am
Ende des Romans ohne Kommentar nebeneinander liegen, zeigen die Spannweite der Möglichkeiten, die für die Deutung
des tragischen Geschehens bestehen. In ihnen erschöpfen sich
jedoch noch nicht die Probleme des Gesellschaftsromans. Sie
werden in von Bülows Äußerungen überspielt. Schach hatte
nicht nur den Spott der Gesellschaft zu fürchten; er war in
gleicher Weise ihrer Forderung ausgesetzt. Vertreten wurde
diese Forderung von Frau von Carayon. Ohne die Gefühls-
sphäre der Partner auch nur zu berühren, legte sie Schach dar:
wenn auch Victoire sich zu Verzicht und Opfer bereit erkläre,
sie selbst sei nicht bereit «ihr in dieser Großmutskomödie zu
Willen zu sein. Ich gehöre der Gesellschaft an, deren Bedingungen ich erfülle, deren Gesetzen ich mich unterwerfe; daraufhin bin ich erzogen, und ich habe nicht Lust, einer Opfer-
marotte meiner einzig geliebten Tochter zuliebe meine gesellschaftliche Stellung mit zum Opfer zu bringen ... Und so muß
ich denn auf Legitimisierung des Geschehenen dringen.» Einen
größeren Gegensatz als zwischen diesem Gesellschaftsbe-
kenntnis und der Verdammung des «Gesellschaftsgötzen»
durch von Bülow kann es kaum geben. Trotzdem gehören die
Äußerungen zusammen; sie sind Diskussionsbeiträge zum
gleichen Thema. Nimmt man noch Victoires Sätze hinzu: «Die
Gesellschaft ist *souverän*. Was sie gelten läßt, gilt, was sie
verwirft, ist verwerflich», so besitzt man auf kleinstem Raum
eine ganze Gesellschaftslehre in Widersprüchen. Wie mit ihr
zu leben sei, das ist die Frage, die sich in jedem der Gesell-

schaftsromane Fontanes von einem neuen Fall her aufrollt. Lösungen kann es für sie bei Fontanes Kunststil nicht geben, sondern nur das Gespräch, das sie in der verschiedensten Weise aufgreift.

In *Graf Petöfy* (1884) beendet gleichfalls die Hauptfigur ihr Leben selbst. Die späte Ehe des österreichisch-ungarischen Grafen Petöfy mit der jungen norddeutschen Schauspielerin Franziska Franz ist die Ursache dazu; sie ist auch der Gegenstand des Gesprächs. Der kleine Roman bedeutet als Ganzes das Durchspielen eines Problems. Der alte Graf erläutert seiner Schwester, der Gräfin Judith, die die Werbung einleiten soll, welche Voraussetzungen er sich für den «Ehepakt» ausdachte: «In der Obersphäre der Gesellschaft bestimmt die Politik und unter Umständen auch die bloße Lebenspolitik die Heiraten und Bündnisse, Bündnisse, bei deren Abschluß es noch jederzeit ferne gelegen hat, dem Herzen seine Wege vorschreiben zu wollen.» Er wirbt um Franziskas Nähe, wirbt um die «Plaudertasche»; sie «übt die Kunst der Erzählung und Causerie wie keine zweite». Es bleibe ihr die Freiheit in dem Maße, wie sie selbst es wünscht; ihrer Fähigkeit, das Dekorum zu wahren, ist man sicher. Franziska selbst meint, sie «habe keine großen Passionen» und «habe nicht Lust und Mut, jedes Bagatellgefühl für eine große Passion auszugeben». Der bedenkliche Altersunterschied bereitet ihr lediglich im Hinblick auf die Unfreiheit Sorge, «jene Unfreiheit, in die man sich ohnehin in jeder Ehe begibt». Wie Petöfy die Probleme mit seiner Schwester beredet, so beredet sie Franziska mit Hannah, ihrer Freundin und Jungfer, die mit ihr aufwuchs. Die gesamte Erzählung bewegt sich vornehmlich in diesen Gesprächen, wobei die Gesprächspartner Gräfin Judith und Hannah die Funktion des Gewissens der Hauptakteure haben. Beide wissen und sprechen es auch aus, daß die Ehe besser nicht geschlossen würde. Sie begleiten als Beobachter und Interpreten ihren Verlauf. Die Störung, die nach wenigen Monaten durch den Neffen des alten Grafen eintritt, wird in leisen Andeutungen, Anspielungen und Zeichen erkennbar. Der Graf meint, sie nicht hinnehmen zu können. Nach seinem Tod lehnt Franziska es ab, den Neffen zu heiraten. Auf Judiths Frage, ob er ihre

Herbheit verdiene, antwortet sie: «Nein. Aber wir sind alle-
mal hart gegen die, die schuld sind an unserer Schuld. Um so
härter, je schuldiger wir uns selber fühlen.» Dieser Zug weist
noch einmal darauf hin, daß hier keine Ehebruchsgeschichte
erzählt, sondern ein Problem vorgeführt werden sollte.

Auch *Cécile* (1887) bedeutet eine Problemanalyse; auch hier
endet die Titelfigur durch Selbstmord. Die hochsensible und
durch viele Erfahrungen belastete Cécile, Frau des pensionier-
ten, in Berlin lebenden Obersten von St. Arnaud, bemühte
sich, den sie bedrängenden Ingenieur von Gordon, mit dem
das Ehepaar auf einer Harzreise zusammentraf, von sich fern-
zuhalten, ließ ihn aber nicht im unklaren über ihre Gefühle
für ihn. Gordon, der sie in Begleitung eines Geheimrates in der
Oper sah, besuchte sie in Abwesenheit ihres Mannes zu späterer Abendstunde, um dem vermutlichen Konkurrenten zu
begegnen. Oberst Arnaud sah in diesem Besuch einen Affront
sowohl gegen sich selbst als gegen seine Frau und erschoß
Gordon im Duell. An seine Frau schreibt er: «Daß Du mit ein
paar Herzensfasern an ihm hingst, weiß ich und war mir recht
– eine junge Frau braucht dergleichen. Aber nimm das Ganze
nicht tragischer als nötig; die Welt ist kein Treibhaus für
überzarte Gefühle.» Cécile erlebt das Eintreffen des Briefes
schon nicht mehr. Eine sachliche Begründung für ihren Selbstmord wird nicht gegeben; ob er wirklich als Liebestod anzusehen sei, steht dahin. Es heißt von der Toten: «Der Ausdruck
ihrer Züge war der Ausdruck derer, die dieser Zeitlichkeit
müde sind.» Ihr letzter Brief, gerichtet an den sie betreuen-
den Prediger, enthält nach dessen Aussage «das Beichtgeheim-
nis eines demütigen Herzens».

Die Probleme der Liebesbeziehungen zwischen Zugehörigen
scharf voneinander abgegrenzter Stände behandeln *Irrungen
Wirrungen* (1888) und *Stine* (1890). Sie führen in das Milieu
der unteren Berliner Volksschicht (wie das späte Fragment
aus dem Nachlaß *Mathilde Möhring*, als Buch erstmals 1914).
Stine, künstlerisch hinter *Irrungen Wirrungen* zurückblei-
bend, bringt am Ende wieder einen Selbstmord. Der junge
Graf Waldemar von Haldern nimmt Gift, weil nicht nur seine
Familie eine Heirat mit dem einfachen Mädchen ablehnte,

sondern auch Stine selbst ihn zurückwies. Wie Lene in *Irrungen Wirrungen* weiß Stine, daß ihre Beziehung zu dem Adligen nicht von Dauer sein wird: «Glaube nicht, daß ich den Unterschied nicht sähe. Sieh, es war mein Stolz, ein so gutes Herz wie das deine lieben zu dürfen; und daß es mich wieder liebte, das war meines Lebens höchstes Glück. Aber ich käm' mir albern und kindisch vor, wenn ich die Gräfin Haldern spielen wollte ... und daß du so was gewollt hast, das macht nun ein rasches Ende.» Der Vergleich dieser Sätze Stines mit einer entsprechenden Aussage Franziskas in *Graf Petöfy* beweist, daß Fontane, während er in rascher Abfolge seine Gesellschaftsromane niederschrieb, das gesamte soziale Gefüge seiner Welt vor Augen hatte. Franziska setzt Hannah auseinander, daß eine Schauspielerin der Gräfin am nächsten stehe. Denn worauf es ankäme «in der sogenannten Oberschicht», sei doch nur, «daß man eine Schleppe tragen und einen Handschuh mit einigem Chik aus- und anziehen» könne. Dies Komödienspiel habe sie von Grund auf gelernt.

Sehr viel entschiedener und auch überzeugender als in *Stine* bestimmt die gesellschaftskritische Absicht des Autors das Sprach- und Handlungsgefüge in *Irrungen Wirrungen*. Das Werk erregte bei seinem Erscheinen großes Aufsehen. Fontane stellte mit ihm offen an den Tag, was sonst nur verschwiegen behandelt wurde. Baron Botho von Rienäcker, preußischer Kürassier-Leutnant, hat, ehe er sich auf Wunsch seiner Familie zur Sanierung seines Gutes mit seiner reichen Kusine Käthe von Sellenthin verheiratet, eine Liebesbeziehung zu der Plätterin Lene Nimptsch und verkehrt mit Behagen in ihrem Lebenskreis. Der Abschied von ihr wird ihm schwer; er gesteht sich ein: «Weil ich sie liebe!» Es wäre sein Wunsch, sie zu heiraten. «Einfachheit, Wahrheit, Natürlichkeit. Das alles hat Lene; damit hat sie mir's angetan.» Er selbst ist gleichgültig gegen den Salon und voll «Widerwillen gegen alles Unwahre, Geschraubte, Zurechtgemachte». Doch einen Weg, mit Lene bei stiller Duldung der Gesellschaft zusammenzubleiben, sieht er nicht. Fontane will ihm einen solchen Weg auch nicht vorschlagen, sondern nur aufzeigen, wie die Situation ist. Er bezieht in einem Brief an seinen Sohn Theo vom 8. September

1887 ausdrücklich Stellung gegen die «Heuchelei» und «das falsche Spiel» in den Fragen freier Liebesverhältnisse. Daß irgendein Unrecht mit der Beziehung zwischen Botho und Lene geschehen wäre, daß es Grund zu moralischer Entrüstung gäbe, weist er sowohl in diesem Brief als auch im Rahmen der Erzählung zurück. Lene verwahrt sich im besonderen gegen ein Schuldgeständnis Bothos und will nicht als verführte Unschuld gelten: «Du hast mir kein Unrecht getan, hast mich nicht auf Irrwege geführt und hast mir nichts versprochen. Alles war mein freier Entschluß. Ich habe dich von Herzen liebgehabt, das war mein Schicksal, und wenn es eine Schuld war, so war es *meine* Schuld. Und noch dazu eine Schuld, deren ich mich ... von ganzer Seele freue, denn sie war mein Glück.» Botho rechtfertigt vor sich selbst seine Verheiratung mit Käthe als Entscheidung für die Ordnung: «Wenn unsre märkischen Leute sich verheiraten, so reden sie nicht von Leidenschaft und Liebe, sie sagen nur: ‹Ich muß doch meine Ordnung haben.› Und das ist ein schöner Zug im Leben unsres Volks und nicht einmal prosaisch. Denn Ordnung ist viel und mitunter alles.» Der Roman endet versöhnlich. Botho ist in seiner Ehe nicht unzufrieden, und auch Lene heiratet nach einigen Jahren.

In der Erzählweise des Romans fallen die Reflexionen Bothos auf. Es werden mehrfach Monologe erzählt. Botho kann über seine Liebe am besten mit sich selbst sprechen. Sie ist kein Thema für ein Gesellschaftsgespräch. Im übrigen hat Fontane gerade in diesem Roman die verschiedenen Lebenskreise durch die ihnen gemäßen Gespräche charakterisiert. Ein «enorme[s] Sprechtalent» besitzt Käthe als Bothos Frau; sie beherrscht das abendliche Zusammensein, indem sie das Wort führt, woran niemand Anstoß nimmt, «weil sie die Kunst des gefälligen Nichtssagens mit einer wahren Meisterschaft übte». Freilich: «sie dalbert ein bißchen.» Botho wird es etwas viel. Lene sprach immer beseelt und sachbezogen. In ihrem Kreis parodiert Botho die Leere des gesellschaftlichen Gesprächs und erregt die Verwunderung der kleinen Leute.

Der Zyklus der Eheromane gipfelt in zwei Werken, die noch einmal voll auf den Ton des Romans der guten Gesellschaft

gestimmt sind: *Unwiederbringlich* (1892) und *Effi Briest*
(1895). Peter Demetz hält *Unwiederbringlich*, den «ganz mit
dem Silberstifte entworfenen Roman ohne historischen Ballast
und politische Bürde», für das Meisterwerk, «das makelloseste
Kunstwerk» Fontanes. Der Roman bewegt sich in histori-
schem, leicht fremdländischem Milieu. Die Handlung ist in die
Zeit vor dem dänisch-preußischen Krieg von 1864 zu datieren
und spielt teils auf dem Dünenschloß Holkenäs an der Ostsee
und teils am dänischen Hof in Kopenhagen, wo Graf Holk
von Holkenäs zeitweilig als Kammerherr Dienst tut. Seine Ehe
mit Christine von Arne, der Schwester seines Gutsnachbarn,
war über lange Jahre hin sehr glücklich, erwies sich aber später durch die allmählich immer schärfer hervortretende Ver-
schiedenheit der Charaktere als bedroht. Holk, lebensfroher,
dem Augenblick hingegebener, durchschnittlich begabter
Weltmann, gerät mit Christine, einer ernsten und glaubenssi-
cheren Herrnhuterin, allzuoft in Konflikte. Bei einem Diner
im ersten Teil des Romans treten die Gegensätze wie in den
Tischgesprächen von *L'Adultera* deutlich hervor. Die Zerrüt-
tung der Ehe vollzieht sich in den Monaten von Holks Hofdienst in Kopenhagen. Während sich Christines Gereiztheit
und Befremdung durch Holks gedankenlose Briefe steigert,
verfällt er der Hofdame Ebba von Rosenberg. Er rettet sich mit
ihr unmittelbar nach dem intimen Zusammensein in ihrem
Zimmer aus den Flammen des brennenden Schlosses über ein
Dach und hält sich daraufhin für so mit ihr verbunden, daß er
den Bruch mit seiner Frau herbeiführt. Ebba aber weist ihn zurück und billigt ihm keine Rechte zu. Nach zwei Jahren einsamen Auslandsaufenthaltes kann Holk zur Wiederaufnahme
seiner Ehe, eingeleitet durch eine neue Hochzeitsfeier, nach
Holkenäs zurückkehren. Das Zusammenleben verläuft jetzt
friedlich, die Ehe stellt sich aber nicht wieder her. Christine er-
tränkt sich nach einigen Monaten im Meer.

Der Roman behandelt – sieht man von seinem Ende, von
Christines Tod ab – keinen besonderen, keinen sensationellen
Fall. Die beiden Menschen, um die es geht, sind nicht mehr
voneinander verschieden und erleben nicht mehr miteinander
als irgendein Paar zu irgendeiner Zeit. Die gesellschaftlichen

Verhältnisse bedingen weder Gegensätze noch Konflikte. Sie sind insofern besonders günstig für die Partner, als die Umwelt stets einsichtig und weitblickend alles zu beseitigen sucht, was durch Veranlagung, Erziehung oder Unbedachtheit sich trennend zwischen sie stellen könnte. Da ist ein Schwager, ein Pfarrer, eine Hausdame, sie alle stehen bereit und scheinen nichts anderes im Sinn zu haben, als zu helfen und zu vermitteln und zur rechten Zeit das rechte Wort zu sprechen. Eine große Landschaft, gesicherter Besitz, durch den Hofdienst Holks für beide Seiten immer die Möglichkeit zur Entspannung: zur Abwechslung für den weltfreudigen Mann, zur Stille für die auf Innerlichkeit bedachte Frau. Die Verführungen, denen Holk am Kopenhagener Hof ausgesetzt ist, sind nicht allzu groß. Die dänische Prinzessin setzt Ebba ausdrücklich Grenzen; und Ebba selbst durchschaut Holk von Anfang an und hat nicht die Absicht, ihn für die Dauer zu gewinnen. Die Verlockungen, die von Ebba und der reizvollen Brigitte ausgehen, überschreiten, so eindrucksvoll sie erscheinen mögen, gewiß nicht das Übliche, was ein Kammerherr zu erwarten hat. Dies alles hat Fontane unmißverständlich zum Ausdruck gebracht. Es ist die Voraussetzung für die Makellosigkeit des Kunstwerks, von der Peter Demetz sprach, die Voraussetzung für ein Werk «ohne politische Bürde». Hier sind nicht Verhältnisse zu ändern, damit der Fall in Zukunft nicht wieder stattfinden kann. Er war im Gegenteil nur so rein zu entfalten, weil Verhältnisse für ihn gefunden wurden, die sich nicht in ihn hineinmischten. Die Ursache des Scheiterns der Ehe liegt allein in den beiden Menschen selbst. Fontane zeigte von Szene zu Szene, wie die ansteigende Entfremdung jeweils durch beide Partner gefördert wird und zwar durch ihr Sprechen. Sie sagen beide gerade immer das, was den andern zurückstoßen muß. Dies geschieht am deutlichsten und verhängnisvollsten in der Aussprache vor Weihnachten, die die Trennung schafft. War es in den Briefen vorher Holk, der immer das Falsche sagte – soweit das sich erschließen läßt –, so ist es nun Christine, die zuviel sagt. Der Erzähler weist ausdrücklich darauf hin: «Es war nicht gut, daß die Gräfin ihr Herz nicht bezwingen konnte. Vielleicht, daß sie, bei milderer Sprache, den so

Bestimmbaren doch umgestimmt und ihn zur Erkenntnis seines Irrtums geführt hätte. Denn die Stimme von Recht und Gewissen sprach ohnehin beständig in ihm, und es gebrach ihm nur an Kraft, dieser Stimme zum Siege zu verhelfen. Gelang es Christine, diese Kraft zu stärken, so war Umkehr immer noch möglich, auch jetzt noch; aber sie versah es im Ton.» Nicht zu überhören ist das «Vielleicht ...». Gewiß ist es keineswegs, aber es «war Umkehr immer noch möglich». Daß die Gräfin der Situation nicht gewachsen ist, geht auch aus anderem hervor und wird durch ihren Tod am Ende bestätigt. Sie sei «krank, krank im Gemüt», schrieb ihr Bruder an Holk nach Kopenhagen. Deshalb ist es nicht sehr verwunderlich, daß sie «ihr Herz nicht bezwingen konnte». Und sehr hart klingt der Vorwurf Holks: «Du hast nichts von dem, was wohltut und tröstet und einem eine Last von den Schultern nimmt.» Sie ist selbst eine Leidende; sie besitzt nicht die Kraft, dem andern zu helfen. Holk besitzt sie gleichfalls nicht. Wie sollten sie aus ihrer Schwäche noch zueinanderfinden? Christine weiß am Ende, daß ihre Kraft zur Liebe ermattet ist.

Auch in *Effi Briest* erliegt die Hauptgestalt der Ermattung. Der Roman, das bekannteste und am meisten gelesene Werk von Fontane, empfängt im Gegensatz zu *Unwiederbringlich* sein Gepräge aus seinem Zeitgehalt. Die beiden tragenden Ereignisse der Handlung: Effis frühe Heirat mit dem einstigen Verehrer ihrer Mutter, dem Baron von Innstetten, und dessen Reaktion auf die sie belastenden Briefe des Major Crampas haben ihre Voraussetzung in Gepflogenheiten der Zeit, die, darüber läßt der Erzähler keinen Zweifel, keine sinnvolle Regelung menschlicher Angelegenheiten bedeuten. Daß Effis Ehe von vornherein als bedenklich anzusehen ist, bringen die Personen im ersten Teil des Romans, der in Hohen-Cremmen spielt, viele Male zum Ausdruck, indem sie auf die für sich selbst sprechenden Tatsachen hinweisen. Als Effi ihr Leben in Kessin beginnt, ist alles, was ihr widerfahren wird, im Gespräch schon vorweggenommen. Es handelt sich nur noch darum, *wie* es ihr widerfahren wird. Die Figur des Major Crampas, der Spuk in dem Kessiner Landratshaus sowie Innstettens

Haltung zu diesem Spuk ergeben das Geflecht, in dem Effi sich verfängt.

Ihre Beziehung zu dem Major wird dem Leser nur in Andeutungen mitgeteilt. Es ist, als berichte der Erzähler von einem Standort aus, von dem nur die Rückwirkungen, die die neuen Erfahrungen auf Effi haben, zu erkennen sind, nicht die Erfahrungen selbst. Diese Rückwirkungen sind ihm das Entscheidende. Die bannende und verwandelnde Gewalt, unter der Effi durch das heimliche Spiel steht, verändert ihre Gesichtszüge und ihr ganzes Wesen. Innstetten bemerkt erst spät die Veränderung: «... du hattest so was von einem verwöhnten Kind, mit einem Male siehst du aus wie eine Frau». Als das Gewesene längst von ihr abgefallen ist, kommt es an den Tag, und Innstetten handelt als der «Mann von Grundsätzen», den sie in ihm fürchtete. Wie Botho von Rienäcker in *Irrungen Wirrungen* entscheidet er gegen seine eigenen Wünsche und für die Ansprüche der Gesellschaft. Er ist jedoch seiner Überzeugung zufolge entschiedener und bewußter auf die übergreifende Ordnung gerichtet als Botho, der lediglich keinen Ausweg sieht und unter dem Druck der Familie und der Verhältnisse steht. Der Begriff der Gesellschaft bedeutet für Innstetten mehr als die eigene Frau, die er noch immer zu lieben behauptet. Ingrid Mittenzwei sieht in Innstettens Verhalten ein Versagen: «Nicht Effis Aufgabe war es, die Briefe zu vernichten, sondern die Innstettens – des Gatten, nicht des Barons. Er versagt, indem er den Edelmann über den Ehemann stellt[63].» Dieses Urteil vom Standpunkt der Humanität ist richtig, was auch immer über das Gesamtsystem, dem der Gesellschaftsroman seine Form verdankt, noch zu sagen wäre. Wenn Effi am Ende sagt, Innstetten habe «in allem recht gehandelt», so spricht daraus die Milde der Sterbenden, die nur noch «Ruhe, Ruhe» sucht, wohl auch der Wunsch des Autors, sie zu verklären. Das Schärfste, was über Innstetten in einem Eheroman gesagt werden kann, stammt trotzdem von ihr und ist ihr letztes Wort über ihn: «... so edel, wie jemand sein kann, der ohne rechte Liebe ist».

Man hat *Effi Briest* mit den großen Leidenschaftsromanen verglichen: mit *Madame Bovary* (1857) von Gustave Flaubert

(1821–1880) und *Anna Karenina* (1873–76) von Leo Tolstoj (1828–1910) und den Mangel an Leidenschaft bei Fontanes Roman kritisiert, der in gleicher Weise schon beim Vergleich mit den *Wahlverwandtschaften* auffallen muß. Um eine Qualitätsfrage kann es sich bei diesem Aspekt jedoch nicht handeln, sondern nur um die Eigenart eines Romans, der insofern ein echter Gesellschaftsroman ist, als die Vorstellungen der Gesellschaft, in der er spielt, auch seine entscheidenden Elemente sind. Die Gesellschaft ist nicht der Hintergrund, vor dem gespielt wird, sondern Thema und Gegenstand des Spiels selbst. Dabei ist nicht Liebesleidenschaft, sondern Furcht die stärkste Empfindung der Hauptgestalt.

Fontane verfaßte in den Jahren der Eheromane auch einige Kriminalromane, so *Ellernklipp* (1881), *Unterm Birnbaum* (1885) und *Quitt* (1890). Er verwandte nicht seine besten Kräfte auf sie. Am meisten Beachtung fand *Quitt*. Das Werk tendiert sowohl zum Gesellschaftsroman als zum politischen Roman, was die Kriminalgeschichte als solche überlastet. Die Hauptgestalt, Lehnert Menz, bringt als Wilderer den Förster, seinen alten Widersacher, um, flieht nach Amerika und beginnt dort ein neues und gutes Leben, verunglückt aber auf der Suche nach seinem besten Freund im Gebirge. Förster und Wilderer sind am Ende quitt.

Vor *Effi Briest* schon hatte Fontane sich mit *Frau Jenny Treibel* (1893) aus der Gattung des Eheromans im engeren Sinne herausbegeben. In der Gestalt der Frau des Kommerzienrates Treibel drückte er seine Abneigung gegen die Bourgeoisie aus und führte die Verlogenheit einer Frau vor, die sich ständig auf ihren Sinn für das Höhere und ihre Ideale beruft, in Wahrheit aber nur von Geldgier und Familienhochmut getrieben wird. Auffällig ist die Schärfe, mit der Fontane sie anprangert. Mit Spott zeichnet er auch ihren Umkreis. Es fehlt bei allen Figuren an menschlicher Qualität; zum Teil sind sie belanglos und schwach, zum Teil lächerlich und albern, voll Wichtigtuerei und Unehrlichkeit. Corinna, die geistreiche, intelligente Tochter des Gymnasialprofessors Schmidt, verlobt sich des Wohlstandes und der gesellschaftlichen Stellung wegen mit dem jüngsten Sohn des Hauses Treibel, dem schwächlichen, ihr weit unterlegenen und von seiner Mutter bevormundeten Leopold. Sie muß sich aber bald eingestehen, daß die Gründe, um derentwillen Frau Treibel sich gegen die Verlobung wehrt, herabsetzend für alle sind, geht es doch nur um Geld. Außerdem langweilt Leopold sie nach kurzer Zeit; er ist ihr zwar aufrichtig zugetan und versichert es ihr in täglichen Briefen, wagt aber aus Angst vor seiner Mutter nicht, sie aufzusuchen. Sie löst die Verlobung und heiratet ihren Vetter, einen Archäologen, womit sie wieder in ihre eigene Welt zurückkehrt. Die Personen führen viele Gespräche, oft von Berliner Witz durchsetzt. Doch hat das Werk im ganzen mehr Handlung und Bewegung als die Romane Fontanes sonst.

Von anderer Struktur sind die beiden letzten Erzählwerke Fontanes *Die Poggenpuhls* (1896) und *Der Stechlin* (1898). Über die *Poggenpuhls* sagte Fontane selbst: «Das Buch ist kein Roman und hat keinen Inhalt. Das ‹Wie› muß für das ‹Was› eintreten» (14. 1. 1897 an Siegmund Schott). Das Werk ist ein zartes Gebilde, das eine subtile Welt präsentiert, gebaut aus wenigen Gestalten, die als Satz und Gegensatz wie vorgegeben wirken und nichts anderes sein können, als was sie scheinen, fast ohne Erdenschwere, in jeder Regung ein unverwechselbares Wesen ausdrückend. Obwohl sie bescheidene Existenzen am Rande der Gesellschaft sind und so gut wie nichts erleben, vollzieht sich in ihren Gesprächen und bei dem geringen Szenenwechsel, den ihr begrenztes Dasein ermöglicht, das spannungsreiche Spiel eines gesellschaftlichen Kosmos. Gebunden durch Herkunft und Situation, entfalten sie sich doch frei nach Anlage und Schicksal, jeder sich bewußt, die Würde des Menschen nicht zu verfehlen. Das seltsam Schwebende, eigenartig Unkörperliche, das sich aus der selbstverständlichen Einheit von Sein und Schein herleitet, ist sowohl für die Atmosphäre der *Poggenpuhls* als auch für den Kreis der Hauptfiguren im *Stechlin* bezeichnend. Es bewirkt die epische Einheit dieser Romane und steht in Verbindung mit einem besonderen Fluidum von Humanität, das alle menschlichen Beziehungen durchdringt und besonders eindrucksvoll das Wechselverhältnis zwischen Dienenden und Herrschaft bestimmt.

Im *Stechlin* hat dieses Fluidum seine ständig produktive

Mitte in der Titelfigur Dubslav von Stechlin, von dem es gleich zu Anfang heißt: «Sein schönster Zug war eine tiefe, so recht aus dem Herzen kommende Humanität.» Alles, was Dubslav durch das gesamte Buch hin sagt und tut, enthält diesen Zug. Auf ihm beruht der innere Zusammenhang des Werks, dessen Form die Interpreten von Anfang an schlecht verstanden. Dubslav ist als Mittelpunkt nicht die Hauptfigur im Hinblick auf eine Handlung; er ist auch nicht die aktivste Figur. Doch er gibt von Anfang bis Ende den Ton an, auf den alles gestimmt ist und an dem alles gemessen wird. Als Woldemar, Dubslavs Sohn, sich über die Familie Armgards, seiner zukünftigen Braut, Rechenschaft gibt, stellt er Ähnlichkeiten zwischen dem Grafen Barby in Berlin, seinem späteren Schwiegervater, und seinem eigenen Vater in Stechlin fest: «derselbe Bismarckkopf, dasselbe humane Wesen, dieselbe Freundlichkeit, dieselbe gute Laune». Freilich: der eine ist Botschaftsrat und der andere Ritterschaftsrat; es gibt Unterschiede, aber die Verwandtschaft besteht. Sogar die Diener ähneln sich: der alte Jeserich bei Barby, «der ist nun schon ganz und gar unser Engelke vom Kopf bis zur Zeh». Am verwandtesten sei «die gesamte Hausatmosphäre, das Liberale». Woldemar meint, er kenne «keinen Menschen, der innerlich so frei wäre» wie sein Vater und «keine Spur von Selbstsucht. Und diesen schönen Zug (ach, so selten), den hat auch der alte Graf.» Wenn Woldemar sich in der Familie Barby wohlfühlt, dann ist das im besonderen darin begründet, daß die Barbys nicht der offiziellen Berliner Gesellschaft angehören, «die suchten nicht Fühlung nach oben und nicht nach unten, die marchandierten nicht mit links und nicht mit rechts, die waren nur Menschen, und daß sie nur *das* sein wollten, das war ihr Glück und zugleich ihr Hochgefühl.» Viele Fäden ziehen sich zwischen den Figuren der beiden Familien hin. Wie es ähnliche Dienerszenen in beiden Häusern gibt, so ist auch das Verhältnis zu vielen Nebengestalten in beiden Häusern ähnlich. Das Übergewicht ist jeweils bei Dubslav. Um ihn lebt ein ganzes Dorf und eine weite Landschaft mit vielen Gestalten. Eine Sonderstellung nimmt im Kreis um Dubslav der Pfarrer Lorenzen ein, von dem Woldemar als von seinem Lehrer und

Erzieher erzählt: «ich liebe ihn sehr, weil ich ihm alles ver-
danke, was ich bin, und weil er reinen Herzens ist.» Besondern
Anteil nimmt an diesem Pfarrer Melusine, Armgards schöne
und liebenswürdige Schwester, die als die ältere der beiden
Töchter Barbys – sie war zudem schon einmal verheiratet – im
häuslichen Salon die Gespräche mit der Leichtigkeit und Heiterkeit ihres Wesens erfüllt. Von Melusine wiederum ist
Dubslav sehr beeindruckt, was Graf Barby, dem Armgard es
nach dem ersten Besuch der beiden Schwestern in Stechlin erzählt, für ein besonders gutes Zeichen hält: «Es gibt so viele
Menschen, die haben einen natürlichen Haß gegen alles, was
liebenswürdig ist, weil sie selber unliebenswürdig sind. Alle
beschränkten und aufgesteiften Individuen ... alle Pharisäer
und Gernegroß, alle Selbstgerechten und Eiteln fühlen sich
durch Personen wie Melusine gekränkt und verletzt, und
wenn sich der alte Stechlin in Melusine verliebt hat, dann lieb'
ich ihn schon darum, denn er ist dann eben ein guter
Mensch.» Mit Melusines Figur hält das Haus Barby dem Kreis
Stechlins die Waage, und so mißt der Graf Barby Stechlin, den
er noch nicht kennt, an Melusine. Daß das sich zusammenfin-
dende Paar Armgard und Woldemar nicht besonders hervortritt und die Einzelgestalten hier nicht augenfälliger charakterisiert sind, wurde von Kritikern und Forschern bemängelt,
entspricht aber ganz der Struktur des Romans, in dem es nicht
um Einzelcharaktere geht, sondern um eine tiefere Zusammen-
gehörigkeit, die mehr unter der Oberfläche besteht, als daß sie
ständig in Erscheinung träte und besprochen werden müßte.

Wie die Figuren der verschiedenen Bereiche in mannigfachen
Beziehungen zueinander stehen, so ist der See, der den Namen
Stechlin führt (auch der ihn umgebende Wald und das Dorf
heißen Stechlin) auf mannigfache Weise unterirdisch mit der
übrigen Welt verbunden und gerät in Bewegung, wenn es in
andern Teilen der Erde zu Vulkanausbrüchen und Unruhen
kommt. Er lehrt «den großen Zusammenhang der Dinge», wie
Melusine im Gespräch mit Lorenzen sagt, als sie sich für die
Verbindung von Altem und Neuem erklärt, von Gegebenem
und Werdendem und damit auf eines der Themen des Romans
weist.

Fontane wußte selbst, daß er sich mit dem *Stechlin* von der ihm überkommenen Romanform weit entfernt hatte: «Zum Schluß stirbt ein Alter und zwei Junge heiraten sich; – das ist so ziemlich alles, was auf 500 Seiten geschieht. Von Verwicklungen und Lösungen, von Herzenskonflikten oder Konflikten überhaupt, von Spannungen und Überraschungen findet sich nichts. – Einerseits auf einem altmodischen märkischen Gut, andererseits in einem neumodischen gräflichen Hause (Berlin) treffen sich verschiedene Personen und sprechen da Gott und die Welt durch. Alles Plauderei, Dialog, in dem sich die Charaktere geben, mit und in ihnen die Geschichte. Natürlich halte ich dies nicht nur für die richtige, sondern sogar die gebotene Art, einen Zeitroman zu schreiben, bin mir aber gleichzeitig zu sehr bewußt, daß das große Publikum sehr anders darüber denkt» (Briefentwurf an Adolf Hoffmann, Berlin 1897). Wie bei *Vor dem Sturm* charakterisiert Fontane auch jetzt zutreffend die Eigenheit seines Werkes. Sprach er damals vom «Vielheitsroman» und verteidigte seine Berechtigung (an Paul Heyse, vgl. S. 183), so beschrieb er nun, fast zwanzig Jahre später, die Struktur seines letzten Romans im gleichen Sinne und erklärte sein Vorgehen nicht nur für richtig, sondern sogar für geboten im Blick auf das, was er beabsichtigte. Wie ähnlich sich die beiden Romane sind, wird bei Fontanes Beschreibung deutlich. Es ist nur konsequent, daß er auch diesmal illusionslos die geringe Breitenwirkung seines Werkes voraussah.

Anspruchsvolle Leser haben den *Stechlin* immer geschätzt; Thomas Mann gesteht 1920 in seiner *Anzeige eines Fontane-Buches* [64] – es handelt sich um Conrad Wandreys auch heute noch trotz einiger überholter Urteile wertvolle Monographie *Theodor Fontane* (1919) –, er sei beim Wiederlesen von «Fontanes Spätling ... entzückt, verzaubert» gewesen. «Ein Wort, dessen Unverdeutschbarkeit einem Einwand gegen unsere Sprache gleichkommt, war mir beständig auf den Lippen: das Wort ‹sublim›.» Zehn Jahre vorher hatte Thomas Mann in einem Brief an Maximilian Harden gesagt: «*Effi Briest* ist für mich noch immer der beste deutsche Roman seit den *Wahlverwandtschaften*. Was gab und gibt es denn sonst?» (30. 8.

1910) Die Qualität der beiden Fontane-Romane gegeneinander abwägend, erklärt er Wandrey gegenüber: «Es bleibt dabei: Wenn *Effi Briest* in sozialethischer Hinsicht am weitesten über Fontanes Epoche hinausreicht, so ist es der *Stechlin*, der dies in artistischer Beziehung tut.»

3. THOMAS MANNS *BUDDENBROOKS* IN IHRER ZEIT

Drei Jahre nach Fontanes *Stechlin* erschien *Buddenbrooks. Verfall einer Familie* (1901) von THOMAS MANN (1875–1955). Der erste Roman des ein Leben lang fruchtbaren Autors von weltliterarischem Rang liegt nicht nur in zeitlicher Nähe zu den letzten Romanen Fontanes, auch in inhaltlicher und darstellerischer Hinsicht ist die Nähe sowohl zu den von ihm selbst herausgehobenen Romanen *Effi Briest* und *Stechlin* als auch zu den *Poggenpuhls* nicht zu übersehen. In manchen Zügen erweckt der Roman den Eindruck, als setze sich Fontanes Kunstrichtung in ihm fort, als sei ihr Autor ein jüngerer, fester zugreifender Bruder des nun müde gewordenen Repräsentanten der Romankunst des späten 19. Jahrhunderts. Kann doch die Verheiratung der jungen Tony Buddenbrook als Variation auf das mit *Effi Briest* angeschlagene Thema gelten und das Sterben des alten Stechlin als Anfang zum vielen Sterben in den *Buddenbrooks*. Hält man zudem das Erscheinungsjahr der *Buddenbrooks*, das Jahr 1901, für ein Signal – in historischer Forschung wird ein solches Vorgehen weithin als angemessen betrachtet –, dann ist zu überdenken, welchem der beiden Jahrhunderte man das Werk zuordnen soll. (Als der Vorabdruck von Fontanes *Stechlin* erschien, Oktober–Dezember 1897, hatte Thomas Mann bereits mit der Konzeption der *Buddenbrooks* begonnen.) Berechtigt ist die Frage, ob der Roman als Ausdruck für den Abschluß des vergangenen oder für den Anbruch des neuen Jahrhunderts zu gelten hat. Wer ihn dem 19. Jahrhundert zuzählt – und es sind viele, die es tun –, muß zugeben, daß das 19. Jahrhundert dann bis tief ins 20. Jahrhundert hineinreiche, denn in Thomas Manns Stil ist bis zuletzt der Verfasser der *Buddenbrooks* zu hören. Daß die Jahrhunderte – sofern man sie als geistige Abschnitte betrachtet – nicht durch Zahlen zu trennen sind, ihre Grenzen nicht nur fließen, sondern viele Erscheinungen über lange Zeitabschnitte hin lebendig bleiben, ist bekannt. Warum sollte nicht um die Mitte des 20. Jahrhunderts und zumal in dem nun alten Romanautor die Darstellungsweise des 19. Jahrhunderts lebendig geblieben sein? Aber so einfach liegt der Fall nicht. Die *Buddenbrooks* enthalten nicht nur Züge einer dem Autor übermittelten Romanweise, sie nehmen auch vieles voraus. Sie repräsentieren eine ganze Epoche. Diese Epoche endet nicht im Jahr 1901. Das Jahr bezeichnet eher ihre Mitte im Sinne von «Halbzeit». Wie modern die *Buddenbrooks* in ihrer Thematik und ihrem Darstellungsstil sind, ist erst zu erkennen, wenn man die Romane des gesamten Jahrzehntes betrachtet, an dessen Anfang die *Buddenbrooks* erschienen.

Mit den Romanen, die im gleichen Zeitraum erschienen, wird die Spannweite der Möglichkeiten, die der deutsche Roman in jener Zeit hatte, sichtbar. Selbstverständlich wirkten der Naturalismus und die verschiedenen Gegenströmungen zu ihm auf den jungen Autor. Viele Male hat Thomas Mann das später bezeugt. Noch in der Rede auf Gerhart Hauptmann 1952 spricht er von den «Tendenzen der literarischen Weltstunde», in der er seinen Weg begann, von der «Familienchronik, die unverkennbare Merkmale des Naturalismus trug, ihrer epischen Haltung, ihrer Kunstgesinnung nach aber doch unwillkürlich zugleich hinter ihn zurück und über ihn hinausging». Auffällig ist, daß eine Reihe von Motiven und Themen in den Romanen nach 1901 sich schon in den *Buddenbrooks* finden. Die einfache Erklärung, daß die Autoren sie von Thomas Mann übernahmen, reicht zur Bewertung der Tatsache selbst nicht aus. Ob es sich um Übernahme oder Eigenschöpfung durch die Späteren handelt, auf jeden Fall beweist es die Verbundenheit Thomas Manns mit seinem Zeitalter; es beweist die repräsentative Bedeutung seines ersten Romans. «Wir wissen heute, was es mit den Kräften des Unbewußten, des Unterbewußten auf sich hat und wie sehr alles Entscheidende aus dieser wesentlichen Sphäre stammt,» sagte Thomas

Mann 1926 in *Lübeck als geistige Lebensform*, nachdem er,
sich selbst erläuternd, dargelegt hatte: «Man gibt das Persön-
lichste und ist überrascht, das Nationale getroffen zu haben.
Man gibt das Nationalste – und siehe, man hat das Allgemeine und Menschliche getroffen ... Was ich also mit den *Buddenbrooks* in jungen Jahren gegeben hatte, das hatte ich wie
von ungefähr, unbewußt gegeben. Aber ich irrte mich sehr,
wenn ich etwa glaubte, ich hätte es zufällig gegeben.» Daß er
sich «eigentlich nur für die Geschichte des sensitiven Spätlings Hanno und allenfalls für die des Thomas Buddenbrook
interessiert hatte», daß er den «Verfall einer Familie» darstellte und dabei der Musik eigenständige Bedeutung zusprach, das
Wort «Verfall» aber in ironischer Doppeldeutigkeit verwandte, dies verband Thomas Mann untergründig mit vielen zeitgenössischen Autoren. Ebenso charakteristisch ist, was ihn
von ihnen trennte und von wem es ihn trennte.

Geht man vom Trennenden aus, so ist vor allem auf den
Gegensatz Thomas Manns zu seinem Bruder HEINRICH MANN
(1871–1950) hinzuweisen. Die satirische Verzerrung, mit der
Heinrich Mann das Wilhelminische Zeitalter in Romanen wie
Im Schlaraffenland. Ein Roman unter feinen Leuten (1900),
Professor Unrat oder Das Ende eines Tyrannen (1905), *Der
Untertan* (1918) darstellte, lag Thomas Mann fern. Den Unterschied in der Gestaltungsweise beider demonstriert der Vergleich von Heinrich Manns *Professor Unrat* mit dem die
Schulverhältnisse Hannos betreffenden Kapitel in den *Buddenbrooks*. Durch Heinrich Manns auf Vernichtung zielende
Anprangerung wird nicht nur der Gegenstand, in diesem Fall
die Lehrerfigur, vernichtet, sondern das gesamte Thema. Professor Raats Haltung zu seinen Schülern ist grotesk und richtet sich selbst. Seine Person ist ein besonderer Fall. Deshalb
liest man seine Geschichte nicht ungern und nimmt auch an
den andern Figuren Anteil. Doch mit dem Ende der Lektüre
des Buchs erschöpft sich das Interesse. Das Schulkapitel in den
Buddenbrooks dagegen führt in weite Zusammenhänge und
bringt das für das 20. Jahrhundert so wichtige Thema in klas-
sischer Form (vgl. S. 217). Auch die übrigen Gesellschaftsromane Heinrich Manns, wie der noch der frühen Gruppe ange-

hörende, in München spielende *Die Jagd nach Liebe* (1903) und die späteren *Die Armen* (1917), *Der Kopf* (1925), erschöpfen sich in vernichtender Kritik der eigenen Zeit. Ausgeglichener ist *Die kleine Stadt* (1909) angelegt; hier sollte in italienischem Milieu eine Gegenwelt zur wilhelminischen Gesellschaft aufgestellt sein. Gleichfalls gegenwartsbezogen ist der historische Roman *Henri Quatre*, den Heinrich Mann im Exil in zwei Bänden herausbrachte: *Die Jugend des Königs Henri Quatre* (1935) und *Die Vollendung des Königs Henri Quatre* (1938). Henri Quatre ist das bedeutendste Werk Heinrich Manns und zeigt als geschlossene Leistung, wie wenig Beziehung sein Autor zur künstlerischen Tradition hatte und wie gering seine Reaktionen auf sie waren. War Fontanes historischer Roman als Ergebnis der langen Auseinandersetzung seines Autors mit Scott, Alexis und Freytag ein künstlerisches Experiment, so blieb Heinrich Mann immer in erster Linie ein stofflich orientierter Autor. Dies ist es, was ihn als Schriftsteller von Thomas Mann trennt, der seine Romane als Sprachkünstler schrieb und die Gabe hatte, traditionelle Formen produktiv zu verarbeiten.

Ein sensibles Verhältnis zur Tradition hatte auch RICARDA HUCH (1864–1947). Sie brachte mit *Erinnerungen von Ludolf Ursleu dem Jüngeren* (1893) schon acht Jahre vor den *Buddenbrooks* einen Roman vom Untergang einer großbürgerlichen Familie heraus. Die Autorin, die zu den führenden Repräsentanten der neuromantischen Bewegung gehört und als Lyrikerin begonnen hatte, ließ den letzten Ursleu in teilnehmender Rückschau die Katastrophe des angesehenen Hanseatenhauses im Kloster Einsiedeln berichten. Es geht ihm nicht um soziologische oder psychologische Erklärungen, sondern um «Schicksal» und «Natur». Große Leidenschaft und persönliches Versagen, wirtschaftlicher Zusammenbruch und individueller beruflicher Mißerfolg richteten die Zerstörung an. Ricarda Huch gab viel Autobiographisches in künstlerischer Verwandlung. Sie selbst liebte als verheiratete Frau ihren Vetter, trennte sich von ihrem Mann und ging die neue Ehe ein, die gleichfalls wieder geschieden wurde. Ihr Vater erlebte den Zusammenbruch seiner Firma. Diese Erfahrungen stehen hinter dem Roman. Seine Sprache belegt Ereignisse und Gegenstände mit einem poetischen Schleier. Ob es sich um bewußte Verhüllung oder um Stil handelt, ist dabei nicht zu fragen, weil Stil und Lebenshaltung bei Ricarda Huch eine Einheit bilden. In *Vita somnium breve* (1903), seit 1913 unter dem Titel *Michael Unger* veröffentlicht, nahm sie das Thema des ersten Romans noch einmal auf, führte die Handlung aber nicht wieder zu einem Niedergang. Sie ließ Michael Unger, die Hauptfigur, zwar aus der Welt seiner Patrizierfamilie ausbrechen, doch auch wieder zurückkehren und sein Leben der Pflicht in Resignation von neuem aufnehmen. Die Darstellung zerfließt oft im lyrischen Preisen des Lebens. Leitmotivisch kehrt der hymnische Ausruf wieder: «O Leben! O Schönheit!» Von Sehnsucht nach Schönheit und Liebe handeln auch die «Lebensskizzen» der Armen und Verstoßenen in einer elenden Vorstadtstraße *Aus der Triumphgasse* (1902). Hinwendung zur Geschichte und Auflösung des Handlungsgefüges charakterisiert die folgenden Werke *Von den Königen und der Krone* (1904) sowie die Garibaldierzählungen *Die Verteidigung Roms* (1906) und *Der Kampf um Rom* (1908). Strenger in der epischen Form ist das in die italienische Geschichte der ersten Hälfte des 19. Jahrhunderts führende *Leben des Grafen Federigo Confalonieri* (1910). Künstlerisch am bedeutendsten ist *Der große Krieg in Deutschland* (1912–14). Ricarda Huch hatte als eine der ersten deutschen Frauen studiert und zwar Geschichte; in Zürich promovierte sie zum Dr. phil. Um die Jahrhundertwende befaßte sie sich wissenschaftlich mit der Geschichte der Romantik. Ihre Bücher *Blütezeit der Romantik* (1899) und *Ausbreitung und Verfall der Romantik* (1902) galten lange als Standardwerke. In geicher Weise trieb sie in späteren Jahren historische Studien und bemühte sich, während ihr Stil immer straffer wurde, um Klärung ihrer Vorstellungen. In *Der große Krieg* schrieb sie als Dichterin Geschichte des Dreißigjährigen Kriegs. Das Buch könnte als «Vielheitsroman» (vgl. S. 183) bezeichnet werden.

Eine weitere Möglichkeit des Zeitalters wird in den Romanen von FRIEDRICH HUCH (1873–1913) erkennbar. *Peter Michel* (1901), der erste von ihnen und im Jahr der *Budden-*

brooks erschienen, weist den Autor schon als eigenständigen Künstler aus. So klar, verhalten und rein wie die Sprache, ohne Ironie und Doppeldeutigkeit, ist auch der Aufbau des Romans. Er bringt die Geschichte eines einfachen gutwilligen Menschen, der sich aus einer bescheidenen und zugleich schwierigen Umwelt herauszuwinden versteht und am Ende wieder in einer solchen Welt versinkt. Die erbärmliche Eheschließung, der er sich bis zur letzten Stunde zu entziehen sucht, und das bedauernswerte Spießertum, in dem er sich am Ende befindet, werden ohne Spott, fast ohne Lächeln erzählt. Stilisiert auf die Wertvorstellungen des Jugendstils sind die sich in rascher Folge anschließenden Romane *Die Geschwister* (1903), *Wandlungen* (1905), *Mao* (1907) und *Enzio* (1910). Herausgehoben aus der Alltagswelt leben Menschen ihren Gefühlen, sind mit sich selbst beschäftigt und den Reizen ausgeliefert, die ihnen ihre sensiblen Organe vermitteln. Probleme der Musikalität und des Künstlertums bannen die ihnen Verfallenen. Sympathie mit dem Tod besitzen sie alle, denn der Tod erscheint als die Erfüllung eines müden Lebens. Ein aufmerksamer Leser weiß es von den ersten Seiten an. Der Roman *Die Geschwister* beginnt: «Felicitas war Alices einziges Kind. Sie wuchs auf im Landschlosse des Grafen, um das ein weiter Park sich schloß. Die Dorfbewohner bestaunten sie von ferne, wenn sie im goldbraunen faltigen Kleide auf dem Rasen einen leisen Reigen um ihre Puppe tanzte. Ihre schwarzen Augen blickten unter dunklen Wimpern wie in die Ferne, mit leiser Stimme sang sie ein selbsterfundenes unendliches Lied.» Das Buch schließt mit Felicitas' Tod. Während sie an einer Krankheit stirbt, beendet der sensible Knabe Thomas in *Mao* sein Leben selbst, nachdem ihm alles, was ihm Halt und Heimat bedeutete, genommen ist: das Bild des Knaben Mao über seinem Bett und das alte Haus, in dem er aufwuchs; die Familie zog aus und ließ das Haus niederreißen: «Wie ein Schlafwandelnder schritt er leicht und sicher an allen aufgerissenen Tiefen vorüber, und nun war sein Ziel erreicht ... Arbeiter fanden ihn am anderen Morgen im Abgrund, tot, im fahlen Frühlicht.» Auch Enzio, begabt als Musiker, schön und geliebt, macht seinem Leben ein Ende. *Pitt und Fox* (1909), Friedrich

Huchs wesentlichstes Buch, nimmt die Stillage von *Peter Michel* wieder auf, führt aber strukturell und im Hinblick auf die Aussage weit darüber hinaus. Die beiden Brüder Pitt und Fox Sintrup verkörpern verschiedene Möglichkeiten menschlichen Verhaltens. In der gutsituierten Fabrikantenfamilie, in der sie aufwachsen, übt Fox, der Jüngere, sich von früh an im Anpassen an die Scheinmoral der Umwelt, als Opportunist begreifend, daß in einer Gesellschaft, in der alle täuschen, das Mittäuschen am ehesten zu Erfolg führt. Pitt hingegen lebt als Fremder unter Fremden und zieht sich schon als Kind in sich zurück. Seine eigentümlichen Gewohnheiten läßt die Familie durchgehen, da sie keine untragbaren Störungen bedeuten: «Pitt war jeder Lärm ein Greuel. Er hielt seine Fenster zumeist verschlossen und trug zu Haus fast immer Filzpantoffeln. Ein eigentliches Zimmer besaß er nicht; er wechselte stets. So wie er anfing sich gemütlich zu fühlen, glaubte er irgendeinen Mißstand zu entdecken. Frau Sintrup gab dann mit gleichmütiger Stimme dem Mädchen die Anweisung, sein Bett irgendwo anders hinzuschaffen; einen großen Spiegel nahm er jedesmal persönlich mit von einem in das andere Zimmer. Er liebte es, sich vor ihn hinzusetzen, hineinzusehen, alles zu vergessen und gar nichts zu denken.» Die beiden verschiedenen Erzählstränge, die den Wegen der Brüder gewidmet sind, verbinden sich nicht zur Handlungseinheit, erhellen sich aber gegenseitig als Parallelhandlungen und verschlingen sich auch gelegentlich. So übernimmt Fox am Ende eine Redakteursstelle an einem gut fundierten Blatt und heiratet die Tochter des reichen Besitzers, nachdem Pitt beides ausgeschlagen hatte. Fox ist als Typ leicht zu durchschauen. Nach ausschweifenden Jahren entscheidet er sich für die bürgerliche Sicherung, auf die er es von früh auf abgesehen hatte. Pitt aber ist ein schwieriger Mann, ohne Plan und Ziel, ein ruhelos Suchender, voll Angst vor bürgerlicher Gebundenheit. Die Malerin Herta, die sich von ihm trennte, sagt zu der Musikerin Elfriede, die vor ihr mit ihm befreundet war und im Begriff ist, von neuem auf ihn zuzugehen: «Mehr Kraft als ich sie hatte, können Sie nicht haben, und ich bin nicht zum Ziel gekommen ... Pitt Sintrup ist ein einsamer Mensch, er leidet unter seiner Einsamkeit, aber er ist nicht geschaffen zu einem dauernden Zusammenleben mit einem anderen; eine Zeitlang hält er es aus, dann treibt es ihn wieder fort, Gott weiß in was für Nebel.» Sie hatte in ihm einen haltlosen Mann gesehen, dem sie aus ihrer eigenen Kraft Halt geben wollte, aber erkannt, daß sie ihn verlassen mußte, um sich selbst zu retten. Die beiden Künstlerinnen Herta und Elfriede gehören dem neuen Frauentyp an, den bei Thomas Mann Lisaweta, Tonio Krögers russische Malerfreundin, vertritt. Herta wie Elfriede, ihr Leben nach eigenen Vorstellungen gestaltend, stellen sich dem Problem, wie sie ihre Beziehungen zu dem schwierigen, umgetriebenen Mann, der kein Lebenszentrum besitzt, zu regeln haben. Pitt selbst warnt Elfriede: «Ich liebte dich – um nicht so völlig leer und gefühllos vor mir selber dazustehen ... glaube nicht an mein Gefühl, es ist nur Täuschung und Halbwahrheit ... all deine Liebe würde nicht hinreichen, das Leben mit mir zu ertragen.» Mit seinem Eingeständnis und ihrer Bereitschaft, trotzdem mit ihm zusammenzubleiben, ist ein Thema umschrieben, das im deutschen Roman des 19. Jahrhunderts gelegentlich anklang, im besonderen bei Tieck und Friedrich Schlegel (vgl. Band I, S. 307 ff.). Seine Dimensionen sind angedeutet, wenn Elfriede auf Pitt zugehend sagt: «ich komme mit keinen Forderungen an dich, sei wie du willst zu mir – du kannst mich nicht mehr enttäuschen.» Auf Pitts Frage: «Und deine Kunst, was wird aus deiner Kunst?» gibt sie die Antwort: «Die wird mir doppelt wert werden, denn ich werde mich viel an sie halten müssen.» Pitt meint schließlich im Hinblick auf sie und ihre Kinder, sofern sie ihr «nachgeraten ... ihr alle werdet kräftiger und stärker sein als ich». Der Dialog zwischen Elfriede und Pitt am Ende des Buchs ist ein Liebesgespräch eigener Art.

Die Figur des ruhelosen, unberatenen jungen Mannes bestimmt den Gesamtstil des Romans auch bei ROBERT WALSER (1878–1956), der seiner Aussageweise nach Friedrich Huch nahesteht. Doch weit entschiedener als bei Huch ist die Sprache als solche vor irgendeiner Thematik das prägende Element von Walsers Roman. Im Sprechen selbst, gleichgültig um welchen Inhalt es geht, enthüllt der suchende Jüngling sein Wesen. Im

ersten Roman *Geschwister Tanner* (1907), als Ererzählung angelegt, erhält Simon, die Hauptfigur, nach wenigen Sätzen
schon vom Erzähler das Wort; und er spricht so überzeugend,
daß man sich seiner Rede nicht entziehen kann, obgleich sie
sachlich wenig Gewicht hat und wirklich nur Rede ist. Simon
empfiehlt sich selbst in einer Buchhandlung als Verkäufer:
«Ich bin der geborene Verkäufer: galant, hurtig, höflich,
schnell, kurzangebunden, raschentschlossen, rechnerisch, aufmerksam, ehrlich und doch nicht so dumm ehrlich, wie ich
vielleicht aussehe ...»; so spricht er eine ganze Weile und wird
auch in der Buchhandlung eingestellt. Aber er kündigt die
Stelle schon nach einer Woche und zwar gleichfalls mit einer
herzerfrischenden Rede. Es gefalle ihm das Pult nicht, an dem
er zu arbeiten habe, und die Schreibarbeit als solche entspreche ihm nicht. «Sie haben mich enttäuscht, machen Sie nur
nicht solch ein verwundertes Gesicht, es läßt sich nicht ändern, ich trete heute aus Ihrem Geschäft wieder aus und bitte
Sie, mir meinen Lohn auszubezahlen.» Die sich fortsetzende
Stellensuche und vorübergehende Tätigkeit in verschiedenen
Berufen gibt jeweils Gelegenheit zum aggressiven Sprechen,
und man erfährt dabei: «Ich habe keine Zeit, bei einem und
demselben Beruf zu verbleiben ... und es fiele mir niemals ein,
wie so viele andere auf einer Berufsart ausruhen zu wollen wie
auf einem Sprungfederbett.» Aus allen Situationen, in die Simon gerät, ergeben sich Redensarten und Selbstgespräche. Er
arbeitet an vielen Plätzen und oft wieder gar nicht; eine Zeitlang wohnt er mit einem Bruder zusammen und einige Monate
bei einer Schwester. Reifere Damen kümmern sich um ihn. Er
dient, ist glücklich dabei und befreit sich wieder. Gegen Ende
des Romans erzählt er in geschlossener Darstellung die Geschichte seiner Familie und seiner Kindheit. «Was mich betrifft, so bin ich bis jetzt noch der untüchtigste aller Menschen
geblieben. Ich besitze nicht einmal einen Anzug am Leibe, der
von mir aussagen könnte, daß ich einigermaßen mein Leben
geordnet hätte ... Ich stehe noch immer vor der Türe des Lebens, klopfe und klopfe, allerdings mit wenig Ungestüm, und
horche nur gespannt, ob jemand komme, der mir den Riegel
zurückschieben möchte.»

Aus den beiden späteren Romanen Robert Walsers *Der Gehülfe* (1908) und *Jakob von Gunten. Ein Tagebuch* (1909) ist zu erkennen, daß es dem Autor um eine bestimmte Modellsituation ging, der die Eingangsszene der *Geschwister Tanner* schon entspricht. Wie Simon im ersten Roman begeben sich auch Joseph Marti in *Der Gehülfe* und Jakob von Gunten im letzten Roman zwar freiwillig, doch gedrängt durch ihre Lage als Obdachlose, in ein Abhängigkeitsverhältnis, mit dem sie sich innerlich so lange auseinandersetzen, bis es endet. Wird in *Geschwister Tanner* eine Reihe von Situationen vorgeführt, die alle den gleichen Verlauf haben – Unterwerfung und Befreiung –, so dient in den beiden andern Romanen das gesamte Werk jeweils der einmaligen Herausbildung des Modells. *Der Gehülfe* beginnt mit dem Eintritt Joseph Martis in das technische Büro des Unternehmers Tobler. Die Stelle wurde ihm durch ein Arbeitsbüro vermittelt. Der Ingenieur bewohnt mit seiner Familie in Bärenswil am Zürichsee ein alleinstehendes Haus, in dessen Untergeschoß das Büro liegt. Mit seinem Dienstantritt wird Joseph Marti auch in die Familiengemeinschaft aufgenommen. Er hat sich einerseits um ein angemessenes Verhältnis zu seinem Arbeitgeber, einem etwas derben, aber gutartigen, jovialen Mann, zu bemühen, zum andern sich mit dessen Frau zu stellen und schließlich den Aufgaben des dem Zusammenbruch zutreibenden Betriebs gerecht zu werden. Tobler ist der Konstrukteur phantastischer unbrauchbarer Gegenstände, u. a. einer Reklameuhr und eines Schützenautomaten. Wie sich bald herausstellt, gelingt es ihm nicht, das Kapital zu deren Fabrikation aufzutreiben. Er gerät daher immer tiefer in Schulden. Joseph Martis Tätigkeit besteht allmählich nur noch darin, Gläubiger abzuweisen. Er wohnt sehr schön, das Essen ist vorzüglich, und an Zigarren fehlt es nie. Während die Arbeit im Büro weniger wird, übernimmt er Pflichten in Haus und Garten, die ihn nicht belasten. Der Stil des Hauses, Großzügigkeit und Wohlleben bleiben bis zum Ende gewahrt. Die inneren Probleme Josephs sind mit seinem Arbeitsverhältnis gegeben. Er schwankt ständig zwischen Selbstsicherheit und Unterwürfigkeit. Er fühlt sich einerseits durch seine Stellung und die Zugehörigkeit zum Haus gebor-

gen und getragen. Andererseits fürchtet er Tobler. «Toblers
Auftreten ließ Joseph immer Szenen befürchten. Ja, dieser
Mann hatte etwas so Zurückgebändigtes an sich, etwas dick
und rot Aufgehäuftes, etwas innerlich Knatterndes und leise
Krachendes. Das sah aus, als ob es jeden Moment losbrechen
möchte.» Bis zum Schluß befindet sich Joseph in Zwiespalt mit sich selbst über seine Situation. Er begehrt auf und
lenkt doch wieder ein. Frau Tobler, die ihm anfangs sehr
hochmütig erschien, wird seine Vertraute. Er empfindet das
Haus als Heim und weiß zugleich, «daß er als ein hinzuge-
flogenes Glied einem Haus angehörte, das langsam aufhörte,
ein solches zu sein». Nach einem Wutanfall Toblers am Neu-
jahrstag packt Joseph seine Habseligkeiten und verläßt das
Haus.

Skurril und bald in Auflösung begriffen ist auch die Berliner Erziehungsanstalt des Herrn Benjamenta in *Jakob von
Gunten*. Jakob, der Icherzähler, bat dort um Aufnahme, nachdem er, wie er bei dieser Gelegenheit gesteht, seinem Vater,
dem «Großrat ... davongelaufen». Das Buch, das die Form eines von Jakob in Absätzen niedergeschriebenen Tagebuchs
hat, beginnt: «Man lernt hier sehr wenig, es fehlt an Lehr-
kräften, und wir Knaben vom Institut Benjamenta werden es
zu nichts bringen, das heißt, wir werden alle etwas sehr Kleines und Untergeordnetes im späteren Leben sein. Der Unterricht, den wir genießen, besteht hauptsächlich darin, uns Geduld und Gehorsam einzuprägen, zwei Eigenschaften, die wenig oder gar keinen Erfolg versprechen.» Jakob gesteht, daß
seine Wünsche in entgegengesetzter Richtung gehen; er möchte «reich sein, in Droschken fahren und Gelder verschwen-
den». Doch die Schüler gleichen sich alle in dem einen Punkt,
«nämlich in der vollkommenen Armut und Abhängigkeit».
Sie haben wenig zu tun. Sie lernen die Vorschriften auswendig
oder befassen sich mit dem Buch: «Was bezweckt Benjamenta's Knabenschule?» Den Unterricht gibt Fräulein Lisa, die
Schwester des Vorstehers. Die übrigen Lehrer sind auf merk-
würdige Weise nicht in Aktion, sind tot oder scheintot, ver-
steinert oder schlafen. Man lernt im Laufe des Tagebuchs einzelne Schüler kennen, erfährt einiges über die Gepflogenheiten

in der Anstalt, über die Ausflüge Jakobs in die Stadt und vor allem über seine Gedanken. Vorbildlich im Sinne der Vorschriften verhält sich der Schüler Kraus, der eine besondere Begabung zum Gehorsam hat und Diener werden will. Der Vorsteher bevorzugt Jakob, versichert ihm seine Sympathie und macht ihm zugleich bewußt, daß er ihn gänzlich in der Hand hat. Schon in einem der frühen Abschnitte heißt es: «Herr Benjamenta ist ein Riese, und wir Zöglinge sind Zwerge gegen diesen Riesen». Während die Anstalt ihrer Auflösung entgegengeht, stirbt Fräulein Lisa, zu der Jakob auch in persönlicher Beziehung stand. Er ist am Ende einverstanden, mit dem Vorsteher zusammenzubleiben und mit ihm in die Wüste zu gehen.

Es steht außer Zweifel, daß Robert Walser mit *Jakob von Gunten* eine Aussage verschlüsselte, die nicht vom konkret Gegebenen zu trennen ist. Das Modell kann nur als solches erkannt und beschrieben werden. Es darf nicht aufgelöst und als Allegorie auf irgendwelche außerhalb des Modells liegende Inhalte bezogen werden. Auch die meisterhafte Sprachgestik des jugendlichen Berichterstatters ist Teil des Berichteten, das ohne sie nicht existiert. Franz Kafka hat Robert Walser sehr geschätzt. *Jakob von Gunten* erklärte er für «ein gutes Buch» (wahrscheinlich 1909 an Eisner). Walter Benjamin widmete Walser einen Essay. Er meinte, Walsers Figuren kämen «aus dem Wahnsinn ... Es sind Figuren, die den Wahnsinn hinter sich haben ... sie sind alle geheilt.» Da Robert Walser jahrelang in einer Heilanstalt war, liegt eine solche Deutung nahe. Doch ist das Modell damit noch nicht erfaßt. Die Leichtigkeit und Freiheit, mit der die Jünglingsfiguren sich bewegen und sprechen, ist ihr hervorstechender Zug. Wie weit sie sich damit wirklich der Macht gegenüber behaupten können, bleibt offen; zerfällt die Macht in den beiden letzten Romanen doch von selbst. Auch ist sie oft willfährig und freundlich, keineswegs eindeutig böse, mehr lästig-unangenehm und zwar durch die Funktion, die sie in einem System hat, dem sie selbst nicht recht gewachsen ist. Erotisches und Homoerotisches ist mühelos aus dem gesamten Spiel in der Anstalt Benjamenta herauszulesen. Doch bleibt die Modellfunktion der Erzählung gewiß nicht auf diesen Bereich beschränkt, sondern hat umfassenden Charakter.

Im Hinblick auf den Zusammenhang der deutschen Roman-geschichte im ersten Jahrzehnt des 20. Jahrhunderts und im besonderen auf die Einordnung der *Buddenbrooks* ist hervor-zuheben, daß die Romane Robert Walsers prägnante Belege für die originale erzählerische Behandlung eines speziellen Jünglingstyps sind. Daneben stehen als gleichfalls anspruchs-volle Werke mit ähnlicher Thematik Friedrich Huchs *Mao* und die bedeutende Erzählung *Die Verwirrungen des Zöglings Tör-leß* (1903, erschienen 1906) von Robert Musil (1880–1942). Die jugendpsychologische Thematik erhält durch die Probleme der Internatserziehung bei Musil und in Robert Walsers *Jakob von Gunten* wesensmäßige Erhellung, während sie in *Mao* sich auf die sensible Einzelgestalt konzentriert. Bekannt ist, daß für Robert Musil wie für Rainer Maria Rilke (1875–1926) die Internatsjahre schweres Leiden bedeuteten und von langer Rückwirkung waren. Das literarische Thema hat bei Musil autobiographische Voraussetzungen.

Das gilt auch für HERMANN HESSE (1877–1962). Er floh mit vierzehn Jahren aus dem Seminar von Maulbronn, was er in seinem Roman *Unterm Rad* (1906) verarbeitet. Unverständi-ge Lehrer und Eltern treiben hier einen gutartigen Jungen in den Selbstmord, während ein anderer ausbricht und seinen ei-genen Weg sucht. Vorausgegangen war *Peter Camenzind* (1904), eine sich an Gottfried Kellers *Grünen Heinrich* an-schließende Bildungsgeschichte, die in der Idylle beginnt und wieder in sie zurückführt. Ein jugendlicher Sucher ist auch Emil Sinclair in *Demian. Die Geschichte einer Jugend von Emil Sinclair* (1919). Hesse hat das gleiche Thema mehrfach behandelt und es mit romantischen und orientalischen Inhal-ten sowie vagen Symbolen verbunden, hinter denen die Ergeb-nisse seiner langen psychoanalytischen Behandlung standen. In einschmeichelnder Sprache und überkommenen Bildern umkreiste er die allgemeinen Fragen der menschlichen Ent-wicklung, deren fiktive Behandlung seit dem letzten Drittel des 18. Jahrhunderts in breiteren Kreisen der deutschen Leser-schaft geschätzt wurde und im 20. Jahrhundert weit über

Europa hinaus Interesse erweckte. Auch Hesses spätere Romane *Der Steppenwolf* (1927), *Narziß und Goldmund* (1930) und *Das Glasperlenspiel* (1943) haben noch immer das aus klassisch-romantischer Zeit ererbte Thema der Persönlichkeitsfindung zum Gegenstand. Hesse höhte es einerseits auf durch moderne Erkenntnisse der Anthropologie und Psychologie und paßte es andererseits dem Verständnisvermögen eines größeren Publikums an.

Wenn Thomas Mann zunächst nur die Geschichte Hanno Buddenbrooks erzählen wollte und allenfalls noch die seines Vaters, so hatte er ein Thema im Sinn, das in der Luft lag und sich noch Jahre danach den Schriftstellern anbot. Es war ein Thema des neuen Jahrhunderts, wenngleich schon Conrad Ferdinand Meyer eine Novelle *Das Leiden eines Knaben* (1883) geschrieben hatte, in der der unglückliche Knabe gefragt wird: «Du hast Mühe zu leben?» und darauf schlicht antwortet: «Ja, Herr Fagon.» Mit dem neuen Jahrhundert begannen die Reformbewegungen im Schul- und Erziehungswesen, die den Jugendlichen die «Mühe zu leben» verringern sollten. Thomas Manns Kritik an jener Schule, in der Hanno Buddenbrook schlechte Stunden verbringt, entsprach der Überzeugung führender Pädagogen des 20. Jahrhunderts. Mit dem «Tag aus dem Leben des kleinen Johann», den das zweite Kapitel des elften Teils bringt, führte Thomas Mann vor Augen, warum die Lernschule seiner Jugendzeit auf jeden Fall abzulehnen war, nicht nur für einen Jugendlichen von der besonderen Artung Hannos, sondern für jeden Heranwachsenden, auch wenn er wie der vielseitig begabte Kai von Mölln dem Treiben mit überlegenem Lachen zusieht und ihm «etwas entgegenzuhalten» hat. Das System von Herrschaft und Unterwerfung, in das jene Lernschule das Verhältnis von Lehrer und Schüler mit Notwendigkeit zwängte, bedeutete die totale Verbildung der ursprünglichen pädagogischen Situation. Wie der Betrug für viele zum Ausweg aus existenzbedrohender Einkreisung wird, zeigt die Lateinstunde, in der Hanno das eigene Tun Übelkeit verursacht. Die negativen Einwirkungen auf die Entwicklung der Jugendlichen liegen auf der Hand. Indem

Thomas Mann den Schulvormittag in einen vollen Tageslauf hineinstellte, machte er die Gespaltenheit von Hannos Leben sichtbar und konkretisierte die Verbundenheit zwischen dem allgemeinen Thema der Inhumanität der Schule mit dem scheinbar speziellen Thema der Spiritualisierung, die im Falle Hannos mit seiner wesensbedingten und durch seine Mutter von früh auf geförderten Musikalität gegeben ist. Daß die Spiritualisierung gleichfalls kein spezielles Thema war und als «ein Stück Seelengeschichte des europäischen Bürgertums» gedeutet werden konnte, überraschte Thomas Mann später sehr, wie er in *Lübeck als geistige Lebensform* (1926) darlegte.

Daß es im Bereich der Schule nicht immer so zuging wie zu Hannos Zeiten, daran wird im gleichen Kapitel erinnert. Als Hannos Vater und Onkel Schüler waren, hatten sie als Direktor einen »jovialen und menschenfreundlichen alten Herrn»; und es galt «die klassische Bildung als ein heiterer Selbstzweck ..., den man mit Ruhe, Muße und fröhlichem Idealismus verfolgte». In einem Brief an Walther Rehm sagte Thomas Mann 1930, sich für ein Buchgeschenk bedankend: «Der Geist des Humanismus, der mich daraus anspricht, schmeichelt meinen tiefsten Instinkten, es ist als ob ich Muttererde berührte, hier bin ich auch noch zu Hause, d. h. im 19. Jahrhundert, obgleich es schon im Verfall war, als ich geboren wurde, und seine besten Söhne ... zu befremden angefangen hatte» (26. 6. 1930). Die Vorgeschichte, die zu Hannos kurzem Leben zu bringen war, hatte von jener Zeit zu berichten, in der der Autor selbst «noch zu Hause» zu sein meinte. Die «Muttererde», die versunken war, mußte heraufbeschworen werden, damit sichtbar würde, worum es bei dem «Verfall» ging. Daß die Vorgeschichte «sehr selbständige, sehr eigenberechtigte Gestalt» annahm, ist im Geschichtsbild des Autors begründet.

Er hat selbst später gesagt, der gesamte Roman lebe von Jugenderinnerungen. Es sei ihm freilich nicht um eine Verherrlichung seiner Vaterstadt gegangen, «sondern um den aus allen literarischen Zonen und außerdem von Wagner her beeinflußten Versuch eines Prosa-Epos, in das er die recht unlübeckischen geistigen Erlebnisse einströmen ließ ... den musikalischen Pessimismus Schopenhauers, die Verfallspsychologie

Nietzsches.» Als literarische Anregungen nannte er *Renée Mauperin* (1864) der Brüder Goncourt und die skandinavischen Familienromane von Alexander Kielland (1849–1906) und Jonas Lie (1833–1908).

Entstanden ist, betrachtet man das Werk dem Stoff nach, anscheinend ein historischer Roman, der zugleich ein Roman «der guten Gesellschaft» ist. Er umspannt den Zeitraum von 1835 bis 1877, entspricht also von der Zeit seiner Abfassung her gesehen dem *'Tis Sixty Years Since* auf dem Untertitel von Scotts *Waverley* und erfüllt, so macht es den Eindruck, zumal die Handlung sich auf die Gegenwart hin bewegt, die Forderung Fontanes: «Der Roman soll ein Bild der Zeit sein, der wir selbst angehören, mindestens die Widerspiegelung eines Lebens, an dessen Grenze wir selbst noch standen oder von dem uns unsere Eltern noch erzählten.» (vgl. S. 174) Es ist kaum anzunehmen, daß Thomas Mann Fontanes Aufsatz über Gustav Freytag, in dem die zitierten Sätze stehen, kannte oder auf anderem Wege durch Fontane oder gar Walter Scott selbst bei der Abgrenzung seines Zeitraums bestimmt wurde. Die Vorstellung unmittelbarer, existentieller Verbundenheit mit der Zeit, an dessen Grenze er selbst stand, mit dem Leben, von dem seine Eltern noch erzählten, bewirkte, daß er keine Wahl hatte. Meinte er doch, die Vorgeschichte seines eigenen inneren Lebens zu erzählen. Daß es sich bei den *Buddenbrooks* schon um moderne Bewußtseinskunst und nicht um einen Geschichtsroman handelt, kann sich der historisch Unterrichtete leicht klar machen. Die Abendgesellschaft zur Feier des Einzugs der Großkaufmannsfamilie in das neuerworbene Haus in der Mengstraße, von der im ersten Teil des Romans erzählt wird, findet im Jahr 1835 «um die Mitte des Oktobers» statt. Es sind – was die historischen Tatsachen betrifft – die Wochen, in denen der für die deutsche Geistesgeschichte verhängnisvolle Bundestagsbeschluß vom 10. Dezember 1835 vorbereitet wurde, der die Schriften des Jungen Deutschland verbot und die von dem Verbot getroffenen Autoren dem Druck unverständiger und zum Teil brutaler Staatsvertreter auslieferte (vgl. S. 72 f.). Dem vom Jahrhundertende rückschauenden Autor, der von Verfall und Spiritualisierung sprechen will, der

die «Muttererde» sucht, bedeuten diese historischen Tatsachen
wenig. Er braucht zur Demonstration seines Themas das der
Vergangenheit angehörende Bild einer glücklichen, wohlha-
benden bürgerlichen Familie in einer freien Reichsstadt. Er
baut es auf mit den bereitstehenden Mitteln des Romans der
guten Gesellschaft. Die Bedrohtheit der eigenen seelischen
Existenz erfordert das Gegenbild. Doch ist er ein viel zu guter
Autor, als daß er eine klischeehafte Idealisierung liefern würde. Er besitzt die Gabe, aus der eigenen Imagination und zu-
sammengeholten Fakten eine leibhaftige, atmende Welt zu
bauen. Ihn deshalb als Realisten zu bezeichnen, ist so unangebracht wie die Behauptung, die *Buddenbrooks* seien ein historischer Roman, mit der zu Anfang dieses Abschnittes etwas
gespielt wurde.

Auf die Feststellung, «daß Thomas Buddenbrooks Leben ...
ein modernes Heldenleben ist», legte Thomas Mann sehr großen Wert (31. 8. 1910 an Julius Bab). In «der zähen Repräsentation des erschöpften Thomas Buddenbrook» liege «eine ganze Menge Heldentum» (28. 3. 1906 an Kurt Martens), dieser
Gedanke beschäftigte ihn über Jahre hin und verband sich
ihm mit andern Vorstellungen, was im *Tod in Venedig* (1912)
noch einmal im Zusammenhang zur Sprache kam. Der Leidende erst habe die Möglichkeit zur Gebärde des Helden, sagte
Thomas Mann hier, und es sei zu «zweifeln, ob es überhaupt
einen anderen Heroismus gäbe als denjenigen der Schwäche.
Welches Heldentum aber jedenfalls wäre zeitgemäßer als dieses? Gustav Aschenbach war der Dichter all derer, die am
Rande der Erschöpfung arbeiten, der Überbürdeten, schon
Aufgeriebenen, sich noch Aufrechthaltenden, all dieser Mo-
ralisten der Leistung, die, schmächtig von Wuchs und spröde
von Mitteln, durch Willensverzückung und kluge Verwaltung
sich wenigstens eine Zeitlang die Wirkungen der Größe abge-
winnen.»

Der Roman ist mit großer Sorgfalt und Prägnanz gebaut
und erzählt. Entsprechungen und Hinweise verbinden die Teile miteinander vom ersten bis zum letzten Kapitel. Strikt
durchgehalten ist die chronologische Erzählweise. Das zeitliche Nacheinander bestimmt den Aufbau. Dem Leser wird

durch eingeflochtene Zahlen immer gesagt, an welcher Stelle der historischen Zeit man sich befindet. Einige geschichtliche Ereignisse kommen zur Sprache, so die französische Besatzung von 1806, die Revolution von 1848, der dänische Krieg u. a. Aber sie werden im allgemeinen mehr beiläufig erwähnt. Lediglich die Revolution von 1848 spielt in die Handlung hinein. Der Erzählton ist über weite Strecken heiter. Viele Vorkommnisse und Szenen sind im Aufbau ironisch. Das Sprechen ist stets souverän und vermittelt den Eindruck, der Erzähler rücke alle Begebenheiten an die ihnen zukommenden Plätze. Es mag von den Figuren Törichtes oder Kluges gesagt werden, sie mögen sich täppisch oder vernünftig verhalten: der Erzähler verständigt durch die Art seiner Mitteilung den Leser, wie das Mitgeteilte zu beurteilen ist.

Eher der Fontanezeit als dem neuen Jahrhundert ist seinem Darstellungsstile nach der einzige Roman von ARTHUR SCHNITZLER (1862–1931) *Der Weg ins Freie* (1908) zuzuordnen. Es ist ein in Wien spielender Gesellschaftsroman, der mit *Irrungen Wirrungen* zu vergleichen ist. Er bringt die Liebesaffäre eines jungen Barons mit einer Klavierlehrerin aus kleinbürgerlichen Kreisen. Daß der Baron es nicht zu einer Ehe kommen läßt, ist weniger im Standesunterschied begründet als in seinem Bedürfnis, sich nicht zu binden. Beide sind musikalisch talentiert und durch gemeinsames Musizieren sachlich verbunden, was in der Gesellschaft von Bürgern, Adligen und Künstlern, in der sie verkehren, respektiert wird. Trotzdem bekennt der Baron sich nicht zu seiner Beziehung. Er begibt sich mit der Geliebten auf eine Italienreise und läßt sie ihr Kind, das nach der Geburt stirbt, in einem besonders gemieteten Haus außerhalb von Wien zur Welt bringen, dem Schein nach heimlich, obwohl alle Freunde Bescheid wissen. Das halbe Spiel mit Lüge und Wahrheit charakterisiert die Situation, in der sich alle Gestalten befinden. Das Gespräch im großen und kleinen Kreis beleuchtet diese Situation bei jeder Gelegenheit. Mit Vorrang diskutiert wird die Stellung der Juden in der Wiener Gesellschaft. Es treten sehr viele Personen auf, die alle ihre eigene Geschichte haben. Sie wird jeweils aus der Vergangenheit entwickelt und schreitet innerhalb der Romanzeit, die ungefähr ein Jahr umfaßt, fort. Das Gewicht liegt durchgehend auf der Hauptgeschichte, durch deren Verlauf die Ereignisse, die die andern Figuren betreffen, sichtbar werden. Der Leser wird über sie orientiert, wenn der Baron mit ihnen in Berührung kommt. Vieles erfährt der Leser dadurch, daß es dem Baron mitgeteilt wird. Die Mehrzahl der auf diese Weise über die Hauptgeschichte hinaus berichteten Vorkommnisse sind dem Autor aus gesellschaftspolitischen Gründen wichtig. Er gibt zwar kein spezifisches politisches Programm. Doch bestimmt eine entschiedene zeitkritische Tendenz sowohl die Gesamtanlage als auch die Einzelzüge des Romans. Die anscheinend private Angelegenheit des Barons ist keine einfache Liebesgeschichte. Der Baron ist als Charakter der Geliebten unterlegen. Sie ist es, die die Trennung vollzieht, während er in seiner Trägheit und Entscheidungsschwäche, die sie sicher durchschaut, die Beziehung egoistisch und rücksichtslos einfach weiterführen möchte. Der «Weg ins Freie» wird von ihr geschaffen.

IV

Neue Romanweisen in der ersten Hälfte
des 20. Jahrhunderts

Die Aufzeichnungen des Malte Laurids Brigge (1910) von
RAINER MARIE RILKE (1875–1926) sind der erste deutsche Roman, in dem sich der neue Kunstwille des 20. Jahrhunderts
verwirklichte und die überkommene Form aufgegeben wurde.
Das Werk bringt seinem Inhalt nach den Versuch des «sensitiven Spätlings» Malte Laurids Brigge, in einer dem Tod verfallenen Welt zu überleben und einen neuen Anfang zu finden. Das Thema des Romans ist dem der *Buddenbrooks* verwandt. Auch das Erzählmaterial, das Rilke sich zur Herausarbeitung seines Themas schuf, ähnelt dem bei Thomas Mann;
denn außer Malte selbst, der der fiktive Verfasser der *Aufzeichnungen* ist, lernt der Leser einen großen Kreis seiner Verwandten aus zwei vorangegangenen Generationen samt ihrer
Lebensweise kennen. Gänzlich verschieden aber ist die Art,
wie die beiden Autoren den Kreis der Verwandten in Erscheinung treten lassen. Im Gegensatz zu Thomas Mann bringt
Rilke keine Generationenfolge; es gibt auch keinen zusam-
menfassenden Bericht über die Herkunft Maltes. Seine Eltern,
Großeltern, Tanten, Onkel, auch Kinder tauchen, evoziert
durch Gegenwartserfahrungen, in seinen Erinnerungen auf. Er
führt sie als Gestalten vor, die in seiner Kindheit eine Rolle
für ihn spielten und ihn auf mannigfache Weise beeindruckten; in Einzelfällen wurde ihm nur von ihnen berichtet. Über
den Platz, an dem sie in den *Aufzeichnungen* stehen, entscheidet, wie sie sich in den Darstellungszusammenhang der *Aufzeichnungen* fügen und was sie für ihn bedeuten können. Da
dieser Darstellungszusammenhang die zeitliche Folge nicht
berücksichtigt, spielen Alter und Lebenszeit jener Figuren bei
ihrer Einordnung keine Rolle. Wie die Familienbeziehungen
ist auch Maltes Versuch zu einem neuen Anfang nicht mit den
bis dahin üblichen Mitteln als Geschichte erzählt. Er bildet

keinen chronologisch fortschreitenden Vorgang, der zu einem Abschluß und zu einem formulierbaren Ergebnis führte. Der Leser nimmt – das ist die Fiktion der *Aufzeichnungen* – an Maltes Bemühungen unmittelbar teil, erhält aber oft keine Auskunft darüber, wie er sie im einzelnen zu verstehen hat; er muß selbst Verbindungen erkennen und Beziehungen erfühlen. Auch wird ihm am Ende nicht gesagt, ob und inwiefern Maltes Versuch gelang oder nicht gelang. Der Roman gibt keine Handhabe für die Beantwortung der Frage, was aus Malte geworden ist. Auf diese Frage kommt es, soweit es um den Roman als solchen geht, nicht an. Auch darin ist seine neue Form zu erkennen. Der Gedanke, daß Malte unterging, findet sich lediglich in Briefen Rilkes. Doch auch da ist ein Schwanken zu beobachten[65]. Lou Andreas-Salomé gegenüber sagt Rilke: «... der Andere, Untergegangene hat mich irgendwie abgenutzt, hat mit den Kräften und Gegenständen meines Lebens den immensen Aufwand seines Untergangs betrieben». Gleich darauf spricht Rilke aber von einer Verwandlung; er habe sein «ganzes Kapital in eine verlorene Sache» gesteckt, «andererseits aber konnten seine Werte nur in diesem Verlust sichtbar werden, und darum, erinner ich, erschien mir die längste Zeit der *Malte Laurids* nicht sosehr als ein Untergang, vielmehr als eine eigentümlich dunkle Himmelfahrt in eine vernachlässigte abgelegene Stelle des Himmels» (28. 12. 1911). Rilke war offenbar nicht in der Lage, außerhalb seines Romans von dessen inneren Vorgängen zu sprechen. Er «erinnert» sich nur, wie ihm «der *Malte Laurids*», als er daran arbeitete, «erschien». Tatsache ist, daß Malte bis zum Ende der *Aufzeichnungen* selbst das Wort hat. Er läßt lediglich seine eigene Person in der Gestalt, wie er sie in den ersten Teilen erkennbar werden ließ, später zurücktreten; er ersetzt sie gleichsam durch einen Kreis anderer Figuren, durch die er, indem er von ihnen spricht, seine Vorstellungen klärt, um seine Existenz zu gewinnen. Während er diese Figuren herausstellt, ist er unentwegt mit dem beschäftigt, was er sich vorgenommen hatte, als er von sich selbst sagte: «ja er wird schreiben müssen, das wird das Ende sein» (Abschnitt 14).

Über die persönliche Situation des Schreibenden wird der

Leser wie über alles andere nicht im Zusammenhang orientiert; er erfährt es bruchstückweise aus gelegentlichen Erwähnungen: Der achtundzwanzigjährige Däne Malte Laurids Brigge, von väterlicher wie mütterlicher Seite Abkomme angesehener adliger Familien, lebt in bedrückenden Verhältnissen für sich allein in Paris. Er bewohnt ein ärmliches, schlecht heizbares Zimmer mit abgenutzten Möbeln. Er wandert viele Stunden durch die Stadt, sitzt lange lesend in der Bibliothek und besucht Museen. Seine Mahlzeiten nimmt er in den billigsten kleinen Gastwirtschaften ein. Er fühlt sich meist matt, ist leicht kränklich, sucht dann den Arzt auf oder bleibt mit Fieber im Bett. Schloß Ulsgaard, der Besitz der Brigges, wo er seine Kindheit verbrachte, und Schloß Urnekloster, wo er sich mit zwölf oder dreizehn Jahren einmal für einige Wochen bei seinem Großvater mütterlicherseits, dem Grafen Brahe, als Besuch aufhielt, gingen in andere Hände über.

Die *Aufzeichnungen* haben die Form eines Tagebuchs, in das Malte seine Gedanken, so wie sie kamen, eintrug. In einem vielzitierten Brief sagte Rilke: «Es ist nur so, als fände man in einem Schubfach ungeordnete Papiere und fände eben vorderhand nicht mehr und müßte sich begnügen. Das ist, künstlerisch betrachtet, eine schlechte Einheit, aber menschlich ist es möglich, und was dahinter aufsteht, ist immerhin ein Daseinsentwurf und ein Schattenzusammenhang sich rührender Kräfte.» (11. 4. 1910 an Gräfin Manon zu Solms-Laubach) Kleine und mittelgroße Prosaeinheiten, die sich in den meisten Fällen sachlich nicht folgerecht zusammenfügen, sind aneinandergereiht. Sie enthalten Pariser Erlebnisse aus der Gegenwart Maltes, Kindheitserinnerungen, persönliche Betrachtungen zu Stoffen aus Geschichte, Literatur und Kunst, Reflexionen. Ein Thema beginnt, es wird fallen gelassen, ein zweites beginnt, ein drittes, mit einem Mal wird das zweite, dann vielleicht das erste fortgeführt. Im ersten Teil der *Aufzeichnungen* – sie sind in zwei Teile gegliedert – finden sich in den eröffnenden Prosaeinheiten Zeitangaben, die darauf schließen lassen, daß diese Abschnitte – der Fiktion nach – in der Reihenfolge ihrer Entstehung abgedruckt sind. Der erste Abschnitt trägt am Kopf das Datum 11. September; sein Anfang erweckt den

Eindruck, er sei nach Maltes erstem Weg durch die Stadt niedergeschrieben. Daß Malte drei Wochen in Paris ist, erfährt man im 4. Abschnitt. Von einem Herbstmorgen wird im 11. gesprochen, vom Fasching im 16. und 18. Abschnitt. Solche Angaben, die sich in den späteren Teilen nicht mehr finden, zielen nicht auf eine Zeitstruktur des Romans. Malte macht sie beiläufig im Zusammenhang mit seinen Bemühungen, sich in Paris zurechtzufinden und sich Rechenschaft zu geben. Sie stehen im Zusammenhang mit der Fiktion, daß Malte als neu Zugereister in Paris lebt, und gehören lediglich zu den Voraussetzungen des Hauptvorgangs: Malte löst sich in Paris mit Hilfe der neuen Erfahrungen, denen er sich hier überläßt, von überkommenen Vorstellungen und ringt, sich seiner bisherigen Umklammerungen bewußt werdend, um eine neue Existenz. Die ungeordneten Papiere enthalten einen «Daseinsentwurf». Alle Themen, so ungeordnet sie behandelt scheinen, schließen sich zusammen in einem «Schattenzusammenhang sich rührender Kräfte».

Es handelt sich bei dem Daseinsentwurf nicht um ein System, das nachgezeichnet werden könnte; es geht nicht darum, die Papiere auf ein solches System hin zu ordnen. Es gilt vielmehr, jene fortwährende, das gesamte Buch durchwaltende Bewegung zu erfassen, die ihren Ausdruck in dem findet, was Judith Ryan «hypothetisches Erzählen» nannte, eine Erzählweise, bei der «Phantasie und Einbildung»[66] des Erzählenden ständig mit am Werk seien. Sie beginnt mit dem ersten Satz der *Aufzeichnungen:* «So, also hierher kommen die Leute, um zu leben, ich würde eher meinen, es stürbe sich hier.» Nach einem dreiwöchigen Aufenthalt in Paris wird Malte sich bewußt, er «lerne sehen» auf eine neue Weise, indem alles tiefer als bisher in ihn eingehe. «Ich habe ein Inneres, von dem ich nicht wußte. Alles geht jetzt dorthin. Ich weiß nicht, was dort geschieht.» Von diesem «Inneren» her berichtet Malte, was ihm auf den Straßen begegnet. «Ich erkenne das alles hier, und darum geht es so ohne weiteres in mich ein: es ist zu Hause in mir.» Seine Erlebnisse mit den Sterbenden und den Fortgeworfenen sind sowohl Pariser Vorgänge wie Vorgänge in seinem Innern. Er kann die sichtbaren Vorgänge aufnehmen, er kann sie erkennen, weil er sie schon in sich hat. Es vollzieht sich für ihn die Aufhebung von Innen und Außen, ohne daß er sich rational Rechenschaft darüber geben könnte. Nicht angemessen erscheint es daher, wie Judith Ryan von der «subjektiven Vorstellungswelt» Maltes zu sprechen, denn die Gegensätze subjektiv und objektiv sind bei der Betrachtung dieses Romans nicht mehr verwendbar. Der Roman belegt vielmehr, wie sich in der modernen Kunst das Verhältnis von «Bewußtsein» und «Realität» wandelte. (vgl. auch Kafka S. 264)

Das Ineinanderfließen von sprechendem Ich und besprochenem Gegenstand, die Vernichtung der Grenze zwischen beiden vollzieht sich im Malteroman in allen Bereichen. Das Erinnerte wird in gleicher Weise als Gegenwart und innerer Besitz erfahren wie das gerade auf der Straße Erlebte. Als Malte erklären will, wie weit er sich noch an Schloß Urnekloster erinnern kann, sagt er: «es ist kein Gebäude; es ist ganz aufgeteilt in mir; da ein Raum, dort ein Raum ... alles in mir verstreut ... Ganz erhalten ist in meinem Herzen ... nur jener Saal». Während die Erinnerungen in Malte aufsteigen, verbinden sich in ihm so verschiedene Bereiche wie Urnekloster und Paris. Malte kann von beiden hintereinander sprechen, ohne daß ein Problem bestünde, was vorher oder nachher komme. Bereiche und Figuren existieren für ihn nebeneinander wie die Personen für den Grafen Brahe, seinen Großvater, von dem es heißt: «Die Zeitfolgen spielten durchaus keine Rolle für ihn.» In gleicher Weise wie die Gestalten der Erinnerung verbinden sich die historischen Figuren aus den Chroniken mit dem Gegenwärtigen, Figuren wie Karl VI. von Frankreich, Karl der Kühne von Burgund, der falsche Zar Grischa Otrepjow und viele andere[67]; sie stehen in Beziehung zu Malte wie Baudelaires Gedicht, die Wandteppiche im Cluny-Museum, Bettina oder die Geschichte vom verlorenen Sohn.

Mit dieser Geschichte enden die *Aufzeichnungen*. Malte erklärt in dem sie einleitenden Satz: «Man wird mich schwer davon überzeugen, daß die Geschichte des verlorenen Sohnes nicht die Legende dessen ist, der nicht geliebt werden wollte.» Indem er die Geschichte neu erzählt, wandelt er das biblische Gleichnis auf die eigene Situation hin ab. Ging es in der Bibel um die Güte Gottes, die die Heimkehr des Verlorenen jederzeit ermöglicht, so sucht Malte die Notwendigkeit des Auszugs aufzuzeigen und das Fortgehen als geistigen Vorgang zu begründen. Damit faßt er die Thematik der *Aufzeichnungen* noch einmal in einem besonderen dichterischen Bild zusammen und führt sie auf einer anderen Ebene fort. Die Veränderung, deren Beginn er schon nach drei Wochen in Paris an sich feststellte, und die ihm «eine vollkommen andere Auffassung aller Dinge» brachte – «Eine veränderte Welt. Ein neues Leben voll neuer Bedeutungen.» – diese Veränderung war nur möglich «um den Preis des Alleinseins» (Abschnitt 22). Es ging bei dieser Veränderung zunächst um die Erfahrung mit den Pariser Elendsgestalten und um den Sinn dieser Erfahrungen. Malte bezeichnet ihn im Zusammenhang mit Baudelaires Gedicht *Une Charogne*, dessen letzte Strophe er ablehnt, als Erfassung der «Aufgabe, in diesem Schrecklichen, scheinbar nur Widerwärtigen das Seiende zu sehen ... Auswahl und Ablehnung gibt es nicht». Malte begreift seine Pariserfahrung als Teil des allgemeinen Grauens, das die Menschheit umgibt. «Die Existenz des Entsetzlichen in jedem Bestandteil der Luft ... alles, was sich an Qual und Grauen begeben hat auf den Richtplätzen, in den Folterstuben, den Tollhäusern, den Operationssälen, unter den Brückenbögen im Nachherbst: alles das ist von einer zähen Unvergänglichkeit.» In seiner Kindheit, so meint Malte, habe ihm dieses Grauen die Mutter mit der Macht ihres bloßen Daseins verdeckt. Die Bedeutung des Abschirmens und zugleich Einschränkens, die die Familie und das Haus in der «Legende» haben, wird auch in den Abschnitten der *Aufzeichnungen* angedeutet, die nach dem Erscheinen der Mutter die Kindheitswelt Maltes in verschiedenartigen Szenen und Gestalten entfalten.

Bezeichnend für den Gesamtstil des Werkes ist, wie die Mutter eingeführt wird: Als die Vergegenwärtigung des Grauens bei der Beängstigung durch die nächtliche Stille angelangt ist, heißt es: «O Stille im Stiegenhaus, Stille aus den Nebenzimmern, Stille hoch oben an der Decke. O Mutter: o du Einzige, die alle diese Stille verstellt hat, einst in der Kindheit. Die sie **auf** sich nimmt, sagt: erschrick nicht, ich bin es. Die den Mut hat, ganz in der Nacht diese Stille zu sein für das, was sich fürchtet, was verkommt vor Furcht. Du zündest ein Licht an, und schon das Geräusch bist du ... du bist das Licht um die gewohnten herzlichen Dinge, die ohne Hintersinn da sind, gut, einfältig, eindeutig.» Die Mutter, die eine sehr zarte Frau war, war in späteren Jahren selbst der Furcht nicht gewachsen und starb früh. Das Kind konnte manche Schrecken nicht vor ihr ausbreiten und hatte angstvolle Erlebnisse, mit denen es allein blieb. Bei sämtlichen Berichten über das Verhältnis von Mutter und Sohn werden einzelne Vorgänge erzählt, die Mutter wird jedoch niemals als abgegrenzte Figur vorgestellt, wird niemals als umrissene Gestalt sichtbar wie die Personen bei Thomas Mann. Das Schemenhafte der Muttergestalt bei Rilke, das doch viele ihrer Züge erkennen läßt, gibt glaubhaft den Charakter eines Erinnerungsbildes wieder. Rilke hat diesen Charakter bei allen Gestalten aus Maltes Familie sorgfältig durchgehalten und ihr Wesen zugleich deutlich profiliert. In dieser Art der Figurenzeichnung beginnt eine neue Kunstweise.

Von der «Legende» her, die eine von Malte verfaßte, fortlaufende Geschichte ist, darf keine entsprechende Geschichte für Malte selbst zusammengestellt werden. Es wäre schon von den äußeren Fakten her unangebracht. Maltes Situation in Paris ist praktisch nicht mit dem Fortgehen des Sohnes in der «Legende» gleichzusetzen. Seine Verwandten sterben. Ihre Häuser bieten ihm keine Möglichkeit zur Heimkehr, worüber er sich in den ersten Teilen mehrfach bedauernd ausläßt. Abgesehen davon hat Malte in den *Aufzeichnungen* keine Geschichte. Dies wurde schon am Eingang dieses Kapitels betont (vgl. S. 223). Er befindet sich in Paris, merkt sehr bald, daß er sich unter dem Eindruck der Stadt verändert und beginnt, als er sich der Situation bewußt wird, zu schreiben. Der Fortschritt der äußeren Handlung wäre, sofern man so konventionell urteilen will, daß er zu schreiben anfängt. «Ich habe etwas getan gegen die Furcht. Ich habe die ganze Nacht gesessen und geschrieben», heißt es schon nach einigen Wochen (Abschnitt 10). Diese Äußerung – bei der man nicht vergessen darf, daß er schon vorher, nämlich seit dem 11. September,

Tagebuch schrieb – bezieht sich fraglos auf den Absatz, der
den Tod des Kammerherrn enthält, mit dem Malte den «eigenen Tod» seines Großvaters dem Pariser Massensterben entge-
gensetzt. Nachdem er, unentwegt schreibend, viele andere Bereiche heranzog, verfaßt er zum Abschluß mit der «Legende»
eine Variation auf seinen eigenen Fall und bekennt sich mit
der Geschichte der von ihm neugeschaffenen Figur zu seiner
persönlichen Situation. Rückblickend deutet er diese Situation
als notwendig und angemessen, weil er im Alleinsein die einzige Möglichkeit sieht, zu den neuen Einsichten zu gelangen,
die bei ihm selbst das einsame Ausharren vor dem Grauen zur
Voraussetzung hatte. Bei der von ihm geschaffenen Figur ist
das Grauen ein Stadium neben andern auf einem langen Weg,
an dessen Ende der Versuch zur Rückkehr steht. Malte berichtet von seiner Figur, die er einfach «er» nennt, daß «er» als
Knabe empfand, wie der Kreis der Familie ihn durch die Liebe
auf etwas festlegte, was er nicht war, auf ein Wesen, «das Tag
und Nacht unter der Suggestion ihrer Liebe stand, zwischen
ihrer Hoffnung und ihrem Argwohn, vor ihrem Tadel oder
Beifall»; wenn er einen Tag allein herumstreifte, dann breitete
das «Geheimnis seines noch nie gewesenen Lebens ... sich vor
ihm aus», und er fürchtete den Heimweg, weil man auf ihn
wartete, um ihn wieder zu einer bestimmten Person zusam-
menzudrängen. «Die Hunde, in denen die Erwartung den ganzen Tag angewachsen war, preschten durch die Büsche und
trieben einen zusammen zu dem, den sie meinten.» Malte
stellte als Erzähler die Frage: «Wird er bleiben und das unge-
fähre Leben nachlügen, das sie ihm zuschreiben, und ihnen allein mit dem ganzen Gesicht ähnlich werden? Wird er sich teilen zwischen der zarten Wahrhaftigkeit seines Willens und
dem plumpen Betrug, der sie ihm selber verdirbt?» Die Antwort lautet: «Nein, er wird fortgehen ... Fortgehen für immer.» Dieses Fortgehen bedeutet, daß er sich allen Veränderungen überlassen kann, zu denen er angelegt ist. Die endlo-
sen Weiten, die er durchwandert, sind die Weiten seines Innern, die er in der sichtbaren Welt erkennt. Als unbewältigt
erscheint ihm schließlich die Kindheit: «alle ihre Erinnerungen
hatten das Vage von Ahnungen an sich, und daß sie als ver-

gangen galten, machte sie nahezu zukünftig». Dies ist der
Grund, «weshalb der Entfremdete heimkehrte». Darin, daß
man ihm verzeiht – sein Fortgehen verzeiht – wird erkennbar,
daß man ihn nicht versteht. Malte sagt: «Es muß für ihn un-
beschreiblich befreiend gewesen sein, daß ihn alle mißverstanden ... Denn er erkannte von Tag zu Tag mehr, daß die Liebe
ihn nicht betraf, auf die sie so eitel waren und zu der sie einander heimlich ermunterten ... es wurde klar, wie wenig sie
ihn meinen konnten». Das Ergebnis der Rückkehr rechtfertigt
das Fortgehen.

　　Gegenbild zum verlorenen Sohn ist in den *Aufzeichnungen*
die Gestalt der Liebenden. Dies ist sowohl aus den Einzelab-
schnitten, die ihr gewidmet sind, zu ersehen, als auch aus dem
Platz, den sie im Gesamtaufbau des Werkes hat. Rilke beschäftigte sich jahrelang mit historischen Figuren großer Liebenden.
In langen Briefen und in den *Duineser Elegien* kommt er auf
sie zu sprechen. An Beispielen berühmter Liebender machte er
sich klar, wie sie über den Geliebten, der sie verlassen hatte,
hinauswuchsen und ihre gesammelte Liebeskraft aus ihnen
strahlte, wenn sie als Einsame, irgendwie beschäftigt, aushiel-
ten, was ihnen widerfahren war. Für Malte wird mit der Erinnerung an Abelone, die jüngste Schwester seiner Mutter, die
in seiner Knabenzeit bedeutungsvoll für ihn war, die Liebende
und zugleich Einsame in der Pariser Verlorenheit gegenwärtig.
Abelone ist die Letzte in der Reihe der Familienfiguren des ersten Teils der *Aufzeichnungen* und hat einen besonderen Abschnitt. Eine mit ihr korrespondierende Gestalt kehrt auf den
Wandteppichen wieder, die im darauffolgenden Abschnitt,
dem letzten des ersten Teiles der *Aufzeichnungen*, beschrieben
werden. Er beginnt: «Es gibt Teppiche hier, Abelone, Wandteppiche. Ich bilde mir ein, du bist da, sechs Teppiche sinds,
komm, laß uns langsam vorübergehen.» Auf jedem der Teppiche ist «diese ovale blaue Insel ... Sie trägt immer eine Gestalt,
eine Frau in verschiedener Tracht, aber immer dieselbe. Zuweilen ist eine kleinere Figur neben ihr, eine Dienerin, und
immer sind die wappentragenden Tiere da, groß, mit auf der
Insel, mit in der Handlung.» Es ist ein Löwe und ein Einhorn.
Die Frau ist stets mit etwas beschäftigt: «Sie füttert den Fal-

ken ... sie bindet einen Kranz», sie spielt die Orgel, sie nimmt eine Kette aus einer Truhe. «Sie selbst hält das Banner.» Auf dem letzten Teppich zeigt sie dem Einhorn sein Bild im Spiegel. Der Abschnitt endet: «Begreifst du, Abelone? Ich denke, du mußt begreifen.»

Rilke hat – dies wird hier deutlich – die «ungeordneten Papiere» sehr bewußt geordnet: die Beschreibung der Wandteppiche mit der Gestalt der Liebenden steht im letzten Abschnitt des ersten Teils – die Geschichte vom verlorenen Sohn im letzten Abschnitt des zweiten Teils. Die Wandteppiche bilden zugleich die Brücke zwischen den beiden Teilen und damit die Mitte der *Aufzeichnungen*, denn mit ihnen endet nicht nur der erste Teil, es setzt auch der zweite Teil mit ihnen ein. Daß die Teppiche nicht mehr in dem alten Schloß hängen, für das sie entworfen und gewoben wurden, sondern im Museum, ist das erste, was hier gesagt wird: «Nun sind auch die Teppiche der Dame à la Licorne nicht mehr in dem alten Schloß von Boussac. Die Zeit ist da, wo alles aus den Häusern fortkommt, sie können nichts mehr behalten.» Von den Teppichen kommt Malte auf die modernen Mädchen zu sprechen, die vor den Teppichen verweilen: «Denn es gibt eine Menge junger Mädchen in den Museen, die fortgegangen sind irgendwo aus den Häusern, die nichts mehr behalten.» Diese modernen Mädchen beginnen vor den Teppichen zu zeichnen, «denn dazu sind sie fortgegangen eines Tages, ziemlich gewaltsam». Trotzdem überlegen sie zuweilen, «ob es nicht doch möglich gewesen wäre zu bleiben», kommen aber erneut zu dem Ergebnis, daß es besser sei zu zeichnen: «Jetzt, da so vieles anders wird, wollen sie sich verändern.» Sie seien ermüdet, sagt Malte, nach der Jahrhunderte langen Leistung der Frauen in der Liebe und nicht mehr willens, jenes Leben zu führen, das auf den Teppichen wiedergegeben ist. Das Fortgehen ist das umfassende Thema, mit dem der zweite Teil der *Aufzeichnungen* beginnt. Die beiden Themenkreise: der der Liebenden und der des verlorenen Sohnes überschneiden und verknüpfen sich, indem das Fortgehen der Mädchen vorausweist auf das Fortgehen des Sohnes und Malte selbst die Frage stellt, ob nicht auch der Mann «die Arbeit der Liebe zu lernen» beginnen könne. Durch den gesamten zweiten Teil hin werden die beiden Themenkreise immer wieder sichtbar, indem neue Figuren sie verdeutlichen. Andere Themenkreise verdecken sie zeitweilig und geben sie dann wieder frei.

Malte spricht unmittelbar zu seinem Zeitalter und von seinem Zeitalter. War einerseits festzustellen: Alles, wovon der Roman handelt, liegt auf der gleichen Ebene der Gegenwart; so ist darüber hinaus zu sagen: Diese Gegenwart hat nicht als Fiktion zu gelten, sondern als das Zeitalter, das in ihr zu erkennen ist. Die zeichnenden Mädchen in Paris, die sich von ihrer Familie lösten, sind konkrete Gestalten vom Anfang des 20. Jahrhunderts wie die Malerin Herta in Friedrich Huchs *Pitt und Fox*, die auch von zu Hause fortgegangen war. In einem einzigen Zug, die Garderobe dieser Mädchen betreffend, veranschaulicht Rilke ihre gesamte Situation. Sein originaler Kunststil in der Figurendarstellung, auf den schon bei der Einführung der Mutter hingewiesen wurde (vgl. S. 228), zeigt sich wieder in der knappen Art, in der er Wesentlichstes unter Weglassung aller Umrisse gibt. Friedrich Huch baut die Malerin Herta auf «in ihrem langen, weißen Malkleid, das den schimmernden Hals, der den blonden Kopf so stolz trug, freiließ; keine Spur von Scheuheit, von Verhaltensein lag in ihrem großen, blauen Blick». Bei Rilke heißt es von den Mädchen vor den Teppichen: «Sie sind aus guter Familie. Aber wenn sie jetzt beim Zeichnen die Arme heben, so ergibt sich, daß ihr Kleid hinten nicht zugeknöpft ist oder doch nicht ganz. Es sind da ein paar Knöpfe, die man nicht erreichen kann. Denn als dieses Kleid gemacht wurde, war noch nicht davon die Rede gewesen, daß sie plötzlich allein weggehen würden. In der Familie ist immer jemand für solche Knöpfe. Aber hier, lieber Gott, wer sollte sich damit abgeben in einer so großen Stadt. Man müßte schon eine Freundin haben; Freundinnen sind aber in derselben Lage, und da kommt es doch darauf hinaus, daß man sich gegenseitig die Kleider schließt. Das ist lächerlich und erinnert an die Familie, an die man nicht erinnert sein will.» Rilke erfaßt und deutet hier einen Punkt, der in der Diskussion über die Frauenbefreiung eine wichtige Rolle spielte, hebt sich aber von dem üblichen Gebaren ab, indem er die Tatsache des nicht ganz ordentlichen Äußeren ernst nimmt, zunächst ihre soziologischen Voraussetzungen aufdeckt und dann auf die Gesamtsituation, die sich darin ausdrückt, eingeht.

Rilke kannte zur Zeit des *Malte* das Leben selbständiger Frauen und Mädchen aus persönlicher Erfahrung. Er war mit der Bildhauerin Clara Westhoff (1878–1954) verheiratet und mit der Malerin Paula Becker-Modersohn (1876–1907) bis zu ihrem Tod befreundet und über Jahrzehnte eng verbunden mit der Schriftstellerin Lou Andreas-Salomé (1861–1937). In zwei Romanen *Ruth* (1895) und *Ma* (1901) hatte Lou Andreas-Salomé die Problematik der sich zur Unabhängigkeit befreienden Frauen jener Zeit an subtilen Gestalten entfaltet. Rilke verdankte diesen Romanen vieles an Einsichten und im Stil, wie ihm der Umgang mit Lou, der vierzehn Jahre Älteren, die Vorbereitung für das Zusammenleben mit den beiden Künstlerinnen aus der eigenen Generation in Worpswede gewesen sein mag. Daß er diesen Umgang nach zwei Jahren, während der er Clara Westhoff heiratete, wieder aufnahm, bezeichnete er selbst als «endliche Wiederkehr zu einer, zu der einen in Reife und Ruhe wohnenden Frau», deren «irgendwie verlorener Sohn» er zu sein meinte (datiert 9. 11. 1903 an Lou Andreas-Salomé). Mit Clara Westhoff und der Tochter Ruth blieb er, nachdem der gemeinsame Haushalt an den finanziellen Schwierigkeiten gescheitert war, verbunden, wenn es auch in späteren Jahren nicht wieder zu einem Zusammenleben kam und er zu vielen Frauen Beziehungen hatte.

Daß diese biographischen Fakten sich in den *Aufzeichnungen* spiegeln, davon kann schon ihrem Romanstil nach nicht die Rede sein, wie Rilke auch auf keinen Fall mit Malte identifiziert sein wollte. Doch schuf sein ruheloses, unbehaustes Leben, zu dem die unterschiedlichsten Beziehungen zu Frauen gehörten, die erfahrungsmäßige Voraussetzung zu den *Aufzeichnungen* und bildete insofern eine Einheit mit ihnen, als ein so ungewöhnliches Werk ein ungewöhnliches Leben von seinem Autor forderte.

Das Buch bedeutet den Durchbruch zur modernen deutschsprachigen Literatur des 20. Jahrhunderts. Seine neue Form ist mit dem Inhalt so unlöslich verbunden, daß die Aussage als Ganzes nicht davon abgezogen werden kann. Rilke hat es öfters selbst versucht, sie zu umschreiben und schließlich einige Jahre nach Abschluß der *Aufzeichnungen* Formeln gefunden, die eine allgemeine Erklärung über seine Absichten bei der Abfassung der *Aufzeichnungen* enthalten und zugleich weit darüber hinaus auf die Absichten anderer produktiver Autoren in den Jahrzehnten nach ihnen verweisen. Er sagt, es habe sich bei *Malte Laurids Brigge* eigentlich allein um *dies* gehandelt: «*Dies*, wie ist es möglich zu leben, wenn doch die Elemente dieses Lebens uns völlig unfaßlich sind?» Auf die Situation des Menschen im einzelnen bezogen: «Wenn wir immerfort im Lieben unzulänglich, im Entschließen unsicher und dem Tode gegenüber unfähig sind, wie ist es möglich dazusein?» Es folgt das Bekenntnis: «Ich bin nicht durchgekommen, in diesem unter der tiefsten inneren Verpflichtung geleisteten Buch, mein ganzes Staunen auszuschreiben darüber, daß die Menschen seit Jahrtausenden mit Leben umgehen (von Gott gar nicht zu reden) und dabei diesen ersten unmittelbarsten, ja genau genommen einzigen Aufgaben (: denn was haben wir anderes zu tun, noch heute und wie lange noch?) so neulinghaft ratlos, so zwischen Schrecken und Ausrede, so armselig gegenüberstehen.» (8. 11. 1915 an Lotte Hepner).

Diese Äußerungen Rainer Maria Rilkes können unmittelbar auf die aus dem Nachlaß von FRANZ KAFKA (1883–1924) veröffentlichten Romane *Amerika* (1927), *Der Prozeß* (1925), *Das Schloß* (1926) bezogen werden. Daß Franz Kafka selbst verfügte, nach seinem Tode sollte Max Brod, sein Freund und Nachlaßverwalter, sie mit seinen übrigen hinterlassenen Schriften vernichten, hängt mit ihrem fragmentarischen Charakter zusammen. Blieben sie doch nicht deshalb Fragmente, weil Kafka darüber gestorben wäre, sondern weil er aufhörte, daran zu arbeiten. Während er in seinen Erzählungen jeweils einen Einzelfall zu rundem Ausdruck formte, mußte er sich bei den Romanen, weil die Großform Umfassendes forderte, Rilkes «Ich bin nicht durchgekommen» eingestehen. Er sprach deshalb von der verfehlten Hoffnung, «daß sich aus diesen

Stückchen ein Ganzes zusammensetzen wird» und fragte nach dem «Sinn des Aufhebens solcher ‹sogar› künstlerisch mißlungener Arbeiten» (Ende Dezember 1917 an Max Brod). Max Brod indessen war der Meinung, die drei Romane seien «der kostbarste Teil des Vermächtnisses ... Erst diese Werke werden zeigen, daß die eigentliche Bedeutung Franz Kafkas, den man bisher mit einigem Recht für einen Spezialisten, einen Meister der Kleinkunst halten konnte, in der großen epischen Form liegt.» Dieser Überzeugung zufolge nahm Brod nach Kafkas Tod die Verantwortung auf sich, die Romane zu veröffentlichen. Sein Tun rechtfertigt sich mit seiner Erklärung: «Fast alles, was Kafka veröffentlicht hat, ist ihm von mir mit List und Überredungskunst abgenommen worden.» (Nachwort zur ersten Ausgabe des *Prozeß*) Kafka hatte ein merkwürdig gebrochenes Verhältnis zu seinen eigenen Werken. Max Brod war als Freund Hüter und Bewahrer der Texte. Seinen Interpretationen aber hat sich die Kafkaforschung nicht angeschlossen. Eine eindeutige Auslegung von Kafkas Werk scheint es, mindestens in unserm Zeitalter, nicht zu geben [68].

An seinem ersten Roman, der unter dem Titel *Amerika* veröffentlicht wurde, schrieb Kafka von Anfang 1912 bis Anfang 1913, hauptsächlich in den Herbstmonaten Oktober und November 1912. Er bezeichnete das Werk manchmal *Der Verschollene* oder auch den *amerikanischen Roman*, meistens einfach den *Roman*. Das erste Kapitel *Der Heizer* erschien 1913 als selbständiger Druck. Während der Arbeit am *Roman* entstanden in der Nacht vom 22. zum 23. September 1912 *Das Urteil* und zwischen Mitte November und Anfang Dezember 1912 *Die Verwandlung*. Kurt Wolff gegenüber, der den *Heizer* herausbrachte, äußerte Kafka, *Der Heizer*, *Die Verwandlung* und *Das Urteil* gehörten «äußerlich und innerlich zusammen», es bestehe «zwischen ihnen eine offenbare und noch mehr eine geheime Verbindung, auf deren Darstellung durch Zusammenfassung in einem etwa *Die Söhne* betitelten Buch» er «nicht verzichten möchte» (11. 4. 1913). Das Buch ist nie zustande gekommen. Die Bemerkung aber beweist, daß Kafka schon im Frühjahr 1913 nicht mehr daran dachte, den *Roman*, der ohne den *Heizer* als erstes Kapitel nicht denkbar ist, als Ganzes zu veröffentlichen. Er hatte die Arbeit daran abgebrochen und ihn unvollendet liegen lassen, obwohl er ein, wenn auch nicht zu Ende geführtes Schlußkapitel dafür schon geschrieben hatte: *Das Naturtheater von Oklahoma*, dessen Einleitung er nach Brods Zeugnis «besonders liebte und herzergreifend schön vorlas».

Karl Roßmann, die Hauptgestalt des Romans, ist ein liebenswerter Junge aus Prag, der sechzehnjährig «von seinen armen Eltern nach Amerika geschickt worden war, weil ihn ein Dienstmädchen verführt und ein Kind von ihm bekommen hatte.» Während seiner Einfahrt in den Hafen von New York, mit der der Roman beginnt, kommt er ins Gespräch mit einem Heizer, den er gleich darauf bei seiner Beschwerde über ungerechte Behandlung vor dem Kapitän unterstützt. Dabei tritt ihm sein Onkel entgegen, ein steinreicher Senator, der, von jenem Dienstmädchen über die Ankunft des Neffen orientiert, zu dessen Empfang auf dem Schiff erschienen war. Karl kommt in großartige Verhältnisse; der Blick von seinem Zimmer in eine New Yorker Verkehrsstraße, der amerikanische Schreibtisch mit hundert Fächern, die man durch eine Kurbel verstellen kann, die Dusche, das Reiten, der Englischunterricht, das phantastische Speditionsunternehmen, das der Onkel selbst aufbaute – alles entspricht einem ironisch-absurden Amerikabild, das eine Welt bedeutet, in der alles Denkbare möglich ist. Nach zweieinhalb Monaten wird Karl vom Onkel verstoßen und befindet sich auf der Straße, weil er sich für einen Abend von einem Freund des Onkels in ein Landhaus bei New York einladen ließ, womit der Onkel sich nicht ganz einverstanden gezeigt hatte. Es ist ein unüberschaubares Haus von riesigen Ausmaßen, das gerade umgebaut wird. Die Tochter des Hauses – wie Karl erst gegen Mitternacht erfährt, mit einem Bekannten von ihm verlobt – provoziert ihn und erledigt ihn dann mit der Überlegenheit ihrer Ringkämpfermethode. Schließlich muß er ihr noch auf dem Klavier vorspielen, wobei ihr Bräutigam, wie sich hinterher zeigt, amüsiert zuhört. Als Karl das Haus früher als verabredet verlassen will, um möglichst schnell wieder bei dem Onkel zu sein, wird ihm dessen Abschiedsbrief und der Reisekoffer, mit dem er in New York eintraf, überreicht. Zum zweiten Mal verführt und bestraft, sieht er sich allein in eine Welt gestellt, die ihm so unüberschaubar bleiben muß wie jenes Haus, in dessen dunkeln Gängen er sich umhertastete, immer wieder einem Menschen begegnend, mit dem er auf irgendeine Weise zu tun hatte. Die «zwei Lumpen», Delamarche und Robinson, mit denen er sogleich nach Verlassen des eleganten Landhauses in der Schlafkammer eines billigen Wirtshauses zusammentrifft, nutzen ihn aus und haben es auf seinen kleinen Geldbesitz abgesehen. Er begibt sich mit ihnen zu Fuß auf den Weg, um mit ihrer Hilfe eine Arbeits- oder Lehrstelle zu finden, kann sich aber schon nach einem Tag von ihnen trennen, weil die Oberköchin Grete Mitzelbach im Hotel «Occidental» ihm als einem jungen Landsmann eine Stelle als Liftjunge verschafft; sie selbst stammt aus Wien und arbeitete vor Jahrzehnten ein halbes Jahr in Prag am Wenzelsplatz. Karl wäre vorzüglich aufgehoben, wenn ihm nicht nach zwei Monaten durch Robinson, hinter dem Delamarche steht, Schwierigkeiten bereitet würden, so daß er seine Entlassung erhält. Die beiden unangenehmen Kumpane zwingen ihn in eine Dienerstellung bei der nicht mehr ganz jungen Sängerin Brunelda, deren Geliebter Delamarche inzwischen geworden ist. Sie hausen mit ihr in einem mit verbrauchtem Hausrat angefüllten Zimmer einer hochgelegenen Vorstadtwohnung, von deren Balkon Karl die Vorgänge des öffentlichen Lebens mit Staunen beobachtet. Ein junger Mann auf dem Nachbarbalkon, der nachts studiert, bei Tag in einem Warenhaus arbeitet und statt zu schlafen laufend schwarzen Kaffee trinkt, klärt ihn zur nächtlichen Stunde über die Wahlkampagne auf, die er in der Straße sah – der Kandidat eigne sich durchaus für den Richterposten, um den es ginge; aber kein Mensch dächte daran, daß er gewählt werden könne; er verlöre nur sein Geld –; der Nachbar rät Karl außerdem, bei Delamarche zu bleiben. Posten, wie er sie suche, fänden sich schwer; es sei «leichter, hier Bezirksrichter ... als Türöffner» im Warenhaus zu werden. Er selbst studiere «nur aus Konsequenz»; weder Befriedigung noch Zukunftsaussichten habe er davon. «Welche Aussichten wollte ich denn haben? Amerika ist voll von Schwindeldoktoren.» Karl gibt nach diesem Gespräch seine Bedenken gegen die Dienerstelle vorläufig auf und legt sich schlafen. «Beruhigend fiel ihm ein, als er die Augen schloß, daß er doch jung war und daß Delamarche ihn doch einmal freigeben würde; dieser Haushalt sah ja wirklich nicht danach aus, als sei er für die Ewigkeit gemacht.» Hier könnte der Roman fast enden. Von einem längeren Dienst bei Brunelda berichten zwei überlieferte Fragmente.

Karl Roßmann benimmt sich in allen Lagen richtig. Er ist immer gefaßt, besonnen und von moralischer Integrität. Die Klarheit und Bündigkeit seiner Rede wie seines Denkens bilden in allen Szenen das Gegengewicht zu der durch das Zusammenwirken entgegengesetzter Bestrebungen verwirrten Situation. Die gesamte Erzählung bis zur Brunelda-Station zeigt, wie Karl Roßmann das Abenteuer seines Lebens geistig bewältigt. Erfolg und Mißerfolg sind dabei weniger wichtig als seine persönlichen Reaktionen.

In der Heizerszene hat er in der Sache des Heizers gegen Schubal praktisch keinen Erfolg, trotzdem führt er die Szene. Die menschlichen Sympathien, die er dabei gewinnt, sind nicht die Folge seines Gerechtigkeitssinnes, sondern ermöglichen erst dessen Äußerung. Als der Onkel meint, nun hätte man genug von dem Heizer, dieser Ansicht seien sicher alle anwesenden Herrn, sagt Karl: «Darauf kommt es doch nicht an, bei einer Sache der Gerechtigkeit». Es wird selbstverständlich nicht nach diesen Worten gehandelt; aber sie sind gesprochen; sie sind möglich geworden. Es ist Sache des Onkels, gesellschaftlich über sie hinwegzukommen, und Karl lehnt sich nicht mehr auf, als er dem Onkel folgen und den Heizer sich selbst überlassen muß. Doch während der Kapitän «ein Boot ... flottmachen» läßt, damit Onkel und Neffe sich schnellstens an Land begeben können, spricht Karl sein Urteil über das Welttheater, in dem er mitspielt: «‹Die Zeit drängt schon›, sagte sich Karl, ‹aber ohne alle zu beleidigen, kann ich nichts tun. Ich kann doch jetzt den Onkel nicht verlassen, nachdem er mich kaum wiedergefunden hat. Der Kapitän ist zwar höflich, aber das ist auch alles. Bei der Disziplin hört seine Höflichkeit

auf, und der Onkel hat ihm sicher aus der Seele gesprochen.
Mit Schubal will ich nicht reden, es tut mir sogar leid, daß ich
ihm die Hand gereicht habe. Und alle anderen Leute hier sind
Spreu.»» Karl geht nur noch auf den Heizer zu und sagt ihm,
was ihm gesagt werden muß, nämlich: er muß sich «zur Wehr
setzen, ja und nein sagen, sonst haben doch die Leute keine
Ahnung von der Wahrheit ...». Als Karl weint, bringt der Onkel auch dies gesellschaftlich ins Reine.

Wie Karl bei seinem Abgang in der Heizerszene genau das
Maß zu halten versteht, das ihm gesetzt ist, so weiß er auch
später stets, wie weit er gehen kann und wann er aufgeben
muß. Er lehnt sich nicht auf, weder als er vom Onkel verstoßen wird, noch als er seine Entlassung im Occidental erhält.
Doch ist jedes Mal sein Urteil über das Geschehen zu vernehmen. Im Landhaus bei New York stellt er unbeirrt durch seine
katastrophale Situation und wohl wissend, daß er sie nicht
mehr ändern kann, Green gegenüber fest: «Sie gingen ... über
Ihren Auftrag hinaus». Der Termin sei für ihn noch zu erreichen gewesen. «Und Sie sind es, der die Schuld trägt, daß ich
ihn versäumt habe.» Über Schuld und Versäumnis wird mit
diesem Satz eindeutig entschieden; und der Autor steht hinter
Karl Roßmann, denn das gesamte Kapitel ist auf diesen Satz
hin gearbeitet. Alle Einzelheiten der berichteten Handlung
sowie ihre Gesamtlinie belegen ihn. Der Abend verlief unerfreulich und verwirrend. Was immer dabei mitspielte, Karl
weiß: er hat den Termin versäumt; die Tatsache ist unabänder-
lich; aber die Schuld liegt nicht bei ihm; der andere trägt sie.
Fest und bestimmt bringt Karl seine Meinung vor: «es wäre
schließlich Ihre Pflicht gewesen, mich in Ihrem Automobil,
von dem plötzlich nicht mehr die Rede war, zu meinem Onkel
zurückzubringen, da ich so danach verlangte, zurückzukeh-
ren». Green muß die Anklage über sich ergehen lassen und
schiebt Karl in aller Form ab, es heißt: «und schob ihn, der
Koffer und Schirm wieder aufgenommen hatte, durch eine
kleine Tür, die er vor ihm aufstieß, hinaus. Karl stand erstaunt im Freien. Eine an das Haus angebaute Treppe ohne
Geländer führte vor ihm hinab.»

Es charakterisiert den Gesamtstil des Romans, daß weder

nach diesen Ereignissen noch bei der Entlassung im Hotel Occidental von gefühlsmäßigen, affektbedingten Reaktionen Karls die Rede ist: keine Selbstvorwürfe, keine verzweifelte Vergegenwärtigung des Unglücks, kein großer Empörungsausbruch. Das Kapitel *Ein Landhaus bei New York* berichtet nur noch kurz, wie Karl aus dem Garten herauskommt, ohne von den losgelassenen Hunden belästigt zu werden, auf der Landstraße nicht feststellen kann, in welcher Richtung New York liegt, und sich sagt – und damit schließt das Kapitel –, «daß er ja nicht unbedingt nach New York müsse, wo ihn niemand erwarte und einer sogar mit Bestimmtheit nicht erwarte. Er wählte also eine beliebige Richtung und machte sich auf den Weg.» Das nächste Kapitel, betitelt *Weg nach Ramses*, beginnt: «In dem kleinen Wirtshaus, in das Karl nach kurzem Marsch kam, ... verlangte Karl die billigste Bettstelle, ... denn er glaubte, mit dem Sparen sofort anfangen zu müssen.» Auf die Vorgänge im Landhaus bei New York wird nur noch flüchtig Bezug genommen, als Karl in der Schlafkammer mit den zwei schon belegten Betten seinen Koffer auspackt und dabei erkennt, daß es seine eigene Mütze war, die Herr Green ihm, als er seinen Hut suchte, als Ersatz anbot, nämlich «die Mütze, die ihm die Mutter als Reisemütze mitgegeben hatte». Der Gedanke, daß Herr Green sie dazu benutzte, «um sich auf Karls Kosten zu belustigen», dem Karl anfügt: «Ob ihm vielleicht auch dazu der Onkel den Auftrag gegeben hatte?» veranlaßt Karl, «in einer unabsichtlichen, wütenden Bewegung» den Kofferdeckel zu fassen, so daß er «laut zuklappte» und die Schläfer in der Kammer von dem Geräusch aufwachen. Karls Erregung bei der «unabsichtlichen, wütenden Bewegung» ist bewirkt durch den Gedanken, daß man sich mit der von der Mutter stammenden Reisemütze auf seine Kosten einen Spaß machte, nicht durch die Erinnerung an Green selbst und seinen Auftrag. Was ihn in dieser Nacht beschäftigt, ehe er auf dem Stuhl einschläft, ist allein die Photographie der Eltern, die er unter seinen Habseligkeiten wiederfand. Er versenkt sich tief in die beiden Gestalten. Als die Photographie ihm am Abend des nächsten Tages abhanden kommt, ist er bereit, den gesamten Inhalt seines Koffers für diese Photographie zu ge-

ben. «Sie war mir wichtiger als alles, was ich sonst im Koffer
habe», sagte er, die Erklärung gebend: «Sie ist nämlich uner-
setzlich, ich bekomme keine zweite» und gleich darauf: «Es
war das einzige Bild, das ich von meinen Eltern besaß.» Die
Eltern sind der einzige Bereich, um dessentwillen Karl warm
und emotional reagiert. Bei der Entlassungsszene im Occidental benimmt er sich wieder unberührt und zurückhaltend, obwohl doch auch hier wie bei dem Bruch mit dem Onkel eine
menschliche Beziehung zerstört wird, nämlich die zu der mütterlichen Oberköchin mit dem heimatlichen Namen Grete Mitzelbach. Bei den der Entlassungsszene vorausgehenden Vorgängen arbeitete der Autor wieder sorgfältig «Versäumnis»
und «Schuld» heraus, so daß feststeht, Karls Versäumnis läßt
sich nicht abstreiten; aber von einer Schuld kann nicht gesprochen werden. Die Vorwürfe, die man Karl macht, sollen
eine Schuld erbringen, die Karl nicht widerlegen kann, wenn
man nicht bereit ist, auf seine Widerlegung einzugehen. «‹Es
ist unmöglich, sich zu verteidigen, wenn nicht guter Wille da
ist›, sagte sich Karl und antwortete dem Oberkellner nicht
mehr». Er ist im Ertragen von Ungerechtigkeiten erfahren und
reagiert auch hier kühl und souverän. Sein eigner «guter Wille» bleibt bei all dem unerschöpflich. Davon zeugt im besonderen der Schluß des 7. Kapitels, als er sich nach dem Gespräch mit dem Studenten auf dem übel riechenden Kanapee
voll guter Vorsätze für künftige Tätigkeiten zum Schlafen
legt.

Einige Teile des Romans fehlen zwischen dem 7. und dem
letzten Kapitel, in dem der Leser erfährt, daß Karl Roßmann
nach dem Dienst bei Brunelda noch einige Stellen hatte, zuletzt in einem fragwürdigen Büro arbeitete und schon lange
nicht mehr seinen eigenen Namen führte, so daß ihm, als er
beim Naturtheater von Oklahoma seinen Namen angeben soll,
nur sein Rufname aus seinen letzten Stellungen: «Negro» ein-
fällt. Auf das Naturtheater wurde Karl durch ein Plakat aufmerksam, das für den gleichen Tag Aufnahme von Personal
verhieß. «Wer an seine Zukunft denkt, gehört zu uns! Jeder
ist willkommen! Wer Künstler werden will, melde sich!» So
war zu lesen. Das Theater könnte jeden brauchen, «jeden an

seinem Ort!» Von Bezahlung wurde nicht gesprochen. Karl Roßmann beeindruckte vor allem andern der Satz: «Jeder ist willkommen». Zu bürgen schien ihm die öffentliche Aufforderung dafür, daß es sich um eine Arbeit handele, «die keine Schande war» und das öffentliche Versprechen, das man ihn auch nehmen würde. «Er verlangte nichts Besseres, er wollte endlich den Anfang einer anständigen Laufbahn finden, und hier zeigte er sich vielleicht.» Unter den Hunderten von Frauen, die in Engelsgewändern auf hohen Podesten Trompeten bliesen, als er sich dem Aufnahmeplatz für das Theater näherte, rief ihn überraschend eine mit seinem Namen «Karl» an, und er erkannte seine «alte Freundin» Fanny, was ihn sehr freute. Sie ließ ihn auf ihr Podest kommen und ein Lied auf ihrer Trompete blasen. Aufgenommen wurde er in der Kanzlei für «europäische Mittelschüler» und zwar nach einem kurzen Gespräch mit einem der Herrn als «Negro, technischer Arbeiter». Er hatte angegeben, daß er einst den Wunsch hatte, Ingenieur zu werden. Bei der gemeinsamen Mahlzeit der Aufgenommenen trifft er Giacomo, den er aus dem Occidental kannte und der seinen Liftjungenposten an Karl hatte abtreten müssen, als Karl eingestellt wurde. Mit ihm schließt er sich sogleich fest zusammen, und sie genießen gemeinsam die Reise von zwei Tagen und zwei Nächten, die nach Oklahoma führen soll. Dabei bricht das Fragment ab.

Max Brod berichtete, daß das Schlußkapitel «versöhnlich ausklingen sollte. Mit rätselhaften Worten deutete Kafka lächelnd an, daß sein junger Held in diesem ‹fast grenzenlosen› Theater Beruf, Freiheit, Rückhalt, ja sogar die Heimat und die Eltern wie durch paradiesischen Zauber wiederfinden werde.» Kafka habe gewußt und auch oft gesprächsweise hervorgehoben, dieser Roman sei «hoffnungsfreudiger und ‹lichter› ... als alles, was er sonst» schrieb. Brod hob außerdem hervor, «daß Franz Kafka sehr gern Reisebücher, Memoiren las, daß die Biographie Franklins eines seiner Lieblingsbücher war, aus dem er auch gerne vorlas, daß stets eine Sehnsucht nach Freiheit und fernen Ländern in ihm lebte. Größere Reisen (über Frankreich und Oberitalien hinaus) hat er indessen nicht gemacht, und es ist die Morgenröte der Phantasie, die diesem

Buch der Abenteuer seine besondere Farbe gibt.» (Nachwort zur ersten Ausgabe von *Amerika*)

Kafka hat in einer Tagebuchnotiz vom 30. September 1915 Karl Roßmann mit der Hauptfigur des *Prozeß*, an dem er damals schrieb, verglichen. «Roßmann und K., der Schuldlose und der Schuldige, schließlich beide unterschiedslos strafweise umgebracht, der Schuldlose mit leichterer Hand, mehr zur Seite geschoben als niedergeschlagen.» Schon Wilhelm Emrich wies darauf hin, daß kein Widerspruch zwischen dieser Tagebuchnotiz und der von Brod überlieferten Äußerung über das Ende des Romans gesehen werden muß [69]. Roßmann kann tatsächlich in der Berufswelt des ihm fremden Erdteils nicht Fuß fassen; er wird überall zur Seite geschoben, «strafweise umgebracht», sinkt immer tiefer, gibt sogar seinen Namen auf und ist nach dem 7. Kapitel ein «Verschollener», von dem auch der Leser nichts mehr erfährt.

Der Anruf Fannys mit dem rechten Namen «Karl» mag besonderen Sinn haben wie auch das Zusammentreffen mit Giacomo, der in der neuen Welt ein Freund ist, während die beiden im Occidental Konkurrenten waren. Indem Roßmann wieder ihm gemäße Beziehungen zu Menschen herstellen kann, mag sein Überleben beginnen. Jedenfalls steht das Schlußkapitel unter dem Aspekt der Hoffnung.

Nicht außer acht gelassen werden darf, daß jene Bemerkung über «Roßmann und K.» von einem späteren Standpunkt als der Roman *Amerika* geschrieben ist. Auch hat eine Tagebuchnotiz einen anders gearteten Aussagewert als ein Romantext, zumal wenn es sich um einen Roman von so hohem Kunstwert handelt wie *Amerika*. Es kann sich bei einer solchen Notiz um eine flüchtige, stimmungsbedingte Äußerung handeln, bei der der Autor seinen Roman nicht ganz vor Augen hat; schöpferische Menschen vergessen ihre eigenen Produktionen schnell und sind beim Wiederlesen erstaunt über sie. Es kann sich aber auch um eine tiefgreifende, werkerhellende Erklärung handeln.

Kafkas persönliche Situation war im Jahr 1915 grundlegend anders als während der Niederschrift von *Amerika*. Die folgenschwere Wirkung seiner unglücklichen Beziehung zu Felice

Bauer hatte schon begonnen. Kafka lernte Felice im August 1912 kennen, hielt im Juni 1913 zum ersten Mal und Anfang Januar 1914 zum zweiten Mal um sie an, bekam im April 1914 ihre Zusage zur Heirat im September, verlobte sich am 30. Mai 1914 offiziell mit ihr und entlobte sich am 12. Juli 1914 wieder, ohne von ihr loszukommen. Seit Januar 1915 traf er wieder mit ihr zusammen, Anfang Juli 1917 fand eine zweite Verlobung statt, die nach der Konstatierung von Kafkas Lungentuberkulose (4. September) Ende Dezember 1917 wieder gelöst wurde. Kafkas eigenartige Gebundenheit an Felice Bauer, sein Wunsch zur Familiengründung einerseits und sein Zurückweichen vor der Ehe andererseits bedeuteten für ihn selbst schweres Leid. Anfang August 1914, etwa drei Wochen nach der ersten Entlobung, begann er mit der Arbeit an seinem Roman *Der Prozeß*, die ihn im Jahr 1915 weiter beschäftigte.

Auch dieser Roman blieb Fragment. Nach Brods Zeugnis liegt die Hauptlücke vor dem Schlußkapitel, das besagt: an der gleichen Stelle wie in *Amerika*. Brod, der das Manuskript 1920 an sich nahm «und gleich damals geordnet» hat, mußte für die von Kafka selbst abgeteilten und mit Überschriften versehenen Kapitel eine Reihenfolge herstellen und war dabei nach seiner eigenen Darstellung auf sein «Gefühl» angewiesen. Man hat seine Anordnung in der Forschung später in Frage gestellt, aber nicht widerlegen können. Über den fragmentarischen Charakter des Romans sagte Brod im Nachwort zur ersten Ausgabe: «Da ... der Prozeß nach der vom Dichter mündlich geäußerten Ansicht niemals bis zur höchsten Instanz vordringen sollte, war in einem gewissen Sinne der Roman überhaupt unvollendbar, das heißt in infinitum fortsetzbar.» Den Prozeß selbst nennt Max Brod einen «geheimnisvollen» Prozeß, und er bezeichnet ihn damit treffend. Da die Forscher den Tatbestand des Geheimnisvollen nicht auf sich beruhen lassen wollten, kam es zu zahllosen Deutungen, die, dem Gegenstand entsprechend, vielfältig in Frage gestellt und durch andere Deutungen ersetzt werden konnten.

Dem Wortlaut nach beginnt der Roman mit der Verhaftung des Joseph K. und endet mit seiner Hinrichtung. Doch ist mindestens die Verhaftung ein «geheimnisvoller» Vorgang – die Hinrichtung ist nur ihre letzte Folge. Joseph K. kann, nachdem er die anscheinend offizielle Erklärung empfangen hat, er sei verhaftet, seinem Beruf nachgehen. Er ist ein angesehener Prokurist in einer Bank und an diesem Tag gerade dreißig Jahre alt geworden. Vom ersten Augenblick an weiß Joseph K. nicht, was er von der angeblichen Verhaftung halten soll. Er äußert dem ihm als «Aufseher» bezeichneten Herrn gegenüber, die «Sache» könnte «nicht viel Wichtigkeit haben» und begründet seine Äußerung: «Ich folgere das daraus, daß ich angeklagt bin, aber nicht die geringste Schuld auffinden kann, wegen deren man mich anklagen könnte. Aber auch das ist nebensächlich, die Hauptfrage ist, von wem bin ich angeklagt? Welche Behörde führt das Verfahren?» Damit hat Joseph K. die Kernfragen aufgeworfen, die ihn bis zum Ende beschäftigen und auf die er nie eine Antwort erhalten wird: die Frage seiner Schuld und die Frage der Gerichtsbehörde. Schon der Aufseher geht auf diese Fragen nicht ein, sondern verwahrt sich entschieden dagegen, irgendwelche Auskünfte zu geben, die über die Tatsache, daß K. verhaftet ist, hinausgehen. Sehr wichtig ist, daß er es ablehnt, die von K. aus der Verhaftung gezogene Schlußfolgerung, K. sei angeklagt, zu bestätigen: «Ich kann Ihnen auch durchaus nicht sagen, daß Sie angeklagt sind oder vielmehr, ich weiß nicht, ob Sie es sind. Sie sind verhaftet, das ist richtig, mehr weiß ich nicht.» Im weiteren Verlauf des Romans wird viel und lange über die Gerichtsbehörden gesprochen, es werden Verfahrensweisen beschrieben und Möglichkeiten des Prozeßverlaufs aufgezählt. Joseph K. hetzt hin und her und bemüht sich nach Kräften, seine Angelegenheit zu verstehen und zu regeln, erreicht aber nichts und gewinnt auch keine Klärung über jene Kernfragen, obwohl jedermann bestrebt ist, ihn über seine Situation zu belehren. Diese Belehrung durch die andern beginnt bei den Wächtern am ersten Morgen, die zwar sagen: «Wir sind niedrige Angestellte», trotzdem aber sich für fähig halten, das Vorgehen ihrer Behörde zu begreifen: «Unsere Behörde ... sucht doch nicht etwa die Schuld in der Bevölkerung, sondern wird, wie es im Gesetz heißt, von der Schuld angezogen und muß uns Wächter ausschicken. Das ist Gesetz.» Joseph K. erwidert verständnislos: «Dieses Gesetz kenne ich nicht» und muß schließlich mitanhören, wie der Wächter Franz erläutert: «Sieh, Willem, er gibt zu, er kenne das Gesetz nicht, und behauptet gleichzeitig, schuldlos zu sein.»

Mit dieser Erläuterung ist die Widersinnigkeit bezeichnet, der Joseph K. und mit ihm alle Gestalten, die sich mit ihm befassen, ausgeliefert sind. Der gesamte Romanablauf zehrt von ihr. Frau Grubach, K.s. Zimmervermieterin, umschreibt ihren Eindruck noch am Abend der Verhaftung K. gegenüber: «Es handelt sich ja um ihr Glück ... Es kommt mir wie etwas Gelehrtes vor ... das ich zwar nicht verstehe, das man aber auch nicht verstehen muß». In dem sich anschließenden langen Gespräch mit der Zimmernachbarin Fräulein Bürstner sind die Rollen anscheinend umgekehrt verteilt, das Ergebnis ist aber das gleiche. Fräulein Bürstner meint, wenn sie «Ratgeber» sein sollte, müßte sie wissen, «worum es sich handelt». Worauf K. nur sagen kann: «Das ist eben der Haken, ... das weiß ich selbst nicht». Trotzdem spricht er sich bei der ersten «Untersuchung», zu der er telefonisch für einen Sonntagmorgen geladen wird, ausführlich über das Verfahren aus, sogleich herausstellend: «denn es ist ja nur ein Verfahren, wenn ich es als solches anerkenne». Es sei «kein Zweifel», führt er aus, «daß hinter allen Äußerungen dieses Gerichtes ... eine große Organisation sich» befinde. Sie beschäftige nicht nur «bestechliche Wächter, läppische Aufseher und Untersuchungsrichter», sondern unterhalte «weiterhin jedenfalls eine Richterschaft hohen und höchsten Grades ... mit dem zahllosen, unumgänglichen Gefolge von Dienern, Schreibern, Gendarmen und andern Hilfskräften, vielleicht sogar Henkern». Auf die von ihm aufgeworfene Frage nach dem «Sinn dieser großen Organisation» gibt er die Antwort: «Er besteht darin, daß unschuldige Personen verhaftet werden und gegen sie ein sinnloses und meistens, wie in meinem Fall, ergebnisloses Verfahren eingeleitet wird.» Selbstverständlich lasse sich bei der Sinnlosigkeit des Ganzen die Korruption der Beamtenschaft nicht vermeiden. Am Ende der «Untersuchung» erhält Joseph K. den Eindruck, daß auch die Zuhörer bei der Verhandlung als «korrupte Bande» dem Gericht angehörten. Die schlechte Meinung, die K.

sich sowohl bei der Verhaftung als auch bei der ersten Untersuchung von dem Gericht bildete, bestätigt sich bei seinem Besuch der Gerichtskanzleien auf dem Dachboden, bei dem es ihm übel wird.

Wie die Verhaftung keine rechte Verhaftung war, so kann auch die «erste Untersuchung» nicht als richtige Untersuchung gelten. Der Leser fragt sich, warum K. dabei ständig selbst spricht, und fast begreiflich erscheint, daß ihn der Untersuchungsrichter beim Verlassen des Saals darauf aufmerksam macht, er habe sich heute «des Vorteils beraubt ...‚ den ein Verhör für den Verhafteten in jedem Falle bedeutet». Auffällig ist, daß Joseph K. im nächsten Kapitel schon als «Angeklagter» bezeichnet wird und sich selbst als angeklagt betrachtet. Bleibt es doch unbekannt, warum und bei welcher Gelegenheit er zum Angeklagten wurde. Es war ausdrücklich betont worden, daß aus der Verhaftung nicht der Schluß der Anklage gezogen werden dürfte. Möglich wäre, hier fehle ein Zwischenstück; der fragmentarische Charakter des Romans könnte die Ursache für den ungewöhnlichen und plötzlichen Gebrauch der Bezeichnung «Angeklagter» sein. Sogar der Untersuchungsrichter sprach am Ende des 2. Kapitels vom «Verhafteten», und K. sagt im 3. Kapitel zur Frau des Gerichtsdieners noch: «daß ich angeblich verhaftet wurde – ich bin nämlich verhaftet –». Er widerspricht aber nicht, als der Gerichtsdiener in der nächsten Szene des gleichen Kapitels zu ihm sagt: «ach so, Sie sind der Angeklagte K.», und bestätigt etwas später sogar dessen Satz «Sie sind doch angeklagt» mit «Ja». Auf dem Gang der Gerichtskanzleien bezeichnet er – immer noch im 3. Kapitel – die Angeklagten als seine «Kollegen» und sagt zu einem von ihnen: «ich zum Beispiel bin auch angeklagt» und gleich darauf: «Sie glauben wohl nicht, daß ich angeklagt bin?» Der Leser zumindest hat von der Anklage noch nichts erfahren und muß sich wundern, daß K. sie nicht nur als gegeben hinnimmt, sondern sich beinahe stolz darauf bezieht.

Die Vermutung liegt nahe, daß sich hinter der überraschenden Tatsache nicht das Fehlen eines Romanteils verbirgt. Wahrscheinlich ist: Mit dem übergangslosen Wechsel vom

Verhafteten zum Angeklagten innerhalb des gleichen Kapitels manifestiert sich Kafkas neuer Darstellungsstil. Es geschieht hier etwas, was logisch nicht begründet ist, wie ja der gesamte Prozeß der Logik entbehrt. Dies ist an Einzelzügen besser zu demonstrieren als am Ganzen durch Deutung zu beweisen. Als Beispiel mag gelten: Als K. an jenem Sonntagmorgen vor der ersten Untersuchung das Untersuchungszimmer in dem ihm bezeichneten Haus suchte, sah er außer der Treppe, die er benutzen wollte, drei weitere Treppenaufgänge und vermutete noch einen Durchgang zu einem zweiten Hof; er stand still, weil er nicht wußte, welchen Weg er zu nehmen hatte. «Schließlich stieg er doch die Treppe hinauf und spielte in Gedanken mit einer Erinnerung an den Ausspruch des Wächters Willem, daß das Gericht von der Schuld angezogen werde, woraus eigentlich folgte, daß das Untersuchungszimmer an der Treppe liegen mußte, die K. zufällig wählte.» Bei seiner weiteren Suche in dem riesigen Gebäude mit vielen Mietern meinte er, nicht nach der Untersuchungskommission fragen zu können und erkundigte sich deshalb nach einem Tischler Lanz, den er erfunden hatte, um die Möglichkeit zu gewinnen, in die Zimmer hineinzusehen. Er suchte, geführt von hilfsbereiten Leuten, vergeblich durch die Stockwerke hin; es heißt schließlich: «und klopfte an die erste Tür des fünften Stockwerkes ... ‹Wohnt ein Tischler Lanz hier?› fragte er. ‹Bitte›, sagte eine junge Frau ... und zeigte mit der nassen Hand auf die offene Tür des Nebenzimmers». Es war tatsächlich das richtige Zimmer. «K., dem die Luft zu dumpf war, trat wieder hinaus und sagte zu der jungen Frau, die ihn wahrscheinlich falsch verstanden hatte: ‹Ich habe nach einem Tischler, einem gewissen Lanz, gefragt?› ‹Ja›, sagte die Frau, ‹gehen Sie, bitte, hinein.› K. hätte ihr vielleicht nicht gefolgt, wenn die Frau nicht auf ihn zugegangen wäre, die Türklinke ergriffen und gesagt hätte: ‹Nach Ihnen muß ich schließen, es darf niemand mehr hinein.›» Daß K. so doch noch termingemäß, wenn auch etwas verspätet, vor dem Untersuchungsrichter erscheint, beweist, daß er sich schon im Einvernehmen mit den am Prozeß Mitwirkenden befindet. Er hat – sich der Worte seiner Wächter erinnernd – verstanden, daß er jede Treppe benutzen kann, und er akzeptiert damit immerhin die Möglichkeit seiner eigenen Schuld, von der das Gericht angezogen werde. Die Angestellten des Gerichts ihrerseits verstehen, was er will; er kann ruhig eine erfundene Gestalt nennen; ja sie verstehen ihn besser als er sich selbst, sie vollziehen seinen unausgesprochenen Wunsch: die Frau weist ihn sogar zum zweiten Mal zur richtigen Tür und verdeutlicht ihm, daß es die richtige ist, ganz unbeirrt von der wiederholten falschen Zielangabe K.s. Es wird kein Wort darüber verloren, wie die Frau wissen kann, daß K. nicht den Tischler Lanz sucht, den es nicht gibt, sondern das Untersuchungszimmer; und es wird wie selbstverständlich hingenommen, daß die Frau mit gleichgültiger Höflichkeitsformel und sicherer Gebärde eine richtige Auskunft gibt, die zum Inhalt von K. s Frage nicht paßt, sondern geradezu witzig wirkt, sofern der Leser mit der vordergründigen Folgerichtigkeit des überkommenen Erzählers rechnet.

Es wird hier jedoch nicht nur anders erzählt, es kommen auch, was das Gleiche besagt, andere Inhalte und eine anders geartete Handlung zur Sprache als im Roman des 18. und 19. Jahrhunderts. Berichtet wird, wie Joseph K. sich in das fragwürdige Gerichtsverfahren hineinziehen läßt, wobei es ebensogut heißen kann: wie er das Verfahren anzieht und zwar von dem Augenblick an, da er das Verfahren anerkennt; denn es ist ja nur ein Verfahren, wenn er es als solches anerkennt. Er erkennt das Verfahren schon an, indem er sich durch den Telefonanruf vorladen läßt und sich an dem genannten Sonntag auf den Weg macht. Der Verlauf des Prozesses ist damit fast entschieden. Er findet das Untersuchungszimmer; man kann auch sagen: das Zimmer findet ihn. Er muß nur irgendeine Treppe nehmen; damit kommt er dem Gericht entgegen; er macht es ihm leichter, ihn zu treffen, während er es anzieht. Betrachtet man den Vorgang als ein Aufeinanderzugehen von Gericht und K., als ein Zusammenkommen und allmähliches Einswerden, so überrascht die Antwort der Frau des Gerichtsdieners auf K.s Frage nach dem Tischler Lanz nicht mehr. Es ist gleichgültig, wie man die Antwort deutet. Offenbar wird in ihr, daß die Absichten des Gerichts mit denen K.s übereinstimmen.

Die gleiche Übereinstimmung wird erkennbar, wenn K. eine Woche später ohne Begründung vom Verhafteten zum Angeklagten überwechselt. Der Wechsel wird von beiden Seiten gleichzeitig vollzogen. Der Gerichtsdiener spricht aus, was K. nicht bestreitet. Hatte er sich gegen die Verhaftung noch erregt gewehrt, jetzt nimmt er den neuen Titel als selbstverständlich an. Daß er im nächsten Kapitel den Prügler mit den Wächtern in der Rumpelkammer der Bank findet, macht augenfällig, wie das Gerichtsunternehmen auf ihn zukommt. Mit seinem Wunsch, die Wächter freizukaufen, drückt er selbst seine Zugehörigkeit zu der Institution des Gerichts aus. Das Gericht dringt jetzt von allen Seiten auf ihn ein. Bald ist seine Verwandtschaft von seinem Prozeß unterrichtet. Der Onkel bringt ihn zu einem Anwalt namens Huld, und K. läßt es geschehen, womit er wiederum das Verfahren anerkennt. Der ihm fremde Anwalt hat gleichfalls von seinem Prozeß schon gehört, was er mit seinem Verkehr in den Kreisen des Gerichts begründet. Ein Kanzleidirektor taucht aus einem dunklen Teil des Zimmers auf als Beweis für die nahen Beziehungen des Anwalts zum Gericht. Während die Herren sich unterhalten, begibt K. sich hinaus zu Leni, der Pflegerin des Anwaltes, die seine Geliebte wird. Doch auch dies bedeutet kein Entweichen; auch Leni weiß von seinem Prozeß und rät ihm, dem Gericht das Geständnis zu machen; erst danach könne man entschlüpfen. Durch den Anwalt erfährt K., die Anklageschrift werde weder dem Angeklagten noch seinem Verteidiger zugänglich, die Verteidigung sei auf Mutmaßung angewiesen und müsse aus den Verhören die Anklagepunkte und ihre Begründung erraten. Einfluß auf den Fortgang des Prozesses hätten in späteren Stadien persönliche Beziehungen zu Gerichtsbeamten. Die Informationen wirken zermürbend auf K. «Der Gedanke an den Prozeß verließ ihn nicht mehr», heißt es. Er wird sich bewußt, daß er den Prozeß nicht mehr abstreifen kann. Sein Zustand wird im Wechsel von Erzählung und erlebter Rede berichtet. Die beiden Formen gehen dabei ineinander über. «Die Verachtung, die er früher für den Prozeß gehabt hatte, galt nicht mehr ... er stand mitten darin und mußte sich wehren ..., jeden Gedanken an eine mögliche Schuld von vornherein» ablehnen. «Es gab keine Schuld. Der Prozeß war nichts anderes als ein großes Geschäft.» Solchen Überlegungen gibt K. sich während der Bürostunden hin und kommt zu dem Entschluß, dem Anwalt die Verteidigung zu entziehen und selbst eine Eingabe zu machen. Die Schwierigkeit dieser Eingabe sieht er einmal darin, daß sie wegen der Unkenntnis der Anklage das ganze Leben mit allen Einzelheiten enthalten müsse, zum andern würde sie seine gesamte Kraft in Anspruch nehmen und ihn im Beruf in Nachteil bringen, weil er sich «ganz und gar dem Gericht» aussetzen müsse. In Wahrheit ist er dem Gericht mit all diesen Gedanken längst verfallen. Er kann die Verhandlungen mit den Bankkunden nur noch schlecht führen. Er läßt sie warten und empfängt sie dann nicht. Als er von einem Maler Titorelli hört, der Richter porträtiere und zu Auskünften über das Gericht bereit sei, verläßt er auf der Stelle die Bank, um diesen Maler aufzusuchen. Das Gericht besitzt ihn völlig, obwohl er sich mit aller Kraft wehrt.

Weder der Maler mit seinen Informationen noch der letzte Besuch beim Anwalt, noch das Gespräch mit dem Geistlichen im Dom bedeutet K. eine Hilfe. Auch der Geschichte «Vor dem Gesetz», die der Geistliche ihm erzählt, ist kein Rat zu entnehmen. Verlauf und Ende seines Verfahrens umschreibt der Geistliche mit dem Satz: «das Urteil kommt nicht mit einemmal, das Verfahren geht allmählich ins Urteil über.» K. weiß längst, daß es so ist und daß sein Verfahren nicht gut steht. Der Geistliche spricht aus, was K. denkt: «ich fürchte, es wird schlecht enden. Man hält dich für schuldig.» Wohl lehnt K. sich auf: «Ich bin aber nicht schuldig.» Trotzdem ist er am Vorabend seines 31. Geburtstags bereit, als man ihn zur Hinrichtung führt. Wiederum besteht Übereinstimmung zwischen der Gerichtsinstitution und K. Lediglich im letzten Augenblick versagt K. die Kraft: er ist nicht in der Lage, das Messer «selbst zu fassen und sich einzubohren».

Es besteht die Frage, warum K. bereit ist, als man ihn zur Hinrichtung führt. Er hat lediglich die Information des Geistlichen; sie ist so vorsichtig formuliert, daß sie ein Weiterkämpfen nicht als aussichtslos erscheinen läßt: «Man *hält*

dich für schuldig ... wenigstens vorläufig.» Entschieden wurde
die Schuldfrage nicht, wie sie auch nie in einer Anklage um-
rissen worden war und K. selbst sich nie zu einer Schuld bekannte, sondern sie mit aller Entschiedenheit zurückwies. Wie
immer man K.s Verhalten bei der Verhaftung und bei der ersten Untersuchung beurteilt, ob man seine Suche nach Helfern
billigt oder nicht, so ganz unverständlich benimmt er sich gewiß nicht; aber selbst wenn man nicht dieser Meinung wäre;
seine Schuld hat damit nichts zu tun. Müßte sie doch vor der
Verhaftung liegen. Darüber aber wird dem Leser nichts mitgeteilt. Er wird sogar mit dem ersten Satz des Romans in entge-
gengesetztem Sinne informiert: «Jemand mußte Joseph K. ver-
leumdet haben, denn ohne daß er etwas Böses getan hätte,
wurde er eines Morgens verhaftet.»

Zu berücksichtigen ist hierbei Kafkas Erzählweise. Die Erzählperspektive beschränkt sich in allen drei Romanen fast
durchgehend auf den Gesichtskreis der Hauptfigur. Über ihre
Erfahrungen, ihr Denken und Meinen hinaus kann der Leser
nur das vernehmen, was ihr andere Figuren berichten. Hulds
und Titorellis lange Darlegungen über das Gerichtswesen sowie die vielen Einzelinformationen, die K. erhält – von den
Wächtern, dem Aufseher, dem Gerichtsdiener, seiner Frau,
von Leni, Block und anderen –, sind von der Erzählweise her
formal als Erzählstoff bedingt. In gleicher Weise formal bedingt ist, was man nicht erfährt, weil niemand zur Verfügung
steht, der darüber informieren könnte. Die Ausdrucksmöglichkeiten, die Kafka sich mit dieser Erzählweise schuf, waren un-
absehbar. Arrangiert doch nicht nur der Erzähler das Auftreten der K. orientierenden Figuren, auch diese Figuren arran-
gieren – der Form nach – ihr Sprechen wieder in der gleichen
Weise, indem sie sich streng an das halten, was sie von ihrer
eigenen Erzählperspektive her wissen können – wenigstens er-
wecken sie den Anschein; sie können in dieser Redeweise täuschen, lügen, verschweigen: wieder ist kein Informant da, der
sie ergänzt oder berichtigt, sofern der Erzähler ihr Spiel in seinem eigenen Spiel brauchen kann. Man weiß nicht – weder
der Leser noch K. –, ob der Wächter bei der Verhaftung K. die
Wahrheit sagt, wenn er behauptet, die Behörde werde, «wie es

im Gesetz heißt, von der Schuld angezogen». Der Aufseher
bestreitet entschieden, mehr zu wissen, als daß K. verhaftet
sei. «Vielleicht haben die Wächter etwas anderes geschwätzt»,
räumt er K. ein, «dann ist es eben nur Geschwätz gewesen.»
Für K. ist es von höchster Wichtigkeit, ob hinter der erklärten
Verhaftung eine Anklage steht oder irgendeine andere Form
der Anschuldigung und ob tatsächlich die Behörde von der
Schuld, seiner Schuld, angezogen wird. Der Leser wüßte darüber gleichfalls gern etwas. Die Gefahr der Täuschung, die für
K. ständig besteht, besteht auch für den Leser, der am ehesten
von K. getäuscht werden kann, weil der Erzähler ja dessen
Perspektive benutzt. Hinzukommt die besondere Handhabung
der erlebten Rede. Kafka gliedert sie so fließend an die sachliche Erzählung an, daß der Leser den Übergang oft kaum
merkt. Gleichzeitig aber gibt er nichts vom Innenleben seiner
Hauptfiguren preis. Ob K. eine Schuld versteckt, über die er
vor sich selbst durchaus Bescheid weiß, ist nicht zu sagen.

Jedenfalls scheint er sich mindestens zeitweilig im klaren
darüber zu sein, daß Schuld nicht immer etwas Festumrissenes
sein muß und die Entscheidung darüber nicht eindeutig ist. So
macht er sich bewußt, es sei, «wenn etwas erreicht werden
sollte, notwendig, jeden Gedanken an eine mögliche Schuld
von vornherein abzulehnen»; man durfte «nicht mit Gedanken an irgendeine Schuld spielen, sondern den Gedanken an
den eigenen Vorteil möglichst festhalten». K. weiß, daß
Schuldbewußtsein im Kampf schwächt und wehrt sich dagegen, da er den Kampf bestehen will.

Bei seiner Bereitschaft, sich hinrichten zu lassen, geht es nicht
um das Eingeständnis einer Schuld, sondern um das Unterliegen im Prozeß. Selbst wenn man annimmt, daß der Geistliche
weder sich noch K. täuschte, was nicht bewiesen ist, müßte
sich K. nicht um seine Aussage kümmern. Der Geistliche sagt
ihm ausdrücklich: «Das Gericht will nichts von dir. Es nimmt
dich auf, wenn du kommst, und es entläßt dich, wenn du
gehst.» K. könnte gehen, wie der Mann «vor dem Gesetz» hätte gehen können. Aber K. geht nicht. Wie er das Verfahren
anerkannt hatte und zur Untersuchung gegangen war; wie er
sich in seinen Gedanken immer mehr auf den Prozeß einstellte

und ihm verfiel, ist er schließlich so von ihm gepackt, daß er, als «das Verfahren ... ins Urteil» übergeht, auch dem Urteil verfällt und sogar meint, er sei zur Selbstvernichtung verpflichtet. Es heißt : «K. wußte jetzt genau, daß es seine Pflicht gewesen wäre, das Messer ... selbst zu fassen ...». Wie ein Bann liegt es über ihm, wie eine ironische Verzweiflung, als er von seiner Unfähigkeit zur vollständigen Bewährung spricht: «Vollständig konnte er sich nicht bewähren, alle Arbeit den Behörden nicht abnehmen ...» Diese Behörden hatte er, als sein Prozeß begann, verachtet. In ihrem Auftrag wird er jetzt umgebracht. «Wie ein Hund!» irgendwo vor der Stadt in einem Steinbruch. Es sind die beiden Seiten des gleichen Verhaltens, wenn K. sich einerseits dem Gericht unterwirft, indem er seine Hinrichtung annimmt, und andrerseits noch immer fragt: «Wo war der Richter, den er nie gesehen hatte? Wo war das hohe Gericht, bis zu dem er nie gekommen war?»

Um Einordnung, Unterordnung und Respekt geht es auch in Kafkas letztem Roman *Das Schloß*. Er schrieb daran in den Jahren 1921 und 1922. Am 15. März 1922 las er Max Brod «große Teile des Anfangs des werdenden Buchs» vor. Sein Eingang führt wie bei *Amerika* und dem *Prozeß* ohne Vorgeschichte mitten in das Hauptgeschehen hinein, das sich auf sieben Tage verteilt. K. – er ist nicht die gleiche Figur wie Joseph K., aber ihm ähnlich in seiner Funktion im Romangefüge – kommt spät abends in ein Dorf, erhält als Nachtlager einen Strohsack in einer Wirtsstube und wird kurz nach dem Einschlafen wieder geweckt, weil er zur Übernachtung eine «gräfliche Erlaubnis» haben müsse; das Dorf sei «Besitz des Schlosses». K., sehr gewandt im Spiel der Erwiderungen, sagt, er sei der Landvermesser, den der Graf habe kommen lassen. Seine Gehilfen kämen mit den Apparaten am nächsten Tag im Wagen nach. Man fragt im Schloß an und erhält eine Auskunft, die wiedergegeben wird mit: «Keine Spur von Landvermesser, ein gemeiner, lügnerischer Landstreicher, wahrscheinlich aber Ärgeres.» Gleich darauf erfolgt ein Anruf vom Schloß; er besagt, die erste Auskunft beruhe auf einem Irrtum. «Der Bürochef selbst hat telefoniert». K. wird schon als der «Herr Landvermesser» bezeichnet. Am nächsten Morgen

findet eine aufschlußreiche Unterhaltung zwischen ihm und
dem Wirt statt, in der jeder den andern aushorchen möchte
und dabei Wichtiges preisgibt. K. spricht davon, daß er «weit
von Frau und Kind» gereist sei. Anschließend macht er einen
Weg durchs Dorf und versucht, zum Schloß zu kommen, findet aber keinen Weg, der unmittelbar hinführt. Aus flüchtigen
Gesprächen mit einigen Dorfbewohnern ist zu entnehmen,
daß ihre Beziehung zum Schloß eigenartig gespannt ist und
daß man K. als Landvermesser zwar zur Kenntnis nimmt, ihm
aber zurückhaltend begegnet. Als er in sein Wirtshaus, den
Brückenhof, zurückkehrt, stellen sich ihm dort zwei kuriose
Burschen als seine Gehilfen vor. Kurz darauf bringt ihm der
Schloßbote Barnabas einen Brief von einem leitenden Schloßbeamten namens Klamm, der eine der wichtigsten Figuren des
Romans ist. K. wird mitgeteilt, daß er in die «herrschaftlichen
Dienste aufgenommen» und der Gemeindevorsteher sein
nächster Vorgesetzter sei. Die Nacht verbringt K. in einem andern Gasthaus, dem Herrenhof, wo ihm, da es das Haus ist, in
dem die Schloßbeamten bei ihren Aufenthalten im Dorf wohnen, der Zutritt nur bis zum Ausschank gestattet ist. Er gewinnt das Schankmädchen Frieda, das bis dahin die Geliebte
Klamms war, für sich und liegt die Nacht mit ihr in den Bier-
pfützen vor Klamms Tür. Sie verlassen zusammen am nächsten Morgen den Herrenhof und verbringen den Tag und die
anschließende Nacht in K.s Zimmer im Brückenhof. Am vierten Tag seines Aufenthaltes im Dorf erfährt K. vom Gemeindevorsteher, daß man keinen Landvermesser brauche. Zugleich erhält er Einblick in den riesigen Verwaltungsapparat
des Schlosses. Er wird bald darauf zum Schuldiener ernannt.
Noch am gleichen Abend erhält er einen zweiten Brief von
Klamm, in dem Klamm ihm seine Zufriedenheit mit den Land-
vermesserarbeiten ausspricht. Die Nacht (vierte Nacht) verbringt K. mit Frieda und den Gehilfen in einem Klassenzim-
mer der Schule, was am nächsten Morgen zu grotesken Szenen
führt. K. entläßt danach die Gehilfen. Eine Aussprache zwischen ihm und Frieda erbringt, daß sich schon eine Lockerung
ihrer Beziehung angebahnt hat. K. versieht seinen Schuldie-
nerdienst und verweilt am gleichen Tag lange Zeit im Haus des

Barnabas, auf eine Botschaft vom Schloß wartend. Er erfährt dabei durch Olga, die Schwester des Barnabas, die Geschichte der Verfemung und des Niedergangs der Familie, wodurch ihm weitere Informationen über die Schloßbehörden und das Leben im Dorf zuteil werden. Inzwischen verläßt ihn Frieda und kehrt zum Herrenhof zurück. K., zu einer Unterredung mit dem Schloßbeamten Erlanger in den Herrenhof geladen, sieht auf dem Flur Frieda wieder, sie läßt sich von ihm aber nicht zurückgewinnen und behauptet, er habe ihr durch seinen Besuch in der Barnabasfamilie große Schande angetan. Zur gleichen Zeit hat sie schon einen der Gehilfen in ihrem Zimmer. K. gerät bei der Suche nach Erlanger versehentlich in das Zimmer des Sekretärs Bürgel, der offenbar in der Lage ist, ihm zu helfen, weil gerade die unvorhergesehene Situation die Möglichkeit zur Hilfe enthält. Aber K. schläft ein. Am frühen Morgen – nach seiner fünften Nacht im Dorf – eröffnet ihm Erlanger, er habe Frieda aus Rücksicht auf Klamm wieder für den Ausschank freizugeben. Danach wird K. Zeuge der auf dem Flur stattfindenden Aktenverteilung für die sie in ihren Zimmern erwartenden Schloßbeamten und bewirkt große Verwirrung unter ihnen, denn sie können seiner Gegenwart wegen ihre Zimmer nicht verlassen. Erschöpft schläft er einen ganzen Tag und eine Nacht auf einem Faß im Ausschank und hat danach eine lange Unterredung mit Pepi, der Nachfolgerin Friedas. Es wird vor allem über Frieda gesprochen, an die Pepi die Stelle wieder zurückgeben muß. Nach einer Unterredung zwischen K. und der Herrenhofwirtin bricht das Fragment ab.

Ein Schlußkapitel hat Kafka zu diesem Roman nicht geschrieben. Doch berichtet Max Brod, was Kafka ihm über das geplante Ende erzählte. «Der angebliche Landvermesser» sollte an Entkräftung sterben. Während sich die Gemeinde um sein Sterbebett versammelt, würde die Entscheidung vom Schloß eintreffen, daß K. zwar keinen Rechtsanspruch habe, im Dorf zu wohnen, «daß man ihm aber doch mit Rücksicht auf gewisse Nebenumstände gestatte, hier zu leben und zu arbeiten». Wichtig ist, daß Brod von dem *angeblichen* Landvermesser spricht und daß die Entscheidung des Schlosses dem Ergebnis der telefonischen Erkundungen vom ersten Abend im Dorf ähnlich ist. Das Schloß hatte an jenem Abend unmittelbar hintereinander zwei verschiedene Auskünfte gegeben (vgl. S. 255). Worauf sich die zweite Auskunft gründete und warum man K. überhaupt im Dorf duldete und ihn als Landvermesser, und sei es nur ironisch, gelten ließ, wurde nie gesagt. Man hat im Schloß offenbar Gründe, wenn man K. nicht sofort verjagt. Er selbst nimmt das auch sogleich an, als der zweite Anruf vom Schloß die Aufhebung des ersten gebracht hat. Er meint, «daß man im Schloß alles Nötige über ihn wußte, die Kräfteverhältnisse abgewogen hatte und den Kampf lächelnd aufnahm». Was hier gemeint ist, kann der Leser nicht wissen. Auch Brod erfuhr von Kafka nicht, worauf sich die «Rücksicht auf gewisse Nebenumstände» beziehen sollte. Dies ist sehr auffällig, denn von der konkreten Handlung her geht es um den wichtigsten Punkt: Was ist von der Angabe K.s, er sei der Landvermesser, den der Graf habe kommen lassen, zu halten? Wie ist es zu verstehen, daß er seine Gehilfen ankündigt, die am nächsten Tag mit den Apparaten im Wagen kommen sollen, wenn ein solcher Wagen nie eintrifft? Wie kann er am ersten Morgen dem Brückenhofwirt gegenüber von «Frau und Kind» sprechen und am zweiten Morgen mit Frieda als seiner Braut im Brückenhof einziehen und mit der Brückenhofwirtin ausführlich seine Heirat bereden? Man kann wie beim *Prozeß* die Frage stellen, ob die Unstimmigkeiten sich mit dem fragmentarischen Charakter des Romans erklären oder bewußte Ausdrucksmittel sind. Aber es besteht kein Zweifel, daß sie bewußt angesetzte Mittel sind.

So zwiespältig wie K.s Aussagen über sich selbst ist auch die Haltung der Behörden zu ihm. Man läßt von Seiten des Schlosses K.s Treiben zu, hält ihn aber im Abstand. Wie er am ersten Tag keinen Weg zum Schloß finden kann, obwohl er nahe ans Schloß herankommt, so findet er in den Tagen darauf keine Gelegenheit, Klamm zu sprechen, obwohl er sich in seiner unmittelbaren Nähe aufhält. Es scheitern nicht nur seine persönlichen Bemühungen, jedermann versichert ihm auch, daß er grundsätzlich keine Aussicht habe, das Schloß zu betreten oder Klamm zu sprechen. «Ohne Erlaubnis darf kein Fremder ins Schloß», sagt ihm einer der Gehilfen. Als K. telefonisch eine Erlaubnis erwirken will, lautet die Antwort vom Schloß: «Weder morgen, noch ein andermal.» Auf eine zweite Anfrage heißt es bündig: «Niemals». Der Wirt im Herrenhof, der K. dort nicht übernachten lassen will, erklärt ihm die Situation damit, daß die Herren vom Schloß «äußerst empfindlich sind; ich bin überzeugt, daß sie unfähig sind, wenigstens unvorbereitet, den Anblick eines Fremden zu ertragen». Die Wirtin im Brückenhof legt ihm dar: «Herr Klamm ist ein Herr aus dem Schloß, das bedeutet schon an und für sich, ganz abgesehen von Klamms sonstiger Stellung, einen sehr hohen Rang. Was sind nun aber Sie, um dessen Heiratseinwilligung wir uns hier so demütig bewerben! Sie sind nicht aus dem Schloß, Sie sind nicht aus dem Dorfe, Sie sind nichts. Leider aber sind Sie doch etwas, ein Fremder, einer, der überzählig und überall im Wege ist, einer, wegen dessen man immerfort Scherereien hat.»

K. seinerseits ist beherrscht von dem Gedanken an die Spannung zwischen Freiheit und Unterordnung, in die er durch die von ihm gewünschte Arbeit gerät. Deshalb irritiert es ihn, als er vom Herrenhofwirt hört (am 2. Abend), Klamm sei im Haus; «dabei bedrückte es ihn schwer, zu sehen, daß sich in solcher Bedenklichkeit offenbar schon die gefürchteten Folgen des Untergeordnetseins, des Arbeiterseins, zeigten». Die Begriffe Freiheit und Unterordnung sind bei der Frage seiner Beziehung zum Schloß und seines Verhältnisses zu Klamm von vornherein im Spiel. Als der Brückenhofwirt ihn am ersten Morgen aushorcht, ob er nicht im Schloß wohnen würde, antwortet er nicht allein, das hinge von seiner Arbeit ab: hätte er im Dorf zu arbeiten, würde er auch dort wohnen; sondern er fährt fort: «Auch fürchte ich, daß mir das Leben oben im Schlosse nicht zusagen würde. Ich will immer frei sein.» Von Anfang an lehnt K. damit eine Eingliederung ins Schloß ab. Denn Eingliederung meint er, wenn er sagt, «das Leben oben im Schlosse», obwohl er noch nichts von diesem Leben weiß, das sich ihm erst später mit den Gepflogenheiten der Schloßbeamten zeigt. Gehört hatte er am Abend vorher lediglich: «Dieses Dorf ist Besitz des Schlosses.» Außerdem ergab sich aus der Art, wie die Leute im Wirtshaus auf die zwei telefoni-

schen Auskünfte im Schloß reagierten, in welcher Weise das
Dorf vom Schloß beherrscht wird. K.s Äußerung, daß er «immer frei» sein wolle, bedeutet im Hinblick auf seine Situation: K. hat weder Wunsch noch Absicht, der herrschenden
Macht anzugehören; er will nicht als Funktionär an der Macht
teilhaben, sondern will ihr frei gegenüberstehen. Damit enthüllt er schon hier ein Konzept, das er bei der Analyse von
Klamms erstem Brief (Kapitel 2) noch deutlicher ausgeformt
und begründet herausstellt. Er möchte, das ist der konkrete Inhalt seines Konzeptes, im Dorf arbeiten und leben und sich
dem Schloß, in dessen *Besitz* sich das Dorf befindet, nicht un-
terwerfen. «Nur als Dorfarbeiter», so meint er, «möglichst
weit den Herren vom Schloß entrückt», wäre er «imstande, etwas im Schloß zu erreichen». Schnellstens müßte er deshalb
«ununterscheidbar» von den übrigen Dorfbewohnern werden,
was doch wohl bedeutet, daß er aufhören würde, ein Fremder
zu sein. Eine «Gefahr» scheint ihm allerdings dabei zu bestehen und auch in Klamms Brief betont ausgedrückt zu sein:
«Es war das Arbeitersein. Dienst, Vorgesetzter, Arbeit, Lohn-
bestimmungen, Rechenschaft, Arbeiter, davon wimmelte der
Brief, und selbst wenn anderes, Persönlicheres gesagt war, war
es von jenem Gesichtspunkt aus gesagt.» K.s Bemühen,
Klamm zu sprechen, welche Gründe er immer dafür angibt,
zielt seinem Wesen nach auf Bezwingung jener Gefahr. Es
könnte wohl sein, räumt er der Brückenhofwirtin gegenüber
ein, daß er Klamms Anblick nicht ohne dazwischenstehende
Tür auch nur ertragen würde. «Gelingt es mir aber, ihm
standzuhalten, dann ist es gar nicht nötig, daß er mit mir
spricht, es genügt mir, wenn ich den Eindruck sehe, den meine Worte auf ihn machen, und machen sie keinen oder hört er
sie gar nicht, habe ich doch den Gewinn, frei vor einem Mäch-
tigen gesprochen zu haben.»

Daß die Gestalt Klamms nicht rational zu erfassen ist, ergibt sich aus vielen Romanzügen, die mit ihr in Zusammenhang stehen. Besonders auffällig ist ihre Verbindung zu den
Fakten, auf die sich die Unstimmigkeiten in K.s Aussagen beziehen. Obwohl der von K. angekündigte Wagen mit den Gehilfen und den Apparaten nicht ankommt, treffen am Tag

nach K.s Ankunft im Dorf zwei Gehilfen im Brückenhof ein. Auf K.s erstaunte Frage, ob sie seine «alten Gehilfen», die er nachkommen ließ, seien, antworten sie bejahend; auf die Frage nach den Apparaten, sie hätten keine; auf die Frage nach der Landvermessung, daß sie nichts davon verstünden. «Wenn ihr aber meine alten Gehilfen seid, müßt ihr doch das verstehen», sagt K., ausdrücklich auf die Widersprüchlichkeit der Situation hinweisend. Daß sie aus der «Richtung vom Schlosse her kamen», hatte K. gesehen, als er vor Lasemanns Haus stand. Das Schwebende, Unwirkliche in der Erscheinung der Gehilfen erschwert eine genaue Aussage über sie. Bezeichnenderweise kann K. sie nicht unterscheiden und lehnt es deshalb ab, sie als getrennte Individualitäten zu betrachten. Er behandelt sie außerdem recht unfreundlich. Seine Unsicherheit, was er von ihnen zu halten habe, spielt dabei die Hauptrolle. Nachdem er ihnen verboten hat, ohne seine Erlaubnis mit jemandem zu sprechen, gibt er ihnen die Erklärung: «Ich bin hier ein Fremder, und wenn ihr meine alten Gehilfen seid, dann seid auch ihr Fremde. Wir drei Fremden müssen deshalb zusammenhalten». Er verlangt von ihnen, daß sie ihm die Hand darauf geben. Die Aufforderung müßte die Wahrheit erbringen. Doch die Gehilfen reichen ihm die Hände, wie es heißt, «allzu bereitwillig». Der Erzähler gesteht mit dem Wort «allzu» ihre Unehrlichkeit ein. K. lehnt denn auch den Handschlag ab: «Laßt euch die Pratzen ... mein Befehl aber gilt.» In dem Telefongespräch, das K. kurz danach mit der Schloßbehörde hat, kommt die Frage, ob es die neuen oder die alten Gehilfen sind, gleichfalls zur Sprache, wobei K., nachdem die Namen Artur und Jeremias von Seiten der Schloßbehörde genannt wurden, sagt: «Das sind die neuen Gehilfen»; er erhält aber die Antwort: «Nein, das sind die alten.» In dem zweiten Brief Klamms schließlich wird K. nicht nur für seine eigenen Landvermessungsarbeiten gelobt, sondern auch für «die Arbeiten der Gehilfen», die er gut zur Arbeit anzuhalten wisse. Klamm adressierte den Brief: «Dem Herrn Landvermesser im Brückenhof!», obwohl K. am gleichen Tag die Schuldienerstelle angenommen hat. Die Fragwürdigkeit seines Landvermessertums hat die Fragwürdigkeit der Gehilfenfiguren zur Folge.

Doch wem es darauf ankommt zu unterstreichen, daß K. ein
Betrüger ist, weil er sich für den vom Schloß berufenen Landvermesser ausgibt, muß auch berücksichtigen, daß Klamm ihn
als Landvermesser anspricht, und zwar in der gleichen rätselhaften, über Bodenlosem operierenden Weise, wie K. die Angabe machte. Mit ihr korrespondiert das Erscheinungsbild der
Gehilfen, von denen Frieda sagt, sie seien «Abgesandte
Klamms». Damit wird ausgesprochen, daß sie unter einem
weiteren Aspekt zu betrachten sind. «Ihre Augen, diese einfäl-
tigen und doch funkelnden Augen», sagt Frieda, «erinnern
mich irgendwie an die Augen Klamms ... es ist Klamms Blick,
der mich manchmal aus ihren Augen durchfährt».

Nicht ganz so rätselhaft wie in den Angelegenheiten des
Verwaltungsdienstes stellt sich Klamms versteckte, anscheinend unerreichbare Herrscherfigur in den Beziehungen zu
Frauen dar. Er hat viele besessen und sie über Jahre hin noch
fasziniert. Sie zehren von dem großen Erlebnis, das ihre Ehen
überglänzt, ohne daß die Ehemänner sich für gekränkt halten.
Es entspricht durchaus den Verhältnissen des Dorfes, daß K.s
Beziehung zu Klamm nicht allein von seiner beruflichen Position bestimmt ist und Klamm in K.s Schlafzimmer hinein-
wirkt. Daß Frieda zurückkehrt, macht erst K. zum Sonderfall.
In mehreren Häusern traf K. Frauen, die Beziehungen zum
Schloß, insonderheit zu Klamm hatten. Der Roman handelt
nicht nur von K. und den Schloßbehörden, er handelt auch
von Frauen und läßt sie ausführlich zu Wort kommen. Es sind
Frauen sehr verschiedener Art und Situation. Sie erzählen ihre
Geschichte und sagen ihre Meinung. K. lernt, indem er ihnen
zuhört, ihre Verhältnisse kennen, und hat, indem er ihnen erwidert, Gelegenheit, seine Vorstellungen und Absichten zu
präzisieren. Die wichtigste der weiblichen Figuren ist Frieda,
über die mehr gesprochen wird, als daß sie selbst spräche, obwohl sie auch ihre Redeszenen hat. Doch sind die Redeszenen
der Brückenhofwirtin, Olgas und Pepis aufschlußreicher. Frieda beeindruckt am meisten in ihrer ersten Szene im Ausschank, ist dann wichtiger durch das, was sie für K. tut, als
was sie sagt und wird durch K.s Interpretationen als bedeutende Figur erkennbar.

Max Brod war der Meinung, in der Beziehung zwischen K. und Frieda sei «die Liebesbeziehung Kafkas zu Milena in seltsamer Skepsis und in pejorativer Weise widergespiegelt» und zog im einzelnen Parallelen für den Roman. Wichtig schien ihm «vor allem aber der geheimnisvolle Herr Klamm, in dem man ein übersteigertes und dämonisiertes Schreckbild des legalen Gatten zu sehen hat, von dem Milena innerlich nicht loskam» [70], und der, fraglos eine bedeutende Persönlichkeit – es handelt sich um den Literaten Ernst Polack – von starker Macht über Frauen war.

Für die Örtlichkeiten von Dorf und Schloß fand Klaus Wagenbach die lokalen Voraussetzungen in Woßeck, dem hundert Kilometer südlich von Prag gelegenen Dorf, aus dem Kafkas Vater stammte [71]. Dies würde bedeuten, daß Kafka Kindheitserinnerungen verarbeitete. Weder Brod noch Wagenbach wollten Biographisches überbetonen, sondern lediglich Hinweise geben. Daß Kafka wie jeder andere Künstler Erinnerungen und Erfahrungen verarbeitete, steht außer Zweifel. Der Roman enthält aber bei weitem mehr als dies: er enthält Kafkas innere und äußere Situation, über die er in Briefen und Tagebüchern oft geschrieben hat. Mit der Frage, ob K. ein Recht habe, im Dorf zu leben, ob seine Ansprüche allein auf Anmaßung beruhten oder vielleicht doch, wenn auch nicht ganz in seinem Sinne, zu berücksichtigen seien – mit dieser Frage spricht Kafka das Existenzproblem aus, wie es sich ihm für seine eigene Person stellte. Schon 1913 schrieb er im Tagebuch: «Die schreckliche Unsicherheit meiner innern Existenz.» Inzwischen war er ein todkranker Mann, lebte an verschiedenen Orten und wußte, daß er nirgends mehr leben konnte.

Wie alle Interpreten erkannten, sind Kafkas Romane anders zu lesen als Romane aus dem 18. und 19. Jahrundert. Es wird bei Kafka nicht wie in repräsentativen Romanen des 18. Jahrhunderts die «innere Geschichte» eines Menschen erzählt, nicht ein «innerer Zustand» vorgeführt, was Blanckenburg für das Hauptanliegen des modernen Romans jener Zeit hielt (vgl. Band I, S. 116 f.). Der Nachdruck liegt weder auf dem «Inneren» noch auf dem «Äußeren» und auch nicht auf der Wechselwirkung zwischen beiden. Viele der Unstimmigkeiten und

Widersprüche in Einzelzügen sind daraus abzuleiten, daß inneres und äußeres Geschehen ineinander verschränkt und schwer voneinander zu unterscheiden sind. Die Unüberschaubarkeit der Welt, in die die Helden Kafkas hineingestellt sind, hängt mit der Aufhebung der Grenze von innerer und äußerer Welt zusammen. Beide, jeweils für sich schon in der Vorstellung des Menschen als unendlich geltend, müssen in ihrer Verschmelzung bestürzend, verwirrend und widerspruchsvoll wirken.

Im Gegensatz zu Malte Laurids Brigge gibt es für Kafkas Helden keine Anknüpfungsmöglichkeiten mehr, weder in der Geschichte noch in Literatur und Kunst, noch in den Erlebnissen der Kindheit. Statt dessen halten sie sich an die Illusion, sie könnten mit ihrer Umgebung auf irgendeinem Wege schließlich ins Reine kommen, obwohl in allen drei Fällen der Einsatz des Konfliktes mit ihr schon absurd genug war. Kafka demonstriert die Ausweglosigkeit des Konfliktes mit der Korruptheit der bürokratischen Systeme, die eine Ordnung vortäuschen, ohne eine ordnende Substanz zu besitzen. Einen Gegensatz zu den verwirrenden Erzählinhalten, die endlos diskutiert werden können, was schon innerhalb der Romane geschieht und in der Forschung fortgesetzt wurde, bildet der klare Redefluß der Erzählung. Er zwingt den Leser, unablässig zu folgen, obwohl der Weg durch endlose Labyrinthe und in unaufklärbare Abenteuer führt und hinter den Vorgängen kein Sinnzusammenhang vermutet werden darf, auf den sie hinwiesen und den es durch Auslegung zu finden gelte. Es ist nichts anderes gemeint, als was in Erscheinung tritt. Daß die Figuren daran zugrunde gehen können, leuchtet ebenso ein, wie daß sie endlos darin verstrickt bleiben.

Kafka wurde von seinen Zeitgenossen nicht im gleichen Maße wie von den Späteren für eine isolierte und einmalige Erscheinung seiner Epoche gehalten. Die Nähe zu Robert Walser stellte Musil schon früh fest; er sagte in einer Besprechung der *Betrachtung* (1913), Kafkas erstem Buch, «das es wie ein Spezialfall des Typus Walser wirkt» (*Literarische Chronik* 1914). Wie Kafka *Jakob von Gunten* kannte, so mag er auch *Die andere Seite* (1909), den einzigen Roman von Alfred Kubin

(1877–1959), gelesen haben. Er stand mit Kubin in persönlichem Verkehr und schätzte seine Kunst. *Die andere Seite* ist ein groß angelegter «phantastischer» Roman. Der Erzähler, wie Kubin Zeichner, wird im Auftrag seines ehemaligen Schulfreundes Patera in ein Traumreich in Asien mit der Stadt Perle als Mittelpunkt eingeladen. Zunächst scheinen sich alle Wünsche dort zu erfüllen, doch bald entwickeln sich aus den konkreten Begebenheiten unbequeme, dann verwirrende, schließlich schwindelerregende Vorgänge. Patera, der unsichtbare Herr des Reiches, ist nicht zu sprechen und doch überall zugegen in sich ständig wandelnden Gestalten. Den Untergang des Traumreichs führt der Amerikaner Herkules Bell herbei. Er fordert zur Rebellion gegen Patera auf. Es kommt zum Vernichtungskampf, in dem sich Grauenvolles an allen vollzieht. Patera unterliegt. Nur wenige überleben, darunter Bell und der Erzähler, der in die reale Welt zurückkehrt und die Ereignisse berichtet. Nicht gedeutet werden kann, ob und inwiefern Patera und Bell zwei Seiten der gleichen Gestalt sind, wer von ihnen das Traumreich zerstört und ob sie Grundkräften des Lebens entsprechen. Die vergeblichen Bemühungen des Erzählers in der Traumstadt Perle bei seinem Freund Patera vorgelassen zu werden, die grotesken Formen der Ablehnung, der Erweckung neuer Erwartungen und der Zurückziehung von schon Zugebilligtem erinnern an die Bemühungen und Erfahrungen K.s im *Prozeß* und im *Schloß*.

Anregungen von Kubin wird auch GUSTAV MEYRINK (1868–1932) für seinen Roman *Der Golem* (1915) empfangen haben. Mit Kafka verbunden ist Meyrink durch die Verwertung der Stadt Prag als Ort der Beängstigung. Doch sind Ansatz und Grundstruktur des *Golem* künstlerisch wesenhaft anders als bei Kafkas Dichtung. Der Roman erzählt von einem Traumgeschehen, das, wie sich am Ende erweist, in die Wirklichkeit hineinspielt, ohne daß die Zusammenhänge rational aufzuklären wären. Doch wird gerade darin, daß die bedrängenden Vorgänge als Erlebnisse eines Traums gebracht werden, aus dem der Erzähler am Ende erwacht, die Rationalität der Gesamtanlage des Romans deutlich. Die Mitte der Traumerlebnisse bilden die Elemente der jüdischen Sage vom Golem. Sie wird in einer Schenke im Prager Getto, in dessen Labyrinth die sich vielfältig verschlingende Traumhandlung spielt, im Rahmen dieser Handlung mitgeteilt. Ihr Ursprung reicht wohl ins 17. Jahrhundert, heißt es. Ein Rabbiner soll damals einen künstlichen Menschen nach verlorengegangenen Vorschriften der Kabbala verfertigt haben, um ihn als Diener zu verwenden. Im Zusammenhang mit einem Formfehler, der ihm einmal unterlief, sei das Wesen verendet. Seine Reste würden als zwerghafte Lehmfigur in der Synagoge gezeigt. Für gewiß müsse aber angenommen werden, daß «irgend etwas, was nicht sterben kann, in diesem Stadtviertel sein Wesen treibt und damit zusammenhängt». Es taucht periodisch auf. Dem Erzähler begegnet der Golem in einem vergitterten Zimmer eines alten Hauses, in das er durch die unterirdischen Gänge des Gettos getrieben, durch eine Falltür gelangt. Dort sitzt ihm die unheimliche Gestalt eine ganze Nacht gegenüber mit seinem eigenen Gesicht, als Spiegelung seiner selbst. Der Roman ist die erzählerische Gestaltung einer grotesk-phantastischen Welt. Traumpsychologie, okkulte Vorstellung und jüdisches Sagengut werden in ihm verarbeitet. Der unheimliche Gettostadtteil ist als konkrete Welt aufgebaut und zugleich Seelenlandschaft. Für den fiktiven Erzähler sind die Grenzen zwischen beiden nicht zu greifen.

Wie immer man Kafkas Verhältnis zur Literatur seiner Zeit beurteilen mag, durch seinen epischen Stil hebt er sich grundsätzlich von ihr ab. Im zweiten Jahrzehnt des 20. Jahrhunderts gerade, während Kafka seine Romane schrieb, setzte ein Prosastil ein, der dem Roman nicht günstig war. Klaus Günther Just spricht vom «Dilemma der expressionistischen Erzähler» und hebt hervor, es fehle ihnen «das Epische im Sinne erzählerischer Gelassenheit» [72]. KLABUND (Alfred Henschke, 1890 bis 1928) schrieb eine Reihe von Kurzromanen in einer ihm persönlich eigenen expressionistischen Prosa, die in volkstümliches Erzählen überging. Diese Prosa besteht aus kurzen Sätzen, durch deren Aneinanderreihen Klabund einfache Inhalte schuf. Aus vielen Kleineinheiten baute er die größere Einheit seiner Kurzromane auf, die er dann wieder zu Romangruppen zusammenfügte. *Moreau. Roman eines Soldaten* (1916) bringt das Leben des französischen Generals Jean Victor Moreau. Es handelt sich um einen knappen Aufriß, in splendidem Druck 87 Seiten, der nur Charakteristisches und Entscheidendes enthält und zwar stets von der Geste her geformt, ohne Psychologie und erzählerisches Füllsel. Den Lebensabriß Moreaus schloß Klabund mit drei weiteren Kleinbiographien gleichen Stils zusammen: *Mohammed, Roman eines Propheten* (1917), *Pjotr. Roman eines Zaren* (1923), *Rasputin. Roman eines Dämons* (1929). Andere Kurzromane sind: *Die Krankheit* (1917), *Franziskus* (1921), *Roman eines jungen Mannes* (1924), historische Romane *Borgia. Roman einer Familie* (1928) und *Bracke. Ein Eulenspiegel-Roman* (1918). – Neben Klabund bemühte sich KASIMIR EDSCHMID (Eduard Schmid, 1890–1966), der Programmatiker des Expressionismus, von den expressionistischen Mitteln her zu einer Romanform zu gelangen. Inwiefern diese Mittel nicht zur Herausbildung eines epischen Gehaltes taugten, zeigt der Roman *Die achatnen Kugeln* (1920). Er ist durchgehend in einfachen Hauptsätzen geschrieben und rollt als Bericht ab, dessen Stoff dem Stil der Unterhaltungsromane angemessen ist, die Edschmid in späteren Jahren herausbrachte.

MAX BROD (1884–1968) – bei all seinen Verdiensten für Franz Kafka – schuf mit den über zwanzig Romanen, die er im Laufe seines Lebens schrieb, keine eigene Romanform. Es waren Zeitromane und historische Romane. Brod benutzte den Roman als Mittel zur Darstellung menschlicher Probleme. Er verstand das Handwerk des Schreibens vorzüglich. Themen seiner Gegenwart behandeln Werke wie *Schloß Nornepygge* (1908), *Ein tschechisches Dienstmädchen* (1909), *Jüdinnen* (1911), *Arnold Beer* (1912), *Das große Wagnis* (1918). Der bekannteste seiner historischen Romane ist *Tycho Brahes Weg zu Gott* (1916), der in der geistigen und menschlichen Auseinandersetzung Tychos mit Kepler Repräsentanten verschiedener Weltbilder gegenüberstellt. Auf ein anderes Lesepublikum waren Romane wie *Franzi, oder eine Liebe zweiten Ranges* (1922), *Die Frau, nach der man sich sehnt* (1927) gerichtet, was schon die Titel anzeigen. Religiöse Themen hat Brod im Alter wieder aufgenommen mit *Der Meister* (1952), einem Je-

susroman, und *Armer Cicero* (1955). Der Reichtum der Stoff-
kreise und Probleme entspricht Brods Neigungen. Eine originale Form suchte er nicht. Er benutzte die Ausdrucksmittel,
die er vorfand, und stellte sie in den Dienst seiner vielseitigen
Zwecke.

Seit den zwanziger Jahren des 20. Jahrhunderts war dies ein
weit verbreitetes Verfahren. Die Romanliteratur wuchs in dieser Zeit schnell an und wurde Zweckschrifttum im Dienst der
verschiedenen Ideologien (vgl. Band III). Vor diesem Hintergrund entstehen die großen Formexperimente von Hermann
Broch und Robert Musil sowie der mythische Roman.

Während Rilke und Kafka ihren von der Tradition des
19. Jahrhunderts unabhängigen Kunstwillen fast ausschließlich durch ihr Werk ausdrückten und sich nur gelegentlich in
persönlichen Äußerungen über ihre Bestrebungen aussprachen
– Rilke in Briefen, Kafka in Briefen, Tagebuchnotizen und Reflexionen –, haben HERMANN BROCH (1886–1951) und ROBERT
MUSIL (1880–1942) Theorien über den Roman sowie das Erzählen aufgestellt, sie an verschiedenen Stellen bewußt
schriftlich fixiert und auch programmatisch an die Öffentlichkeit gebracht. Keiner von beiden hat jedoch seine Theorie in
einer Zusammenfassung aller Aspekte systematisch dargestellt.
Die Gründe hierfür liegen in der Sache selbst – ist doch der
Roman ein in ständigem Wechsel begriffenes Kunstgebilde.

Hermann Broch neigte von früh auf zur Beschäftigung mit
Philosophie und Mathematik. Er wurde jedoch zunächst dem
Willen seines Vaters zufolge als Textilingenieur ausgebildet
und trat mit 22 Jahren als Direktor in die väterliche Fabrik
ein. Obwohl er im Beruf erfolgreich war und schon bald nach
Erwerbung des Diploms eine Baumwoll-Mischmaschine erfunden hatte (1907), studierte er neben der Tätigkeit in der Fabrik
seit 1909 an der Wiener Universität Philosophie, Psychologie
und Physik. Wie er in einer aus seinem Nachlaß veröffentlichten Schrift *Autobiographie als Arbeitsprogramm* berichtete,
wurde ihm bei diesem Studium «bestürzt und enttäuscht» bewußt, daß er im Rahmen der Schulphilosophie «nicht berechtigt sei, irgendeine all der metaphysischen Fragen zu stellen,

mit denen beladen» er gekommen war, und «daß es keine Hoffnung auf irgendeine Beantwortung gab». Was ihm die Universität bot: der «Wissenschaftspositivismus» und die «Bemühungen um eine Denkmethodik» – dies sind seine Ausdrücke –, genügten ihm nicht. Es bedrängte ihn, daß in jener Zeit «eine Verständigung zwischen Apriorismus und Empirismus nicht mehr möglich war», und als erregend empfand er das Ergebnis, das sich ihm darstellte: «die Wahrheit und damit die Ethik wurden zur pragmatistischen Funktion des praktischen Lebens gemacht». Er meinte darin die geistige Ursache «von all der Spannung und Zerrissenheit» zu erkennen, für deren Ausdruck er den ersten Weltkrieg hielt; «nationale, ökonomische, staatliche, soziale Interessen überkreuzten sich allenthalben und standen allenthalben in gegenseitigem Widerspruch, jedes von ihnen mit der Forderung nach Alleingeltung seiner Wertsetzungen, und nirgends war eine Handhabe zu finden, um diesen Wertrelativismus unter eine objektiv ausgleichende höhere Instanz zu stellen.» In solchen Überlegungen formten sich die für Broch grundlegenden Vorstellungen vom Verlust des Absoluten im Bewußtsein der Menschen seit dem Ausgang des Mittelalters und dem damit verbundenen «Zerfall der Werte».

Diese Vorstellungen bilden die Voraussetzung für Brochs ersten großen Roman *Die Schlafwandler* (1931–32), dessen Ausarbeitung er sich nach Verkauf der väterlichen Fabriken im Jahr 1927 widmete. Broch führte, als er dem Rhein-Verlag gegenüber die Eigenart des Werks erläuterte, den Begriff des *polyhistorischen Romans* ein [73]. Der Roman dieser Gattung sollte – und damit interpretierte Broch seine Absichten bei der Abfassung der *Schlafwandler* – seine Zeit wiedergeben und deuten, sollte sie in ihrer Totalität auf wissenschaftlich begründeter Basis sichtbar machen. Die Hauptaufgabe des Autors bestand dabei nach Brochs Meinung in der Verschmelzung von Wissenschaft und Dichtung. Er vertrat den Standpunkt, «daß der Roman und die neue Romanform die Aufgabe übernommen haben, jene Teile der Philosophie zu schlucken, die zwar metaphysischen Bedürfnissen entsprechen, gemäß dem derzeitigen Stande der Forschung aber heute als ‹unwis-

senschaftlich› oder, wie Wittgenstein sagt, als ‹mystisch› zu
gelten haben. *Die Zeit des polyhistorischen Romans ist ange-
brochen*. Es geht aber nicht an, daß man diesen Polyhistorismus in Gestalt ‹gebildeter› Reden im Buche unterbringt oder
zu dieser Unterbringung Wissenschaftler als Romanhelden prä-
feriert. Der Roman ist Dichtung, hat also mit den Ur-Moventien
der Seele zu tun, und eine ‹gebildete› Gesellschaftsschicht zum
Romanträger zu erheben, ist eine absolute Verkitschung.»
Broch wandte sich mit diesen Darlegungen gegen führende
Autoren seiner Zeit. «So sehr Gide, Musil, der *Zauberberg*, in
letzter Derivation Huxley als Symptome des kommenden polyhistorischen Romans auch zu werten sind, so sehr finden Sie
bei allen diesen die fürchterliche Einrichtung der ‹gebildeten›
Rede, um den Polyhistorismus unterbringen zu können.» (5. 8.
1931 an Daniel Brody). Die genannten «Romanschreiber»
hätten, so führte Broch in einem andern Brief aus, «keinen
rechten Begriff von der Wissenschaft»; sie versuchten «‹Bil-
dungselemente› im Roman unterzubringen; die Wissenschaft
ist ihnen wie ein krystallener Block, von dem sie das eine oder
das andere Stück abbrechen, um damit ihre Erzählung an zumeist ungeeignetem Ort zu garnieren oder einen Wissenschaftler als Romanfigur damit auszustatten». Er selbst mache
indessen «den Versuch», den er durchaus als «Wagnis» ansä-
he, «lebendige Wissenschaft ... im Roman unterzubringen».
Dies geschähe auf zwei Wegen: «einesteils indem ich sie immanent in eine Handlung und in Figuren unterbringe, die mit
‹Bildung› nichts mehr zu tun haben, bei denen also die fürch-
terlichen Bildungsgespräche nicht geführt werden, anders-
seits indem ich sie nackt und geradeaus und eben nicht als Ge-
sprächsfüllsel zum Ausdruck bringe» (3. 8. 1931 an Frau
D. Brody).

Mit der zuletztgenannten, der zweiten Form einer Unterbringung von Wissenschaft im Roman bezieht Broch sich auf
die im dritten Teil der *Schlafwandler* eingelegten Essays über
den «Zerfall der Werte». Sie haben nicht eine der Figuren des
Romans zum Verfasser, sondern Broch bringt als Autor seine
Meinung «nackt und geradeaus ... zum Ausdruck»; das besagt: er tritt aus der Romanfiktion heraus. Broch sagte dazu:

«das Heraustreten des Autors ist ein ebenso legitimes Kunstmittel wie seine Verborgenheit; es muß bloß wie alles Technische dem Architektonischen untergeordnet werden … Überall, wo die Darstellungstechnik mit zum Inhalt des Dargestellten wird, muß natürlich die werkende Hand mit zum Vorschein kommen … Bei den *Schlafwandlern* wird das Technische mit der zunehmenden Versachlichung des Inhaltes immer mehr bloßgelegt, und es versteht sich daher, daß man im III. Teil die Stimme des Autors am deutlichsten hört» (24. 6. 1930 an den Rhein-Verlag). Wie immer man zum Inhalt der eingelegten Essays steht, sie könnten nicht aus dem Werk herausgelöst werden, ohne daß seine «Architektonik» zerstört würde. Broch bevorzugt den Begriff der Architektonik vor dem der Struktur und verweist damit auf die bewußte Konstruktion, die dem Aufbau des polyhistorischen Romans zugrunde liegt und ihn sowohl von den repräsentativen Erzählwerken des 19. Jahrhunderts als den konventionellen Romanen des 20. Jahrhunderts unterscheidet [74].

Bei der «immanent in eine Handlung und in Figuren» untergebrachten Wissenschaft – dem ersten der beiden Wege, «lebendige Wissenschaft … im Roman unterzubringen», von dem Broch sprach –, geht es nicht um die Psychologie der Figuren, sondern um ihre Funktion in der Zeit des Wertzerfalls. Ein weiterer Begriff aus Brochs romantheoretischem Denken ist dabei zu berücksichtigen: der *erkenntnistheoretische* Roman. Er liege, wie Broch betonte, «nicht in der Richtung Joyce» und sei in den *Schlafwandlern* erst angedeutet. In diesem Roman würde «hinter die psychologische Motivation auf erkenntnistheoretische Grundhaltungen und auf die eigentliche Wertlogik und Wertplausibilität zurückgegangen» (16. 7. 1930 an Frau D. Brody). Brochs Bestrebungen in dieser Hinsicht sind aus den *Schlafwandlern* durchaus abzulesen, auch wenn er sagt, sie seien hier «erst angedeutet». Er hat sie später keineswegs intensiver herausgearbeitet. Auch sind der erkenntnistheoretische und der polyhistorische Roman in Brochs Gedankenwelt keine Gegensätze, sondern Formulierungen, die zwei Seiten des gleichen Gegenstandes betreffen. Daß Broch sich nicht darüber geäußert hat, hängt damit zusammen, daß er von dem gesamten Vorstellungskomplex bald abrückte.

Die Schlafwandler sind eine Romantrilogie. Die Einzelteile tragen die Titel: *1888. Pasenow oder die Romantik; 1903. Esch oder die Anarchie; 1918. Huguenau oder die Sachlichkeit.* Der erste Teil ähnelt in seiner äußeren Handlung, worauf oft hingewiesen wurde, Fontanes *Irrungen Wirrungen.* Der Unterschied in der Substanz der beiden Kurzromane könnte jedoch nicht größer sein. Ruzena, mit der der adelige Offizier Joachim von Pasenow aus Stolpin vor seiner Ehe in Berlin verkehrt, ist Animiermädchen im «Jägerkasino». «Wohin das Schicksal dieser kleinen Hure führt», sagte Broch von Ruzena, sei «schon im ersten Teil mit ziemlicher mathematischer Exaktheit errechnet» (7. 6. 1930 an Daniel Brody). Ruzena und Fontanes Lene sind entgegengesetzte Pole wie das Jägerkasino im Stadtzentrum Berlins, auf dessen Treppe Joachim und Ruzena sich zum ersten Mal sehen, und der gemütvolle Kreis der Vorstadtleute, in dem Rienäcker mit großem Behagen verkehrt. Daß er eine Ehe mit Lene als das Gegebene und Natürliche ansieht, kann er vor sich selbst begründen; es ist von seinem Charakter her nicht abwegig, und die Plätterin Lene ist ihm als Persönlichkeit durchaus gewachsen. Ihrem Wesen nach sind die beiden Partner; der Stand trennt sie nicht ernstlich, sondern die finanzielle Misere der adligen Familie, die Rienäcker zu einer reichen Heirat zwingt. Die menschliche Nähe zwischen Rienäcker und Lene, die Wärme ihrer Gespräche ist der spezifische Gehalt der Erzählung (vgl. S. 194). Joachim von Pasenow und Ruzena aber sind einsame Wesen, zeitweilig verbunden durch ein wenig Erotik. Das gebrochene Deutsch des tschechischen Mädchens signalisiert, daß eine echte Verständigung mit ihr nicht möglich ist. «Schulter an Schulter gelehnt, von weitem einem Dreieck gleichend, gingen sie den Uferweg, stumm, denn sie wußten beide nicht, was sie zueinandergeweht hatte. Doch unversehens, während sie gingen, hatte Ruzena sich über seine Hand gebeugt, die in der ihren gefesselt lag, und hatte sie geküßt, noch ehe er sie freimachen konnte. Er schaute in Augen, die voll Tränen standen, auf einen Mund, der zum Weinen schon zuckte, doch noch sagte: ‹Wie bist mir auf Stiegen entgegen, hab' ich gesagt, Ruzena, hab' ich gesagt, ist nicht für dich, ist nie für dich. Und jetzt bist da ...»». Wie Ruzena auf Joachim zuging, so vollzieht sie auch die Trennung. Ihre Gründe dafür sind dumpf und undurchsichtig, ihr Mißtrauen gegen Joachims Person ungerechtfertigt; und mit der Form, in der sie ihn verläßt, setzt sie sich selbst herab. Daß sie wieder dem Gewerbe nachgeht, in dem er sie kennenlernte, unterstreicht das Vorübergehende, Flüchtige der gesamten Beziehung. Joachim heiratet Elisabeth, die einzige Tochter des Baron Baddensen in Lestow. Wenn er es auch peinlich empfindet, daß sein Vater ihm diese Ehe empfahl und auf den großen Besitz der Baddensens hinwies, so weiß er doch, daß Elisabeth die vollkommene Braut für ihn ist. Wie er ihre Person zur Madonna erhebt, so sieht er in der Ehe mit ihr «Rettung aus Pfuhl und Sumpf». Sie verbringen eine keusche Hochzeitsnacht miteinander. Auf seine Bitte: «Elisabeth, sag ein Wort», erwidert sie: «Wir sind nicht fremd genug und wir sind nicht vertraut genug.» Die Spannung zwischen Fremdheit und Vertrautheit beschäftigt sie auch sonst, während er seine Beziehung zu ihr auf sakraler Ebene erlebt.

Charakteristisch für die Darstellungsweise ist die vielfache Verkettung von Bedeutungen, Handlungen und Gegenständen sowie das Ineinanderfließen der Figuren, ihre Vertauschbarkeit und Evozierbarkeit. Es schieben sich in Joachims Vorstellungen Ruzena und Elisabeth immer wieder voreinander. Am Tag, nachdem er Ruzena im Kasino zum ersten Mal gesehen hatte und sie ihm mit der Hand durch die Haare gefahren war, geht er abends gegen seine Gewohnheit zu Fuß durch eine Vorstadtstraße. «Denn seine Vorstellung beheimatet sie [Ruzena] nun ganz deutlich in einer Vorstadtwohnung, vielleicht sogar in jenem Kellerlokal, vor dessen dunklem Eingang Grünzeug und Gemüse zum Verkaufe liegt, während Ruzenas Mutter strickend davor hockt und die dunkle fremde Sprache redet. Er spürt den blakigen Geruch von Petroleumlampen. In dem geduckten Kellergewölbe blinkt ein Licht auf. Es ist eine Lampe, die hinten an der schmutzigen Mauer befestigt ist. Fast könnte er selbst mit Ruzena dort vor dem Gewölbe sitzen, ihre Hand kraulend auf seinem Nacken. Doch er erschrickt, als er sich dieses Bildes bewußt wird, und es wegzuzwingen, versucht er daran zu denken, wie über Lestow die gleiche lichtgraue Abenddämmerung ruht. Und in dem nebelstummen Park, der schon nach feuchtem Grase riecht, findet er Elisabeth; sie geht langsam zum Hause hin, aus dessen Fenstern die milden Petroleumlampen durch die steigende Dämmerung blinken, und auch ihr kleiner Hund ist bei ihr, als ob auch der schon müde wäre. Doch wie er näher und schärfer hindenkt, sieht er sich und Ruzena auf der Terrasse vor dem Hause und Ruzena hat die Hand kraulend auf seinen Nacken gelegt.»

Eine Gestalt, die ständig in Joachims Bewußtsein auftaucht und zugleich im Rahmen der Handlung eine wesentliche Rolle spielt, ist Eduard von Bertrand. Er hatte die Kadettenanstalt zwei Jahrgänge vor Joachim von Pasenow durchlaufen, aber später den militärischen Dienst verlassen und sich im Geschäftsleben eine unabhängige Stellung geschaffen. Broch sprach von ihm als von «der passiven Hauptperson des ganzen Romans» (10. 4. 1930 an G. H. Meyer, Rhein-Verlag). Im ersten Teil ist Bertrand als Zivilist und klar denkender Mann die Gegenfigur zu dem Uniformträger und Schwärmer Joachim. Er begleitet die gesamte Handlung mit seinen Urteilen, ob er sie unmittelbar ausspricht, ob sie durch den Gedanken an ihn in Pasenows Hirn produziert werden oder ob der Erzähler einen Absatz beginnt: «Bertrand könnte zum Thema der Uniform etwa sagen ...». Von Bertrands Position her werden die Aussagen über den Begriff der Romantik gemacht, die im Zusammenhang mit dem Titel des ersten Teils *1888. Pasenow oder die Romantik* interpretatorische Bedeutungen für den gesamten Roman haben. In dem Absatz über die Uniform heißt es: «Und weil es immer Romantik ist, wenn Irdisches zu Absolutem erhoben wird, so ist die strenge und eigentliche Romantik dieses Zeitalters die der Uniform.» Joachims Verhältnis zur Uniform und seine Beziehung zur Welt sind damit bezeichnet. Er fühlt sich in der Uniform «geborgen und abgeschlossen» und «liebte es nicht, Zivil anzulegen». Es sei, heißt es, «der Uniform wahre Aufgabe, die Ordnung in der Welt zu zeigen und zu statuieren und das Verschwimmende und Verfließende des Lebens aufzuheben ... die Unsicherheit des Le-

bens, ja das Leben selbst rückt fernab». Indem Bertrand die
Uniform ablegte, stellte er sich dem Leben und seiner Unsicherheit, ließ er die Romantik hinter sich.

Bei den mannigfachen Schwierigkeiten Joachims ist Bertrand nicht nur ein guter Ratgeber, er ist auch ein tatkräftiger
Helfer. Er bemüht sich um die Regelung von Ruzenas Lebensverhältnissen und bleibt auch dann noch aufmerksam und für-
sorglich auf ihr Wohlergehen bedacht, als sie ihn angeschos-
sen und während der darauf folgenden ärztlichen Behandlung
im Stich gelassen hat. Mit Elisabeth steht er gleichfalls in
Verbindung. Elisabeth und Bertrand sind Gesprächspartner;
ihre Dialoge gehören zu den Höhepunkten des ersten Teils.
Elisabeth hätte Bertrand Joachim vorgezogen. Sie nimmt dessen Werbung erst an, nachdem sie endgültig weiß, sie kann
mit Bertrand auf gar keinen Fall rechnen. Bertrands Einfluß
auf ihre gesamte Vorstellungswelt ist unverkennbar. Da Joachim in anhaltender innerer Auseinandersetzung mit Bertrand steht, ist es durchaus angemessen, daß Elisabeth Bertrand zum Thema ihres Verlobungsgesprächs mit Joachim
macht. Beide wurden durch Bertrand über sich hinausgehoben
und gewannen neue Begriffe und Inhalte durch ihn. Auch in
der Hochzeitsnacht haben beide Bertrand im Sinn. In Elisabeths Bemerkung, sie seien «nicht fremd genug» und «nicht
vertraut genug», klingt ihr erstes großes Gespräch mit Bertrand auf dem Reitausflug an. Als Joachim bei einer andern
Äußerung von ihr meint, Bertrands Worte herauszuhören –
«es wird sich alles noch zum Guten wenden», sagte Elisabeth –,
heißt es: «Ja, wollte Joachim antworten, das seien auch
Bertrands Worte; aber er stockte, nicht bloß, weil es unschick-
lich gewesen wäre, dies zu erwähnen, sondern er stockte, weil
aus ihrem Munde das Wort Bertrands ihm wie ein mephisto-
phelisches Zeichen des Dämons und des Bösen war, statt des
Zeichens von Gott, das er erwartet und erhofft und erbeten
hatte.» Das große Mißtrauen Joachims gegen Bertrand, seine
aus der Tiefe seines Wesens stammende Gereiztheit durch Bertrands Sprechen und Verhalten ist Folge seiner inneren Unter-
legenheit. Bertrand benimmt sich in allen Lagen souverän und
nobel, und seine Urteile sind von hohem intellektuellem Ni-

veau. Pasenow ist außerstande, dies zu erkennen, und spürt lediglich «schlafwandelnd», daß bei Bertrand eine andere Welt beginnt, der er nicht gewachsen ist.

Auch die Hauptgestalt des zweiten Teils 1903. *Esch oder die Anarchie* führt einen inneren Kampf mit Bertrand und zwar ohne ihn persönlich zu kennen. Wie der Uniformträger Pasenow steigert sich der Buchhalter Esch in eine rational nicht zu begründende Gereiztheit gegen Bertrand hinein, die zu dem Entschluß führt, ihn zu opfern. Die Handlung spielt im Rheinland, im besonderen in Köln und Mannheim. Esch arbeitet eine Zeitlang im Hafenmagazin der Mittelrheinischen Reederei, deren Präsident Bertrand ist. Als Buchhalter und späterer Oberbuchhalter ist Esch in der Arbeit wie im Leben auf perfekte Ordnung eingestellt. Die Welt hat, so meint er, von der gleichen sorgfältig erarbeiteten Stimmigkeit zu sein wie die Bilanzen in seinem Büro. Daß sie es nicht ist, daß sich immer wieder «ein ungeklärter Buchungsfehler» findet, ist die Ursache seiner Getriebenheit und ständigen Empörung. Ruhelos pendelnd zwischen Menschen und Institutionen, seinen Beruf ausübend und in private Abenteuer verwickelt, drängt es ihn zu jeder Stunde mit seiner gesamten Existenz nach Klärungen, zu denen er von seiner begrenzten geistigen Position her nicht fähig ist. Während der ersten Liebesvereinigung mit der verwitweten Schankwirtin Hentjen, «Mutter Hentjen» genannt, die er später heiratet, beginnt der Gedanke des Opfers von ihm Besitz zu ergreifen, des Opfers, durch das «die Erlösung zur Gerechtigkeit geschehe». Den Gedanken verfolgend wählt er seiner hohen Stellung wie seiner Versündigungen wegen Bertrand als Opfer aus. Wie die Liebe erlebt Esch auch den Besuch bei Bertrand in Badenweiler als mystischen Akt. Während Esch Bertrand mit einer Polizeianzeige bedroht – er hatte dessen homoerotische Beziehungen erschnüffelt und legte ihm außerdem die Gefängnishaft eines sozialdemokratischen Funktionärs zur Last –, wendet Bertrand sich seinem Besucher mit überlegener Güte zu und widerstrebt ihm nicht. Esch wird als Freund zu Tisch geladen und herzlich verabschiedet. Er erstattet trotzdem am nächsten Tag seine Anzeige. Doch hat Bertrand zu dieser Zeit schon Selbstmord begangen.

Broch ließ durch den gesamten Esch-Roman hindurch in jedem Abschnitt von neuem deutlich werden, welche Rolle Esch im «erkenntnistheoretischen Roman» übertragen war. Der «Durchbruch des Irrationalen» (29. 1. 1931 an Daniel Brody), auf den es Broch bei allen drei Romanteilen ankam, ist ein von Szene zu Szene sich neu belebender Vorgang und überwältigt Esch bei allem, was er tut, denkt und erwartet in sich steigernden, zurückflutenden und wieder ansteigenden Wellen. Dies gibt der Sprache eine vielfältig gespannte Dynamik, die Konkretes und Psychisches, Faktisches und Abstraktes erfaßt, ineinander verkettet und sich im Text als Dichte und Vielschichtigkeit des Redestroms ausdrückt. Broch war der Meinung, daß er die «religionsphilosophische Grundtendenz» dieses Mittelteils der Trilogie nur an einem «ganz einfachen Menschen» exemplifizieren konnte; «genau so wie die Fischer am See Genezareth keine Intellektuellen waren, mußte ich diesen Menschen wählen (der folgerichtig im *Huguenau* zum Sektenprediger wird), weil die religiösen Urtriebe und Irrationalismen keine Intellektualisierung ihres Werdens und Realisierens vertragen». Den Einwand, «daß für dieses komplizierte Thema die Romanform nicht adäquat sei», ließ Broch gelten, begegnete ihm aber mit dem Hinweis auf seine gesamte Konzeption, «das Verständnis des Irrationalen aus dem Bereich der Systematik in den der irrationalen dichterischen Darstellung hinüberzuleiten», so daß «es also die *Schlafwandler* geworden sind». (5. 3. 1931 an Frau D. Brody).

Das Ineinandergleiten von religiöser Thematik und der der Liebe wird als Erfahrung Eschs sowie als Autorreflexion am Ende jenes Abschnittes zur Sprache gebracht, der die erste Liebesvereinigung mit Mutter Hentjen enthält. Esch erlebt im Liebesakt die Verwandlung der Geliebten als Aufhebung der Grenzen des Ich und begreift – so weit er dazu fähig ist und nicht der Autor für ihn begreift – das Irrationale des Vorgangs. Es wird gesagt: «Denn der Mensch, der das Gute und das Gerechte will, will das Absolute, und Esch ward zum ersten Male inne, daß es nicht auf Lust ankomme, sondern daß es um eine Vereinigung geht, die herausgehoben ist über den zufälligen und traurigen, ja sogar schäbigen Anlaß, um ein ver-

einigtes Verlöschen, das zeitlos selber, die Zeit aufhebt und
daß die Wiedergeburt des Menschen ruhend ist wie das All, das
dennoch klein wird und ihm sich beschließt, wenn sein eksta-
tischer Wille es bezwungen hat, damit das ihm werde, was allein ihm zu eigen ist: die Erlösung».

Daß die Liebe die Vereinigung Fremder sei, ist der im Rahmen des Romans mehrfach wiederholte oder gestreifte Gedanke Bertrands. Formuliert wird er von ihm im Gespräch mit
Elisabeth und wiederholt von Harry Köhler, dem Geliebten
Bertrands, den Esch in einem Lokal in Köln aufspürt: «Erst in
einer fürchterlichsten Übersteigerung der Fremdheit, erst
wenn die Fremdheit sozusagen ins Unendliche geführt ist,
kann das Aufblühen, was als unerreichbares Ziel der Liebe
gelten darf und sie ausmacht: das Mysterium der Einheit.»
Harry weist sich durch das Zitieren dieser Sätze für den Leser
aus, sofern er sie noch aus Bertrands Gespräch mit Elisabeth
im Ohr hat. Harrys Wissen stammt von Bertrand, wie das
Wissen Elisabeths, auf das sie im Verlobungsgespräch wie in
der Hochzeitsnacht anspielte, von ihm kam. Als Bertrand in
Badenweiler Esch zu verstehen gibt, daß er Selbstmord begehen will, spricht er von sich selbst als von dem Fremden. Er
habe «den leichteren Teil», er «brauche bloß wegzugehen. Der
Fremde leidet nie, er ist losgelöst, – es leidet bloß der, der verstrickt bleibt.» So litt im ersten Teil der Trilogie Pasenow,
nicht Bertrand, der «bloß wegzugehen» brauchte, der ein
Fremder war und seiner Fremdheit wegen andern wie ein Arzt
zum Helfer werden konnte.

Der Gedanke der Fremdheit wird im letzten Teil der Trilogie *1918. Huguenau oder die Sachlichkeit* noch einmal variiert
und intensiviert in der Person des Dr. Bertrand Müller, des Erzählers der eingeschobenen *Geschichte des Heilsarmeemädchens in Berlin.* Er stellt an sich selbst fest, sein Zustand ange-
sichts des Wirklichkeitszerfalls sei «nicht mehr Resignation
zu nennen», sondern «Weisheit, die sich mit der allumschlie-
ßenden Fremdheit abzufinden gelernt hat». Während sein ge-
lebtes Leben hinter ihm verdämmert, überfällt ihn das Wissen, daß das Dahinschwinden der Sehnsucht die Einsicht in
die Aussichtslosigkeit der Hoffnung enthält, denn die Welt

biete sich als «ein Fremdes» dar, in das nicht einzudringen sei, «fremd in stets zunehmender Fremdheit». Dem Heilsarmee- mädchen Marie, dessen Liebe zu dem Juden Nuchem uner- füllt bleiben muß, erläutert er: «daß der Tod allein, daß dieser letzte Augenblick allein die Fremdheit aufheben wird». Und Nuchem hält er entgegen: «Hegel sagt: es ist die unendliche Liebe, daß Gott sich mit dem ihm Fremden identisch gesetzt hat, um es zu töten.»

Die vielen Anklänge in den Abschnitten des Dr. Bertrand Müller an Gedanken und Bilder, die in den ersten beiden Tei- len der Trilogie mit Bertrand verbunden waren, veranlaßten Karl Robert Mandelkow, Identität beider Personen anzuneh- men, «die zugleich dessen Identität mit dem Schreiber der Ex- kurse einschließt» [75]. Die Brochforschung ist ihm nicht ge- folgt und hat lediglich Geistesverwandtschaft und Figuren- ähnlichkeit bestätigt. Die Belege Mandelkows sowie seine Be- weisführung sind indessen eindrucksvoll; darüber besteht kein Zweifel. Doch wird man sie nicht im positivistischen Sin- ne verwerten dürfen. Im modernen Roman schieben sich Figu- ren übereinander, gehen ineinander über und sind nicht mehr wie im 19. Jahrhundert als «Charaktere» zu trennen. Die inne- re Nähe der beiden Gestalten, die Unentschiedenheit ihrer Be- ziehung, der verdächtige Namenshinweis und die Wiederkehr von Gedanken und Bildern sind von Broch selbstverständlich beabsichtigt und nicht mit «physischer Identität: ja oder nein?» zu erledigen. Das Schwebende im Verhältnis der beiden Figuren macht einen besonderen Reiz des dritten Teiles aus und wirkt auf die beiden vorangegangenen zurück. Dagegen muß im Hinblick auf Brochs Darlegungen über den polyhisto- rischen Roman zurückgewiesen werden, daß Eduard von Ber- trand/Bertrand Müller auch der Verfasser der Exkurse über den Verfall der Werte wäre. «Gebildete» Reden der Figuren wollte Broch ja gerade vermeiden und lieber selbst «nackt und gera- deaus» seine Wissenschaft bringen (vgl. S. 270).

Broch hat seine Thematik im dritten Teil der *Schlafwandler* auf besondere Weise durch die Form zum Ausdruck gebracht. Er selbst nannte ihn «ein Novum der Romanform» (22. 6. 1931 an Daniel Brody), an anderer Stelle «ein Novum für den literarischen Ausdruck» und beschrieb die «neue Technik» in einem seiner Selbstkommentare: «Das Buch besteht aus einer Reihe von Geschichten, die alle das gleiche Thema abwandeln, nämlich die Rückverweisung des Menschen auf die Einsamkeit – eine Rückverweisung, die durch den Zerfall der Werte bedingt ist – und die Aufzeigung der neuen produktiven Kräfte, die aus der Einsamkeit entspringen, wenn sie tatsächlich manifest geworden ist. Diese einzelnen Geschichten, untereinander teppichartig verwoben, geben jede für sich eine andere Bewußtseinslage wieder: sie steigen aus dem völlig Irrationalen (Geschichte des Heilsarmeemädchens) bis zur vollständigen Rationalität des Theoretischen (Zerfall der Werte). Zwischen diesen beiden Polen spielen die übrigen Geschichten auf gestaffelten Zwischenebenen der Rationalität.» (23. 7. 1931 an Frau D. Brody).

Eine kleine Stadt in einem Nebental der Mosel ist der Hauptschauplatz des dritten Teils. Die Mehrzahl der Träger der verschiedenen, «teppichartig» verwobenen Handlungen findet sich hier zusammen, unter ihnen Pasenow und Esch in wichtiger Funktion für die als Hauptlinie des dritten Romans anzusehende Geschichte Huguenaus. Pasenow ist Stadtkommandant und damit die höchste militärische Behörde des Ortes; Esch ist Besitzer und Herausgeber des «Kurtrierschen Boten», einer Lokalzeitung. Huguenau, elsässischer Kaufmann aus Colmar, etwa Anfang dreißig, hatte sich im Vorfrühling 1918 an der belgischen Front nach einer nächtlichen Artillerieschießerei von seinem Regiment entfernt, von einem Pfarrer einen Zivilanzug erhalten und wandernd jenes Städtchen im Moselländischen erreicht. Durch betrügerische Manipulationen gelingt es ihm, Eschs Zeitung in die Hand zu bekommen und sich dabei der Unterstützung Pasenows zu bedienen. Esch und Pasenow haben in ihrer sektiererischen Religiosität eine gemeinsame Basis und fühlen instinktiv, daß Huguenau ihr Feind ist, sind jedoch außerstande, ihn zu durchschauen. Als Pasenow den Beweis in Händen hat, daß Huguenau ein Deserteur ist, besitzt er nicht die Kraft, ihn zu entlarven. Huguenau überrumpelt ihn durch Frechheit und geht frei aus. Pasenow bleibt als gebrochener Mann zurück. Nach Ausbruch der Revolution ermordet Huguenau im Getriebe der allgemeinen Wirren Esch und verläßt als Begleitung des Majors, der den Verstand verlor, die Stadt. Von Colmar aus fordert er in einem trickreichen Drohbrief auf Grund des mit Esch geschlossenen Scheinvertrags über den Verkauf der Zeitung von Mutter Hentjen eine große Geldsumme, womit sie die Zeitung zurückkaufen soll. Danach widmet Huguenau sich wieder seinem kaufmännischen Beruf in der Heimat «im Sinne der Ahnen, solid und auf Gewinn bedacht».

Wie Huguenaus Mord an Esch zu beurteilen sei, hat Broch im letzten Abschnitt der Trilogie, dem *Epilog*, im Zusammenhang seiner Philosophie vom Wertzerfall erörtert[76]. Er bezeichnet die Tat als «eine Art Ferialhandlung» und als «Durchbruch des Irrationalen», das kein Wertsystem bändigte, zumal in jener Zeit «auch das kaufmännische Wertsystem aufgehoben und bloß das individuelle übriggeblieben war». Huguenau habe als «ein wertfreier Mensch» gehandelt, der am «Nullpunkt der Wertatomisierung» seine Stunde hatte.

Die Träger der eingeschobenen Einzelgeschichten sind alle Gestalten, die, unter dem Druck der Situation des Jahres 1918 auf ihr Selbst verwiesen, dem Zerfall dieses Selbst ausgeliefert sind: handgreiflich der Maurer Ludwig Gödicke, der verschüttet war und nur nach und nach sein Bewußtsein in Teilen wieder zusammenfindet; außerdem der Leutnant Jaretzki, dem ein Arm amputiert wurde und der im Alkohol und im Sarkasmus Schutz vor der Einsicht in die Sinnlosigkeit sucht; die Lazarettärzte erkennen, wie absurd ihre Tätigkeit ist. Hanna Wendling entfremdet sich ihrem Mann, ihrem Sohn, sich selbst; es weicht alles vor ihr zurück, bis sie in ihrer Lungengrippe versinkt. Hinzukommen noch die Geschichte des Heilsarmeemädchens, von der viele Teile in Sonetten verfaßt sind, und die Essays über den Zerfall der Werte, die die Form der philosophischen Reflexion haben und als Einschübe auf die Einzelgeschichten abgestimmt wurden.

Broch selbst wußte, daß die Form seines Romans nicht unbedingt neu war. Den Beginn des modernen Romans sah er in Goethes *Wanderjahren*, auf die er in seinem Essay *James Joyce und die Gegenwart* (1936, abgeschlossen 1932) besonders hinwies. Seine eigenen Bemühungen um «die Mission des Dichterischen ... Mission einer totalitätserfassenden Erkenntnis» sah er von Goethe vorweggenommen, den die «Totalität des Daseins ... zu ganz neuen Ausdrucksformen« gedrängt habe. Die «ihr adäquate Totalität der Form, d. h. die völlige Beherrschung sämtlicher ästhetischer Ausdrucksmittel» sei die Folge gewesen. In seinem nicht für den Druck bestimmten Vortrag *Das Weltbild des Romans* (1933) führte Broch aus, der Roman sei «nicht imstande ..., die Welt wirklich in ihrer Realität zu schildern, weil er es niemals die Aufgabe der Wissenschaft übernehmen» könne. Er sei aber auch «nicht befugt ..., die Welt so zu schildern, wie sie sein soll, weil er nicht Tendenzdichtung sein» dürfe. Er habe statt dessen «Spiegel aller übrigen Weltbilder zu sein», die für ihn «Realitätsvokabeln wie jede andere Vokabel der Außenwelt» darstellten; und er habe «die Unendlichkeit des ethischen Wollens aufleuchten zu lassen». Brochs Meinung war: «Goethe hat diese Aufgabe auf sich genommen.» Allerdings hätten hundert Jahre vergehen müssen, ehe das Erbe Goethes von der Dichtung angetreten werden konnte. Und sicherlich sei «vieles im modernen Roman nicht mehr als Goetheisch» zu bezeichnen. «Goetheisch» sei «bloß die Struktur und die Aufgabe».

Bei Brochs Verhältnis zu seinen Zeitgenossen, über das Manfred Durzak [77] schrieb, handelt es sich wie bei seinem Verhältnis zu Goethe nicht um literarische Abhängigkeiten, auch nicht im Falle von James Joyce, sondern um lebendige Auseinandersetzung mit andern, die sich auf ähnlichen Wegen befanden. «Oberflächliche Beobachter glauben, daß ich Joyce nachstrebe, weil ich mich theoretisch mit ihm befaßt habe», schrieb Broch in einem Brief sieben Wochen vor seinem Tod, er brauche «nicht eigens zu beteuern», daß ihm «derlei fern» liege (11. 4. 1951 an Karl August Horst). Zwanzig Jahre vorher hob er bei der Definition seiner Vorstellungen vom polyhistorischen Roman Joyce ausdrücklich von allen modernen Autoren ab, die er in diesem Zusammenhang nannte; «Joyce hat mit dem Bildungs-Unwesen der anderen nichts zu tun – aber weder seine Methode, noch seine souveräne Virtuosität sind nachzuahmen, ganz einfach, weil sie einmalig sind.» (5. 8. 1931 an Daniel Brody) Inwiefern in dieser Methode Wissenschaft in den Roman eingebracht wurde, hat Broch in einem für die Romangeschichte grundlegend wichtigen Abschnitt seines Joyce-Essays ausgeführt. Es wird dabei deutlich, wie Erzählen nach Albert Einstein etwas anderes ist als vor ihm, womit freilich nicht gesagt ist, es liege beim modernen Erzählen Abhängigkeit von der Naturwissenschaft vor. Es handelt sich vielmehr um parallele Erscheinungen, deren untergründige Beziehungen außer Zweifel stehen.

Der Gedankengang Brochs ist folgender: Während die klassische Physik sich damit begnügte, «die zu erforschenden Erscheinungen zu beobachten und zu messen» und «auf das Beobachtungsmedium, den Akt des Schauens, bloß insoweit Rücksicht» nahm, «als in diesem, sei es durch die Mangelhaftigkeit der menschlichen Sinnesorgane, sei es durch die der irdischen Meßinstrumente, Fehlerquellen zustande kommen», hat die Relativitätstheorie «entdeckt, daß es darüber hinaus eine prinzipielle Fehlerquelle gibt, nämlich den Akt des Sehens an sich, ... daß also, um diese Fehlerquelle zu vermeiden, der Beobachter und sein Sehakt ... in das Beobachtungsfeld einbezogen werden müssen» und hierfür «die theoretische Einheit von physikalischem Objekt und physikalischem Subjekt» zu schaffen ist. In Parallele hierzu arbeitet Broch heraus: «der klassische Roman begnügte sich mit der Beobachtung von realen und psychischen Lebensumständen, begnügte sich, diese mit den Mitteln der Sprache zu beschreiben ... Was Joyce tut, ist wesentlich komplizierter. Immer schwingt bei ihm die Erkenntnis mit, daß man das Objekt nicht einfach in den Beobachtungskegel stellen und einfach beschreiben dürfe, sondern daß das Darstellungssubjekt, also der ‹Erzähler als Idee› und nicht minder die Sprache, mit der er das Darstellungsobjekt beschreibt, als Darstellungsmedien hineingehören.» Was Joyce erstrebe, sei die «Einheit von Darstellungsgegenstand und Darstellungsmittel im weitesten Sinne genommen».

Vieles, was Broch hier an Joyce aufzeigt, gilt für sein eigenes Werk. Beim Lesen des *Ulysses* mag ihm in besonderem Maße bewußt geworden sein, was er als eigenen Kunstwillen in sich trug. Er las den *Ulysses* (1922) in der deutschen Übersetzung (1927), während er an den *Schlafwandlern* arbeitete, etwa 1930. Daß er die Trilogie in seinem eigenen Dichtungsstil entworfen hatte und auch ausführte, bedarf keiner Debatte. In diesem Dichtungsstil drückte er sein gesamtes Denken, Fühlen und Wollen aus. Bei der Ausarbeitung der *Schlafwandler* grenzte er sich ausdrücklich von Joyce ab, als er vom *erkenntnistheoretischen Roman* sprach (vgl. S. 271). Die Einheit von Darstellungsgegenstand und Darstellungsmittel, die er für Joyce aufzeigt, muß seinem eigenen Sprechstil gemäß und seinem Kunstverstand Bedürfnis gewesen sein. All die erzählerischen Aufschwünge, der Übergang ins Lyrische, das traumhaft Verschwimmende von Vorgängen (Eschs Reise nach Badenweiler) und die «beinahe symphonische Fülle» (28. 1. 1932 an Daniel Brody) des Schlusses der *Schlafwandler*, all das bezeugt, daß Broch, für den es im besonderen auf den «Durchbruch des Irrationalen» ankam, die Aufhebung der Trennung von Subjekt und Objekt von innen her aus der Dynamik seiner schöpferischen Persönlichkeit vollzogen hat.

Viele Ähnlichkeiten bestehen zwischen dem Roman Brochs und *Der Mann ohne Eigenschaften* (1930–42) von ROBERT MUSIL (1880–1942). Manfred Durzak zitiert aus einem 1932 in einer hebräischen Zeitung erschienenen Artikel von David Marani, in dem Broch und Musil – zum ersten Mal vielleicht – nebeneinander gestellt sind: «Beide suchen nach neuen Wegen, beiden genügt nicht die rationale Wirklichkeit, beide dringen in die Irrationalität des Möglichen zur Vision vor, beide offenbaren dunkelstes Gebiet der Seele, beide kennen die Ironie und die Satire, beide wagen theoretisch-philosophische Exkurse innerhalb des Romans, Broch in geschlossenen Fragmenten, Musil auch in den Gesprächen seiner Helden.»[78] Die hier aufgeführten Züge bezeichnen nicht allein Eigenheiten der Romane von Broch und Musil, sie charakterisieren vielmehr Tendenzen, die durch das gesamte Zeitalter zu verfolgen sind, sich im Expressionismus niederschlugen und die Voraussetzung für den mythischen Roman bilden (vgl. Kap. V).

Wie sie bei einem Autor von geringerer intellektueller Energie als Broch und Musil sich auswirkten, zeigen *Ein verbum-*

melter Student (1917) und *Ein Namenloser* (1919) von Gustav Sack (1885–1916). Autobiographisch bedingt und inhaltlich stark vom Expressionismus geprägt, sind beide Romane durch den Wechsel verschiedener Darstellungsmittel gekennzeichnet und aus diesem Grund schon mit den Formexpe-
rimenten der Späteren vergleichbar. Es mischen sich sachlich
berichtende Erzählung, ekstatische Szenenaufhöhungen, Reflexionen über die eigene Person, philosophische Erörterungen
in individueller Tönung, Traumvorgänge in Mythen übergehe-
hend und weit ausgesponnene Märchen. In beiden Romanen
steht die Wandelbarkeit der Ausdrucksform in unmittelbarer
Beziehung zur Labilität der Hauptfigur. Mit dieser Figur findet der Typ des haltlosen, umgetriebenen jungen Mannes, der
in Friedrich Huchs Pitt Sintrup (vgl. S. 210) rund ein Jahrzehnt
vorher schon auftrat, eine im Zusammenhang der Form und
durch die Form sich darstellende Prägung. Ruhelosigkeit,
Skepsis, Intellektualität, erotisches Ausgeliefertsein, überstei-
gerte Ichbezogenheit zeichnen sich als Wesenszüge ab. In beiden Romanen bindet allein eine Liebeshandlung die Teile zu
einem epischen Ganzen. In *Ein Namenloser*, dem der Entstehungszeit nach ersten der beiden Romane, ist es eine kleine
Dirne, die den intellektuellen Jüngling, auch hier ein «verbummelter Student», während seines Militärdienstjahres beschäftigt. Sie verläßt ihn um eines andern willen und bekennt
ihm ihren Zwang zur Untreue, als er sie bedrängt, zu ihm zu-
rückzukehren und ihn zu heiraten. Er erhängt sich, nachdem
sie sich und ihren neuen Geliebten erschossen hat, dem sie
auch untreu geworden war. In *Ein verbummelter Student* ist
die schöne, leidenschaftliche Grafentochter Loo die weibliche
Gegenfigur. Sie stirbt einen Liebestod, während ihr Partner
davor zurückweicht, die Gegend verläßt und viele Jahre im
Bergwerk arbeitet. Loos Vater setzt ihn zu seinem Erben ein.
Er endet nach einem allgemeinen Lebensfluch – ob durch Un-
fall oder Selbstmord bleibt offen – bei einem Sturz von der
Galerie des Schlosses. Der Untergang der tragenden Personen
in beiden Romanen ist künstlerisch bedingt. Es würde wahrscheinlich inhaltlich wenig besagen, wenn sie irgendwie wei-
terlebten. Durch ihren Tod kommt zum Ausdruck, daß wirk-

lich nichts bleibt. Die erzählten Vorgänge bieten keinen Ausblick, sondern sind auf sich konzentriert. –

So hängt es ganz gewiß auch mit der künstlerischen Gesamtanlage von Musils Roman zusammen, daß er Fragment blieb. Hier war keine Handlung zu Ende zu führen, auch wenn manche es nachträglich versuchen. Es ging weder um eine Handlung noch um einen Abschluß, sondern um die erzählerische Entfaltung von Themen und Problemen, zu deren Wesen es gehörte, daß sie sich unendlich ausbreiteten. Musils zentrales Anliegen war bei ihrer Darstellung die «Einheit von Darstellungsgegenstand und Darstellungsmittel», von der Broch sprach. Musil sagte darüber: «Das Problem: wie komme ich zum Erzählen, ist sowohl mein stilistisches wie das Lebensproblem der Hauptfigur, und die Lösung ist natürlich nicht einfach.» («Aus Brief an G. 26. 1. 31», *Prosa* S. 726) Der Zusammenhang zwischen dem Erzählproblem des Autors und dem «Lebensproblem der Hauptfigur» ist durch das gesamte Werk hin in jedem Kapitel zu erkennen. Wie die unmittelbare Beziehung zwischen beiden sachlich zu verstehen ist, hat Musil im zweitletzten Kapitel des ersten Bandes (1930) gezeigt. Die Hauptfigur, Ulrich, macht sich dort in einer Reflexion bewußt, daß das Gesetz «der erzählerischen Ordnung» einem Wunschtraum des Menschen entspreche, der, «überlastet und von Einfalt träumend», sich nach dem Lebensgesetz «jener einfachen Ordnung» sehne, «die darin besteht, daß man sagen kann: ‹Als das geschehen war, hat sich jenes ereignet!›» Weil die «einfache Reihenfolge» beruhigt, bringe man die «überwältigende Mannigfaltigkeit des Lebens» gleichsam auf *eine* Dimension. Den Menschen werde wohl bei der «Aufreihung alles dessen, was in Raum und Zeit geschehen ist, auf einen Faden, eben jenen berühmten ‹Faden der Erzählung›, aus dem nun also auch der Lebensfaden besteht ... sie lieben das ordentliche Nacheinander von Tatsachen, weil es einer Notwendigkeit gleichsieht, und fühlen sich durch den Eindruck, daß ihr Leben einen ‹Lauf› habe, irgendwie im Chaos geborgen.» Der Roman habe sich dies «künstlich zunutze gemacht». Dem Leser werde «behaglich zumute», mag «der Wanderer ... bei strömendem Regen die Landstraße reiten oder bei zwanzig

Grad Kälte mit den Füßen im Schnee knirschen», wenn nur alles in ordentlicher Reihenfolge vor sich geht. «Und das wäre schwer zu begreifen», erkennt Ulrich, «wenn dieser ewige Kunstgriff der Epik, mit dem schon die Kinderfrauen ihre Kleinen beruhigen, diese bewährteste ‹perspektivische Verkürzung des Verstandes› nicht schon zum Leben selbst gehörte». Die Einsicht in diesen Tatbestand verschafft Ulrich Klarheit über die eigene Situation. Er bemerkt nämlich, «daß ihm» selbst «dieses primitiv Epische abhanden gekommen sei, woran das private Leben noch festhält, obgleich öffentlich alles schon unerzählerisch geworden ist und nicht einem ‹Faden› mehr folgt, sondern sich in einer unendlich verwobenen Fläche ausbreitet».

Musils persönliche Meinung war, «daß es sich beim scheinbar chronologischen Erzählen in erster Linie um ein Ordnungsproblem handeln dürfte; Ordnung der Geschehnisse in einer dem zeitlichen Ablauf nachgemachten Weise, die aber von vornherein nicht identisch mit ihm zu sein beansprucht» («Aus Brief an G. 26. 1. 31», *Prosa* S. 727). Der Standpunkt Musils bedeutet keine Romankrise und auch keine Krise des Erzählens, wie zuweilen behauptet wird. Er gibt lediglich der *Möglichkeit* Raum, daß auch anders als chronologisch erzählt werden könnte, oder: sofern man mit dem Begriff des Erzählens auf jeden Fall die chronologische Abfolge verbinden will, daß ein Roman nicht unbedingt aus Erzählung bestehen müßte. Freilich: es wird immer wieder chronologisch erzählt werden, weil die Menschen es lieben. Daneben aber hatten Reflexion, Dialog und viele andere Formen schon seit langem Raum im Roman. Friedrich Schlegel äußerte sich ausführlich darüber [79]. Musils Problem besteht nicht darin, ob es noch Romane geben wird – das hat er nie in Frage gestellt –, sondern nur darin: «wie komme ich zum Erzählen»; er bleibt sogar bei dem Wort «erzählen»; und weil Darstellungsmittel und Darstellungsgegenstand eine Einheit bilden, geht es ihm beim Erzählproblem zugleich um die Hauptfigur, um ihr Lebensproblem.

Dieses Lebensproblem wird im vierten Kapitel des ersten Teiles schon aufgezeigt. Das Kapitel trägt die Überschrift:

*Wenn es Wirklichkeitssinn gibt, muß es auch Möglichkeits-
sinn geben.* Daß Ulrich der Mann ohne Eigenschaften ist,
hängt mit seinem Möglichkeitssinn zusammen. Wer den Möglichkeitssinn besitzt, «sagt beispielsweise nicht: Hier ist dies
oder das geschehen, wird geschehen, muß geschehen; sondern
er erfindet: Hier könnte, sollte oder müßte geschehn; und
wenn man ihm von irgend etwas erklärt, daß es so sei, wie es
sei, dann denkt er: Nun, es könnte wahrscheinlich auch anders sein.» Der Möglichkeitssinn ist eine schöpferische Anlage.
Sie ließe sich definieren «als die Fähigkeit ..., alles, was ebensogut sein könnte, zu denken und das, was ist, nicht wichtiger
zu nehmen als das, was nicht ist». Wer seine Ablehnung des
Möglichkeitsmenschen bekunden will, bezeichnet ihn als
Phantasten, auch als Besserwisser oder Krittler. Wer ihn loben
will, nennt «diese Narren auch Idealisten»; aber er erfaßt damit «nur ihre schwache Spielart», eben jene, die vor der Wirklichkeit versagen, bei denen es «wirklich einen Mangel bedeutet», daß sie keinen Sinn für die Wirklichkeit haben. «Das
Mögliche umfaßt jedoch nicht nur die Träume nervenschwa-
cher Personen, sondern auch die noch nicht erwachten Absichten Gottes.» Mögliche Erlebnisse und mögliche Wahrheiten
sind nicht so einzuschätzen, als hätten sie den gleichen Wert
wie wirkliche Erlebnisse und Wahrheiten, es fehle ihnen lediglich die Qualität des Wirklichkeitssinns, «sondern sie haben,
wenigstens nach Ansicht ihrer Anhänger, etwas sehr Göttli-
ches in sich, ein Feuer, einen Flug, einen Bauwillen und bewuß-
ten Utopismus, der die Wirklichkeit nicht scheut, wohl aber
als Aufgabe und Erfindung behandelt». Der Vergleich zwischen Wirklichkeits- und Möglichkeitssinn offenbart das Wesen des Schöpferischen. Die Möglichkeiten, die in tausend
Mark enthalten sind, so wird argumentiert, «enthalten sie
doch ohne Zweifel, ob man sie besitzt oder nicht ... Aber ein
Narr steckt sie in den Strumpf, sagen die Wirklichkeitsmen-
schen, und ein Tüchtiger schafft etwas mit ihnen ... Es ist die
Wirklichkeit, welche die Möglichkeiten weckt, und nichts wäre
so verkehrt, wie das zu leugnen.» Doch, und damit kommt ein
weiterer Gedanke ins Spiel, es werden in der Wirklichkeit immer die gleichen Möglichkeiten gesehen, auch in den tausend

Mark; die Möglichkeiten wiederholen sich, «so lange bis ein Mensch kommt, dem eine wirkliche Sache nicht mehr bedeutet als eine gedachte. Er ist es, der den neuen Möglichkeiten erst ihren Sinn und ihre Bestimmung gibt, und er erweckt sie.»

Zum Lebensproblem Ulrichs und damit zum Erzählproblem des Autors gehört, daß sich als Folge des Möglichkeitssinnes für dessen Träger ergibt: «Ein solcher Mann ist ... keineswegs eine sehr eindeutige Angelegenheit.» Es ist zu erzählen von einem Menschen, dessen Ideen «nichts als noch nicht geborene Wirklichkeiten sind». Selbstverständlich hat auch er Wirklichkeitssinn; «aber es ist ein Sinn für die mögliche Wirklichkeit»; und dieser Sinn «kommt viel langsamer ans Ziel als der den meisten Menschen eignende Sinn für ihre wirklichen Möglichkeiten». Als «ein unpraktischer Mann», der er nicht nur zu sein scheint, sondern auch ist, bleibt er «unzuverlässig und unberechenbar im Verkehr mit Menschen», denn seine Handlungen bedeuten ihm etwas anderes als ihnen. Besonders wichtig ist, daß auch sein Verhältnis zu sich selbst anders ist als bei andern, denn er besitzt auch im Blick auf seine eigene Person nicht den Wirklichkeitssinn. Aus dieser Tatsache ergibt sich die Bezeichnung «Mann ohne Eigenschaften». Sie bedeutet kein Urteil vom Standpunkt der Umwelt, sondern eine ironische Spiegelung seines Lebensproblems. Das Kapitel schließt mit dem Absatz: «Und da der Besitz von Eigenschaften eine gewisse Freude an ihrer Wirklichkeit voraussetzt, erlaubt das den Ausblick darauf, wie es jemand, der auch sich selbst gegenüber keinen Wirklichkeitssinn aufbringt, unversehens widerfahren kann, daß er sich eines Tages als ein Mann ohne Eigenschaften vorkommt.»

Ulrichs Möglichkeitssinn bewirkt sowohl den Vorrang der Utopie innerhalb des gesamten Romans als auch seine eigene Passivität. Die Utopie hat bei Musil nie feste Umrisse. «Utopien bedeuten ungefähr so viel wie Möglichkeiten» (I, 61). Sie sind die Gegenbewegung zum bestehenden Zustand, zur gegebenen Wirklichkeit; sie sind die Richtung auf alles, was nicht ist, aber sein könnte. Ulrich versuchte sich mit dem Wunsch, «ein bedeutender Mensch zu werden», in drei Berufen: er war Offizier, Ingenieur und mit beachtlichem Erfolg Mathematiker. Er gab sie alle drei wieder auf; sie entsprachen nicht seinen Absichten. «Aber welche Absicht hatte er eigentlich gehabt?» Der Erzähler fragt selbst und gibt nach einigen Überlegungen die ironische Antwort: «Er konnte nur sagen, daß er sich von dem, was er eigentlich hatte sein wollen, weiter entfernt fühlte als in seiner Jugend, falls es ihm nicht überhaupt ganz und gar unbekannt geblieben war.» Die Ironie zuspitzend, fährt der Erzähler fort: «In wundervoller Schärfe sah er, mit Ausnahme des Geldverdienens, das er nicht nötig hatte, alle von seiner Zeit begünstigten Fähigkeiten und Eigenschaften in sich, aber die Möglichkeit ihrer Anwendung war ihm abhandengekommen.» Deshalb beschließt Ulrich, «sich ein Jahr Urlaub von seinem Leben zu nehmen, um eine angemessene Anwendung seiner Fähigkeiten zu suchen». Utopie und Ironie sind verbunden in einer Erklärung, die den entscheidenden Entschluß Ulrichs zu begründen scheint, in Wahrheit aber der logischen Begründung entzieht. Das Spiel mit den Worten «Eigenschaften» und «Möglichkeiten» weist darauf hin.

Der Roman setzt zeitlich hier ein, dem Datum nach im August 1913. Der Angabe geht ein parodierter Meteorologenbericht voraus, mit dem der Roman beginnt. In ähnlicher Weise ist die Ortsangabe von Spott umkreist. Genannt wird Wien, doch anschließend betont, «auf den Namen der Stadt» solle «kein besonderer Wert gelegt werden». Man müsse nicht immer genau wissen, in welcher Stadt man sich aufhalte. «Es lenkt von Wichtigerem ab.» Wie der Autor Zeit und Raum zwar nennt, doch zugleich nicht ganz ernst nimmt und in ihrer Bedeutung in Frage stellt, so verbreitet er sogleich im ersten Kapitel Unsicherheit über die Figuren. Er spricht von zwei Menschen in einer belebten Straße, deren Auftreten auf ihre soziale Herkunft schließen läßt – «ersichtlich einer bevorzugten Gesellschaftsschicht» angehörend – und die auch «wußten ..., wer sie seien und daß sie sich in einer Haupt- und Residenzstadt auf ihrem Platze befanden». Aber wer sind sie? Es heißt: «Angenommen, sie würden Arnheim und Ermelinda Tuzzi heißen, was aber nicht stimmt, denn Frau Tuzzi befand sich im August in Begleitung ihres Gatten in Bad Aussee und Dr. Arnheim noch in Konstantinopel, so steht man vor dem

Rätsel, wer sie seien.» Das hier umschriebene Rätsel macht die Bewußtheit sichtbar, mit der der Autor das Identitätsproblem in einer dem Gesamtstil des Werkes und dem «Lebensproblem der Hauptfigur» entsprechenden Weise anging. Ehe noch von Ulrichs Möglichkeitssinn die Rede ist, wird ein Beispiel für die Methode, die daraus folgt, gegeben. Der Erzähler geht von der Möglichkeit aus, die beiden Menschen auf der Straße seien Arnheim und Ermelinda Tuzzi – Figuren, die später im Roman auftreten –, erbringt dann mit sachlichen Fakten den Beweis, daß sie es nicht sein können, und kehrt wieder zurück zu der angenommenen Möglichkeit, die nun als irreale Möglichkeit, als reine Annahme, zu gelten hat, und von ihr her baut er das Rätsel ihrer Identität auf. Es verlangt einen scharf mitdenkenden und gebildeten Leser. Er muß die Satzkonstruktion durchschauen und darf nicht erst belehrt werden, daß es ein Identitätsproblem gibt. Das Problem als solches gehört zu dem als bekannt vorausgesetzten Stoff. Es liegt hier kein philosophisches Lehrbuch vor, sondern eine fiktive Erzählung, ein Roman, der unerschöpfliche Unterhaltung bietet, weil alles, was berichtet wird, sich in der Schwebe befindet und von einem unablässig geistreichen Erzähler kommentiert wird. Der ironische Kommentar des Erzählers bildet für viele Teile des ersten Buches das epische Element. Er schafft die Kontinuität des Erzählten und ist der sich selbst aufhebende Boden eines Geschehens, das sich im ironischen Sprechen formt und wieder verflüchtigt, indem es den verschiedenartigsten Details von Augenblick zu Augenblick Bedeutung zukommen läßt und wieder entzieht.

Als wichtigste Handlung ist für das erste Buch ein Unternehmen angesetzt, von dem als einer «großen patriotischen Aktion» gesprochen wird und zu deren Sekretär man Ulrich ernennt: «die Parallelaktion». Es geht dabei um die Vorbereitung der Feier zum siebzigjährigen Regierungsjubiläum Kaiser Franz Joseph I. im Jahre 1918, die als «Parallelaktion» zu dem im gleichen Jahr stattfindenden dreißigjährigen Regierungsjubiläum Wilhelms II. angesehen werden soll. Da die beiden Monarchien 1918 mit dem Ende des ersten Weltkriegs untergingen, ist der Scheincharakter der «patriotischen Aktion» von vornherein angezeigt. Ulrich tritt durch seine Beziehung zur Parallelaktion in Verbindung mit einer Reihe von Gestalten. Sie alle verkörpern Möglichkeiten und Anlagen, die er selbst in sich trägt. Zugleich sind sie untereinander durch Züge und Bestrebungen, die sie variieren, verwandt. Indem sie spiegeln und kontrastieren, erfüllen sie ihre Funktion im Gesamtgefüge des Romans. Die Vorgänge, bei denen sie mitwirken, sind nur der Anlaß dazu und haben kein Eigengewicht. Auch die Figuren aus Ulrichs persönlichem Kreis fungieren nicht in einer eigenen Handlung, sondern nur durch ihre Beziehung zueinander und zu Ulrich.

Gegenfigur zu ihm ist auf entschiedene Weise der Lustmörder Moosbrugger, mit dessen Fall Ulrich sich lange Zeit lebhaft beschäftigt. Er ist zugegen, als Moosbrugger am Ende seines Prozesses das Todesurteil vorgelesen wird und sich damit zufrieden erklärt, zugleich aber hinzufügt, es sei ein Irrsinniger verurteilt worden. Es heißt: «Das war eine Inkonsequenz; aber Ulrich saß atemlos. Das war deutlich Irrsinn, und ebenso deutlich bloß ein verzerrter Zusammenhang unsrer eignen Elemente des Seins. Zerstückt und durchdunkelt war es; aber Ulrich fiel irgendwie ein: wenn die Menschheit als Ganzes träumen könnte, müßte Moosbrugger entstehn.» In Ulrich kann das Wissen, daß Moosbrugger ihn unmittelbar angeht, Erschütterungen auslösen, die seine gesamte Existenz betreffen. Doch bewegt sich seine persönliche Anteilnahme nicht auf der Ebene der konkreten Wirklichkeit, sondern im Bereich von Gleichnis und Traum. Moosbrugger bedeutet ihm nicht die Verkörperung von Trieben, die andere lediglich unterdrükken. Auch ist ihm nicht daran gelegen, den Mörder entschlüpfen zu lassen; die auf die Befreiung Moosbruggers gerichteten Überlegungen seiner Freunde weist er zurück. Gerade im Zusammenhang eines Gesprächs über Moosbrugger hat er den Gedanken: «Es ist doch wirklich so, daß ein Mensch, auch nüchtern betrachtet, für den anderen nicht viel mehr bedeutet als eine Reihe Gleichnisse.» In einer großen Erregung wird ihm schließlich bewußt, «daß ihn aus dem Bild eines Mörders nichts Fremderes anblickte als aus anderen Bildern der Welt, die alle so waren wie seine eigenen alten Bilder: halb gewordener Sinn, halb wieder hervorquellender Unsinn! Ein entsprungenes Gleichnis der Ordnung: das war Moosbrugger für ihn!»

Wie Ulrich mehrfach im Zustand der Entrückung die Bedeutung des Mörders als extremes Gleichnis der Welt erfaßt, so spielen mystische Erfahrungen bei ihm auch sonst eine Rolle. Neben der Mathematik besitzt er den Weg der Ekstase. Im «anderen Zustand», dies ist Musils Ausdruck, werden Trennungen aufgehoben und Zusammenhänge bewußt, so daß das wahre Wesen der Dinge, das sonst verstellt ist, hervortreten kann. Mit Beginn des II. Buches (1933) wird in Ulrichs Beziehung zu seiner Schwester Agathe, die er im Haus seines Vaters unmittelbar nach dessen Tod wiedertrifft, seine zum Mythischen tendierende Erlebnisweise wirksam. Die Geschwister begegnen sich in fast gleichen Hausanzügen, die sie ganz unabhängig voneinander anlegten, und befinden sich sogleich in gelöstem Gespräch. Ulrich ist von seiner Schwester unmittelbar angezogen und betrachtet sie ohne Ironie. Bald kommt ihm der Gedanke, daß sie «eine traumhafte Wiederholung und Veränderung seiner selbst sei». Er liebt in der Schwester sich selbst und in sich die Schwester. Agathe verläßt ihren Mann, was sie sich schon vorher vorgenommen hatte, und zieht zu Ulrich. Ihre Gespräche umkreisen ihr seltsames Zwillingsverhältnis. Ulrich verweist darauf, daß das «Verlangen nach einem Doppelgänger im anderen Geschlecht ... uralt» sei. «Es will die Liebe eines Wesens, das uns völlig gleichen, aber doch ein anderes als wir sein soll, eine Zaubergestalt, die wir sind, die aber doch eben auch eine Zaubergestalt bleibt.» Im Umgang mit der Schwester verändert Ulrich sein Verhältnis zu sich selbst wie zu allem, was ihn umgibt. Da Agathe ihm sowohl das Ich und die Eigenliebe verkörpert als auch das Nicht-Ich und die Liebe zu ihm und dadurch Identität zwischen beiden bewirkt, wird ihm auch das Erlebnis der Identität von Welt und Ich begreiflich, und in gleichem Maße ist er zur Versöhnung mit den Erscheinungen bereit, ist er fähig, sie als ihm zugehörig in sich einströmen zu lassen. Der andere Zustand, in dem die Geschwisterliebe den Zauber neuen Lebens schafft, erfüllt sich in ständigem Wechsel der Gespräche, der Szene-

rien, der Stimmungen und Unternehmungen, in denen der In-
zest sich als begleitender, unterschwelliger Vorgang vorbereitet. Es «kann das Geschwistergefühl pervers und es kann
Mythos sein», äußerte Musil im Tagebuch (T 355). «Die Reise ins Paradies», wie der Titel eines frühen Entwurfs der Lie-
besreise heißt, läßt den andern Zustand selbstverständlich
nicht zum Dauerzustand werden. Musil hatte, wie zu erwarten, weder Lösung noch Abschluß für einen Vorgang, der, sofern er in chronologischem Ablauf Realisierung findet, zu einem Ende führen muß, im Mythischen aber trotzdem seine
wesensmäßige und utopische Bedeutung behält.

So verdienstreich es von Adolf Frisé war, in der Ausgabe
von 1952 Musils aus verschiedenen Zeiten stammenden Entwürfe zur Weiterführung von Einzelhandlungen abzudrucken,
so abwegig war es, diese Entwürfe als Grundlage zur Konstruktion für einen Romanschluß zu verwenden. Den Entwürfen
fehlen die genauen Datierungen; frühe stehen neben späten;
gelegentlich hat Frisé Teile aus verschiedenen Entwürfen zu
einem Kapitel zusammengefügt. Dem Interpreten erscheinen
viele der Entwürfe durch die von Musil ausgearbeiteten Teile
überholt und lediglich als frühe Experimente von Wert. Der
letzte von Musil selbst zur Veröffentlichung gebrachte Teil
des Romans ist sein «Zweites Buch», das 1933 erschien und
den Untertitel trägt «Dritter Teil – Ins Tausendjährige Reich».
Es treten hier zwar die Gestalten des «Ersten Buches» wieder
auf, und die dort angeschnittenen Themen, insbesondere der
Fall Moosbrugger, sind noch im Gespräch, doch bilden sie
nicht mehr den Hauptgegenstand. Im Vordergrund steht Ulrichs Beziehung zu Agathe. Im Zusammenhang damit wird
das Problem des Verbrechens, das durch Moosbrugger im ersten Buch seinen konkreten Anlaß hatte, erneut zum Thema,
denn Agathe fälscht vor Ulrichs Augen ihres Vaters Testa-
ment, um ihren Mann von der Erbschaft auszuschließen.
Wenn die Tat des Lustmörders nur abstoßen konnte, so ist
nun ausdrücklich von «dem schönen Anblick» die Rede, «den
Agathe während ihres Vergehens bot», und Ulrich, «völlig
fassungslos», muß erkennen, daß hier die Grenzen von Gut
und Böse aufgehoben sind. Wiederum ist für ihn in der Beur-

teilung der moralischen Frage sein eigenes Lebensproblem mitenthalten. Eine endgültige Entscheidung darüber fällt weder hier noch bei irgendeinem der zur Debatte gestellten Themen. Es besteht kein Zweifel, daß eine solche Entscheidung einen Widerspruch zu dem geistigen Stil des Romans gewesen wäre.

Obwohl Musil bis zu seinem Tod 1942 fast ununterbrochen an dem Werk arbeitete, gelang es ihm nicht, eine endgültige und abgeschlossene Gesamtfassung zu schaffen. Seine sehr schlechten Lebensumstände – er befand sich seit 1938 im Exil in der Schweiz und hatte schon vorher mit finanziellen Schwierigkeiten und Krankheit gekämpft – mögen sich störend auf seine Arbeit ausgewirkt haben. Sie sind jedoch gewiß nicht der wesentliche Grund dafür, daß das Werk Fragment blieb. Der Grund dafür liegt vielmehr in diesem Werk selbst, in seiner Anlage und in seinem Erzählstil, der mit dem «Lebensproblem der Hauptfigur» zusammenhängt. Musil ist sich in seinen letzten Jahren bewußt gewesen, daß seine «Problemstellung» über seine «geistige Kraft» hinausgehe (T 491). Da es ihm nicht um die historische Zeit von 1913, sondern um seine eigene Gegenwart zu tun war, konnte er für seine Hauptfigur keine Antwort auf die Frage, wie in dieser Epoche zu leben sei, finden. Daß er dem zeitgenössischen Denken, der Psychologie und Philosophie namhafter Repräsentanten weiten Raum in den Reflexionen Ulrichs gab, wurde in der modernen Forschung nachgewiesen [80]. Musil war jedoch zu sehr Künstler, um sein Buch zum Kompendium für Lösungen zu machen. Sein Unternehmen war ihm «ein geistiges Abenteuer», für das er sich mit seiner ganzen Person einsetzte, eine «Forschungsfahrt» (M 1646), deren Ende er nicht absah.

V

Tendenz zum Mythischen

Musil bezieht im Rahmen seiner Zeit keine Ausnahmestellung, wenn er Ulrich die Liebe zu Agathe unter mythischem Aspekt betrachten läßt. Die Hinwendung zum Mythos, Faszination wie Anerkennung von Denkmustern, findet sich auch bei andern Romanautoren des Zeitraums. Ob man THOMAS MANN wirklich «mit Kerényi so etwas wie mythische Intuition zusprechen darf», hält Hans Wysling gewiß mit Recht für «fraglich» [81]. Aber außer Zweifel steht, daß Thomas Manns Anteilnahme am Mythos tief begründet war. Es ging dabei weniger um eine, wie Kerényi es nannte, «Rückkehr des europäischen Geistes zu den höchsten, den mythischen Realitäten» [82], als um einen unverlierbaren Besitz aus der Kinder- und Jugendzeit, dessen zentraler Bedeutung sich der Autor erst voll bewußt wurde, als er in späteren Jahren die in ihm enthaltenen künstlerischen Möglichkeiten erkannte. Mit Märchen und Sagen hatte er von klein auf gelebt; sie waren eine ihm mitgegebene Welt, mitgegeben durch den Erzähl- und Lesestoff, den das bürgerliche Elternhaus und die Schule ihm vermittelten. Wie er sie sich in Spiel und Tagtraum aneignete, berichtet er in dem Abschnitt *Kinderspiele* (1920): «... und früh war ich vor Troja, auf Ithaka und dem Olympos so wohl zu Hause wie meine Altersgenossen im Lande des Lederstrumpfs. Und was ich so begierig in mich aufgenommen, das stellte ich spielend vor. Ich hüpfte als Hermes mit papiernen Flügelschuhen durch die Zimmer, ich balanzierte als Helios eine glanzgoldene Strahlenkrone auf dem ambrosischen Haupt, ich schleifte als Achilleus meine Schwester, die wohl oder übel den Hektor darstellte, unerbittlich dreimal um die Mauern von Ilion. Aber als Zeus stand ich auf einem kleinen, rotlackierten Tisch, der mir als Götterburg diente.» In der Zeit der Arbeit an den Josephsromanen berichtete er, ihre «Konzeption» habe «rein stofflich ziemlich lange und alte Wurzeln in» seinem «geistigen Leben»; er erinnere sich, daß er «schon als Junge für antik-orientalisches, besonders altägyptisches Leben ein ausgesprochenes Interesse hatte und einschlägige Bücher las» (23. 5. 1935 an Louise Servicen). Daß dem Heranwachsenden die mythische Welt zunächst versank, entspricht der natürlichen Entwicklung des modernen intellektuellen Menschen. Daß sie nicht vergessen und verloren war, verbindet Thomas Mann mit vielen produktiven Repräsentanten seiner Zeit, deren Beziehung zum Bereich des Mythischen auf ähnliche Weise zustande gekommen sein wird.

Eine märchenhafte Geschichte enthält schon *Königliche Hoheit* (1909), der erste Roman, den Thomas Mann nach den *Buddenbrooks* veröffentlichte. Klaus Heinrich, der zweitgeborene Prinz in einem tiefverschuldeten, sehr kleinen Großherzogtum im wilhelminischen Deutschland, kam mit einer verkümmerten linken Hand auf die Welt. Die Furcht, er könne dadurch später bei der Ausübung seiner Repräsentationspflichten behindert sein, versetzt den Vater in große Erregung, im besonderen deshalb, weil der Erbprinz so schwächlich ist, daß man mit seinem frühen Tod zu rechnen hat. «Ein Prinz mit einer Hand ...», der Großherzog kann sich nicht damit abfinden. Der Staatsminister aber erinnert daran, daß sich an die Wendung von dem Fürsten «mit einer Hand», die eigentlich den Sachverhalt nicht ganz treffe, die hundert Jahre alte Prophezeihung einer Zigeunerin knüpft. Ein solcher Fürst sollte «das größte Glück» bringen; er würde «dem Land mit einer Hand mehr geben, als andere mit zweien nicht vermöchten». Wie diese Weissagung sich erfüllt, das macht die Handlung des Romans aus. Zunächst erfährt der Leser, wie verarmt und herabgekommen das Fürstentum ist, wie verwahrlost sowohl das «Alte Schloß» mit seinen muffigen Räumlichkeiten als auch alle andern im Umkreis liegenden Nebenschlösser der großherzoglichen Familie sind, und wie eintönig und einsam Kindheit und Jugend für Klaus Heinrich verlaufen, den man von früh auf dazu anhält, für seine verkümmerte Hand stets eine angemessene, sie verbergende Pose zu finden. Als sich sein älterer Bruder nach dem Tod des Großherzogs seinen Pflichten, wie zu erwarten war, nicht gewachsen sieht, ernennt er Klaus Heinrich zu seinem ständigen Stellvertreter, verleiht ihm den

Titel «Königliche Hoheit» und überläßt ihm so gut wie alle Repräsentationsaufgaben. Das bedeutet ein leeres Leben voll Ermüdung und Anstrengung. Klaus Heinrich, so beliebt er bei der Bevölkerung ist, bleibt als Repräsentant ohne Beziehung zu einem zu repräsentierenden Gehalt. Die Festlichkeit, mit der die Bevölkerung ihn bei seinem Auftreten umgibt, verstellt ihm die Wirklichkeit ihrer Verhältnisse. Die Wende kommt durch Imma Spoelmann, die aparte, unkonventionell auftretende, Algebra studierende Tochter des Milliardärs, der aus Amerika übersiedelt war, eines der großherzoglichen Nebenschlösser kaufte und sich in der Residenz niederließ. Klaus Heinrich bricht aus seinem engen Daseinskreis aus, indem er auf Imma zugeht, ohne noch eigentlich zu wissen, wohin sein Umgang mit ihr führen soll. Imma gestattet ihm zwar den Umgang, ist aber voll Abwehr gegen den lediglich auf Schein gerichteten Stil seines gesamten Verhaltens und mißtraut seinen Empfindungen für sie. Während das Paar miteinander ringt, nimmt die gesamte Bevölkerung Anteil an der für alle sichtbaren Beziehung: «Für das Volk» war Imma «ein Fürsten- oder Feenkind aus Fabelland, eine Prinzessin in des Wortes sonderbarster Bedeutung». Der Hof macht sich Immas Popularität zunutze; er informiert Klaus Heinrich über die Verlotterung der staatlichen Finanzen und erklärt sich bereit, die persönlichen Wünsche des Prinzen zu unterstützen, sofern das Wohl des Ganzen dabei im Auge behalten würde. Das besagt: man will im Hinblick auf die nichtadlige Herkunft Immas jedes Zugeständnis machen, sofern ihr Vater die Staatsfinanzen saniert. Klaus Heinrich befaßt sich sogleich mit wirtschaftswissenschaftlichen Büchern und gewinnt bei den sachlichen «Studien über die öffentliche Wohlfahrt» endlich Immas Vertrauen. Ihr gesellschaftlicher Aufstieg beginnt bei einem Ball, wo man sie durch besondere und raffinierte Handhabung des Zeremoniells in den obersten Kreis des Hofes hinaufschleust. Mit der Verlobung setzt ihre Rangerhöhung ein, die von der Gräfin über die Fürstin zur Prinzessin und Königlichen Hoheit führen soll. Vater Spoelmann bezeichnet den Prinzen zwar in den Verhandlungen mit den Vertretern des Hofes beständig als «der junge Mensch» und meint: «Wenn er irgend etwas gelernt, eine ordentliche Beschäftigung hätte!» Aber er finanziert den Staat. Das Land kommt zu Wohlstand.

Es handle sich bei dem Roman um «ein lehrhaftes Märchen», sagte Thomas Mann, nicht um ein «realistisches Sittenbild aus dem Hofleben zu Anfang des zwanzigsten Jahrhunderts». Zwar habe er für seine «Schilderung höfischer Zustände ... einen Haufen dokumentarischer Belege» und vieles mit seinen «beiden Augen aufgenommen», doch worauf es ankomme, sei, daß er aus seinem «eigenen Leben» erzählte, «mit einem andern ‹Stoff›» hätte er es nie «zu tun gehabt». Der Inhalt des Romans sei: «Die anspielungsreiche Analyse des fürstlichen Daseins als eines formalen, unsachlichen, übersachlichen, mit einem Worte artistischen Daseins und die Erlösung der Hoheit durch die Liebe[83].»

Thomas Mann hatte sich 1905 mit Katja Pringsheim verheiratet und fühlte sich in der Zeit vor der Verlobung in der Situation, die er mit der des um Imma Spoelmann ringenden Prinzen beschrieb: «Sie hinderte ihn nicht, einmal oder zweimal in der Woche zu kommen, hinderte ihn nicht, zu sprechen, ihr mit Bitten und Beteuerungen anzuliegen und dann und wann ihre Hand zwischen den seinen zu halten. Allein sie duldete nur, sie blieb unbewegt, ihre Entschließungsangst, diese Scheu, ihr kühles und spöttisches Reich zu verlassen und sich zu ihm zu bekennen, schien unüberwindlich.» In Thomas Manns Briefen aus dem Jahr 1904 stehen Formulierungen, die im Roman wiederkehren. So heißt es am 14. Juli: «Ein Nervenarzt und guter Psycholog, ... der so wie so, wie alle Welt, orientiert war, ... hat mir bestätigt, (was ich längst vermutete), daß diese Entschließungsangst etwas notorisch Krankhaftes ist.» Wie die «Entschließungsangst», so findet sich auch die «Art von Unbeholfenheit oder so etwas», die Katja Pringsheim Thomas Mann gegenüber zunächst empfunden haben muß und als Folge seines Wesens deutete (Brief von Thomas Mann [Anfang Juni 1904]), im Roman wieder. Imma hält dem Prinzen vor: «Nein, es ist nicht Vertrauen, was Sie einflößen, sondern Kälte und Befangenheit, und wenn ich mir auch Mühe gäbe, Ihnen näher zu kommen, so würde mich diese Art von Befangenheit und Unbeholfenheit daran hindern.» Wie der Prinz, die Worte Immas wieder aufnehmend, beschwörend bittet: «Ja, geben Sie sich ein wenig Mühe und lassen Sie sich niemals mehr von jener Art von Unbeholfenheit, oder was es ist, verwirren»; wie er sie als das «Glück» bezeichnet, das zu seinem kalten und strengen Leben bisher nicht zu passen schien, auf das er aber nicht mehr verzichten könne, so schrieb Thomas Mann 1904 an Katja: «Eine Heilung von dem Repräsentativ-Künstlichen, das mir anhaftet, von dem Mangel an harmlosem Vertrauen in mein persönlich-menschliches Teil ist mir durch Eines möglich: durch das Glück ... Seien Sie ... meine Erlöserin ... und lassen Sie sich niemals von jener ‹Unbeholfenheit oder so etwas› verwirren!» [Anfang Juni 1904]

Bemerkenswert ist, daß Thomas Mann in _Königliche Hoheit_ von seinem eigenen Leben in Gestalt eines Märchens erzählt, seine persönliche Rolle mit der des Prinzen wiedergebend, der seine Prinzessin erkämpft. Es entspricht dies den von ihm berichteten Gedankenspielen seiner Knabenzeit. Darüber hinaus fällt die vielschichtige Darstellungsweise des Romans auf. Er ist sowohl Märchen als Komödie, stellt die «höfischen Zustände» nach des Autors Erklärung sachgemäß dar und spricht von seinen persönlichen Erfahrungen. Im Zusammenhang mit diesen Erfahrungen kommen in der Problematik, die das rein repräsentative Dasein eines Prinzen belastet, Thomas Manns Vorstellungen von der Problematik des Künstlertums zum Ausdruck. «Sie wissen», schrieb er an Katja, «welch kaltes, verarmtes, rein darstellerisches, rein repräsentatives Dasein ich Jahre lang geführt habe; wissen, daß ich mich Jahre, _wichtige_ Jahre lang als Menschen für nichts geachtet und nur als Künstler habe in Betracht kommen wollen» [Anfang Juni 1904]. Diese Selbstdarstellung, die zugleich als Selbststilisierung zu gelten hat, ist die Voraussetzung für die sich anschließende Einbeziehung des Erlösungsgedankens («Seien Sie ... meine Erlöserin ...»), der als mythisches Motiv nicht allein dem Märchen angehört und jedenfalls kein Märchenrequisit wie die weissagende Zigeunerin ist, sondern Ausdruck für die höchsten Erwartungen des Menschen.

Vielschichtigkeit und Transparenz der Darstellung gehören seit *Königliche Hoheit* zu Thomas Manns Romanstil. Die weltweite Anteilnahme, die *Der Zauberberg* (1924) fand, hängt damit zusammen, daß das Buch dieses Romanstils wegen auf ganz verschiedene Weise gelesen werden kann. Es sei «ein sehr deutsches Buch», sagte Thomas Mann in seiner *Einführung in den ‹Zauberberg›. Für Studenten der Universität Princeton* (1939) [84], im gleichen Absatz hinzufügend: «und soweit ich darüber urteilen kann, hat keines meiner Bücher in der Welt überhaupt und ... besonders in Amerika so viel Interesse erregt wie dieses». Der autobiographische Anlaß des Romans ist ein dreiwöchiger Aufenthalt Thomas Manns in einem Hochgebirgssanatorium des Schweizer Kurortes Davos im Jahr 1912, als seine Frau dort einer leichten Lungenerkrankung wegen ein halbes Jahr verbringen mußte. Thomas Mann hatte die Absicht, die «wunderlichen Eindrücke», die er während seines Besuches in Davos vom Gebaren der Patienten wie der Ärzte gewonnen hatte, zu verwerten und ein «humoristisches Gegenstück» zum *Tod in Venedig* zu schreiben, «eine groteske Geschichte, worin die Faszination durch den Tod» nun «ins Komische gezogen werden sollte» (*Lübeck als geistige Lebensform*). Aber der in Angriff genommene Stoff enthüllte bald unerwartete Dimensionen. Inzwischen kam der erste Weltkrieg und brachte neue Erfahrungen. Andere Arbeiten drängten. Am Ende war aus dem Sanatoriumsstoff ein großer Roman geworden, der in zwei Bänden herauskam. Sein autobiographischer Anlaß schien viel weiter zurückzuliegen, als die Zahl der seitdem verflossenen Jahre anzeigte. Die gesamte Epoche, die sich in dem Davoser Treiben von 1912 ausdrückte, war versunken, war historisch geworden. Trotzdem erregte der Roman bei seinem Erscheinen großes Aufsehen. In medizinischen Kreisen wurde er professionell diskutiert und kritisiert. «Viele Leute» sahen in ihm, damals wie auch später noch, so sagte Thomas Mann in Princeton: «eine Satire auf das Lungen-Sanatoriums-Leben ... Aber die Kritik der Sanatoriumstherapie ist sein Vordergrund, einer der Vordergründe des Buches, dessen Wesen Hintergründigkeit ist.»

Hans Castorp, dessen Geschichte der Roman erzählt, hat an

allen seinen Schichten teil, seinem Vordergrund wie seiner Hintergründigkeit. Der dreiundzwanzigjährige Hamburger fuhr auf Anraten des Hausarztes nach seinem Ingenieurexamen für drei Wochen nach Davos, um sich zu erholen und seinen lungenkranken Vetter Joachim Ziemßen im Sanatorium Berghof zu besuchen. Aus den drei Wochen wurden sieben Jahre. Der leitende Arzt des Berghofs Dr. Behrens stellte bei einer Untersuchung, der Hans Castorp sich wegen seiner Erkältung mit erhöhter Temperatur in der dritten Woche unterzog, «eine feuchte Stelle» an seiner Lunge fest und riet ihm zu bleiben. Erst bei Ausbruch des ersten Weltkriegs verließ Hans Castorp Davos. Das Letzte, was man erfährt, ist, daß er als Freiwilliger am Krieg teilnahm; ob er überlebte, kann der Erzähler nicht sagen.

Die Geschichte Hans Castorps sei, so heißt es im *Vorsatz*, einer Art Einleitung des Romans, «sehr lange her». Geschichten müßten «vergangen sein, ... je vergangener, ... desto besser für sie in ihrer Eigenschaft als Geschichten und für den Erzähler, den raunenden Beschwörer des Imperfekts». Mit der *Zeit* habe dies jedoch nichts zu tun, sondern damit, daß die Geschichte vor einer Wende, «in den alten Tagen, der Welt vor dem großen Kriege,» spielte. Wie der Vergangenheitscharakter der Geschichte durch ihre Nähe zu jener Wende, die dem Erzähler so fern nicht liegt, märchenhaft erscheint, so «könnte es sein», sagt er, daß sie «mit dem Märchen auch sonst, ihrer inneren Natur nach, das eine und andre zu schaffen hat».

Die Behutsamkeit des Hinweises auf das Märchen ist der «Hintergründigkeit» des Buches, die seinen Stil bestimmt, gemäß. Wenn auch sein Titel sowie das wiederkehrende Spiel mit der Siebenzahl (7 Tische, 7 Jahre, 7 Monate, 7 Minuten) eindeutig zu sein scheinen, so ist von daher jedoch keine Entscheidung darüber zu treffen, welcher Art die mythischen Bezüge der Geschichte Hans Castorps sind; ihr Vorhandensein ist noch nicht einmal damit gegeben. Erst die Gesamtheit des Romans, die Vielzahl der Aussagen und Beziehungen, lassen erkennen, daß die Geschichte Hans Castorps von einem mehrschichtigen Gewebe mythischer Vorstellungen getragen und umsponnen ist. Das Gewebe ist gedanklich bestimmt und empfängt sein Leben aus Assoziationen. Sowohl der Erzähler als auch einzelne Figuren arbeiten daran und zwar jeder auf eine ihm zukommende und durch das ganze Werk hin ihm zugehörende Weise.

Sehr aktiv ist der Erzähler selbst. Er gibt von Anfang an Hinweise und macht von Kapitel zu Kapitel, unaufdringlich und zurückhaltend, doch für den Hellhörigen vernehmbar, darauf aufmerksam, daß sich in der, wie er im ersten Satz sagt, ihm «in hohem Grade erzählenswert» erscheinenden Geschichte Besonderes ereignet, bis er auf der letzten Seite, Ende des siebten Buches, erklärt: «es war eine hermetische Geschichte». Zum Inhalt des Stichwortes *hermetisch* hatten sich der Jesuit Naphta und der italienische Humanist Settembrini im letzten Teile des sechsten Buches in zwei verschiedenen Gesprächen in Hans Castorps Gegenwart ausgelassen, und Hans Castorp selbst hatte im ersten der beiden Gespräche Wichtiges hinzugefügt. Hervorgetreten war eine doppelte Bedeutungsbeziehung mit vielfachen Konsequenzen.

Naphta gebrauchte das Wort im Zusammenhang mit alchimistischen und magischen Vorstellungen der Freimaurer und gab ihm den Sinn von *dicht verschlossen*, wobei die Wirkung der Abgeschlossenheit atmosphärisch mit einbezogen war. «Ein Symbol alchimistischer Transmutation ... war vor allem die Gruft ... die Stätte der Verwesung. Sie ist der Inbegriff aller Hermetik, nichts anderes als das Gefäß, die wohlverwahrte Kristallretorte, worin der Stoff seiner letzten Wandlung und Läuterung entgegengezwängt wird.» Hans Castorp verweilt zunächst bei dem reinen Wort, es auf der Zunge schmeckend, und überläßt sich seinem Fluidum: «‹Hermetik› ist gut gesagt, Herr Naphta. ‹Hermetisch› – das Wort hat mir immer gefallen. Es ist ein richtiges Zauberwort mit unbestimmt weitläufigen Assoziationen.» Er muß an die Weckgläser in Hamburg denken, «hermetisch verschlossene Gläser mit Früchten und Fleisch ... Sie stehen Jahr und Tag, und wenn man eines aufmacht, ... so ist der Inhalt ganz frisch und unberührt ... Das ist nun allerdings nicht Alchimie und Läuterung, es ist bloß Bewahrung, daher der Name Konserve. Aber das Zauberhafte daran ist, daß das Eingeweckte der Zeit entzogen war; es war

hermetisch von ihr abgesperrt, die Zeit ging daran vorüber.»
Die Beziehung zu einem Kernthema des Romans ist herge-
stellt, dem Problem der Zeit. Aber die Bedeutungsbezüge des
Wortes *hermetisch* und ihre Funktion im Rahmen des Romans
sind damit für das Gespräch zwischen Naphta und Hans Castorp noch nicht erschöpft. Naphta führt, indem er die mystischen und okkulten Riten gewisser Logen bei der Einführung
und Prüfung des Lehrlings beleuchtet, unmittelbar an die Vorgänge des Romans heran. Seine Darlegung kann als Modell
für eine hermetische Geschichte gelten. Daß sie die Geschichte Hans Castorps wäre, hat Naphta nach der Intention des Erzählers wie des Autors nicht im Sinne. Trotzdem ist Hans Castorps Geschichte an Naphtas Modell zu messen. Naphtas Zusammenfassung lautet: «Der Weg der Mysterien und der Läuterung war von Gefahren umlagert, er führte durch Todesban-
gen, durch das Reich der Verwesung, und der Lehrling, der
Neophyt, ist die nach den Wundern des Lebens begierige, nach
Erweckung zu dämonischer Erlebnisfähigkeit verlangende Jugend, geführt von Vermummten, die nur Schatten des Ge-
heimnisses sind.» Der Leser müßte an dieser Stelle, gegen
Ende des sechsten Buches, in der Lage sein, Hans Castorps Situation auf dem Zauberberg mit der von Naphta beschriebenen Neophytensituation zu vergleichen (etwa die ewig Kittel
tragenden Ärzte, der eine in weiß, der andere in schwarz, mit
den «Vermummten»). Anspielungsreich und vieldeutig ist Castorps simpel klingende Antwort: «Ich danke sehr, Professor
Naphta. Vorzüglich. Das wäre also die hermetische Pädagogik.
Es kann nicht schaden, daß mir auch von ihr mal etwas zu
Ohren gekommen ist.»

Da das Wort *hermetisch* sich von *Hermes* herleitet, kann es
auch unmittelbar auf ihn bezogen werden. In dem späteren Gespräch über Hermetik ist denn auch von Hermes die Rede, den
Thomas Mann einmal seine «Lieblingsgottheit» nannte [85]. Es
werden seine beiden Ausprägungen beschrieben. Settembrini
tritt für den Hermes-Trismegistos, den dreimalgroßen Hermes
des Hellenismus ein, der mit dem ägyptischen Gott Thot identisch ist, «Erfinder der Schrift, Schutzherr der Bibliotheken und
Anreger aller geistigen Bestrebungen», der den Menschen das

Wort und die agonale Rhetorik schenkte. Naphta indessen weist auf den «Seelenzwinger und Seelenführer», der «eine Affen-, Mond- und Seelengottheit gewesen, ein Pavian mit einer Mondsichel auf dem Kopf ... ein Todes- und Totengott ... Vater der hermetischen Alchimie».

Der gesamte Roman steht im Zeichen der Vorstellungen, die in den beiden Gesprächen des sechsten Buches an das Wort *hermetisch* geknüpft sind. Hans Castorps Reise von Hamburg nach Davos ist eine Reise in einen hermetischen Bezirk. Ausdrücklich wird gesagt, es sei «eine weite Reise». Ihr letzter Teil, «der eigentlich abenteuerliche Teil der Fahrt» ist «ein jäher und zäher Aufstieg ... auf wilder, drangvoller Felsenstraße allen Ernstes ins Hochgebirge». Der Erzähler betont das Beängstigende und Ungewöhnliche der Fahrt. Naphtas Modell ist schon hier, auf der ersten Seite des ersten Kapitels, heranzuziehen: Der Weg des Neophyten «war von Gefahren umlagert». Castorp erregt sich: «Dieses Emporgehobenwerden» in fremde Regionen! «Schwebend» zwischen der «klaftertief» unter ihm versunkenen Welt seiner Gewohnheiten und dem «Unbekannten»; «extremen Gegenden» sich ausliefernd, in «unangemessenen Sphären» sich fortbewegend! Schwindel und Übelbefinden befällt den jungen Reisenden kurz vor der Ankunft. Die Vertrautheit mit seinem Vetter Joachim Ziemßen, der ihn am Bahnhof abholt, kann ihn von den ersten Minuten an nicht darüber hinwegtäuschen, daß er in eine ihm sonderbar anmutende Welt gekommen ist. «Man ändert hier seine Begriffe», sagt ihm Joachim Ziemßen denn auch schon, nachdem sie gerade in den Wagen zum Berghof-Sanatorium eingestiegen sind.

Als Hans Castorp sich, zweieinhalb Wochen nach seiner Ankunft, auf Anordnung von Dr. Behrens ins Bett legt und einverstanden ist, auf unbestimmte Zeit als Patient im Sanatorium zu bleiben, hat er nicht nur bereits seine Begriffe geändert; es gingen auch Veränderungen physischer wie psychischer Natur in ihm vor. Heiße Backen hatte er unmittelbar nach Betreten des Hauses bei sich festgestellt. «Sofort ... wahrscheinlich beschwipst», sagt Behrens später, «febril ... hier oben ... jedenfalls gleich am ersten Tage.» Ob die Davoser

Luft bei Hans Castorp wirklich eine «latente Krankheit zum
Ausbruch» brachte, wie Behrens erklärt, ob Hans Castorp
ohne den Davoser Aufenthalt in Hamburg gesund geblieben
oder krank geworden wäre, ob seine «feuchte Stelle» wie die
von Behrens gefundenen «veralteten Stellen» von selbst geheilt wäre: «– man kann es nicht wissen!» läßt der Erzähler
den unbestechlichen Joachim Ziemßen sagen und hält seine eigene Meinung darüber zurück. Wie Thomas Mann in der *Einführung in den ‹Zauberberg›* berichtete, zog er sich bei seinem
Davoser Besuch nach etwa zehn Tagen wie Hans Castorp einen Katarrh zu; der dortige Arzt stellte «einen kranken
Punkt» an seiner Lunge fest und riet ihm, sich für ein halbes
Jahr in die Kur des Hauses zu begeben: «… und wenn ich seinem Rat gefolgt wäre, wer weiß, vielleicht läge ich noch immer dort oben. Ich habe es vorgezogen, den *Zauberberg* zu
schreiben». Die drei Wochen im Sanatorium hätten ihm genügt, ihm «von den Gefahren dieses Milieus für junge Leute –
und die Tuberkulose ist eine Jugendkrankheit – einen Begriff
zu geben». Von der «Geschlossenheit» und «einspinnenden
Kraft» der kranken Welt «dort oben» ist im gleichen Zusammenhang die Rede. Der Vergleich der autobiographischen Äußerungen mit den entsprechenden Partien des Romans verdeutlicht, wie sich Mythisierung und Ironisierung in der fiktiven Erzählung bedingen und ergänzen. Indem sie verschiedene Ebenen der Stoffverwandlung bedeuten, trägt ihr Nebeneinander und Ineinander zur Vielschichtigkeit der Erzählung
bei. Ihre nahtlose Verbindung macht die Einmaligkeit von
Thomas Manns Stil aus. Was es mit der «feuchten Stelle» bei
Hans Castorp auf sich hat, bleibt in ironischer Schwebe.

Gewiß aber ist, Hans Castorp unterwirft sich der Anordnung des Arztes. Er «war bettlägrig … da Hofrat Behrens, die
oberste Autorität in der Welt, die uns einschließt, es so ange-
ordnet hatte». Nach Autorität verlangte es den richtungslosen
jungen Mann ohnehin. Das war in dem Kapitel, das dem der
ärztlichen Untersuchung vorausging, mehrmals gesagt worden. Zudem wies der Befehl des Arztes in die Richtung, in die
sein inneres Leben drängte. Folge der Hermetik waren nicht
nur «heitere Bäckchen» gewesen, als deren Ursache Behrens

«die löslichen Gifte» erklärte, «die von den Bakterien erzeugt» würden und «berauschend auf das Zentralnervensystem» wirkten. Hans Castorp hatte vom ersten Tag an, abgesehen davon, daß ihm die gewohnte Zigarre nicht schmeckte, immer wieder seltsames Herzklopfen, und ein sonderbarer Frostschauer packte ihn am Abend dieses Tages; «hitzig und fröstelnd» fühlte er sich elend. Begonnen hatte an diesem Tag auch schon seine Beunruhigung durch Madame Chauchat. Sie kam immer etwas zu spät zu Tisch und ließ die Glastür klirrend hinter sich zufallen. Hans Castorp, jedes Mal, beim ersten wie beim zweiten Frühstück, verärgert, weil er das Türenschmettern verabscheute, erkannte erst beim dritten Mal, es war beim Mittagessen, daß das Geräusch von einer Dame verursacht wurde – «eine Frau, ein junges Mädchen» –, die «eigentümlich schleichend» zum «Guten Russentisch» ging. Sie hatte breite Backenknochen und schmale Augen, «an irgend etwas oder irgendwen» erinnerte sie ihn. Er sah sie am Abend im Gesellschaftsraum noch zweimal, jedes Mal sich besinnend, woran und an wen sie ihn erinnerte. In der Nacht, es war seine zweite Nacht in Davos, fühlte er sich im Traum in eine Szene aus seiner Schülerzeit versetzt, in der Frau Chauchat ihm auf dem Schulhof einen Bleistift gab.

Das «Urbild» des «nach neuesten Eindrücken gemodelten Traumes» steigt am letzten Tag seiner ersten Woche (also am siebten Tag) während eines Schwächezustandes bei einem Ausflug vor Hans Castorp auf. Er unternahm diesen Ausflug allein und auf eigene Faust, um sich dem Sanatoriumstreiben einmal zu entziehen, denn ihm schienen darin viel eher die Ursachen für die Unregelmäßigkeiten in seinem körperlichen Befinden zu liegen als in den «Schwierigkeiten der Akklimatisation». Die Unausweichlichkeit seiner Betroffenheit durch die Erscheinung Frau Chauchats wird in dem Wiedererleben der Schulhofszene mit dem Schüler Hippe offenbar. Der dreizehnjährige Hans Castorp hatte seit etwa einem Jahr Pribislav Hippe, dem seine Mitschüler wegen seiner slawischen Gesichtsbildung den Spitznamen «der Kirgise» gaben, mit «ausnehmendem Anteil» betrachtet, ohne nach einer Bezeichnung für seine Empfindungen zu suchen. Sie waren ihm «ein inneres

Gut», das er bewußter Definition nicht aussetzte und das er
«für eine bleibende Einrichtung seines Lebens» hielt, voller
Gemütsbewegungen und Spannungen, Enttäuschungen und
Erfüllungen. Die Schulhofszene bedeutete ihren «abenteuerlichen Höhepunkt». Ein Jahr danach klang die Beziehung ab,
ohne daß sich inzwischen noch etwas Besonderes ereignet hätte. Jene Szene hatte Hans Castorp kühn herbeigeführt, indem
er vor einer Zeichenstunde auf Pribislav Hippe, der in eine andere Klasse ging und mit dem er noch nie gesprochen hatte,
zuging und ihn fragte: «Entschuldige, kannst du mir einen
Bleistift leihen?» Es wurden wenige Worte gewechselt. Hippe
bat ausdrücklich um Rückgabe des Stiftes, erklärte seinen Mechanismus und ermahnte, ihn nicht «entzwei» zu machen.
«Aber vergnügter war Hans Castorp in seinem Leben nie gewesen als in dieser Zeichenstunde, da er mit Pribislav Hippe's
Bleistift zeichnete ... Er war so frei, den Bleistift etwas zuzu-
spitzen, und von den rotlackierten Schnitzeln, die abfielen, bewahrte er drei oder vier fast ein ganzes Jahr lang in einer inneren Schublade seines Pultes auf.» Die Rückgabe des Stiftes
an Hippe erfolgte schnell und sachlich.

Als Hans Castorp nach seiner «Entrücktheit» wieder zu sich
kam, überschaute er den Zusammenhang von Vergangenem
und Gegenwärtigem: «Wie merkwürdig ähnlich er ihr sah, –
dieser hier oben! Darum also interessiere ich mich für sie?
Oder vielleicht auch: habe ich mich darum so für _ihn_ interessiert?» Jede weitere Begegnung mit ihr überzeugte ihn von
neuem von dem Sachverhalt der Identität. Es ging nicht um
Ähnlichkeit: « – es waren dieselben Augen ... – alles war ganz
wie bei Pribislav». Dies war eine überwältigende Erkenntnis.
Hinzu kamen die Einsichten in das Wesen der Krankheit, die
ihm an Frau Chauchats Körper augenfällig wurden. Ihr Tü-
renwerfen, die Lässigkeit ihrer Haltung, die Rücksichtslosigkeit ihres Blickes, dies alles hing, so wurde ihm klar, mit der
Krankheit zusammen, die ihr Ungebundenheit und Freiheit
zum Sichgehenlassen verlieh.

In Hans Castorps Verzauberung durch Frau Chauchat enthüllt der hermetische Bezirk Züge des Venusberges, der seinen
Besucher nicht mehr freigibt. Hans Castorp, begeistert und zu-

gleich beängstigt, ist «auf engem Raum» eingesperrt «mit dem
günstigen Ungefähr». Es handelt sich dabei nicht allein um
seine konkrete Situation im Berghof, sondern um den inneren
Vorgang: «Auch dies, daß der längst vergessene Pribislav ihm
hier oben als Frau Chauchat wiederbegegnete und ihn mit Kir-
gisenaugen ansah, war wie ein Eingesperrtsein mit Unum-
gänglichem und Unentrinnbarem, – in beglückendem und
ängstlichem Sinn Unentrinnbarem. Es war hoffnungsreich
und zugleich auch unheimlich, ja bedrohlich».

Wie die Darstellung zum Mythischen tendiert, die verschiedenen Mythen verflechtend, so kann sie auch zu zeitkritischen
Aspekten umschlagen und sich psychologischen Deutungen
widmen, die bei Thomas Mann dem Mythischen wieder sehr
nahe benachbart sind. Über Hans Castrops Verliebtheit sagt
der Erzähler einmal, sie hätte nichts mit der gemütvollen
Wehmut jenes Liedchens zu tun gehabt – gemeint ist: «Wie
berührt mich wundersam / Oft ein Wort von dir» (Kapitel
Tischgespräche) –, sondern war «eine ziemlich riskierte und
unbehauste Abart dieser Betörung, aus Frost und Hitze ge-
mischt wie das Befinden eines Febrilen.» Sie ließ ihn erblassen
und verzerrte seine Gesichtszüge, weil sie sich unmittelbar auf
den von der Krankheit geformten und gesteigerten Körper
Clavdia Chauchats bezog; sie hatte aber auch die Eigenschaften des Traumes, geträumt von einem Suchenden, der noch
nirgends Widerhall fand. Der Erzähler fügt dem die als privaten Gedanken ausgegebene Mutmaßung an, «daß Hans Castorp die für seinen Aufenthalt bei Denen hier oben ursprünglich angesetzte Frist nicht einmal bis zu dem gegenwärtig erreichten Punkt [es ist Oktober, zwei Monate nach der An-
kunft] überschritten hätte, wenn seiner schlichten Seele aus
den Tiefen der Zeit über Sinn und Zweck des Lebensdienstes
eine irgendwie befriedigende Auskunft zuteil geworden wäre»
(Kapitel *Launen des Merkur*). Bei dieser zeitkritisch zu inter-
pretierenden Äußerung darf nicht vergessen werden, daß der
Erzähler am Beginn wie am Ende des Romans bemerkt: es sei
dies Hans Castorps Geschichte, zwar nicht seinetwegen erzählt, sondern der Geschichte wegen, aber doch *seine* Geschichte. Registriert werden muß, daß Joachim Ziemßen sich

im Rahmen dieser Geschichte umgekehrt entscheidet wie Hans Castorp; er läßt sich nicht auf dem Venusberg einspinnen, obwohl er dessen Verlockungen in gleicher Weise wie Hans Castorp zugänglich ist. Bei seiner eigenwilligen Abreise, die er gegen den Rat des Arztes nach eineinhalbjährigem Aufenthalt in Davos durchsetzt, besteht für ihn kein Zweifel an Sinn und Zweck des Lebensdienstes. Joachims Aufbruch demonstriert, daß Hans Castorps Bleiben keineswegs die einzige der gegebenen Möglichkeiten des Verhaltens war.

Der mythischen Dimension seiner psychischen Gebundenheit gibt Hans Castorp in der Walpurigsnacht, sieben Monate nach seiner Ankunft, ihren individuellen Ausdruck, als er mit Clawdia Chauchat die Schulhofszene des Pribislav Hippe wiederholt. Er hatte bis dahin noch kein Wort mit ihr gewechselt. Das im Fasching erlaubte «Du» benutzend, fragt er sie: «Hast *du* nicht vielleicht einen Bleistift?» Die Szene, der Situation entsprechend modifizert, wird sorgfältig durchgespielt, Hans Castorp in höchster Erregung und totenbleich, Clawdia lächelnd, unberührt von seiner Leidenschaft. Sie kramt aus ihrem «Ledertäschchen ... ein kleines silbernes Crayon» heraus- Hippe «zog sein Crayon aus der Tasche, ein versilbertes Crayon mit einem Ring» – «Prenez garde, il est un peu fragile», ist ihre Mahnung; sie erklärt ihm den wie im Falle Hippes einfachen Mechanismus, «indem ihre Köpfe sich darüber neigten», wie in der Szene, die das «Urbild» der hier wiederholten war. Während des sich anschließenden Liebesgesprächs hält er ihren Stift in der Hand und breitet – meistens französisch sprechend – seine innere Welt vor ihr aus. Das Ende der Szene bildet ihre im Hinausgehen gesprochene Mahnung: «N'oubliez pas de me rendre mon crayon.»

Vieles von dem, was Thomas Mann in seiner Rede *Freud und die Zukunft* (1936) über das Verhältnis des Mythos zum Epischen sagte, ist schon im *Zauberberg* verwirklicht und wird in dieser von Hans Castorp bewußt zelebrierten Szene handgreiflich. Die Legitimation von Hans Castorps Liebe besteht in der Tatsache der Wiederholung, für die der Stift in seiner Hand die sinnliche Konkretisierung bildet. Er besitzt als agierende Person Einsicht in seinen individuellen Mythos. Seine

Sicherheit der ihn belächelnden Frau gegenüber leitet sich aus dem Bewußtsein der Unentrinnbarkeit des schon einmal Geschehenen ab. Mit der Liebe wiederholt sich die Krankheit, deren Hans Castorp ebenso sicher ist, ob Clawdia Chauchat sie bagatellisieren will, ob Dr. Behrens oder James Tienappel. Als Clawdia abgereist ist, muß er warten, bis sie wiederkommt.

Der Zusammenhang von Vergangenem und Gegenwärtigem im wiederholenden Vorgang sei Hans Castorp schon im Haus seines Großvaters, als er sieben Jahre alt war, bewußt geworden, berichtet der Erzähler im zweiten Kapitel. Die Taufschale, über die immer wieder die Kinder bei dem feierlichen Akte der Taufe gehalten wurden und auf deren Rückseite die Namen derer verzeichnet waren, die sie nacheinander als Erbe übernommen hatten, war ein greifbares Sinnbild. Besonders beeindruckend sei die Figur des Großvaters gewesen, der eigentlich einer anderen Zeit angehörte und «im gegenwärtigen Leben nur anpassungsweise zu Hause gewesen war». Seine Art, das Kinn in eine ganz aus der Mode gekommene Kinnbinde zu lehnen, gefiel Hans Castorp so sehr, daß er als Erwachsener noch bei besonderen Gelegenheiten eine Kinnstütze benutzte. Als Clawdia Chauchat ihm das Aufschrauben des Bleistifts zeigt, heißt es: «Sie standen nahe gegeneinander geneigt. Da er im Gesellschaftsanzug war, trug er heute abend einen steifen Kragen und konnte das Kinn darauf stützen.»

Hans Castorp zelebriert mehreres zugleich, die Eigenheiten der Situation des Faschingsfestes benutzend: wie das «Du» der Anrede, den Gesellschaftsanzug und die Aufgelockertheit aller Beziehungen. Im Freudvortrag wies Thomas Mann darauf hin, daß in der Antike jedes Fest ein Maskenspiel war, was im Mysterienspiel des Mittelalters wiederkehrte. In Hans Castorps Festverhalten höht sich privates Leben auf, indem es sich selbst zitiert und sein individuelles Maskenspiel treibt. Es gilt für die Einzelperson, was Thomas Mann später als allgemeines Geschehen beschrieb: «Das Fest ist die Aufhebung der Zeit, ein Vorgang, eine feierliche Handlung, die sich abspielt nach geprägtem Urbild; was darin geschieht, geschieht nicht zum ersten Male, sondern zeremoniellerweise und nach dem

Muster; es gewinnt Gegenwart und kehrt wieder, wie eben Feste wiederkehren in der Zeit».

Wie Thomas Mann in der *Einführung* betonte, ist eines der Grundthemen des Romans «das der *Steigerung,* welcher oft das Beiwort ‹alchimistisch› gegeben wird». Die Steigerung von Hans Castorps Persönlichkeit wird nicht allein in seinem Festverhalten erkennbar, sie tritt auch in der Klarheit hervor, mit der er Clawdia Chauchat seinen psychischen Zustand erläutert, und der Festigkeit seines Urteils über die von ihr lässig hingeworfenen Probleme. Bei dieser Steigerung der Fähigkeit zum Fühlen, Denken und Urteilen war einerseits der hermetische Raum als solcher wirksam. «Transsubstantiation, und zwar zum Höheren. Steigerung also, ... magische Pädagogik», wird Naphta im sechsten Kapitel sagen. Die Wachheit Hans Castorps, seine Bereitschaft, seine Kenntnisse auf allen Gebieten der Wissenschaft und der Bildung zu erweitern, die Konsequenz seiner Lektüre während der Liegekur, das vielfache Überdenken des Gelesenen gehören hierher. Zum andern trat als auslösendes und stimulierendes Element Herr Settembrini hinzu, dem Hans Castorp in der Faschingsnacht, noch ehe er sich Frau Chauchat zuwendet, eine Dankrede hält, weil er sich seiner in den sieben Monaten so «freundlich ... angenommen» habe. Mit dem italienischen Humanisten war Hans Castorp schon am ersten Morgen seines Davoser Aufenthaltes ins Gespräch gekommen und hatte von ihm sogleich die mythische Deutung der Welt des Zauberbergs und damit eine Warnung vor seinen Gefahren empfangen. Die beiden Ärzte, Behrens und Krokowski, nannte Settembrini Minos und Rhadamanth, gab ihnen also die Namen der Totenrichter. Als er hörte, Hans Castorp sei gesund und nur als Besuch herangereist, verglich er ihn mit «Odysseus im Schattenreich» und sprach von der «Kühnheit, hinab in die Tiefe zu steigen, wo Tote nichtig und sinnlos wohnen». Durch Hans Castorps Einwand gegen die Bezeichnung «Tiefe», er sei doch «rund fünftausend Fuß hoch geklettert», ließ er sich nicht in seiner Redeweise beirren und entgegnete: «Das schien Ihnen nur so! Auf mein Wort, das war Täuschung ... Wir sind tief gesunkene Wesen.» Settembrini steht während dieses Gesprächs in einer bekannten Pose

vor den Vettern: «mit gekreuzten Füßen, auf seinen Stock ge-
stützt». Im *Tod in Venedig* sah Aschenbach den fremden
Wanderer in der gleichen Pose. In ihr, so meinte Lessing in
der Schrift *Wie die Alten den Tod gebildet*, müßte in der Antike der Tod abgebildet worden sein. Thomas Mann stellte selbst
heraus, die Figuren seines Romans seien «lauter Exponenten,
Repräsentanten und Sendboten geistiger Bezirke, Prinzipien
und Welten», aber, wie er hoffe, «deswegen keine Schatten
und wandelnde Allegorien», und sie würden vom Leser auch,
darüber beruhige ihn die Erfahrung, «als wirkliche Menschen
erlebt, deren er sich wie wirklich gemachter Bekanntschaften
erinnert» *(Einführung in den ‹Zauberberg›)*. Unter den so charakterisierten Figuren nennt Thomas Mann ausdrücklich Settembrini, zu dem Hans Castorp in der Walpurgisnacht sagt:
«Du bist nicht irgendein Mensch mit einem Namen, du bist
ein Vertreter, Herr Settembrini, ein Vertreter hierorts und an
meiner Seite, – das bist du.» Settembrini vertritt Hermes in
seinen verschiedenen Gestalten, den «Seelenführer» im Schattenreich, den «Todes- und Totengott», von dem Naphta spricht,
und auch den Trismegist, den Settembrini selbst verehrt, den
«humanistischen Hermes», dem die Bildung, die Schrift, die
Rede, das geistige Streben zu verdanken sind. Darüber hinaus
ist Settembrini Vertreter einer weltanschaulichen Richtung; li-
beral und fortschrittsgläubig, bezieht er in den Rededuellen
mit dem Jesuiten Naphta die Gegenposition zu dessen Radika-
lismus. Den Inhalt der Auseinandersetzungen zwischen Settembrini und Naphta bilden philosophische und politische
Fragen aus der Literatur der Abfassungszeit des *Zauberberg*.
Hans Castorp erweitert durch die Teilnahme an diesen Auseinandersetzungen – im elften Monat seines Davoser Aufenthaltes taucht Naphta auf – sein Wissen und lernt im Mei-
nungskampf Stellung zu nehmen.

Beim Erscheinen des Romans verfolgten viele Leser die Diskussionen zwischen Settembrini und Naphta mit besonderer
Spannung, da es um aktuelle Themen ging, die heute eher mu-
sealen Wert haben. Sie sind von ähnlicher Funktion wie der
jahrelange Aufenthalt Hans Castorps in einem Luxussanatori-
um. «Es handelt oder handelte sich bei diesen Instituten»,

sagte Thomas Mann 1939 in Princeton, «um eine typische Erscheinung der Vorkriegszeit, nur denkbar bei einer noch intakten kapitalistischen Wirtschaftsform». Auch ginge «heute ... die Lungentherapie vorwiegend andere Wege». Es gehört zur Eigenart der Gattung des Zeitromans, daß er Zustände kritisiert und Gedanken diskutiert, die im allgemeinen nach zwei Jahrzehnten schon Geschichte geworden sind. *Der Zauberberg* sei «ein Zeitroman im doppelten Sinn», erklärte Thomas Mann, «einmal historisch, indem er das innere Bild einer Epoche, der europäischen Vorkriegszeit, zu entwerfen versucht, dann aber, weil die reine Zeit selbst sein Gegenstand ist».

Was «die reine Zeit» sei, wird durch den gesamten Roman hin in Gesprächen und Reflexionen umkreist und durch den Aufbau der Erzählung ausgedrückt. Daß die Zeitvorstellungen im Berghof anders sind als im Flachland, gab man Hans Castorp sehr früh zu verstehen. «Unsere kleinste Zeiteinheit ist der Monat. Wir rechnen im großen Stil, – das ist ein Vorrecht der Schatten», belehrte Settembrini ihn bei der ersten Begegnung und bewies damit, daß er nicht ganz zur Gesellschaft des Berghofs gehörte, denn man *rechnet* hier nicht mit der Zeit. «Sie vergeht überhaupt nicht, ... es ist gar keine Zeit», sagte Joachim am Abend vorher und gestand am nächsten Morgen sein Behagen beim Fiebermessen, bei dem man doch merke, was «eigentlich» eine Minute sei. Hans Castorp erkannte sehr schnell das Problem: die Zeit sei «doch überhaupt nicht ‹eigentlich›», verbesserte er Joachim. Sie sei so lang und so kurz, wie sie einem vorkomme; «aber wie lang oder kurz sie in Wirklichkeit ist, das weiß doch niemand». Im Kapitel *Exkurs über den Zeitsinn* legt der Erzähler dar, daß «Leere und Monotonie ... zwar den Augenblick und die Stunde dehnen und ‹langweilig› machen, aber die großen und größten Zeitmassen verkürzen und verflüchtigen sie sogar bis zur Nichtigkeit. Umgekehrt ist ein reicher und interessanter Gehalt wohl imstande, die Stunde und selbst noch den Tag zu verkürzen und zu beschwingen, ins Große gerechnet jedoch verleiht er dem Zeitgange Breite, Gewicht und Solidarität, so daß ereignisreiche Jahre viel langsamer vergehen als jene armen, leeren, leichten, die der Wind vor sich her bläst, und die verfliegen.»

Die Zeit wird Hans Castorp deshalb auf dem Zauberberg immer kürzer, je länger er dort ist, je selbstverständlicher und gewohnter seine Tage verlaufen. Der erste Tag war der längste, und der Erzähler verbrauchte für ihn mehr Erzählzeit als später für Monate und Jahre. Immer längere Zeitabschnitte kann er, sich der Zeiterfahrung Hans Castorps anpassend, bei verkürzter Erzählzeit bringen. Hans Castorp selbst verliert das Bewußtsein der Zeit schließlich ganz und weiß nicht mehr, wie alt er ist. Es vollzieht sich «seine hermetische Verzauberung ... ins Zeitlose» *(Einführung in den ‹Zauberberg›)*. Sie ist möglich «kraft des Fehlens jedes Zeitorgans in unserm Innern, kraft also unserer absoluten Unfähigkeit, dem Ablauf der Zeit von uns aus und ohne äußeren Anhalt auch nur mit annähernder Zuverlässigkeit zu bestimmen».

Während Hans Castorp in die Bewegung der in sich selbst kreisenden Zeit, «die man fast ebensogut als Ruhe und Stillstand bezeichnen könnte», hineingenomen wird, berichtet der Erzähler von Ereignissen, die für den Leser Einschnitte bedeuten und an die er sich halten kann. Dazu gehören im sechsten Kapitel Joachims Aufbruch ins Flachland, seine Wiederkehr und sein Tod. In die Zeit seiner Abwesenheit fällt Hans Castorps Skiausflug (während seines zweiten Winters in Davos), der im Kapitel *Schnee* berichtet wird. Das Kapitel ist wie der Schluß des Romans frei von Ironie. In lebensgefährlicher Situation im Schneesturm wird Hans Castorp sich visionär bewußt, wie sein Verhältnis zu Tod und Leben zu sein hätte, daß nämlich der Mensch «um der Güte und Liebe willen dem Tode keine Herrschaft ... über seine Gedanken» einräumen sollte. Die Erkenntnis kommt ihm sehr bald wieder abhanden; schon am gleichen Abend versteht er sie nicht mehr recht. Erst am Ende des Romans bezieht sich der Erzähler noch einmal auf sie, sie jedoch lediglich in einen Schlußschnörkel hineinnehmend. Das siebte Kapitel bringt als Hauptereignis Auftreten und Tod des Mynheer Peeperkorn, als dessen Reisebegleiterin Clawdia Chauchat wieder im Berghof erscheint.

Thomas Mann berichtete, wie er «in erzählerischer Not ... nach einer Figur» suchte, «die kompositionell längst vorgesehen war» und diese Figur plötzlich in Gerhart Hauptmann vor ihm stand, mit dem er damals in Bozen zusammen war. Mit einem «Das ist er!» hätte er in ihm Mynheer Peeperkorn erkannt, «neben dem die intellektuellen Schwätzer und Pädagogen, die dialektischen Kampfhähne des Bildungsromans verzwergen» (*Gerhart Hauptmann*, 1952). Der Kolonialholländer aus Java, ein Kaffeepflanzer, hebt sich durch «die maskenhafte Großartigkeit seiner Erscheinung» aus dem gesamten Kreis der Patienten des Berghofs heraus; «man wußte auf einmal, was das war, eine Persönlichkeit, wenn man ihn sah». Ironisierung und Anerkennung halten sich die Waage, besonders in der komplizierten Beziehung, die sich zwischen ihm und Castorp herausbildet. Die Funktion des Holländers im Roman ist, abgesehen von dem epischen Glanz, den das siebte Kapitel durch ihn erhält, die Aufhebung der psychischen Gebundenheit Hans Castorps an Clawdia Chauchat. Am Bett des toten Peeperkorn gebraucht er zum ersten Mal ihr gegenüber das «Sie» in der Anrede. Seine Geschichte ist damit zu Ende, denn was nun noch mit ihm werden könnte, gehört zu *dieser* Geschichte jedenfalls nicht. Da er, wie er zu Peeperkorn sagt, «dem Flachland völlig abhanden gekommen», muß er weiter im Berghof bleiben.

Nicht lange nach Abschluß des *Zauberberg*, schon 1926, begann Thomas Mann mit der Niederschrift des aus vier Teilen bestehenden Romanwerks *Joseph und seine Brüder* (dreibändige Gesamtausgabe 1948), dessen Einzelbände nacheinander erschienen: *Die Geschichten Jaakobs* (1933), *Der junge Joseph* (1934), *Joseph in Ägypten* (1936) und *Joseph der Ernährer* (1943). Viele Themen und Überlegungen aus dem *Zauberberg* sind in den Josephsromanen fortgeführt und ausgebaut. Hatte Thomas Mann dort mythische Vorstellungen mit dem Stoff eines Zeitromans verbunden, sie in diesen Stoff eindringen und ihn durchleuchten lassen, so daß die vordergründigen Materialien in vielfältigen Bedeutungskreisen als Ausdrucksmittel dienten, so bildet hier das Mythische schon den Stoff. Thomas Mann benutzte die biblische Josephserzählung aus der *Genesis*, im besonderen die Kapitel 27–50, und verwertete außerdem umfangreiches religionswissenschaftliches und kulturhistorisches Schrifttum. Seine Studien galten den Sagen, Legenden und Göttergeschichten sowohl des biblisch-palästinensischen Kreises als auch der gesamten mit ihm verbundenen orientalischen Welt vom ägyptischen bis zum assyrisch-babylonischen Bereich, Hellenisches und Phönizisches mit einbeziehend. Die vielseitige Literatur, die er auf den Gebieten der Mythenforschung, der Religionsgeschichte, der Geschichte und der Soziologie heranzog, machte er seinen Zwecken dienstbar, indem er sie nach eigenem Ermessen verarbeitete.

In seinem Vortrag *Joseph und seine Brüder* (1942) verwies Thomas Mann auf eine Bemerkung, die Goethe in *Dichtung und Wahrheit* zur biblischen Josephserzählung machte: «Höchst liebenswürdig ist diese natürliche Geschichte: nur erscheint sie zu kurz, und man fühlt sich versucht, sie in allen Einzelheiten auszuführen.» Thomas Mann erläuterte dazu, die Bemerkung schiene ihm «wie zum Motto geschaffen» für sein Romanwerk und die «einfachste und einleuchtendste Erklärung» dafür. Zugleich gestand er, daß er bei seiner «Ausführung des Kurzgefaßten ins Einzelne» mit der vorgetäuschten «Genauigkeit» und «Realisierung», dem «Nahe-Heranrücken von etwas sehr Fernem und Vagem» sein Spiel trieb. Sie seien «Kunstschein». Es hätte sich gewiß nicht alles so zugetragen, wie er es beschrieb; «denn es hat sich ja gar nicht zugetragen». Er habe nicht abgebildet oder nachgebildet, sondern «zur Erzwingung von Wirklichkeit» das Kommentatorische, Kritische, Wissenschaftliche benutzt, das so gut dazu tauge wie das Erzählende und szenisch Darstellende. Bei allem menschlichen Ernst sei der Humor die Seele des Ganzen. Humoristisch im besonderen sei die essayistische Erörterung. Das ästhetische Problem, das ihn oft beschäftigt habe, bestehe darin, daß die erörternde Rede «nicht aus der Kunst zu fallen» brauche, sie könne «ein Bestandteil davon, selber ein Kunstmittel sein». Sie gehöre hier zum Spiel und sei «eine Stil- und Scherzrede, ein Beitrag zur Schein-Genauigkeit».

Wer sich als Leser mit dem Josephsroman beschäftigt, muß sich bewußt machen, in welcher Haltung er ihn zu lesen hat. Obwohl religionsgeschichtlich orientierte Untersuchungen zu seiner Interpretation vieles beigetragen haben und auch dem

Verständnis des Autors dienten – das Romanwerk selbst ist
kein religionsgeschichtliches Buch, sondern Fiktion. Es dient
nicht der Information und kann von fachlich Unorientierten
mit großer Freude gelesen werden. Thomas Mann sagte bald
nach Erscheinen des ersten Bandes im Zusammenhang mit seinem Bedauern über das Unverständnis des Publikums in einem Brief: «... aber ich muß immer an Goethes Seufzer denken: ‹Man könnte die Leute wohl amüsieren, wenn sie nur
amüsabel wären!›» und er fuhr fort: «Kein Roman? Dann ist es
eben keiner, sondern ein Lese- und Geschichtenbuch vom
Menschen» (1. 11. 1933 an Rudolf Kayser). Als solches sollte
man das Romanwerk in der Tat lesen und sich seinem Erzähler überlassen, seinem Spiel mit dem Mythos. Bei diesem Spiel
geht es nicht um Historisches. Thomas Mann schrieb keinen
historischen Roman. Wie er selbst viele Male herausstellte,
entsprach sein Interesse «fürs Mythisch-Religionshistorische
... einem mit den Jahren vom Bürgerlich-Individuellen weg,
zum Typischen, Generellen und Menschlichen sich hinwen-
denden Geschmack» (20. 2. 1934 an Karl Kerényi) [86]. Er hielt
das Mythische für identisch mit dem Typischen und erklärte,
während er schon am dritten Band arbeitete, «eine der Quellen» seiner «Lust zu der weitläufigen Erzählung» wäre «das
Gefühl des *Menschheitlichen*», ein «Interesse an dem Schicksal des Menschen überhaupt, an seinem Ursprung, seiner Stellung im Kosmos und seiner Zukunft ... ein neues *humanes Interesse*», das auch in anderen Zeitgenossen durch die erregen-
den Erfahrungen der letzten Jahrzehnte lebendig geworden
(23. 5. 1935 an Louise Servicen).

Der Roman beginnt mit einem *Vorspiel*, das die Überschrift
Höllenfahrt hat, «ein phantastischer Essay» sagt Thomas
Mann (*Joseph und seine Brüder*, Vortrag). Er bereitet die mythische Erzählung als abenteuerliche Reise in die «Unterwelt
des Vergangenen» vor, in mitunter Schwindel erregende «Un-
terweltschlünde von Vergangenheit»; trotzdem: «es sind
Menschen wie wir», zu denen die Reise führt, – «einige träu-
merische Ungenauigkeit ihres Denkens als leicht verzeihlich
in Abzug gebracht». Der erste Teil, *Die Geschichten Jaakobs*,
bringt, vor- und zurückblendend, Jaakobs Segensbetrug an

Esau, seine Flucht und sein Aufenthalt bei Laban, Dienst um Rahel, Brautvertauschung mit Lea, Geburt der Söhne, Heimkehr und Josephs frühe Jahre. Die Geschichte Jaakobs ist faszinierend dargeboten wie alles, was an bildhafter Erzählung durch das gesamte vierteilige Werk hin gebracht wird. Im Hinblick auf die Figurendarstellung in modernster Dichtung verblüfft das essayistische Spiel mit der Beziehung zwischen mythischer Rolle und Figur. So ist Eliezer, der oberste Knecht Jaakobs und Lehrer Josephs, schwer zu unterscheiden von dem Urknecht Eliezer, der nach der Fiktion des Romans sechs hundert Jahre vorher lebte und als Knecht Abrahams für dessen Sohn Jizchak (Isaak) um Rebekka warb. Dem jungen Joseph erzählt er die berühmte Geschichte in der Ichform, und das Ergötzen Josephs wird nicht beeinträchtigt, «daß des Alten Ich sich nicht als ganz fest umzirkt erwies, sondern gleichsam nach hinten offenstand, ins Frühere, außer seiner eigenen Individualität Gelegene überfloß». Er hätte «eigentlich» in der dritten Person berichten müssen. «Was aber auch heißt denn hier ‹eigentlich›», fragt der Erzähler, «und ist etwa des Menschen Ich überhaupt ein handfest in sich geschlossen und streng in seine zeitlich-fleischlichen Grenzen abgedichtetes Ding?» *(Mondgrammatik)* Er fragt das als Mann des 20. Jahrhunderts und setzt sein Spiel mit den Zeitabständen und dem Ineinandergreifen der Figuren, das er schon im *Vorspiel* begann, als Spiel mit dem Mythos fort. Er spricht von einer «Lebensauffassung ...», die die Aufgabe des individuellen Daseins darin erblickt, gegebene Formen, ein mythisches Schema, ... mit Gegenwart auszufüllen». Der Anlaß ist, daß von Jizchak eine Geschichte erzählt wird, die sein Vater erlebte, so daß zu erwägen ist, ob Jizchak sie auch erlebte und zwar als «Imitation», in Erfüllung jener «Lebensauffassung», oder ob er sich die Geschichte zueignete, «weil er zwischen Ich und Nicht-Ich weniger scharf unterschied, als wir es (mit wie zweifelhaftem Recht, wurde schon angedeutet) zu tun gewohnt sind oder bis zum Eintritt in diese Erzählung zu tun gewohnt waren». Wieder wird dem Leser bewußt gemacht, daß das Thema von der nicht ganz fest umrissenen Figur ihn selbst angeht. Und er müßte nun auch begreifen – zumal ja «Humor die Seele des

Ganzen» –, inwiefern er selbst mit gemeint ist, wenn der Erzähler sagt: «Wir geben uns keiner Täuschung hin über die Schwierigkeit, von Leuten zu erzählen, die nicht recht wissen, wer sie sind; aber wir zweifeln nicht an der Notwendigkeit, mit einer solchen schwankenden Bewußtseinslage zu rechnen» *(Wer Jaakob war)*. Die Erklärung des Phänomens, im erörternden Essay gegeben, ist recht einfach: Die Menschen, von denen erzählt wird, nehmen keine Rücksicht auf die Weite der Zeiträume. Die Geschlechterfolge, die sich über Jahrhunderte erstreckte, kürzen sie ab. Viele Generationen muß es zwischen Jaakob, dem Vater Josephs, von dem der Roman erzählt, und Ur-Abraham gegeben haben. Da aber immer wieder dieselben Namen benutzt werden, die Situationen und Vorgänge gleich oder ähnlich sind, und die einzelnen sich der Zeit nicht genau bewußt, nicht ihre «Gegenwart von ehemaliger Gegenwart sonnenklar» unterscheiden und «die Grenzen» ihrer «‹Individualität› gegen die der Individualität» Früherer nicht deutlich ziehen, kann man nie mit Sicherheit wissen, von welchem Abraham und welchem Eliezer die Rede ist. Darüber hinaus kann Jaakob auch Abraham sein, wenn die Situation danach ist. Als Jaakob sich vor Schekem niederlassen will, verlangt man eine sehr große Kaufsumme von ihm und ist «gefaßt auf ein zähes Feilschen ... Doch Jaakob feilschte nicht. Seine Seele war bewegt und erhoben von Nachahmung, Wiederkehr, Vergegenwärtigung. Er war Abraham, der von Osten kam» und vor Hebron nicht «um den Preis gehadert» hatte. «Es gab die Jahrhunderte nicht. Was gewesen, war wieder. Der reiche Abraham und Jaakob, der Reiche aus Osten, sie schlugen würdevoll ohne weiteres ein.» Der Vorgang entspricht Thomas Manns Vorstellungen vom «Leben im Mythus», über die er sich an vielen Stellen aussprach.

In der dreibändigen Ausgabe der Josephsromane wird der erste Teil der Josephsgeschichte in Band I nach den Jaakobsgeschichten abgedruckt. Er enthält den Konflikt zwischen Joseph und seinen Brüdern, begründet sowohl in der Bevorzugung Josephs durch den Vater als auch in Josephs besonderen Eigenschaften und dem Neid der Brüder, die Joseph in einem Brunnen aussetzen. Reisende Ismaeliter befreien ihn nach zwei

Tagen daraus und kaufen ihn den Brüdern, die ihn für einen namenlosen Sklaven ausgeben, ab. Mit ihnen kommt Joseph nach Ägypten. Von seiner Reise dorthin und seinem Aufenthalt im Haus des Peteprê (Potiphar) erzählt der II. Band *Joseph in Ägypten*. Im Vergleich zur patriarchalischen Hirtenlandschaft, aus der Joseph kommt, erscheint Ägypten – so wie Thomas Mann es aufbaut – als moderne zivilisierte Welt mit einer dekadenten Hochkultur, die nun auf Joseph einströmt. Er steigt zum Hausverwalter auf, ist Vorleser, nächster Diener und Vertrauter Peteprês, eignet sich ägyptische Sitten und Vorstellungen an und gerät in Bedrängnis durch die unglückliche Leidenschaft der Mut-em-enet, der Frau des Peteprês, die bei Thomas Mann eine jungfräuliche Mondnonne des Staatsgottes ist und mit Peteprê, einem Eunuchen in höchsten Ämtern des Pharao, in formeller Ehe lebt. Ihre erotische Verfallenheit an Joseph erhält damit eine subtile Motivierung. Mit Potiphars Gericht über Joseph endet der Band. Joseph wird zu Gefängnis verurteilt; er muß noch einmal in die «Grube». Der letzte Band *Joseph der Ernährer* erzählt von seinem Aufenthalt im Gefängnis, wo er sogleich zum Aufseher ernannt wird, und bringt seinen Aufstieg zum höchsten Günstling Pharaos durch die Deutung von dessen Traum mit den fetten und mageren Kühen und den vollen und dürren Ähren. Ausgestattet mit allergrößten Vollmachten, übernimmt er die Getreideversorgung des ganzen Landes und wirtschaftet so vorzüglich, daß die Nachbarvölker in Ägypten einkaufen. Zu diesem Zwecke kommen auch Josephs Brüder dorthin. Bei ihrer Wiederbegegnung mit ihm spielen sich die Vorgänge der *Genesis*, Benjamin und den Becher betreffend, ab, und es übersiedeln schließlich alle mit Jaakob nach Ägypten. Mit Jaakobs Tod endet das Werk.

Die Interpretation der Geschichte Josephs hat vor allem den Spielcharakter dieser Geschichte zu unterstreichen. Das Prinzip, das den Roman künstlerisch wie substantiell bestimmt, ist in dem zentralen Satz von Thomas Manns Rede über *Freud und die Zukunft* enthalten: «Der Charakter ist eine mythische Rolle.» Daß es sich um ein echtes Durchspielen handelt, wird am Ende des dritten Bandes noch einmal ausdrücklich gesagt.

Joseph erklärt den Brüdern, die befürchten, er würde sich nach dem Tod des Vaters doch noch an ihnen rächen: «Habt ihr nicht gehört aus des Vaters Mund, als er mir meinen Segen gab, daß es mit mir nur ein Spiel gewesen sei und ein Anklang?» Jaakob habe bewußt in seinen letzten Erklärungen über das, was sich zwischen den Brüdern und Joseph «abgespielt», geschwiegen, «denn er war auch im Spiel, dem Spiele Gottes. ... Aber wenn es um Verzeihung geht unter uns Menschen, so bin ich's, der euch darum bitten muß, denn ihr mußtet die Bösen spielen, damit es alles so käme.» Als Jaakob bei der Segensverteilung Josephs Leben «Spiel und Anspiel» nannte, fügte er hinzu, es wäre «freundliche Lieblingsschaft» gewesen, «anklingend ans Heil, doch nicht ganz im Ernste berufen und zugelassen». Lieder würden dieses «Lebens Spiel besingen, ... denn ein heilig Spiel war es doch». In diesem Sinne muß der Roman verstanden werden. Das Mythische ist nicht auf den Stoff, den Thomas Mann der Bibel und andern Quellen entnahm, beschränkt, sondern durchdringt und ordnet den Stoff als Prinzip. Thomas Mann erarbeitete sich dieses Prinzip im Lauf vieler Jahre und formulierte es wiederum über Jahre hin bei allen Gelegenheiten wie auch im Josephsroman selbst.

Unter der Überschrift *Erstes Hauptstück: Thot* steht das erste Kapitel des *Jungen Joseph*. Mit Thot weiß der Heranwachsende sich verbunden, in seinem Geist wird er erzogen, und mit seinen Gaben gewinnt er das Spiel des Lebens. Der «Ibisköpfige» wird er im Josephsroman oft genannt (nach dem Nilreiher, dem Schlangen vertilgenden Vogel des Thot). Wie im *Zauberberg* (vgl. S. 304) kennt man den Gott in doppelter Gestalt, und bei Josephs Beziehungen zu ihm kommen beide ins Spiel. Josephs außerordentliche Begabung für Gelehrsamkeit und Literatur wird schon von seinem Lehrer Eliezer bewundert. Bei ihm erhält Joseph gründlichen und ausgiebigen Unterricht. Das gesamte Wissens- und Bildungsgut seiner Welt wird ihm vermittelt; er schreibt alles auf und liest es wieder, bis er es auswendig weiß. Das Lernen bereitet ihm großes Vergnügen und ein besonderes Verhältnis hat er zum Mond, mit dem sich ihm «die Idee der Weisheit und des Schrifttums» verbindet, «denn der Mond war das Himmelsbild Thots, des weißen Pavians und Erfinders der Zeichen, des Sprechers und Schreibers der Götter ... Schutzherrn derer, die schrieben». Als die Ismaeliter ihn halbtot aus dem Brunnen geholt, nennt er nicht seinen Namen, aber er sagt: «Ich kann Steine lesen und Keile schreiben.» Und die Brüder, die ihn als «Laffe mit Tintenfingern» verspotteten, müssen bei seinem Verkauf zugeben, daß er Lesen und Schreiben kann. Auf die Frage des Ismaeliters, ob sie selbst es könnten, antwortet Juda: «Wir erachten's für Sklavensache.» Der weitgereiste Ismaeliter aber beweist, daß er das Spiel überschaut, als er sagt: «... groß ist Thot. Möglicherweise hat er diesem Sumpfknaben selbst die Binsen gespitzt und ihn unterwiesen, – möge der Ibisköpfige mir den Scherz nicht aufs Kerbholz setzen! Aber wahr ist's: Alle Stände der Menschen werden regiert, nur der Schreiber aus dem Bücherhaus, er regiert selbst und braucht nicht zu schuften. Es gibt Länder, wo dies Binsenkind über euch gesetzt wäre und eueren Schweiß.» Auch in Ägypten wird Joseph vielfach ohne weiteres mit Thot in Verbindung gebracht, und daß er schließlich über viele gesetzt wird, hängt mit seiner frühen Beziehung zu Thot zusammen.

Freilich ist Thot nicht allein ausschlaggebend für Josephs mythische Rolle. Tammuz-Adonis, der sterbende und wiedererstehende Gott, bestimmt sie gleichermaßen und hat schon für den jungen Joseph individuelle Bedeutung. Er liebt es, mit Benjamin in den nahen Adonishain zu gehen, und sammelt dort Myrtengrün für die Kränze, die er gern im Haar trägt. «Bitter und herb ist der Myrtenschmuck», erklärte er Benjamin, ihm bedeutend, daß die Myrte ihm nicht zukäme, «denn er ist der Schmuck des Ganzopfers und ist aufgespart den Aufgesparten und vorbehalten den Vorbehaltenen. Geweihte Jugend, das ist der Name des Ganzopfers. Aber die Myrte im Haar, das ist das Kräutlein Rührmichnichtan.» Im gleichen Sinne bestimmt Joseph seine Gottesbeziehung Potiphar gegenüber (II,5 *Joseph tut Leib- und Lesedienst*). Wenn Joseph zweimal in «die Grube fahren» muß, um wieder daraus befreit zu werden, so vollzieht er damit zweimal die Nachfolge des Gottes, dessen Myrten er sich zum Kranz wählte. Seine spätere Tätigkeit «als Staats-Geschäftsmann von reichlicher Durchtriebenheit» läßt sich nach Thomas Manns Meinung nicht mehr damit in Einklang bringen. Im letzten Band «wechselt» Joseph «aus der ursprünglichen Tammuz-Adonis-Rolle immer mehr in die eines Hermes hinüber. Seine Aktionen und Transaktionen sind moralisch-ästhetisch nicht gut anders zu vertreten, als im Sinne des göttlichen Schelmen-Romans.» Diese Bemerkungen, die Thomas Mann in einem Brief an Kerényi (18. 2. 1941) machte, veranschaulichen, wie er noch nach jahrelanger Arbeit am Josephsstoff das Spiel mit dem Mythos in unmittelbarer Lebendigkeit trieb. Stand doch «der mondverbundene Hermes», von dem Thomas Mann im gleichen Brief sagt, er ziehe ihn «jetzt notwendiger Weise mehr und mehr» an, schon dem jungen Joseph nahe.

Thomas Manns Josephsromane sind nicht in Beziehung zu setzen zu den in jener Epoche in großer Zahl erscheinenden Romanen mit religiöser Thematik. Diese Werke, die zum Teil historische Stoffe behandeln, zum Teil in der Gegenwart spielen, waren mehr oder weniger Gebrauchsliteratur im Dienst religiöser Bekenntnisse und Absichten. Sie gehören dem ideologisch engagierten Romanschrifttum an, das nach dem ersten Weltkrieg eine bedeutende Rolle auf dem Büchermarkt spielte, heute aber fast ganz vergessen ist und seiner konventionellen Ausdrucksweise wegen auch für die Romangeschichte nur geringe Bedeutung hat. Selbst der seinerzeit weithin geschätzte Roman von GERHART HAUPTMANN (1862–1946) *Der Narr in Christo Emanuel Quint* (1910) wird nur noch erwähnt, weil er einen berühmten Autor hat. Das Werk ist charakteristisch für eine Epoche, in der bei vieler Polemik gegen die offiziellen Kirchen das Bemühen, zu den Glaubensinhalten der Religionen eine persönliche Stellung zu finden, für viele entscheidend war. Weite Kreise waren aufgeschlossen für das Thema des Gottsuchers, der in der Auseinandersetzung mit den traditionellen Glaubensgemeinschaften seinen Weg finden muß, weil ihm die eigene Sehnsucht, der Drang des Herzens mehr religiöse Substanz verbürgen als das Dogma, über das die Theologen streiten. ERWIN GUIDO KOLBENHEYER (1878–1962) behandelte das Thema mehrfach in seinen Romanen *Amor Dei*

(1908), *Meister Joachim Pausewang* (1910), der Paracelsus-Trilogie: *Die Kindheit des Paracelsus* (1917), *Das Gestirn des Paracelsus* (1921), *Das dritte Reich des Paracelsus* (1925) und *Das gottgelobte Herz* (1938). Die drei Bände der Paracelsus-Trilogie werden jeweils mit einer Vision eingeleitet, in der Wotan und Christus miteinander ringen. Die Funktion dieser Vision ist, von Band zu Band den Weg des Paracelsus vorauszudeuten und auf das Kräftespiel der ihn bestimmenden geistigen Mächte hinzuweisen. Verschwommene Vorstellungen von Deutschtum und Christentum kommen zur Sprache und bilden ein dilettantisches, pseudophilosophisches Konglomerat. Der Roman schließt mit «Ecce ingenium teutonicum» («Siehe, dies ist der deutsche Geist»). Kolbenheyer meinte, Mythisches zum Ausdruck zu bringen, verstellte sich aber durch Mystifizierungen den Weg und trug zu jenen Verwirrungen des Zeitalters bei, die 1933 ihren politischen Ausdruck fanden. Religiöse Botschaft wollte auch HERMANN STEHR (1864–1940) mit seinen Romanen aussprechen. Der bekannteste von ihnen ist *Der Heiligenhof* (1918), der auch außerhalb Deutschlands geschätzt wurde. Wie Stehr hatten auch andere Autoren der Zeit ihrer religiösen Thematik wegen eine große Lesergemeinde. Die Romane von Franz Werfel (1890–1945), Werner Bergengruen (1892–1964), Gertrud von le Fort (1876–1971), Ina Seidel (1885–1974), Elisabeth Langgässer (1899–1950). Jochen Klepper (1903–1942), Edzard Schaper (* 1908) waren weit verbreitet und wurden viel gelesen.

Zum Mythischen im Sinne menschheitlicher, über die Konfessionen hinausgreifender Urbilder hatten außer Thomas Mann im besonderen HANS HENNY JAHNN (1894–1959) und Hermann Broch ein Verhältnis. Beide scheiterten bei ihren Versuchen, eine Romanform zu finden, die vom Mythischen her bestimmt und getragen wäre. Jahnns *Perrudja* (1929) und Brochs *Bergroman* (1. und 2. Fassung 1936, 3. Fassung 1950–51; ediert 1969, Kompilation unter dem Titel *Der Versucher* 1953) sind großangelegte, ihre Verfasser als bedeutende Autoren ausweisende Bemühungen, den Menschen als ein unter dem Druck vielfältiger Beziehungen stehendes Wesen zu erfassen: er ist Naturkräften verhaftet und gesellschaftlichen

Bezügen ausgeliefert und leidet unter seiner Lage, der er nicht gewachsen ist. Zentral ist in beiden Romanen die Landschaft. Das norwegische Hochgebirge ist der Schauplatz bei Jahnn. In legendärer Einsamkeit auf phantastischem Landsitz überläßt Perrudja sich Träumen, Entrückungen und Visionen; seine innere Welt, Gesehenes und Gelesenes als Einheit erfahrend. Assoziationen, in langen Wortreihen wiedergegeben, verbinden Entferntes und Nahes und weisen auf endlose Räume, die im inneren Monolog zur Sprache kommen. Verbunden ist Perrudja in der konkreten Welt mit den Tieren, im besonderen mit dem Pferd. Aber seine Liebesbeziehungen zu Menschen sind unglücklich, sowohl die homoerotischen als auch die zu Frauen. Signe, in der er die ihm angemessene Partnerin sieht, weist ihn in der Hochzeitsnacht ab, weil er sie belog. Nach früher Begegnung war er lange von ihr getrennt, warb dann um sie und tötete ihren triebverfallenen Verlobten, wie sie erwartete und wünschte. Aber er besaß nicht die Sicherheit, es ihr rechtzeitig einzugestehen. Da sie die «Feigheit des Herzens» für Schande hält, nicht die Wildheit, entzieht sie sich ihm. Wie schon im Vorwort des Romans hervorgehoben wird, ist Perrudja «kein Held»; es handle sich um die Geschichte «des mehr schwachen als starken Menschen». Er ist ein Getriebener und Unregierter. Doch unerschöpflicher Reichtum steht ihm zur Verfügung. Es enthüllt sich im späteren Verlauf des Romans, daß er als Herr eines internationalen Konzerns der reichste Mann der Erde ist, was er selbst nicht wußte. Er beschließt für eine bessere Welt zu kämpfen, die, von der Krankheit der Zivilisation befreit, durch junge Menschen getragen würde. Die utopischen Vorstellungen Jahnns überzeugen nicht. Das Werk ist Fragment geblieben. Das Thema vom Schwachen, der «kein Held» ist, wird unter anderen Aspekten zentral für Jahnns großes Spätwerk *Fluß ohne Ufer* (1949–61) sein (vgl. Band III).

Im *Bergroman* Hermann Brochs ist gleichfalls das Gebirge der Schauplatz, ein Gebirgsdorf – Ober- und Unterkuppron –, das von einem Berg, dem Kuppron, überragt wird. Da Broch eine Trilogie plante, aber über die ersten Arbeiten an ihrem ersten Teil nicht hinauskam, ist über die Funktion des Mythischen für die Gesamtstruktur noch wenig zu sagen, zumal der Unterschied der drei erhaltenen Fassungen des ersten Teils ein Schwanken seiner Intentionen zeigt. Gewiß ist nur, daß es ihm um Mythisches ging. Broch sprach in der frühen Zeit seiner Arbeit an dem Projekt oft von seinem «religiösen Roman». Später tauchen Titel auf wie *Demeter* und *Demeter oder die Verzauberung*. Hans Albert Maier nimmt an, Broch hätte zweifellos *Demeter* endgültig als Titel vorgesehen [87]. Vom Inhaltlichen her erscheint diese Annahme gerechtfertigt. Schon 1936 sprach Broch vom «Erd- und Mutterkult», auf den hin der erste Band richtig angesetzt wäre (16. 1. 1936 an Daniel Brody). Als Demeter-Kybele-Figur wird die Hauptgestalt Mutter Gisson interpretiert [88]. Sie hebt sich aus der gesamten Bevölkerung durch vielerlei Wissen und überlegene Einsicht heraus. Sie kennt den Berg und seine verschütteten Stollen, in denen einst Gold gefördert wurde; sie weiß, zu welcher Zeit und an welchen Plätzen sie gewisse Kräuter zu suchen hat; sie versteht sich auf Krankenheilung und besitzt eine prophetische Gabe. Ihr Gegenspieler ist der zugewanderte Demagoge Marius Ratti, der durch phrasenhafte Reden und Versprechen die Dorfbewohner verwirrt und beherrscht. Er predigt Keuschheit und Männergemeinschaft, verdammt das Maschinenwesen und die Städte und verspricht, mit der Wünschelrute im Berg Gold zu finden. Bei einer Bergkirchweih verführt er die Dorfgemeinde zum Ritualmord an einem jungen Mädchen (Irmgard), das, Marius längst hörig, sich willig hinschlachten läßt. Der Erzähler, ein älterer Arzt, berichtet, wie er selbst in den allgemeinen Rausch mit hineingerissen wurde und keinen Widerstand leistete. Die Haltung der Mutter Gisson während der Mordszene, die nur in der ersten Fassung steht, bleibt unklar; sie spricht zwar beschwörende Worte, doch sie greift nicht ein. In einer späteren Inhaltsangabe, die die Überschrift *Die Verzauberung (Roman)* hat, wohl kurz nach Brochs Ankunft in Amerika (1938) abgefaßt (H. A. Maier), fällt Mutter Gisson selbst «dem Toben zum Opfer» [89]. In der frühen Fassung stirbt Mutter Gisson im letzten Kapitel eines natürlichen Todes.

Ob die Interpreten in der Hinschlachtung Irmgards eine

Analogie zum Raub Persephones durch Hades sehen und die Waldszene, in der Mutter Gisson unmittelbar vor ihrem Tod die Toten, besonders ihre Enkelin Irmgard, anruft, mit der Beziehung Demeters zur Unterwelt in Verbindung bringen, oder ob sie Mutter Gisson als Große Mutter deuten – Demeter oder Kybele: es läßt sich nicht übersehen, daß die Anlage des Buches mißglückt ist. Die Hinschlachtung Irmgards, dargestellt als Vorgang des 20. Jahrhunderts in einem zivilisierten Land, kann nur als schwere Verirrung einer vom Wahn befallenen Bevölkerung angesehen werden. Das Rededuell zwischen Mutter Gisson und Marius, bevor der Metzger die Tat begeht, soll zwar die mythischen Aspekte der Situation aufzeigen, wirkt aber unangemessen. Broch hat dies selbst gewußt und das mit dem antiken Mythos spielende Werk seiner inneren Fragwürdigkeit wegen nicht fortführen können. Daß ihn das massenpsychische Verhalten des einzelnen bei den im _Bergroman_ von ihm aufgebauten Vorgängen beschäftigte, führte er in der schon erwähnten Inhaltsangabe _Die Verzauberung (Roman)_ aus. «Männer von großer Nüchternheit und Selbstkritik», sagte er, seien unter massenpsychichem Einfluß «für die phantastischesten Unternehmungen zu gewinnen», es brächen «archaische Tendenzen auf, ... ein mythisches Denken innerhalb aller Rationalität» greife um sich; der einzelne würde «zur Beute» von «Unbegreiflichkeiten». Die Gründe dafür liegen – so ergibt sich aus dem kleinen Essay – in der «ständigen Natur- und Mythosbereitschaft» des einzelnen in einer Zeit des «Religionsverfalls». Zu entdecken sei, «wie aufbruchsbereit die mythologischen Vorstellungen in der Seele liegen». Der Zwiespältigkeit dieser Situation gilt Mutter Gissons Mahnung an den Arzt: «Laß dich nicht verzaubern, dann wirst du helfen können.» Inwiefern hier die politischen Erfahrungen der dreißiger Jahre verarbeitet sind, bedarf keiner Erwähnung.

Die im Zusammenhang mit dem _Bergroman_ ausgesprochenen Überlegungen hat Broch in seinem Essay _Die mythische Erbschaft der Dichtung_ (1945) [90] auf anderer Ebene und unter erweiterten Aspekten fortgeführt. Er sieht hier im Mythos Urbeginn und Voraussetzung jeder erzählenden Aussage, eigentlich sogar jeder menschlichen Mitteilung. Der «Grundbestand» der «Menschenseele» enthülle sich im Mythischen; und er enthülle sich ihr, indem sie ihn in den Vorgängen der Welt und der Natur wiedererkenne und zur Aktion bringe. Parallel dazu begreife «der Menschengeist seinen Grundbestand als das Logische» und finde es «im Kausalgeschehen des Außen» wieder. In der Verbindung von Mythos und Logos – gegeben durch den «doppelten Grundbestand des Menschenseins» – vollziehe sich das Erfassen der Welt. Broch verweist dabei ausdrücklich auf Jungs Terminus vom Archetypus. Lagen für Broch im Essay über James Joyce (vgl. S. 282) Existenzberechtigung und Mission der Dichtung in der Totalität der Erkenntnis, des Daseins, der Welterfassung, so bedeutet der neue, vom Gedanken des Mythischen bestimmte Standpunkt im Hinblick auf den Roman, daß er «nicht nur auf Geistes –, sondern auf Lebenstotalität gerichtet» sei «und daher die ganze anonym-dunkle Seinsfülle des Helden zu erhellen» habe.

Der Essay *Die mythische Erbschaft der Dichtung* erschien im gleichen Jahr wie Brochs *Der Tod des Vergil* (1945 New York, gleichzeitig englische Ausgabe in New York und London) und enthält vieles zu dessen Interpretation. Der Roman berichtet die letzten achtzehn Stunden des sterbenden Vergil von seiner Einfahrt in den Hafen von Brindisi bis zu seinem Tod im Palast des Augustus. Das Buch war bei seinem Erscheinen ein sehr großer Erfolg und gilt als Brochs bedeutendstes Werk, «sein Hauptwerk», sagte Erich Kahler. Thomas Mann zählte es «zu den höchsten Leistungen deutschen Schrifttums». Albert Einstein war, wie er Broch schrieb, «fasziniert»[91]. Die Betroffenheit der Zeitgenossen hängt mit dem besonderen Sprachstil des Buches zusammen, von dem her allein sich seine Eigenart erschließt und der nur unmittelbar vom Text her zu erfassen ist. Broch selbst war der Ansicht, «etwas durchaus Neues versucht» zu haben. Er bezeichnete das Werk, «obwohl in der dritten Person dargestellt», als inneren Monolog und sagte, es sei «demgemäß als ein lyrisches Werk anzusehen», was seinen Absichten entspräche, denn das Lyrische erfasse «die tiefsten seelischen Realitäten». Wie er im Essay das Ineinandergreifen vom Mythos und Logos für «die menschliche Wesenheit» erklärte, so stellt er von den gleichen Vorstellungen her in seinen *Bemerkungen zum «Tod des Vergil»* heraus, sein Buch decke «das unaufhörliche Wechselspiel zwischen dem Rationalen und dem Irrationalen» auf und zwar «in jedem Lebensaugenblick des Helden, wie in jedem Satz des Buches». Es handle sich dabei um «etwas, das man einen lyrischen Selbstkommentar nennen könnte».

Dieser lyrische Selbstkommentar besitze einerseits musikalische Qualitäten und gebe Raum für eine Unendlichkeit von Motiv-Variationen. Zum andern sei durch ihn «eines der schwersten Probleme der Epik, nämlich das der Simultaneität» auf neue Weise zu lösen. Für Broch bestand das Problem der Simultaneität in der Frage, wie in epischer Dichtung die Vielheit der Situationen und Verbindungen eines Augenblicks im zeitlichen Nacheinander darzustellen sei, ohne daß dabei der Eindruck verloren gehe, daß alle Vorgänge, gleichgültig welchem Lebenskreis und welcher Lebensschicht sie angehören, in diesem Augenblick verbunden und umschlossen sind. Er war der Meinung: Wie «selbst die längste Symphonie ... dem Hörer ein Einheitserlebnis geben» müsse – sei sie doch «geradezu um dieses Einheitserlebnisses, um dieser wahrhaften Zeitaufhebung willen konstruiert» –, so könne die epische Dichtung durch Anwendung der Methode des lyrischen Kommentars und des mit ihm zur Auswirkung kommenden musikalischen Prinzips den Eindruck der Simultaneität des Geschehens vermitteln. Im *Tod des Vergil* habe er auf diesem Weg die «Einheit des Gesamtlebens, einschließlich die Vergangenheit und sogar die Zukunft in einem einzigen Gegenwartspunkt ... deutlich gemacht».

Mit den ersten Seiten des Buches allein schon, an der Darstellung der Einfahrt des Vergil in den Hafen mit der aus Griechenland zurückkehrenden Flotte, läßt sich demonstrieren, wie bei Broch Kunstpraxis und Kunsttheorie sich bestätigen. Welttotalität in einem Augenblick zusammengefaßt: Meer, Himmel, Wind und Küste, die kaiserliche Flotte mit ihren sieben, verschiedenen Zwecken entsprechenden Schiffen, das Zelt des Augustus auf dem mittelsten, auf dem dahinter der todkranke Vergil – bei ihm als der Hauptgestalt, durch die der Autor Totalität bewirkt, verweilt die Rede: seine Krankheit und der Zustand während des vergangenen Tages, zwiespältiges, wechselndes Körpergefühl und Empfinden seiner selbst, Überdenken der Frage, warum er Augustus nachgab und Athen verließ, das Schwinden der Hoffnung auf die Fertigstellung der *Äneis* und ein Leben danach, die Ausweglosigkeit des Schicksals, Rückblick auf die Gewohnheiten des Erlebens und die Gegebenheiten der Herkunft – unendlich ist, was hier auf zwei Seiten schon berichtet wird unter anhaltender Wahrung der Simultaneität, ohne daß ein Ende des «Einheitserlebnisses», der «Zeitaufhebung» in der Erfahrung der Stunde abzusehen wäre. Der «innere Monolg» erfaßt die konkrete Welt, die den Dichter Vergil umgibt, wie die innere Welt, die in ihm flutet. Beide Welten, gleichzeitig ihn bedrängend, werden in unentwegtem Wechsel sprachlich angegangen. Es wird jeweils ein Teilstück der Totalität ergriffen und von ihm her weiter in sie eingedrungen. Das Verfahren ist bei der inneren Welt das gleiche wie bei der konkreten. Hier wie dort macht das «Wechselspiel zwischen dem Rationalen und dem Irrationalen», das das Buch nach Brochs Deutung aufdeckt, Bereiche sichtbar, die sowohl in sich selbst durchweg widerspruchsvoll sind als auch als Teile des Ganzen Widersprüche zueinander bilden. Bei der Entfaltung dieser Bereiche ist jeweils zu Beginn das später Ausgesprochene schon vorhanden. Es ist im Beginn enthalten, wie der Beginn im Späteren weiterklingt und bis zum Ende gegenwärtig bleibt. Obwohl nur im Nacheinander gesprochen werden kann, bedeutet die lyrische Bewegung kein Fortschreiten, sondern ist eine Form der Simultaneität. Sie hat weder Anfang noch Ende. Es gilt, was Broch über das lyrische Kunstwerk sagt: gegeben wird «die Totalität eines Augenblicks» (*Die mythische Erbschaft der Dichtung* 241).

Es sei hier zur Demonstration ein Abschnitt eingerückt: «Ein Landmann war er von Geburt, einer, der den Frieden des irdischen Seins liebt, einer, dem ein schlichtes und gefestigtes Leben in der ländlichen Gemeinschaft getaugt hätte, einer, dem es seiner Abstammung nach beschieden gewesen wäre, bleiben zu dürfen, bleiben zu müssen, und den es, einem höheren Schicksal gemäß, von der Heimat nicht losgelassen, dennoch nicht in ihr belassen hatte; es hatte ihn hinausgetrieben, hinaus aus der Gemeinschaft, hinein in die nackteste, böseste, wildeste Einsamkeit des Menschengewühles, es hatte ihn weggejagt von der Einfachheit seines Ursprunges, gejagt ins Weite zu immer größer werdender Vielfalt, und wenn hierdurch irgend etwas größer oder weiter geworden war, so war es lediglich der Abstand vom eigentlichen Leben, denn wahrlich, der allein war gewachsen: bloß am Rande seiner Felder war er geschritten, bloß am Rande seines Lebens hatte er gelebt; er war zu einem Ruhelosen geworden, den Tod fliehend, den Tod suchend, das Werk suchend, das Werk fliehend, ein Liebender und dabei doch ein Gehetzter, ein Irrender durch die Leidenschaften des Innen und Außen, ein Gast seines Lebens» (11).

Das künstlerische Verfahren ist: ein Thema wird angesetzt mit «Ein Landmann war er von Geburt, einer, der den Frieden des irdischen Seins liebt». In dieser anscheinend eindeutigen Aussage des Ansatzes schwingt alles mit, was Vergil anschließend sagt über Ruhelosigkeit und Qual seines getriebenen Lebens in der Fremde, bis der Abschnitt endet – um der praktischen Verständigung willen sei es erlaubt, von Abschnitten zu sprechen, im Druck ist hier kein Abschnitt gemacht –, bis der Abschnitt endet mit «ein Gehetzter, ein Irrender durch die Leidenschaften des Innen und Außen, ein Gast seines Lebens». Ohne das Mitschwingen des gesamten Abschnittes, aller seiner Inhalte, seiner im Rhythmus des Sprechens verbundenen Aussagen bis zur letzten «ein Gast seines Lebens» wäre der Einsatz: «Ein Landmann war er ...» lediglich eine Feststellung, die zwar eine Erzählung einleiten kann, im lyrischen Selbstkommentar des Vergil aber keinen Sinn hätte. Das «unaufhörliche Wechselspiel zwischen dem Rationalen und dem Irrationalen» schließt einen eindeutigen Erzähleinsatz und ein einfaches Nacheinander der Inhalte aus. Vergil ist sich der Widersprüchlichkeit und Unerklärbarkeit seiner Erfahrungen in jedem Augenblick bewußt, und er reagiert unablässig mit Gefühl und Empfindung, mit Logik und Einsicht auf die ihm stets gegenwärtige Erkenntnis, daß, wie Einstein es in seinem Brief an Broch formulierte, «die logische Form ... das Wesen des Erken-

nens» nicht «erschöpft», denn: «Das Wesentliche bleibt mysteriös.» Warum es ihn «von der Heimat nicht losgelassen, dennoch nicht in ihr belassen hatte», ist logisch nicht zu begründen, obwohl die Tatsache nicht ohne Logik ist. Das gleiche
galt für seine kurz zuvor zur Sprache gekommene Abreise aus
Griechenland. Er konnte sich die Frage nicht beantworten:
«Warum nur hatte er dem Drängen des Augustus nachgegeben? Warum nur hatte er Athen verlassen?» Die beiden Vorgänge, die Abreise aus Griechenland und das Verlassen der
Heimat, gehören zusammen, sind analoge Vorgänge, die sich
gegenseitig erhellen. Als er Griechenland verließ, hatte er
nicht freiwillig verzichtet: «Nein! es war wie ein Befehl der
unabweislichen Lebensgewalten gewesen, jener unabweislichen Schicksalsgewalten ...». Ebenso: «Einem höheren Schicksal gemäß», so heißt es in dem sich anschließenden Abschnitt,
ist auch seine zwiespältige Beziehung zur Heimat, sie ist rational und irrational zugleich. Die Entfaltung des Themas von der
leidvollen Entwurzelung des Vergil bedeutet sinnvolle Fortsetzung der Überlegungen über den schmerzhaften Abschied von
Griechenland und zugleich leidenschaftliche Steigerung des
Gefühlsausdrucks. In immer herausfordernder sich aufhebenden Gegensätzlichkeiten spricht Vergil seine Verzweiflung wie
seine Erkenntnis über die ihm beschiedene Existenz aus. Deutlich wird dabei, «daß die Methode des ‹lyrischen Kommentars›
eben nichts anderes ist als die der musikalischen Motiv-Variation (welche ja auch zu immer tieferen Ausdrucksmöglichkeiten strebt)» (*Bemerkungen zum «Tod des Vergil»*).

Mit dem Ende der erregt gesprochenen Satzperioden hat die
Vergegenwärtigung des persönlichen Leidens noch nicht ihr
Ende erreicht. Zu den Leiden der vergangenen Jahre kommen
die der augenblicklichen Situation. Der Redefluß gestaltet sich
etwas ruhiger; das bedeutet jedoch, wie der Inhalt erkennen
läßt, lediglich erneute Intensivierung des Ausdrucks, erneute
Steigerung; der todesbereite Dichter muß sich eingestehen,
daß es ihm nicht vergönnt ist, in Ruhe zu sterben: «Und heute, fast am Ende seiner Kräfte, am Ende seiner Flucht, am Ende
seiner Suche, da er sich durchgerungen hatte und abschiedsbereit geworden war, durchgerungen zur Bereitschaft und bereit,

die letzte Einsamkeit auf sich zu nehmen, ... da hatte das
Schicksal mit seinen Gewalten sich nochmals seiner bemächtigt ...»; er wird gezwungen, «zum Weg in die Vielfalt des Außen ... zu dem Übel, das sein ganzes Leben überschattet hatte»
(11 f.). Damit vollzieht sich der Umschlag: der innere Monolog wendet sich der konkreten Welt zu, die den Dichter bedrängt und beunruhigt, seine Sinne reizt, seine Vorstellungen
anregt, zu einer Zeit, da er sich dem «innern Rückweg» in
«die letzte Einsamkeit» überlassen möchte. Die vielfältigen Ge-
räusche des Schiffs, des Wassers, des der Eßlust gewidmeten
Treibens auf Deck belasten Ohr und Hirn. Er muß an die
angeketteten Ruderer im Schiffsrumpf denken und an die Gier
der unentwegt Nahrung zu sich nehmenden Mitreisenden. Seine Augen sind beschäftigt, und sein Körper spürt den Vorgang der sich vorbereitenden Landung, während seine Gedanken hin und her schweifen, mit Sehnsüchten und Ahnungen
sich verbindend, bis das Lied eines Musikantensklaven, während es dunkel wird, die Aufmerksamkeit auf sich konzentriert.

Im Zusammenhang mit dem Umschlag in der Richtung des
inneren Monologs, mit seiner Hinwendung zur konkreten
Welt, zur «Vielfalt des Außen», kommt das Thema zur Sprache, das sich bald als ein zentrales Lebensthema Vergils erweisen wird: das Verhältnis des Dichters zu seinen Mitmenschen. In dem, was von ihrem Treiben auf Deck an sein Ohr
dringt, meint er ihre Natur vor sich zu haben: «Seit dem frühen Morgen erscholl es dort von Eßgeräuschen» (12). Die tie-
rische Begehrlichkeit der Reisenden erscheint dem Leidenden
als ihr Hauptwesenszug: «das ganze Schiff war von Gier um-
flackert. Oh, sie verdienten es, einmal richtig dargestellt zu
werden! Ein Gesang der Gier müßte ihnen gewidmet werden!
Doch was sollte dies schon nützen?! nichts vermag der Dichter, keinem Übel vermag er abzuhelfen; er wird nur dann gehört, wenn er die Welt verherrlicht ... Und wäre es da denkbar, daß der *Äneis* eine andere, eine bessere Wirkung vergönnt sein sollte? ... nur allzugut kannte er dieses Publikum,
dem die schwere, die erkenntniserleidende und eigentliche Arbeit des Dichters genau so wenig Beachtung abringt wie die

bitterniserfüllte, bitterschwere der Ruderknechte, dem die eine
wie die andere genau das nämliche gilt: ein gebührender Tri-
but für den Nutznießer, als Tributgenuß empfangen und hingenommen!» (13 f.). Freilich sind auch verdienstreiche Leute
unter der reisenden Hofgesellschaft, die sein Publikum bildet,
«aber von dem, was sie sonst waren, hatten sie mit einer geradezu genießerischen Selbstentblößung während der Reiseuntä-
tigkeit das meiste abgestreift». Dem Kranken scheinen sie in
diesen Umständen entlarvt, «er hatte nichts mit ihnen gemein,
obschon das Schicksal ihn in ihren Kreis getrieben hatte, sie
ekelten ihn an» (14 f.).

Wie Vergil sich, angeregt durch das Verhalten der Mitreisenden, bewußt macht, daß er in der Gesellschaft, in der er
lebt, allein ist, so macht er sich etwas später beim Anblick der
Massen am Ufer von Brindisi bewußt, wie fragwürdig die gesamte Augustus-Herrschaft ist. Das Volk, «dessen Geist und
dessen Ehre» er in der *Äneis* gepriesen hatte, verkörpert sich
ihm in jener Masse, die dumpfbrütend den Kaiser erwartet
hatte und bei seiner Ankunft in brüllenden Jubel ausbricht,
«sich selbst anbetend in der Person des Einen». Abgründig
und unheilvoll erscheint ihm dieses Volk, abgesunken zum
«Großstadtpöbel ... Verkehrung des Menschen ins Gegen-
menschliche», ausgehöhlt und wurzellos. Als Vergil beim Gedanken an sein der Gier hingegebenes Publikum der Ekel über-
kam, hieß es: «Er vergewisserte sich, daß der Koffer mit dem
Manuskript der *Äneis* unberührt neben ihm stand» (15). In
gleicher Weise bildet jetzt der Koffer mit dem Manuskript das
bedrohte Gegengewicht zu dem befremdenden Treiben der
Massen bei der Landung: «Inmitten des Getrappels vieler
eiliger Füße lag er still, seine Hand hielt den einen Henkel des
ledernen Manuskriptkoffers fest umklammert, damit ihm dieser nicht etwa entrissen werde» (24).

Nach der Landung wird Vergil auf kaiserlichen Befehl von
einer Gruppe von Trägern mit einer Sänfte abgeholt. Dabei
sieht er, die Vorgänge in diesem Augenblick besonders wach
verfolgend, wie sein Mantel liegen bleibt und von einem
«recht kindlich aussehenden, dunkellockigen Knaben» ergriffen und ihm nachgetragen wird. Wichtiger als der Mantel ist

Vergil der Manuskriptkoffer, «dessen beide Träger er knapp neben die Sänfte beordert hatte». Trotzdem läßt er den Mantel nicht aus den Augen, und es beschäftigt ihn der Knabe, «er fragte sich, woher der Knabe, der ihm verwunderlich vertraut und bekannt dünkte, wohl aufgetaucht sein mochte, da er ihm während der ganzen Reise nicht aufgefallen war: es war ein etwas unhübscher, bäuerisch tapsiger Bursche, sicherlich kein Sklave, sicherlich keiner der Aufwärter, und wie er dort, sehr jungenhaft, die hellen Augen in dem bräunlichen Gesicht, an der Reling stand, wartend, weil es überall Stauungen gab, warf er von Zeit zu Zeit verstohlen einen Blick zur Sänfte herauf, sanft und belustigt und schüchtern wegschauend, sobald er sich hierbei beobachtet fühlte» (25). Der Knabe übernimmt im Gewühl der Stadt auf die gleiche sichere, unbekümmerte Weise, wie er den Mantel ergriff, die Spitze des kleinen von einem kaiserlichen Diener begleiteten Zuges und bringt ihn über überfüllte Plätze und durch enge Gassen hinauf zum Augustus-Palast. Dort läßt er sich nicht wegschicken, weder von den kaiserlichen Dienern noch von Vergil, bei dem er bis zum Ende bleibt. Sein Name ist Lysanias.

Broch hat mit diesem Knaben, überkommene Mythologie verwertend, eine mythische Figur geschaffen. Über die von Broch verarbeitete Mythologie unterrichtet ein Aufsatz von Curt von Faber du Faur: «Der Seelenführer in Hermann Brochs *Tod des Vergil*» (1957) [92], in dem der antike Gott Telesphoros mit Brochs Lysanias in Zusammenhang gebracht wird. Wenn, wie es den Anschein hat, Faber du Faur das Richtige trifft, dann hätte Broch die Kenntisse, die die Voraussetzungen seines schöpferischen Tuns bildeten, vornehmlich den Schriften von Kerényi entnommen. Ausschlaggebend wären gewesen im besonderen «Das göttliche Kind» (erschienen zuerst 1940) [93], aber auch «Hermes der Seelenführer» (zuerst 1942) [94]. Eine Abbildung in «Das göttliche Kind» müßte die Anregung zu der äußeren Erscheinung des Lysanias gegeben haben. Weiterhin wäre eine Marmorfigur im Louvre, den Telesphoros mit Schreibtafel und zwei Bücherrollen darstellend, besonders wichtig für Broch geworden. In beiden Fällen ist der dargestellte Knabe mit einem Mantel bekleidet. Die Gestalt der

Pariser Marmorfigur hält Faber du Faur für «das Ebenbild des Brochschen Lysanias». Broch selbst hat die Angaben von Faber du Faur, ihm zu seinen Lebzeiten mündlich vorgetragen, nur bedingt bestätigt. In einem Brief vom 11. 4. 51 heißt es: «ich habe den *Vergil* während einer gewissen Zeit nicht für Veröffentlichung geschrieben, doch als ich ihn später zu einem richtigen Buch umgestaltete, hat die Trance der Arbeit – eine richtige Trance – nicht nachgelassen; dabei stellte sich heraus, daß eine kontrapunktische Knabengestalt eingefügt werden mußte, und das geschah mit der Person des Lysanias. Hier in Yale erfuhr ich nun von meinem Kollegen Faber du Faur, daß dieser Lysanias bis ins kleinste Detail die Attribute des Knabengottes Telesphoros (aus dem Kreis des Äskulap) trägt, einer für mich bis dahin völlig unbekannten Göttergestalt. Solche Dinge kann man bloß als Richtigkeitsbeweise hinnehmen» (*Briefe* S. 419). Schon vorher betonte Broch Hermann Weigand gegenüber am 12. 2. 46 «die radikale Ausschaltung alles ‹Angelernten›»; es habe «keine Verwendung von ‹Bildungsmaterial›» stattgefunden. «Daß sich trotzdem aus dem Unbewußten die verschiedensten Todessymbole aus alt-religiösen Bereichen eingestellt haben, wurde mir zu einer fast glückhaften Überraschung» (Briefe 245). Solche Äußerungen Brochs können als charakteristisch für ihn gelten. Er entsann sich auch sonst oft nicht mehr, was er gelesen hatte[93].

Lysanias ist Telesphoros und Geschöpf des Dichters Hermann Broch in einem. Er ist Seelenführer und «Endbringer», Todesbote und Wiedergeburt des jungen Vergil, Diener und Liebender, leibhaftige Gestalt und Genius. Mit seinem Auftreten beginnt das Geschehen, von dem das Buch handelt: der Tod des Vergil.

Bezeichnend ist, daß Vergil den Knaben zwar sogleich bemerkt, aber nicht erkennt. Seinen verstohlenen Blick weiß er nicht zu deuten: «Augenspiel? Liebesspiel? sollte er, ein Kranker, da nochmals in das schmerzliche Spiel töricht lieblichen Lebens hineingezogen werden, er, ein Hingestreckter, nochmals hineingezogen in das Spiel der Aufgerichteten?» (25 f.) Er weiß dem «Spiel» des «Vor-Kusses» keinen Sinn abzugewinnen und kann nur verwundert beobachten, wie der Knabe

ihm den Weg durch die Menge bahnt, «den Mantel über die
Schulter geworfen», seltsam umsichtig den Manuskriptkoffer
im Auge behaltend, «manchmal ... belustigt und verehrungs-
voll» zu dem in der Sänfte Lehnenden heraufblinzelnd, eine
Fackel schwingend, die er irgendwem abgenommen haben
mußte, «den Leuten fröhlich ins Gesicht» schreiend: «Platz
für den Vergil! ... Platz für eueren Dichter!» (34).

Der Weg führt schließlich, dies ist dem jungen Mantelträ-
ger offenbar von vornherein bekannt, eine Vergil mit Schau-
der erfüllende Elendsgasse hinauf. Schlimmer als Schmutz
und Gestank und das die Träger behelligende schattenhafte
Wimmeln von Kindern und Ziegen werden für ihn die unfläti-
gen Beschimpfungen der aus den Fenstern lehnenden Frauen.
Auf seiner hoch über das Treiben der Gasse hingetragenen
Sänfte ist er ihren ihm keifend ins Gesicht geschleuder-
ten Beleidigungen wehrlos ausgeliefert. Weder die Krankheit, die ihm in den fiebrigen Augen steht, respektierend, noch
irgend etwas auch nur in Erwägung ziehend, was die Begründung seiner Herausgehobenheit und des ihm geltenden Sänf-
tenzuges sein könnte, verhöhnen und bedrohen sie ihn; und
Vergil wird von der Schmach getroffen: er «mußte ... das Gesicht verhüllen». Im Hagel der Schimpfworte spürt er Mahnung und Wahrheit, «zur Wahrheit übersteigerter Irrsinn,
und jede Schmähung riß ein Stück Überheblichkeit von seiner
Seele, so daß sie nackt wurde, so nackt wie die Säuglinge ...,
eingegangen in die flutende Nacktheit des Ununterscheidba-
ren –» (44). Die Erfahrung des Aufstiegs durch die Elendsgasse zum Palast des Augustus gehört zu den Voraussetzungen
seiner Entscheidung, die *Äneis* zu vernichten.

Den Entschluß, sein Hauptwerk zu verbrennen, faßt Vergil
während seiner letzten Nacht in dem stillen Gästezimmer des
Palastes hoch über der Stadt, der der zweite Teil des Werks
mit der Überschrift *Feuer – Der Abstieg* gewidmet ist (der erste Teil war *Wasser – Die Ankunft* überschrieben). Nachdem
der Knabe, den er zum Fest des Augustus schickte, sich zurückgezogen hat, bleibt Vergil allein und überläßt sich den in
ihm aufsteigenden Bildern, Gedanken, Träumen und Visionen,
die – gesteigert durch das Fieber – ihm den Vorgang des Ster-

bens erhellen; «er lauschte dem Sterben» (85;87), heißt es
programmatisch. Der im Übergang zum Tod begriffene Dichter
meint, der ethischen Pflicht des Menschen, der Pflicht zur Hilfe, nicht nachgekommen zu sein. Er verurteilt sein gesamtes
Dichten als Erweckung von «verlogenen Hilfeleistungs-Hoff-
nungen, ... wider besseres Wissen hoffend, es werde die Macht
der Schönheit, es werde des Liedes Zauberkraft ... ihn, den
Dichter, zum Erkenntnisbringer in der wiederhergestellten
Menschengemeinschaft erhöhen ... solch sträfliche Überschät-
zung des Dichtertums!» (S. 148) Während er den Mißbrauch
der Schönheit sich vergegenwärtigt, überfällt ihn die Erinnerung an Plotia, die Frau, vor der er in der Liebe versagte.

Die Diskussion über die Vernichtung der *Äneis* ist das zentrale Thema des Gesprächs zwischen Octavian und Vergil am
nächsten Tag – sie steht im dritten Teil des Werks *Erde – Die
Erwartung* –, Octavian ist, als er in das Zimmer tritt, schon
von den beiden Freunden des Vergil Plotius und Lucius, die
ihn vorher besuchten, über dessen Absicht unterrichtet. Er
steuert in dem über hundert Seiten umfassenden Gespräch –
«weit über eine Stunde» wird seine Dauer später bezeichnet –
von Anfang an auf die Rettung der *Äneis* zu. Daß der Manuskriptkoffer seinen Blick anzieht, muß Vergil sich sehr früh
eingestehen. Sein Kampf, die Verfügung darüber zu behalten,
ist aussichtslos, ob er das eigene Werk herabsetzt oder die
Notwendigkeit des Opfers erläutert. Als Octavian das Sterbezimmer verläßt, folgen ihm die Träger mit dem Koffer. Der
Kaiser nimmt das Manuskript des Dichters mit. Es war nicht
anders zu erwarten – schimmerte doch durch alle Argumente
und Gegensätzlichkeiten der Auffassung die Liebe zweier
Männer, zwischen die eine Ungeheuerlichkeit wie die Vernichtung der *Äneis* nicht treten konnte. Die Geduld des Impe-
rators, der schließlich den Zorn einsetzt, wohl wissend, wie
das Spiel enden wird, und gleich darauf sagen kann: «Erin-
nerst du dich, Vergil?», diese Geduld mit dem sterbenden
Freund und die immer wieder aufklingenden Verse der *Äneis*,
die man ganz gewiß nicht verbrennen wird, bilden die Atmosphäre der Humanität, die die Ausgewogenheit des Werkes
bewirkt.

Lysanias, der in der Nähe des Kaisers verschwunden war, ist gegen Schluß der Szene doch dabei, und Octavian erklärt, er nähme die *Äneis* aus seiner Hand. Lysanias begleitet auch Vergils Ende, *Äther – Die Heimkehr* heißt der vierte und letzte Teil. Der Knabe sitzt am Bug des Totenschiffs.

ANMERKUNGEN

1 HERMANN BROCH: «James Joyce und die Gegenwart» (1936). *Dichten und Erkennen. Essays I.* Zürich 1955. S. 206.

2 ALEXANDER JUNG: *Göthe's Wanderjahre und die wichtigsten Fragen des 19. Jahrhunderts.* Mainz 1854. S. 1.

3 KARL ROSENKRANZ: *Studien* Halle/S. 1839. S. 340.

4 FERDINAND GREGOROVIUS: *Göthe's Wilhelm Meister in seinen sozialistischen Elementen entwickelt.* Stuttgart ²1855.

5 «Französische Maler. Gemäldeausstellung in Paris 1831».

6 Vgl. PETER HASUBEK: «Der Zeitroman. Ein Romantypus des 19. Jahrhunderts». *ZfdPh* 87, 1968. S. 218–245.

7 LUDOLF WIENBARG: *Wanderungen durch den Thierkreis.* Hamburg 1835. S. 256.

8 Ebenda.

9 Vgl. FRANZ FINKE: «Zur Datierung des ‹Rabbi von Bacherach›». *Heine-Jahrbuch* 1965. S. 26–32; MANFRED WINDFUHR: *Heinrich Heine. Revolution und Reflexion.* Stuttgart 1969. S. 184 f.

10 Über die Exzerpte aus der Fachliteratur, die sich in Heines Nachlaß fanden, berichtet ERICH LOEWENTHAL: «Der Rabbi von Bacherach». *Heine-Jahrbuch* 1964. S. 3–16.

11 LION FEUCHTWANGER: *Heinrich Heines Fragment «Der Rabbi von Bacherach».* München 1907. S. 41.

12 JEFFREY L. SAMMONS: «Heine's ‹Rabbi von Bacherach›: The Unresolved Tensions». *The German Quarterly* 37, 1964. S. 26–38.

13 Sie stammt aus JOHANN JAKOB SCHUDT: *Jüdische Merkwürdigkeiten.* 1714–17. Vgl. LOEWENTHAL a.a.O. S. 5 f.

14 Vgl. MANFRED WINDFUHR: «Heines Fragment eines Schelmenromans ‹Aus den Memoiren des Herren von Schnabelewopski›». *Heine-Jahrbuch* 1967. S. 21–39.

15 Zu Sealsfields Meinung über die «Priestertyrannen» vgl. das Zitat bei EDUARD CASTLE: *Der große Unbekannte. Das Leben von Charles Sealsfield (Karl Postl).* Wien und München 1952. S. 98.

16 Mündliche Erklärung und Einleitung zum 1. Band der Neuausgabe der Werke Sealsfields. *Charles Sealsfield (Karl Postl 1793–1864). Sämtliche Werke.* Band I. Repro-Nachdruck der Ausgabe von 1827. Hildesheim und New York 1972.

17 Auf der amerikanischen Erstausgabe von Philadelphia stand *Tokeah; or The White Rose,* auf der Londoner Ausgabe des gleichen Jahres *The Indian Chief; or, Tokeah and the White Rose. A Tale of the Indians and the Whites.*

18 Vgl. KARL J. R. ARNDT: «The Cooper – Sealsfield Exchange of

Criticism». *American Literature*, vol. 15, No. 1, März 1943;
Eduard Castle a.a.O. S. 418 f.

19 C. G. Jung und K. Kerényi: *Das Göttliche Kind*. Albae Vigiliae.
Heft VI/VII. S. 25.

20 Vgl. Eduard Castle a.a.O. S. 297 ff.

21 Literaturwissenschaftliches Jahrbuch 8, 1967. S. 95–117.

22 Jeffrey L. Sammons: «Zu Heinrich Laubes Roman ‹Die Krieger›». *ZfdPh* 91, 1972. S. 151. Vgl. auch Sammons: *Six Essays on the Young German Novel*. Chapel Hill 1972.

23 Friedrich Schlegel: «Gespräch über die Poesie». *Kritische Ausgabe* Bd. 2. Hrsg. von Hans Eichner. München, Paderborn und Wien 1967. S. 319.

24 In meinem Artikel «Roman» im *Reallexikon der deutschen Literaturgeschichte* ²III, S. 508, unterlief mir ein Fehler, der hier korrigiert sei: Münchhausen erzählt bei Immermann nicht als Schloßherr auf seinem eigenen Schloß, wie es im Artikel den Eindruck macht, sondern als Gast auf Schnick-Schnack-Schnurr, das nicht das Münchhausenschloß ist.

25 Johanna Schopenhauer (1766–1838), die Mutter des Philosophen Arthur Schopenhauer und zu ihrer Zeit viel gefeierte Romanautorin, wird noch 1913 in Goedekes *Grundriß* als «die Schöpferin der Entsagungsromane» bezeichnet (Goedeke: *Grundriß* ¹⁴VIII. «Dichtung der allgemeinen Bildung». 332, S. 20). Die Formulierung «Entsagungsromane» stammt nach ihrer eigenen Aussage von Wolfgang Menzel, der sie in spottender Absicht gebrauchte. Das von Goethe vornehmlich in den *Wanderjahren* herausgestellte Motiv der Entsagung ist das zentrale Thema ihrer Romane und Erzählungen.

26 Vgl. Jost Schillemeit: «Nachwort» zur Neuausgabe des Romans samt der «Vorrede zur 2. Auflage», der «Appellation an den gesunden Menschenverstand» und «Kirchenrath Paulus an den Verfasser der Wally». Die Zitate der nächsten Abschnitte stammen aus dieser Ausgabe.

27 Helmut Koopmann: *Das Junge Deutschland*. Stuttgart 1970. S. 55 ff. Sehr wichtig sind das dort herangezogene Heine-Zitat: «Nein, ich gestehe bescheiden, mein Verbrechen war nicht der Gedanke, sondern die Schreibart, der Stil»; und die abgedruckten Äußerungen Börnes in der Rezension von Gutzkows *Wally* in *La Balance* 1836: «Il importe à la diète de Francfort de frapper ce qu'aucun censeur du monde n'a jamais pu atteindre: l'esprit. Les auteurs mis en interdit ont de l'esprit, et surtout ils ont un beau style: voilà tout leur crime.»

28 Nach diesem Kapitel literarischer Kritik, das die Autoren sehr deutlich gruppiert, ist es nicht so verwunderlich, wie die historische Forschung es immer erscheinen läßt, daß der Bundestag 1835, nachdem Gutzkows Buch im August erschienen war, im Dezember vom Jungen Deutschland als einer «literarischen Schule» spricht und darunter gerade jene von Gutzkow bezeichneten Autoren versteht; man benutzte sogar fast die von ihm gegebene Reihenfolge, ihn selbst sinnvoll einordnend, lediglich Laube und Wienbarg umstellend: Heine, Gutzkow, Laube, Wienbarg, Mundt.

29 «Noch einmal über den Roman des Nebeneinander». *Vom deutschen Parnaß.* 1854. S. 111–12.

30 Vgl. PETER DEMETZ: «Der historische Roman: Skizze eines Modells». *Formen des Realismus: Theodor Fontane.* München 1964. S. 18.

31 ERNST ALKER: *Geschichte der deutschen Literatur von Goethes Tod bis zur Gegenwart* I [1]1949. S. 288. [2]1961. S. 284.

32 Ich gehe hier von der frühen Fassung aus, wie es heute üblich ist. In meiner Untersuchung *Mörikes Peregrinadichtung und ihre Beziehung zum Noltenroman,* Weimar 1952, ging ich von der späten Fassung aus.

33 Die Rezensionen des *Maler Nolten* werden zitiert nach *Eduard Mörike, Werke und Briefe* V. Historisch-kritische Gesamtausgabe. Stuttgart 1971.

34 FRIEDRICH GUNDOLF: *Romantiker. Neue Folge.* Berlin-Wilmersdorf 1931. S. 224.

35 *Eichendorff Heute.* Hrsg. von PAUL STÖCKLEIN. Darmstadt [2]1966. S. 7.

36 ERIC A. BLACKALL: «Moonlight and Moonshine: A Disquisition on Eichendorff's Novels». *Seminar* VI. 2., June 1970.

37 MARIANNE THALMANN: *Ludwig Tieck. «Der Heilige von Dresden». Aus der Frühzeit der deutschen Novelle.* Berlin 1960. S. 149 ff.

38 WOLFGANG F. TARABA: «Tieck. Vittoria Accorombona». *Der deutsche Roman* I. Hrsg. von Benno von Wiese. Düsseldorf 1965. S. 329–352.

39 *Traité de l'Origine des Romans.* Paris 1670.

40 ALEXANDER DURST: *Die lyrischen Vorstufen des «Grünen Heinrich».* Bern 1955.

41 WERNER GÜNTHER: *Dichter der neueren Schweiz* II. Bern und München 1968. S. 34.

42 *Raabe in neuer Sicht.* Hrsg. von HERMANN HELMERS. Stuttgart 1968. S. 9.

43 Etwa HANS OPPERMANN: «Zum Problem der Zeit bei Wilhelm Raabe» (1964): *Raabe in neuer Sicht.* a.a.O. S. 294–311.

44 HERMANN HELMERS: *Wilhelm Raabe.* Stuttgart 1968. S. 37.

45 KARL HOPPE: *Wilhelm Raabe.* Göttingen 1967. S. 249.

46 HERMAN MEYER: *Der Sonderling in der deutschen Dichtung.* München ²1963. S. 272.

47 ROY PASCAL: «Die Erinnerungstechnik bei Raabe» (1954); *Raabe in neuer Sicht.* a.a.O. S. 134.

48 HUBERT OHL: «Eduards Heimkehr oder Le Vaillant und das Riesenfaultier. Zu Wilhelm Raabes ‹Stopfkuchen›» (1964). *Raabe in neuer Sicht* a.a.O. S. 275.

49 ROMANO GUARDINI: «Über Wilhelm Raabes ‹Stopfkuchen›» (1932). *Raabe in neuer Sicht.* a.a.O. S. 12–43.

50 WILHELM RAABE: *Sämtliche Werke.* XVIII. Göttingen 1963. S. 421 ff.

51 CLAUDE DAVID: «Über Wilhelm Raabes ‹Stopfkuchen›». *Lebendige Form. Festschrift für Heinrich Henel.* München 1970. S. 267.

52 Zitiert bei HANS OPPERMANN: *Wilhelm Raabe in Selbstzeugnissen und Bilddokumenten.* Hamburg 1970. S. 142.

53 Einblick in die Vielzahl der Untersuchungen zum Realismusproblem im 19. Jahrhundert geben die Arbeiten von FRITZ MARTINI: *Deutsche Literatur im bürgerlichen Realismus. 1848–1898.* Stuttgart 1962. ³1974; *Forschungsbericht zur deutschen Literatur in der Zeit des Realismus.* Stuttgart 1962; «Realismus». *Reallexikon der deutschen Literaturgeschichte.* ²III, S. 342–365.

54 CLAUDE DAVID: *Geschichte der deutschen Literatur. Zwischen Romantik und Symbolismus. 1820–1885.* Gütersloh 1966. S. 49.

55 HANS-HEINRICH REUTER: *Fontane.* Darmstadt 1970. S. 290.

56 «Goethes ‹Wahlverwandtschaften› im Lichte moderner Naturwissenschaft». *Die Gesellschaft.* 1889. S. 1331.

57 Die Rezension wurde von Hans-Heinrich Reuter «auf die Jahre unmittelbar nach der Reichsgründung» datiert. REUTER a.a.O. S. 963.

58 FRIEDRICH SPIELHAGEN: *Beiträge zur Theorie und Technik des Romans.* Leipzig 1883. S. 208.

59 Vgl. JEFFREY L. SAMMONS a.a.O. (vgl. Anmerkung 22).

60 REUTER a.a.O. S. 533.

61 PETER DEMETZ a.a.O. S. 115–189.

62 *Goethes «Wahlverwandtschaften» und der Roman des 19. Jahrhunderts.* Stuttgart 1968. S. 156–195.

63 INGRID MITTENZWEI: *Die Sprache als Thema. Untersuchungen zu Fontanes Gesellschaftsroman.* Bad Homburg, Berlin und Zürich. 1970. S. 144.

64 THOMAS MANN: *Rede und Antwort. Gesammelte Abhandlungen und kleine Aufsätze.* Berlin 1922. S. 99–112.

65 Vgl. ERNST FEDOR HOFFMANN: «Zum dichterischen Verfahren in Rilkes ‹Aufzeichnungen des Malte Laurids Brigge›». *DVjs* 42, 1968. S. 212.

66 JUDITH RYAN: «‹Hypothetisches Erzählen›: Zur Funktion von Phantasie und Einbildung in Rilkes ‹Maltes Laurids Brigge›». *Jahrbuch der deutschen Schillergesellschaft* XV, 1971. S. 341-374.

67 WILLIAM SMALL: «König Karl VI. – Aas und Heiliger: zu Rilkes Malteroman». *Diskussionen zur neueren Rilke-Forschung.* Frankfurt am Main 1975.

68 *Franz Kafka.* Hrsg. von HEINZ POLITZER. Wege der Forschung CCCXXII. Darmstadt 1973.

69 WILHELM EMRICH: *Franz Kafka.* Bonn 1958. S. 246.

70 MAX BROD: *Franz Kafka.* Berlin und Frankfurt am Main 1954. S. 269 ff.

71 KLAUS WAGENBACH: «Wo liegt Kafkas Schloß?» *Kafka-Symposion.* Berlin 1965. S. 161–180.

72 KLAUS GÜNTHER JUST: *Von der Gründerzeit bis zur Gegenwart: Geschichte der deutschen Literatur seit 1871.* Bern und München 1973. S. 342 ff.

73 HARTMUT STEINECKE: *Hermann Broch und der polyhistorische Roman.* Bonn 1968.

74 STEINECKE a.a.O. S. 85.

75 KARL ROBERT MANDELKOW: *Hermann Brochs Romantrilogie «Die Schlafwandler».* Heidelberg 1962. S. 151 ff.

76 Vgl. HILDEGARD EMMEL: «Das Problem des Verbrechens: Hermann Broch und Robert Musil». *Das Gericht in der deutschen Literatur des 20. Jahrhunderts.* Bern und München 1963. S. 56–81.

77 MANFRED DURZAK: *Hermann Broch. Der Dichter und seine Zeit.* Stuttgart 1968.

78 DURZAK a.a.O. S. 115.

79 FRIEDRICH SCHLEGEL: «Brief über den Roman». *Athenaeum III.* S. 123 f.

80 RENATE VON HEYDEBRAND: *Die Reflexion Ulrichs in Robert Musils Roman «Der Mann ohne Eigenschaften». Ihr Zusammenhang mit dem zeitgenössischen Denken.* Münster 1966.

81 Hans Wysling: ‹*Mythos und Psychologie*› bei Thomas Mann. Zürich 1969. S. 6.

82 Karl Kerényi: *Romandichtung und Mythologie. Ein Briefwechsel mit Thomas Mann.* Zürich 1945. S. 17.

83 Thomas Mann: «*Über ‹Königliche Hoheit›*» (1910). *Rede und Antwort.* Berlin 1922. S. 342–347.

84 *Stockholmer Gesamtausgabe,* XI, Frankfurt am Main 1959. S. 602–617.

85 Kerényi a.a.O. S. 32.

86 Kerényi a.a.O. S. 19.

87 Hans Albert Maier: «Einleitung zur kritischen Ausgabe des Bergromans». *Hermann Broch. Bergroman.* Frankfurt am Main 1969. IV. S. 17.

88 Beate Loos: *Mythos Zeit und Tod.* Frankfurt am Main 1971. S. 103–131.

89 Hans Albert Maier a.a.O. S. 259.

90 Zum 70. Geburtstag von Thomas Mann, *Neue Rundschau* 1945.

91 Albert Einstein schrieb Hermann Broch: «Ich bin fasziniert von Ihrem *Vergil* und wehre mich beständig gegen ihn.» Das Buch zeige ihm deutlich, vor was er «geflohen» sei, als er sich «mit Haut und Haar der Wissenschaft verschrieb». Es sei «Flucht vom Ich und vom Wir in das Es» gewesen. An eine briefliche Äußerung Brochs über das Intuitive anknüpfend, fährt Einstein fort: «Die logische Form erschöpft nämlich das Wesen des Erkennens so wenig wie das Versmaß das Wesen der Poesie oder die Lehre vom Rhythmus und Akkordfolge das Wesen der Musik. Das Wesentliche bleibt mysteriös und wird es immer bleiben, kann nur erfühlt, aber nicht erfaßt werden» (ohne Datum, Hermann Broch. *Briefe.* S. 227).

92 *Wächter und Hüter.* Festschrift für Hermann J. Weigand zum 17. November 1957. New Haven 1957. S. 147–161. Wieder abgedruckt in *Hermann Broch. Perspektiven der Forschung.* Hrsg. von Manfred Durzak. München 1972. S. 177–192.

93 C. G. Jung und K. Kerényi: *Das göttliche Kind in mythologischer und psychologischer Beleuchtung.* Albae Vigiliae. Amsterdam 1940.

94 In: *Eranos-Jahrbuch* 1942.

95 Fraglich ist, ob die in den frühen vierziger Jahren erschienenen Arbeiten Kerényis Broch in Amerika vor Kriegsende zugänglich waren. Doch, wie mir Hans Albert Maier (Storrs, Connecticut) mündlich mitteilte, hat Broch als Berater des Rhein-Verlags einzelne Arbeiten Kerényis schon vor der Druck-

legung gekannt. Zudem können ihm verschiedene Fakten des Stoffbereichs schon aus dem von Faber du Faur selbst herangezogenen Aufsatz Kerényis *Telesphoros. Zum Verständnis etruskischer, griechischer und keltisch-germanischer Dämongestalten* (Budapest 1933) bekannt gewesen sein.

NAMENREGISTER

INHALT